Revitalising Gaelic in Scotland

Policy, Planning and Public Discourse

This book has been published with financial support from
The Gaelic Books Council/Comhairle nan Leabhraichean
and
Bòrd na Gaidhlig

Revitalising Gaelic in Scotland

Policy, Planning and Public Discourse

edited by

Wilson McLeod

Dunedin Academic Press
Edinburgh

Published by
Dunedin Academic Press Ltd
Hudson House
8 Albany Street
Edinburgh EH1 3QB
Scotland

ISBN 1 903765 59 5
ISBN 978 1903765 59 3

British Library Cataloguing in Publication Data
A catalogue record for this book is available from the British Library

Typeset by Makar Publishing Production
Printed in Great Britain by Cromwell Press

Contents

Contents

Introduction

Wilson McLeod

In recent decades, efforts to sustain and revitalise Gaelic in Scotland have gained new momentum, leading to what has sometimes been described as a 'renaissance'. The dynamics of this renaissance are highly complex, however, not least because the language has continued to decline in strictly demographic terms: despite growing public provision and prestige, fewer and fewer people can or do speak Gaelic (cf. Rogerson and Gloyer, 1995). Like many other minority languages, Gaelic shows signs of both health and death (cf. Hamp, 1989).

Since the mid-1970s, and especially since the 1980s, revitalisation initiatives on behalf of Gaelic have become more systematic and co-ordinated (Johnstone, 1994), although strategic language planning is still only beginning to take form. Provision for the language, especially in the fields of education and broadcasting, has grown substantially, and Gaelic is increasingly being understood, and supported, as an essential aspect of Scottish cultural distinctiveness, which is itself connected (directly or indirectly) to the movement for Scottish self-government. At the European level, Gaelic has benefited from increased attention to the value of regional heritages and diversity, as manifested by, among other things, the enactment (and subsequent ratification by 18 states) of the European Charter for Regional or Minority Languages (Council of Europe, 1992).

Formal recognition for Gaelic in Scotland reached a new level with the adoption of the Gaelic Language (Scotland) Act 2005, which establishes Gaelic 'as an official language of Scotland commanding equal respect to the English language'. The implementation of this Act across Scotland – in the form of a National Gaelic Language Plan co-ordinated by the new statutory language planning agency, Bòrd na Gàidhlig, and Gaelic language plans on the part of Scotland's public authorities – will be a challenging and controversial, yet unquestionably promising, process.

Research on Gaelic has grown in quantity and range in recent years. While traditional Gaelic scholarship continues to flourish – and has, indeed, undergone a renaissance of its own, as demonstrated most obviously by the organisation of bi-annual Rannsachadh na Gàidhlig [Researching Gaelic] conferences from 2000 onwards – scholarship of a new kind, much of it rooted in the social sciences, has endeavoured to investigate the current state of Gaelic and the diverse issues arising from its increasing institutionalisation.

This volume offers a range of such 'new' work on Gaelic, taking in contributions from several different disciplinary perspectives, ranging from law and economics to education and anthropology.

Robert Dunbar sets the stage with a comprehensive overview of the legal and institutional framework that has been put in place for Gaelic since the 1980s, including developments in education and broadcasting, the role of European treaties, and the road to the Gaelic Language Act. Wilson McLeod then analyses the diverse challenges, some of them ideological in nature and others practical, that may arise in connection with efforts to promote Gaelic in the public sector, particularly in relation to the implementation of the Gaelic Language Act.

Kenneth MacKinnon summarises a range of sociolinguistic investigations in the Western Isles (now the Gaelic 'heartland'), explaining the trajectory of language shift from Gaelic to English from 1972 to 2001. MacKinnon's work provides the background for Magaidh NicAoidh's contribution, the results of recent fieldwork on the use of Gaelic and attitudes towards Gaelic in the Western Isles today. This data was collected in connection with the ongoing Western Isles Language Plan Project, a broad-based, multi-instititution effort to develop an integrated approach to language planning in the islands.

Boyd Robasdan (Robertson) provides a comprehensive account of the development of Gaelic education in recent decades, focusing primarily on the growth of Gaelic-medium education from 1985 onwards and on the role of recent legislation, including the Standards in Scotlands Schools etc. Act 2000 and the Gaelic Language (Scotland) Act 2005. Gaelic-medium education has been a significant success story, though language planning theory would suggest (Fishman, 1991) that initiatives in this area by no means guarantee language revitalisation. Martina Müller's chapter, presenting the results of fieldwork in two Highland high schools, shows how pupils in Gaelic education, especially those studying the language as a subject only, make little use of Gaelic outside school and often have significantly greater competence in written English than written Gaelic. Marion F. Morrison looks closely at the experience and attitudes of the first generation of children to undergo Gaelic-medium education in the Western Isles, examining their perceptions of the value of Gaelic, the influence of Gaelic-medium education on their sense of heritage and identity and their assessment of the future of the language.

James Oliver's chapter also reports on the relationship of young people to Gaelic, illuminating in how pupils in Skye tend to connect the language to local identity and heritage while their counterparts in Glasgow tend to have a more narrowly language-centred and instrumental understanding. Konstanze Glaser provides an outline of various ways in which 'the Gaelic community' is currently imagined and discursively constructed. Discerning a residual 'ethnic' strand alongside understandings that are primarily derived from Gaelic language activism and Gaelic language use, she suggests that official support for Gaelic as an end in itself and the promotion of Gaelic as a global medium have diversified the semantic load of the term to such an extent that its normative components are far more evident than its descriptive potential. Alasdair MacCaluim argues that adult learners of Gaelic, whose strategic role has hitherto been somewhat marginalised, can play a critical role in Gaelic revitalisation in terms of undertaking Gaelic employment, increasing the demand for Gaelic goods and services and, crucially, generating momentum for the reversal of language shift. Provision for adult learners remains patchy and un-coordinated, however; a range of structural improvements are proposed.

Alison Lang discusses the role of the Gaelic arts within Gaelic development policy, questioning the extent to which an orientation towards English-monoglot audiences may distort interpretations and priorities, and urging increased attention to the potential of the Gaelic arts as an instrument for the reversal of language shift. Mike Cormack reviews the complex issues relating to the media and Gaelic language maintenance. There is constant pressure for increased provision in this area, largely due to the perceived importance of the media in modern society, but the benefit of such development – which is inevitably expensive – may be questionable.

Gillian Rothach (Munro) considers the role of Gaelic development policy in isolated and remote Gaelic communities where resources are scarce and promoting the language is potentially divisive. Recent initiatives, such as the Land Reform Act, which places more power in the hands of such communities may allow for more innovative approaches to Gaelic development. Douglas Chalmers and Mike Danson review the relationship between Gaelic and the economic development of the Gàidhealtachd more generally, arguing that investment in Gaelic language, arts and culture can serve an important component in successful regional development strategies. John Walsh then provides a detailed comparison of the ways in which practices and discourses relating to language and socio-economic development differ in the Scottish Gàidhealtachd and the counterpart region of the Ireland, the Gaeltacht.

Emily McEwan-Fujita concludes the volume with a close analysis of media discourses relating to Gaelic, showing how preconceptions about the supposedly imminent 'death' of Gaelic colour journalists' assumptions and their presentation of data. Such distortions can have a negative impact on perceptions of the language more generally, including among Gaelic speakers themselves, and may even become a self-fulfilling prophecy.

Taken together, these contributions give a comprehensive, multi-dimensional view of the state of Gaelic and discourses about Gaelic in contemporary Scotland. The authors' viewpoints are diverse, and there is not necessarily agreement as to which questions, let alone which answers, are most appropriate. The Gaelic community, indeed Gaelic itself, is increasingly variegated and fragmented, and it is hoped that the articles presented in this volume will help both the Gaelic community and policy-makers more generally appreciate the complexity of the current state of the language and reflect this understanding in future policy decisions.

***

Many of the articles gathered here were initially presented at Rannsachadh na Gàidhlig 3, held at the University of Edinburgh in July 2004. A selection of papers dealing with Gaelic language, literature, history and culture, *Cànan & Cultar / Language & Culture: Rannsachadh na Gàidhlig 3*, is being published simultaneously. Generous support in connection with the conference was provided by Bòrd na Gàidhlig, Edinburgh City Council, Iomairt Cholm Cille (the Columba Initiative) and the University of Edinburgh, and Bòrd na Gàidhlig and Comhairle nan Leabhraichean (the Gaelic Books Council) gave additional support towards the publication of the volumes arising out of the conference. *Tha sinn fada nan comain.*

Contributors

Douglas Chalmers is a Lecturer in the Department of Business, Economics and Enterprise, Glasgow Caledonian University.

Mike Cormack is Course Leader in Gaelic and the Media at Sabhal Mòr Ostaig.

Mike Danson is a Professor of Economics and Management at the University of Paisley.

Robert Dunbar is a Reader in Law and Celtic at the University of Aberdeen.

Konstanze Glaser is an Associate Lecturer in Modern Languages at the Open University.

Alison Lang works in the office of the Official Report at the Scottish Parliament.

Alasdair MacCaluim is the Gaelic Services Officer at the Scottish Parliament.

Emily McEwan-Fujita is an Assistant Professor of Anthropology at the University of Pittsburgh.

Kenneth MacKinnon is Visiting Professor and Reader Emeritus in the Sociology of Language at the University of Hertfordshire; Honorary Professor in Celtic and Language Planning, University of Aberdeen; and Associate Lecturer in Social Sciences, Education and Language Studies at the Open University.

Wilson McLeod is a Senior Lecturer in Celtic at the University of Edinburgh.

Marion Morrison is a Principal Guidance Teacher at Sgoil Lìonacleit in Benbecula.

Martina Müller is a member of and a research fellow at the Eurolinguistische Arbeitskreis Mannheim e.V. (ELAMA) in Mannheim, Germany.

Magaidh NicAoidh is the Language Plan Co-ordinator for the Western Isles Language Plan Project based at Lews Castle College, Stornoway.

James Oliver is a Visiting Researcher at the Institute of Governance, University of Edinburgh.

Boyd Robasdan (Robertson) is a Senior Lecturer in Gaelic at the Faculty of Education, University of Strathclyde.

Gillian Rothach (Munro) is Course Leader in Gaelic with North Atlantic Studies at Sabhal Mòr Ostaig.

John Walsh is a Lecturer in Sociolinguistics in the School of Irish, National University of Ireland, Galway.

List of Abbreviations

BPA	Ball Pàrlamaid na h-Alba
CCG	Comataidh Craolaidh Gàidhlig
CLI	Comann an Luchd-Ionnsachaidh
CNSA	Comhairle nan Sgoiltean Àraich
CTG	Comataidh Telebhisein Gàidhlig
CnaG	Comunn na Gàidhlig
CnamP	Comann nam Pàrant
EC	European Community
ERDF	European Regional Development Fund
ESF	European Structural Fund
EU	European Union
FTE	full-time equivalent
FTMG	foghlam tro mheadhan na Gàidhlig
GLAC	Gaelic language, arts and culture
GLPS	Gaelic Language in the Primary School
GROS	General Register Office for Scotland
GM	Gaelic-medium
GME	Gaelic-medium education
GMS	Gaelic Media Service
GTC	General Teaching Council
HIDB	Highlands and Islands Development Board
HIE	Highlands and Islands Enterprise
LEC	Local Enterprise Company
MAGOG	Ministerial Advisory Group on Gaelic
MP	Member of Parliament
MSP	Member of the Scottish Parliament
OSCE	Organisation for Security and Co-operation in Europe
PCES	Plana Cànain nan Eilean Siar
PGDE	Postgraduate Diploma in Education
RDA	regional development agency
RLS	Reversing Language Shift
SALE	Skye and Lochalsh Enterprise

SCCC	Scottish Consultative Council on the Curriculum
SME	small and medium-sized enterprises
SMO	Sabhal Mòr Ostaig
SNP	Scottish National Party
SQA	Scottish Qualifications Authority
S4C	Sianel Pedwar Cymru
UHIMI	University of the Highlands and Islands Millennium Project
WIE	Western Isles Enterprise

1   Gaelic in Scotland: the legal and institutional framework

Robert Dunbar [1]

The Gaelic language currently enjoys a range of legal and institutional measures of support in Scotland. These have largely been put in place over the last twenty or so years, and have generally been piecemeal in nature, driven by the dedicated efforts of inspired activists and a small but growing number of organisations, all of which derive varying measures of financial support from the state but which are heavily reliant on the work of volunteers. The work of such individuals and organisations has been inspired to some degree by initiatives in other jurisdictions, particularly Wales.

Developments in Scotland have, however, also been shaped by significant changes in the macro-environment, three of which are particularly notable. First, since the 1980s, there has been growing awareness across Europe of both the vulnerable position of minority languages such as Gaelic, and of the need for positive measures of state support if such languages are to survive. Second, since the fall of the Berlin Wall and the subsequent re-emergence of significant ethnic conflict in several parts of Europe, there has been increasing awareness of the importance of minority issues more generally, and of the necessity of developing legal and institutional mechanisms which protect the continued existence of such minorities while promoting their more effective participation and integration in the states in which they are found. These trends have inspired the development of a range of binding and non-binding international legal commitments, particularly within the context of the Council of Europe and the Organisation for Security and Co-operation in Europe (OSCE), but also, to a more limited extent, within certain programmes and policies of the European Community (EC)/European Union (EU). Third, the creation of a Scottish Parliament with significant legislative powers under the Scotland Act 1998 has led to the emergence of an important forum for much more regular and intensive consideration of matters of 'local' interest such as Gaelic. This has provided Gaelic activists and organisations with a much greater opportunity to engage in more sustained participation in the deliberations of legislators and policy-makers. It has, however, also complicated Gaelic policy in certain respects. While most policy areas relevant to Gaelic are within the legislative remit of the Scottish Parliament, this is not the case with regard to broadcasting, a policy area of considerable importance to the Gaelic community, and one on which much emphasis has been placed. This difficulty, and certain other devolution-related complexities, will be discussed further below.

In this article, a number of legal and institutional developments in respect of Gaelic that have taken place since about 1985 will be considered, and will be set against the backdrop of the macro-environment referred to above. Initially, the demographic context will be considered briefly.

Demographic context

The single most important source of demographic information on Gaelic is the decennial UK Census which, since 1881, has provided information on the language (MacKinnon, 1990b; Withers, 1984, chapter 10). Although this information is valuable, it is subject to some well-known limitations, such as possible biases introduced by self-reporting and difficulties of longitudinal comparisons due to changing census questions, administrative boundaries and so forth. Furthermore, census data does not tell us much about actual patterns of language use or language attitudes, and such information is essential for a more complete sociolinguistic picture and for more effective policy design and implementation.

Successive censuses have shown a steady and relatively sharp decline in the number of Gaelic speakers in Scotland. The 1891 census revealed that there were 254,415 Gaelic speakers in Scotland, representing 6.75% of the total population. By 1991, there were only 65,978 speakers (1.37% of the population), and by 2001 the number had fallen to 58,562 (1.21%).[2] The 2001 census did, however, suggest that the rate of decline is slowing: the average annual loss between 1981 and 1991 was 1,333 speakers, whereas between 1991 and 2001 it had fallen to 733.[3]

There are a number of more particular issues which arise from the census data. The first is the age profile of Gaelic speakers. The 2001 census showed that about a quarter of all Gaelic speakers were over 65, and slightly over half (53%) were aged 45 or over.[4] By contrast, Gaelic speakers aged 3 to 15 represented only about 13% of the total.[5] In addition to illustrating the demographic weakness of the language, this age profile also suggests practical problems in terms of implementing language policies, as it implies a relatively small pool of persons available to provide Gaelic-medium services (cf. McLeod, this volume).

Second, those areas of Scotland in which Gaelic is still spoken by a majority of the population are shrinking rapidly. At the 1891 census, Gaelic was spoken by a majority of the population in several counties in the Highlands and Islands. By 1981, Gaelic was spoken by a majority only in the Western Isles, a new local authority area formed by local government reorganisation in the 1970s. Even here, both numbers and percentages of Gaelic speakers have been falling steadily: in 1981, there were 23,446 Gaelic speakers, representing 76.3% of the local population, but by 2001, numbers of Gaelic speakers had fallen by almost 8,000, to 15,811, representing only 59.66% of the population. The percentage decline would have been sharper, except that the overall population of the Western Isles is declining quite sharply.[6]

A third important demographic fact is that an ever-greater proportion of Gaelic speakers lives outside these predominantly Gaelic-speaking areas. In 2001, almost 45% of Gaelic speakers lived outside the Highlands and Islands, but they make up a relatively small percentage of the local population in such areas; indeed, well in excess of 60% of Gaelic speakers now live in districts in which they make up less than 25% of the local population. While there are significant concentrations of Gaelic speakers in major urban centres – almost 6,000, or 10% of the Gaelic-speaking population of Scotland, live in Glasgow, and over 3,000 in Edinburgh – they represent less than 1% of the population of those cities. Small numbers, both in absolute and percentage terms, and a lack of concentration of Gaelic speakers – there are no longer any 'Gaelic ghettoes' in the cities – pose a significant challenge to language planning and policy and, in particular, to the development of Gaelic-medium services and of Gaelic-speaking communities outside the majority Gaelic-speaking areas (see McLeod, this volume).

Fourth, intergenerational transmission of the language in the home is weak everywhere, both in those areas in which Gaelic is spoken by the majority of the local population and elsewhere. For example, the 2001 census showed that in households with two Gaelic-speaking parents, only 67.2% of children spoke the language. In households where a Gaelic speaker was a single parent, only 33.8% of children spoke the language.[7] Crucially, in households where only one of the two parents spoke the language – by far the most common arrangement for Gaelic – only 20.4% of children could speak Gaelic.[8] The problem of weak intergenerational transmission is a particularly stark challenge in the few remaining areas in which Gaelic speakers are in the majority: evidence from the late 1990s suggested that only about a quarter of the children entering primary schools in the Western Isles had acquired Gaelic in their homes (McLeod, 2001a, p. 3), and this information seems to be borne out by results in the 2001 census: only 26.8% of children in the Western Isles aged 3 to 4 were returned as Gaelic speakers (MacKinnon, this volume, tables 12 and 13).

Fifth, rates of Gaelic literacy are relatively low. The 1991 census showed that only 42,159 people, or 63.9% of all Gaelic speakers aged 3 and over, could read Gaelic, and that only 30,760 people (46.6%) could write it. Since 1991, there has been a significant expansion in Gaelic-medium education (GME), and so one would expect that levels of literacy, at least amongst the youngest age groups of Gaelic speakers, will have risen. In spite of this, fewer Gaelic speakers (only 39,184) could read the language, although they made up a larger proportion (66.8%) of the total.[9] The numbers of Gaelic speakers who could also write Gaelic had, however, increased slightly over 1991, to 31,235 (53.3%). Relatively low levels of literacy not only pose an obstacle to the development of Gaelic-medium print media; they can also be expected to limit the uptake of print-based Gaelic-medium services.

Developments in the educational sector

By the mid-nineteenth century, a fairly widespread network of charitable schools, mainly run by Protestant churches or charitable institutions linked to them, operated through the medium of Gaelic in large parts of Gaelic Scotland. The Education (Scotland) Act 1872, which introduced universal state-funded education in Scotland, resulted in the replacement of such schools by state schools. Crucially, the 1872 legislation made no provision for Gaelic, and therefore the new state schools operated solely through the medium of English, even in Gaelic-speaking areas. A 1918 amendment to the Education Act, which has been carried forward in subsequent education legislation, including section 1 of the Education (Scotland) Act 1980, provides for the teaching of Gaelic in Gaelic-speaking areas. However, the precise meaning of the terms 'teaching of Gaelic'[10] and 'Gaelic-speaking areas' is unclear, and this provision has been of limited practical value; in particular, this legislative provision did not result in the development of GME. Although Gaelic was subsequently taught as a subject, usually through the medium of English, the pattern of state-supported English-medium education in Gaelic Scotland established in 1872 has generally had a significant and highly negative impact on the maintenance and intergenerational transmission of Gaelic, and has undoubtedly contributed to its long-term demographic decline (MacKinnon, 1991c, chapter 5).

Given the role that the educational system has played in the decline of Gaelic, it is not surprising that the educational system would become one of the main foci of those campaigning for the preservation and promotion of the language. Inspired by the development of Welsh-medium pre-school provision in Wales, Comhairle nan Sgoiltean Àraich (CNSA), the Gaelic Pre-school Association, was set up in 1982, and its units helped build and sustain a growing grass-roots demand for GME at the primary school level. This demand led to the development in 1985 of two Gaelic-medium units – essentially, classes in English-medium schools in which students are taught through the medium of Gaelic – one in Glasgow and one in Inverness. In 1986, under the Grants for Gaelic Language Education (Scotland) Regulations 1986, the Westminster government created a scheme of grants to assist local authorities, who are responsible for the delivery of education in Scotland, with the start-up costs of GME initiatives. Under these 'Gaelic specific grants', the Scottish Executive continues to contribute £3 to every £1 contributed by an education authority, for a period of up to three years, towards Gaelic-related initiatives. This grant scheme, worth £3.034 million in 2004-5, has been of considerable value in assisting in the expansion of GME, with the result that there are now 2,008 primary students in GME at 60 units, and one school, in Glasgow, at which Gaelic is the sole medium of instruction and administration. GME has also developed at the secondary level, although much less dramatically. In 2004-5 there were 307 secondary students at 18 schools studying part of their curriculum through the medium of Gaelic (see Robertson, this volume).

The expansion of GME in the 1990s has highlighted a number of structural problems, however. Since Gaelic was excluded as a medium of instruction for most of the 20th century, there have been serious shortages of Gaelic-medium teaching materials. The Scottish Executive has sought to address this issue through the creation of Stòrlann Nàiseanta na Gàidhlig, the National Resource Centre for Gaelic; however, much still needs to be done to ensure that Gaelic-medium educational materials are as plentiful and are of the same quality as those in English. The very limited scope for GME at secondary level has meant a lack of continuity in provision, with the result that children, particularly those who do not come from Gaelic-speaking households, have limited opportunities to consolidate their fluency in the language, and that even those who come from Gaelic-speaking households have limited opportunities to develop the vocabulary necessary to function in a number of important linguistic domains. Perhaps the greatest single obstacle to the further development of GME at all levels has been a persistent shortage of teachers; after steady and relatively rapid increases in the numbers of pupils in GME throughout most of the 1990s, the rate of increase has slowed quite sharply in recent years. Finally, while the system of specific grants has been helpful in assisting those local authorities which want to develop GME to do so, not all local authorities have been equally responsive to parental demand, and in the 1990s in particular, a number of tensions emerged, including the reduction in the teaching of Gaelic by peripatetic teachers in the Highlands, threatened closures of Gaelic units, an unsuccessful campaign for a Gaelic-medium primary school in Edinburgh, and so forth. Even where goodwill existed, parents generally had to campaign and lobby local authorities for GME. In short, although there was expansion in provision, there was no *system* of GME in the true sense of the word.

As a result of these problems, a growing number of Gaelic activists and organisations, including Comann nam Pàrant (Nàiseanta) ('CnamP'), the body which represents parents with children in GME, began to demand the creation of a statutory right to Gaelic education, and this formed part of a package of recommendations put together in 1997 by the main Gaelic development body, Comunn na Gàidhlig (CnaG) for a Gaelic language act. In 1999, legislation was introduced into the Scottish Parliament by the Scottish Executive which sought to deal with a number of aspects of school education in Scotland. In the spring of 2000, CnamP and CnaG saw the opportunity this legislation provided to lobby for the inclusion of the statutory right recommended by CnaG in 1997. Since the Scottish Executive was unwilling to introduce such a right, Michael Russell of the Scottish National Party (SNP) and John Farquhar Munro of the Scottish Liberal Democrats introduced an amendment to the legislation to this effect. Without Scottish Executive support, this amendment was destined to fail when it came to a vote in the Scottish Parliament.

Nonetheless, the pressure created by the sustained lobbying of Gaelic organisations and activists and by the introduction of the Russell-Munro amendment did result in some reference to Gaelic in the legislation which was ultimately passed by the Scottish Parliament, the Standards in Scotland's Schools etc. Act 2000. In particular, under paragraph 5(2)(c) of this act, education authorities are required to provide an annual account of the ways or circumstances in which they will provide GME and, where they do provide GME, they must provide an account of the ways in which they will seek to develop their provision. The act also created a system of 'national priorities' in education. Under this system, the Scottish Ministers are required to define priorities in educational objectives for school education, and may define measures of performance in respect of such priorities (subsection 4(1)). Education authorities must prepare and publish annually a statement of education improvement objectives, and the objectives must be set in respect of each of the national priorities defined by the Scottish Ministers and by reference to any measures of performance those ministers set (subsections 5(1), (2) and (4)). One of these defined national priorities in education is to promote equality and help every pupil benefit from education, with particular regard paid to Gaelic and other lesser used languages, among other things.

While these various measures under the 2000 Act do require education authorities to pay some attention to Gaelic (Robertson, this volume, section 3.2), they do not ensure the provision of GME at primary or secondary level, and do not necessarily guarantee a significantly more co-ordinated approach to the development of a reliable *system* of GME. In response to the continuing concerns of the Gaelic community, activists and organisations continued the campaign for the creation of a statutory right in the consultation and debate on the Gaelic Language (Scotland) Act 2005, and although these efforts once again did not bring about the creation of such a right in the 2005 legislation, they did result in some additional provisions on Gaelic education, discussed below.

In further and higher education, Gaelic has a relatively limited presence, and such provision as does exist is not based on any legislative footing. Gaelic language, literature and history is taught through the Celtic departments of the universities of Aberdeen, Edinburgh and Glasgow, and it is possible to take degrees through the medium of Gaelic at two institutions which form part of the new UHIMI project, Sabhal Mòr Ostaig (SMO) in Skye (and now a campus in Islay), and Lews Castle College, in Stornoway, Isle of Lewis. Only SMO receives significant amounts of funding from the Scottish Executive (now largely provided through Bòrd na Gàidhlig); this funding is above and beyond the money provided to post-secondary educational institutions such as SMO generally, through the normal funding mechanisms for such institutions.

Developments in broadcasting

The other main focus of Gaelic activists and Gaelic organisations, and for policy more generally, has been broadcasting, which, until the passage of the Gaelic Language Act, was the only other sector in which there was some significant legislative recognition of and support for Gaelic.

For most of the 20th century, the only source of Gaelic-medium radio or television has been the BBC, which has provided Gaelic-medium programming from its inception in the 1920s (Lamb, 1999). Until relatively recently, however, this only amounted to small numbers of hours on radio. An embryonic Gaelic radio service was developed by the BBC in the late 1970s, and this service, now called Radio nan Gàidheal, was significantly expanded in the late 1990s, and now broadcasts about 66 hours of Gaelic-medium programming in Gaelic per week, although its signal is still not available in some parts of the country. The BBC also produces a fairly regular output of Gaelic-medium television (currently about 150 hours per year) and has developed a comprehensive interactive website. The BBC remains the most important source of Gaelic-medium broadcasting, but this provision has no formal legal basis (Dunbar, 2004).

The position of Gaelic television broadcasting was significantly enhanced with the creation under the Broadcasting Act 1990 of the Gaelic Television Committee ('Comataidh Telebhisein Gàidhlig', or CTG) to administer a fund, now worth £8.5 million annually, to finance the making of Gaelic-medium television programming.[11] Under the Broadcasting Act 1990, obligations were also placed on Channel 3 licence holders in Scotland to ensure that a suitable proportion of their programmes were programmes in Gaelic for which the CTG *did not* provide funding – meaning that the Channel 3 licence holders would have to produce Gaelic programming without CTG assistance – and that a suitable proportion of Gaelic programmes that *were* funded in whole or in part by the CTG would be shown at peak viewing times.[12] The Broadcasting Act 1996 expanded the CTG's remit to include the funding of Gaelic-medium radio programming and changed its name accordingly, to the Gaelic Broadcasting Committee ('Comataidh Craolaidh Gàidhlig', or 'CCG').

Unquestionably, the CTG/CCG has had a significant impact in facilitating a considerable expansion in the quality and range of Gaelic-medium television programming which has, in the main, been well-received by the Gaelic community. It has also created a considerable number of jobs, particularly for young Gaelic speakers, many of them in Gaelic-speaking areas, especially Lewis. By the late 1990s, however, the inadequacies of the existing structure were becoming brutally clear, and there was widespread recognition in the Gaelic community that both the powers and the funding of the CCG were far too limited. The defects of the existing structure were ably documented in two government-commissioned reports (Fraser, 1998; Gaelic Broadcasting Task Force, 2000). First, the CCG can only fund the production of programmes. It cannot commission or schedule them; this power lies solely with the broadcasters, principally BBC Scotland and the private sector Scottish Media Group. As a result, the scheduling of programmes is, in the words of Neil Fraser (author of the 1998 report), 'sporadic across all hours of the day and night and seasons of the year. . . .' His conclusion is irrefutable:

> The concept of a Gaelic *service* remains elusive; the extended provision has become just a large collection of programmes randomly scheduled across several channels with no overall control of the range and quality of the programmes on offer (Fraser, 1998, p. 4).

Second, unlike S4C, the Welsh-language broadcaster in Wales, the funding of the CCG is not based on a non-discretionary formula, and Fraser estimated in 1998 that the value of the fund available for Gaelic programming had fallen by 24% in real terms since 1992, with the result that a fund which was designed to facilitate the creation of about 200 hours of new Gaelic programming per year was in 1999 only sufficient to fund about 160 hours.[13] As the funding of the CCG has effectively stood still since that time, the real value of the funding has been further eroded.

There are a number of other problems with Gaelic broadcasting which have received less attention, but which are crucial in the context of minority language maintenance and promotion. First, although the creation and funding of the CCG has allowed for a significant increase in employment opportunities, as noted above, not all of those employed have been Gaelic speakers. Indeed, a significant proportion of the off-camera personnel employed in Gaelic television are non-Gaelic speakers. This is particularly true of technical staff. The result is that while Gaelic is the language of the programme content, much of the off-camera work is done in English. Second, while the CCG has sought to ensure that more and more production takes place in majority Gaelic-speaking areas, a large number of television jobs are based in urban areas, especially Glasgow. This is partly because Glasgow is a broadcasting centre, and it is not clear to what extent this can be changed, at least in the short term. However, it means that a significant number of young Gaels will continue to head to the city, and the prospects for intergenerational transmission in urban environments appear even more fraught than in the residual Gaelic-speaking communities (MacKinnon, 1997). Increased production in predominantly Gaelic-speaking areas would not necessarily be an unmitigated sociolinguistic benefit, however, because, as noted, off-camera work still tends to require non-Gaelic speakers; a significant expansion in broadcasting in the Western Isles might, under these conditions, actually increase the number of skilled and well-paid non-Gaelic speakers coming into Gaelic-speaking areas, and this might have a negative impact on the linguistic balance in such areas, in spite of whatever economic and other benefits might result from such an expansion. Understandably, the primary focus of those responsible for Gaelic broadcasting is on matters such as the range and quality of programming, but the sociolinguistic impact of decisions about programme production must be considered more carefully, as the foregoing example suggests. Certainly, the development of more Gaelic-speaking off-camera personnel should be a high priority. A third issue is what Joshua Fishman (1991, pp. 106-7) refers to as 'the brain drain'. While Gaelic broadcasting has opened up many high-quality, good-paying jobs for young Gaelic speakers, some have moved on from Gaelic positions to ones in English-medium broadcasting; they are drawn not merely by potentially higher salaries, but also by the range of work available, and by greater prospects for career advancement and long-term security that comes with working in the mainstream. While many such individuals will continue to play a useful role as 'friends in court', they themselves will live and operate in an English-medium world, often in predominantly English-speaking urban environments.

With respect to the core problems of powers and funding of the CCG, the Gaelic Broadcasting Task Force recommended the creation of a stand-alone Gaelic Broadcasting Authority on the model of S4C, which would, among other things, have overall responsibility for the scheduling and broadcasting of Gaelic output. The authority would be funded by a statutory formula designed to produce an annual amount of £44 million, adjusted annually for inflation (Gaelic Broadcasting Task Force, 2000, pp. 15-18, 22). The Task Force estimated that this would produce about 3 hours of programming per day (far in excess of existing output), and would increase employment in Gaelic broadcasting from the present level of about 316 full-time equivalent positions to about 802 (Gaelic Broadcasting Task Force, 2000, p. 28). These recommendations have received virtually universal support within the Gaelic community.

Unlike with education, the Scottish Parliament has no legislative authority with respect to broadcasting issues; these remain matters for Westminster alone, and the consideration by Westminster of new broadcasting legislation in 2002 allowed the CCG and others to put the matter of a dedicated Gaelic channel on the legislative agenda. Although the legislative process did not result in the creation of a Gaelic Broadcasting Authority as recommended by the Gaelic Broadcasting Task Force, it did lead to changes to the existing structure. In particular, under the ensuing legislation, the Communications Act 2003, the CCG was reconstituted as Seirbheis nam Meadhanan Gàidhlig/the Gaelic Media Service (GMS) and given an expanded remit. For example, the functions of the GMS are to secure that a wide and diverse range of high-quality programmes in Gaelic are broadcast or otherwise transmitted so as to be available to persons in Scotland, and in carrying out these functions, the GMS may finance *or engage in* the making of programmes in Gaelic (section 208). The CCG had been, as noted, primarily a funding body. This new statutory framework creates a much wider potential role for the GMS, and would appear to allow it to develop into a Gaelic-medium broadcaster itself. Indeed, the GMS has indicated that it wishes to obtain a broadcasting licence from the broadcasting regulatory authorities.

The remaining roadblock to the creation of a Gaelic channel of the sort recommended by the Gaelic Broadcasting Task Force is money. The present annual funding of the GMS of £8.5 million, which is the same as that which was received by the CCG, is insufficient to allow for the creation of a Gaelic channel which could broadcast even a small number of hours daily. Even if the value of the fund were adjusted to take into account the loss in real value of the fund as a result of the effects of inflation, which adjustment the GMS has forcefully advocated, it would still be only about £13 million, a sum that is still not sufficient for a new channel to broadcast even a small amount of programming each day.

Prior to devolution, the CCG was funded out of the annual grant to the Scottish Office; following devolution, the Scottish Executive began providing the CCG, and now the GMS, with its annual funding out of the block grant that the Executive receives from Westminster. So far, the Westminster government has argued that it has insufficient resources to increase the amount of money available to the GMS, and that if an increase is to occur, it should come from the Scottish Executive block grant. The Scottish Executive has argued in turn that, as the devolved institutions have no jurisdiction over broadcasting, they are unable to provide funding out of general revenues. Thus, while both governments appear to accept the case for a dedicated Gaelic channel, neither has accepted the ultimate responsibility for financing it.

Finally, the jurisdictional separation of Gaelic broadcasting policy from wider aspects of Gaelic language policy that has resulted from devolution has other implications for that wider policy. At present, more money is spent on Gaelic broadcasting than on any other aspect of Gaelic development, and if a channel were created, this funding gap would widen. Decisions with respect to Gaelic broadcasting have a potentially significant effect on wider Gaelic development; for example, the decision as to where to locate television production can, as noted, have a potent linguistic impact on particular districts. Under the Communications Act 2003, one of the members of the SMG is required to be a representative of Bòrd na Gàidhlig (a body discussed further below), with the result that the Bòrd, the most important Gaelic development agency, and the GMS are institutionally linked to a certain degree. This does not, however, guarantee that the work of the two bodies will necessarily be co-ordinated, and the ability of the two organisations to work together based on a shared understanding of the sociolinguistic challenges faced and a shared vision of the way forward will be important.

The legal system, local government and public administration

In sectors other than education and broadcasting, Gaelic enjoys only the most rudimentary legislative and institutional support. With respect to the legal system, for example, proceedings in Scottish courts and before administrative tribunals have generally been conducted exclusively in English. In *Taylor v. Haughney* (1982 *Scottish Criminal Case Reports* 360), it was held that Gaelic speakers have no right to use their language in court unless they can demonstrate an insufficient command of English. Since all Gaelic speakers are now bilingual, this decision means that Gaelic speakers would be precluded from using Gaelic in the courts. There has been one minor change to this regime, which was occasioned by UK ratification of the Council of Europe's European Charter for Regional or Minority Languages (Council of Europe, 1992; discussed in detail below). However, the treaty requires that governments which ratify it make some provision for the use of minority languages such as Gaelic in the court system. The response of the UK government was to provide by an Act of Court (essentially a procedural change to the court rules) of June 2001 made by the Sheriff Principal of Grampian, Highland and Islands, that a litigant or other party to civil proceedings might give oral evidence in Gaelic in sheriff courts in three sheriff court districts, Portree, Lochmaddy, and Stornoway, and in appeals to higher courts from those three sheriff courts. This was, however, an exceptionally minor change. It is of some relevance to civil litigants in three sheriff courts in three districts in which Gaelic speakers are either a majority or a significant percentage of the local population, but leaves Gaelic speakers who live outside these districts – the majority – in a legally inferior position. The rule change only applies to civil matters, with the result that criminal litigants still have no right to use Gaelic. Furthermore, the right to use Gaelic even in these limited circumstances is far from unconditional: the person wishing to use Gaelic must lodge a written application to do so at least 14 days before the date on which the person is to appear in court. Such a long notice period will almost certainly act as a disincentive to use Gaelic, as many participants in the litigation process may be wholly unaware of this condition, or if aware, may not have decided so far in advance. But even if the application is made on a timely basis, the court still has the discretion to refuse requests to use Gaelic. With regard to the legal system, it should also be noted that both the Crofters' Commission and the Scottish Land Court are statutorily required to have one member who speaks Gaelic,[14] and it has been suggested that this may imply a right to use Gaelic before both of these tribunals (Evans, 1982, p. 286).

The Scotland Act 1998 made no reference to the use of Gaelic within the devolved institutions, but the Standing Orders of the Scottish Parliament specifically permit, with the permission of the Presiding Officer, the use of Gaelic in parliamentary debates and before committees. There is no reference in the standing orders to the use of Gaelic in many other important types of parliamentary business, such as motions, petitions and questions,[15] and legislation passed by the Scottish Parliament will only be in English. Given that there are currently only two fluent Gaelic-speaking MSPs, it is likely that the Standing Orders will ensure that Gaelic will tend to be used primarily for symbolic set-pieces, and for the appearance before committees by Gaelic organisations and activists, and even then, generally only on matters relating directly to Gaelic; this has certainly been the pattern over the first six years of the Parliament's life. Aside from the Standing Orders, there is no other statutory or quasi-statutory provision made for the use of Gaelic by either the Parliament or the Executive. However, a good deal of signage at the Parliament, and rather less at the Executive, does appear in Gaelic as well as English. Where Gaelic is used in parliamentary business, the original as well as an English translation appears in the official report of the Parliament. The Parliament employs two Gaelic officers and, thanks to the Gaelic officers, uses Gaelic on its website. With the assistance of the Executive, the Parliament has published a dictionary of procedural terms (Scottish Parliament, 2001). The Parliament and Executive follow a policy of responding to Gaelic correspondence through the medium of Gaelic, and have published either full Gaelic versions or Gaelic summaries of certain important public documents. The Executive is currently developing a Gaelic language plan in which it will set out its policy for the use of the language in its work. Thus, both the Scottish Parliament and the Scottish Executive have taken some tentative steps to raise the profile and actual use of Gaelic; however, this has been based entirely on goodwill, rather than on any firm statutory footing.

With regard to public services more generally, there is no legislative requirement of any sort to require the use of Gaelic or the provision of services through the medium of Gaelic, although this situation will, as we will see, be affected by the Gaelic Language (Scotland) Act 2005. Two local authorities, Comhairle nan Eilean Siar and Highland Council, and a small number of other public bodies do have Gaelic language policies. However, these tend to contain broad, programmatic and highly conditional commitments to make use of Gaelic and impose no significant binding obligations. The policies of the two local authorities generally have not resulted in a substantially expanded use of Gaelic by either authority. The Local Government (Gaelic Names) (Scotland) Act 1997 allows a local authority to adopt a Gaelic name, and Comhairle nan Eilean Siar, formerly the Western Isles Council, did take advantage of this legislation to make the name change. Following a recommendation of the Boundary Commission for Scotland, the name of the Western Isles Westminster Parliamentary constituency was changed in 2005 to its Gaelic form, Na h-Eileanan an Iar.[16]

Regulations made pursuant to the Road Traffic Regulations Act 1984 allow for the authorisation of bilingual road signs, and such signage now appears in many parts of the Highlands and Islands. The legislation does not require such signage, however, and requests by Highland Council to the Scottish Executive to extend bilingual signage in the Highlands have recently met with bureaucratic obstruction, on the spurious grounds that such signage might cause confusion and even increase the risks of accidents to drivers unaccustomed to the sight of any language other than English. The National Heritage (Scotland) Act 1985 permits financial support to be given to organisations for the promotion of Gaelic language and culture, and Bòrd na Gàidhlig now exercises the function of distributing this funding. Finally, it should be noted that under Schedule 1 to the British Nationality Act 1981, one of the requirements for naturalisation as a British citizen is a sufficient knowledge of English, Welsh or Scottish Gaelic.[17] Thus, in the unlikely event that an immigrant seeking naturalisation spoke Gaelic, but not English, he or she could not be refused based on his or her ignorance of the dominant tongue in the UK.

Towards a Language Act

Pre-devolution stirrings and ongoing international developments

The idea of legislation to support the Gaelic language and the rights of its speakers has been around for some time. In 1945, John Lorne Campbell, *Fear Chanaidh*, advocated such protection, pointed out that legal protection for minority languages in Commonwealth countries was not uncommon (Campbell, 1945). In 1980, Donald Stewart, the SNP MP for the Western Isles, introduced a Gaelic (Miscellaneous Provisions) Bill into the Westminster Parliament which was debated in February 1981 but which did not come to a vote due to a government-led filibuster to prevent a separate piece of legislation coming before Parliament (see MacKinnon, 1991c, p. 111). The Stewart bill was of very limited effect, however, and would not likely have had a major impact on the sociolinguistic position of the language even if it had been passed.

More significant and broad-based campaigning from within the Gaelic community gathered momentum in the mid-1990s, in significant measure inspired by CnaG, the main Gaelic development agency. Noting the passage of the Welsh Language Act 1993, CnaG began to campaign for language legislation in respect of Gaelic. In 1997, CnaG produced a set of proposals for legislation (Comunn na Gàidhlig, 1997b), which were presented to the then-Minister with responsibility for Gaelic in the Westminster government, Brian Wilson. Although the minister thanked CnaG for the proposals, and a few meetings between CnaG and Scottish Office officials were held, little of substance took place. Calum MacDonald, Labour MP for the Western Isles and Wilson's successor as minister with responsibility for Gaelic, asked Scottish Office officials to meet with CnaG in late 1998 and early 1999 to progress the proposals, but once again, little happened. With the first elections for the Scottish Parliament in May 1999, and the opening of the Parliament that summer, Edinburgh rather than

Westminster became the place in which the fight for any such legislation would have to be waged.

Westminster nevertheless retains considerable relevance to Gaelic, not only by virtue of its exclusive jurisdiction over broadcasting matters, referred to earlier, but also due to the role that many Westminster departments and UK-wide public bodies under Westminster's control play in the daily lives of Gaelic speakers and Gaelic communities. Also, as Westminster continues to have sole jurisdiction over foreign policy, it plays a role in respect of the UK's international obligations, including treaty obligations, relevant to Gaelic. The most important of these are the Council of Europe's Framework Convention for the Protection of National Minorities and European Charter for Regional or Minority Languages, which the UK ratified in 1998 and 2001 respectively. The Framework Convention applies in respect of 'national minorities', but it does not define this term, generally leaving it for states themselves to determine the minorities to which the treaty applies. The UK has, however, recognised that the treaty applies in respect of Gaelic speakers (see, e.g., UK Government, 1999, paragraphs 154, 159, 169, 198), and there are a number of treaty provisions which are relevant to Gaelic, particularly with respect to minority language education,[18] public services[19] and broadcasting.[20]

The Languages Charter contains more detailed and extensive obligations with respect to Gaelic. It applies in respect of 'regional or minority languages', which in a UK context include Gaelic.[21] Part II of the Languages Charter contains a number of programmatic objectives and principles on which the UK must base its policies, legislation and practice in relation to all its regional and minority languages, Gaelic included. Amongst these are the following: a recognition of Gaelic as an expression of cultural wealth; the need for resolute action to promote Gaelic in order to safeguard it; the facilitation and/or encouragement of the use of Gaelic, in speech and writing, in public and private life; and, the provision of appropriate forms and means for the teaching and study of Gaelic at all appropriate stages (Article 7, paragraph 1 a, c, d, and f). Part III of the Languages Charter contains a range of more detailed measures, set out in seven separate articles relating to education, judicial authorities, administrative authorities and public services, the media, cultural activities and facilities, economic and social life, and transfrontier exchanges (Articles 8-14). The UK designated Gaelic in Scotland, along with Welsh in Wales and Irish in Northern Ireland, as regional or minority languages to which Part III applied, and undertook a range of obligations in respect of Gaelic under 39 paragraphs and sub-paragraphs under the seven articles.

The impact of the Languages Charter on Gaelic policy was not as dramatic as it could have been, largely due to the rather unimaginative approach taken by the UK government in ratifying the treaty (Dunbar, 2000, 2003c). In particular, the UK seemed to be willing to ratify only those Part III paragraphs and sub-paragraphs which it thought it was already satisfying, based on provision existing at the time of ratification. Since the UK had to select at least one provision in respect of the legal system and since, as noted above, Gaelic essentially enjoyed no presence in the legal system due to *Taylor v. Haughney*, the UK was forced to make one change to then-existing provision, the minimalist Act of Court described earlier. Yet the Languages Charter has nonetheless been useful (see Dunbar, 2003c). Under the Languages Charter, the UK is required to make a report to the Council of Europe within one year of the treaty coming into force and every three years thereafter on their implementation of the Languages Charter, and a Committee of Experts appointed by the Council of Europe's Committee of Ministers then examines the state report and makes its own report on the state's implementation and prepares recommendations which can be made by the Committee of Ministers to the state (Article 15, paragraph 16; Article 16). In its report on the UK's initial state report (Council of Europe, 2004), the Committee of Experts was critical of a number of aspects of the implementation of the Languages Charter by the UK and devolved institutions, particularly in respect of Gaelic education and broadcasting. Among the recommendations to the UK made by the Committee of Ministers in response to the Committee of Experts' report were that the UK authorities should, as a matter of priority, make primary and secondary education in Gaelic generally available in the areas where the language is used (see Robertson, this volume, section 3.1), and facilitate the establishment of a television channel or an equivalent television service in Gaelic and overcome the shortcomings in Gaelic radio broadcasting. These recommendations have been useful to Gaelic organisations and activists in their efforts to address the difficulties referred to earlier in respect of Gaelic education and in the ongoing campaign for a Gaelic television channel, and may have contributed to the agreement in principle which now seems to exist between Edinburgh and London on the need for a Gaelic television channel. The ongoing three-year scrutiny by the Committee of Experts, now in its second cycle, will likely prove very useful to the Gaelic community in raising shortcomings in the provision of Gaelic-medium services and in identifying policy deficiencies and failures, and the pressure that such scrutiny places on the authorities may usefully supplement the rather weak domestic regime for enforcing existing provision for Gaelic.

The impact of devolution

The appointment of Alasdair Morrison, a native Gaelic speaker from North Uist and the MSP for the Western Isles, as Deputy Minister in the new Scottish Executive with responsibility for Gaelic heartened the Gaelic community. It suggested that the new Executive would continue the practice, established under Labour with Brian Wilson's appointment, of recognising Gaelic as a matter meriting the attention of a minister and forming part of his or her title. In July 1999, CnaG produced a second, more detailed version of their proposals for legislation (Comunn na Gàidhlig, 1999), which were presented to Morrison, with the intention of placing the matter on the political agenda of the new Executive and Parliament.

The Scottish Executive made no commitment to legislate in response to these proposals. Given the expectations created by his appointment and by the ongoing CnaG-inspired campaign, however, Morrison did need to respond in some way, and in December 1999 he did so by setting up a task force headed by John Alick Macpherson to consider the funding of Gaelic organisations. The Macpherson group worked quickly, and reported in September 2000 (Taskforce on the Public Funding of Gaelic, 2000); the proposals which resulted were based on the understanding that language legislation was necessary and would be implemented. However, no commitment to legislate followed. In December 2001, Morrison appointed a second task force, the Ministerial Advisory Group on Gaelic (MAGOG), headed by Professor Donald Meek, to take forward the proposals of the Macpherson task force. MAGOG also worked quickly, and reported in May 2002, to Michael Watson, who had succeeded Morrison as minister with responsibility for Gaelic. MAGOG recommended the creation of both a unit within the Scottish Executive to deal with Gaelic matters and of a Gaelic Development Agency, or a Gaelic Language Board, to oversee development, as well as a Gaelic Language Act informed by CnaG's proposals (Ministerial Advisory Group on Gaelic, 2002).[22] Like his predecessors, Watson made no commitment to legislate; however, he did take up one of MAGOG's key recommendations by creating an agency, in the form of a non-departmental public body, called Bòrd na Gàidhlig, which was charged with co-ordinating Gaelic development, and in October of that year, Watson appointed Duncan Ferguson as the Bòrd's first chair.

SNP MSP Michael Russell decided to seize upon the Executive's failure to introduce legislation in respect of Gaelic by introducing a Gaelic Language (Scotland) Bill into the Scottish Parliament in November 2002 as a member's bill. Although it gained the support in principle of the Parliament at Stage 1, there was insufficient parliamentary time before dissolution in April 2003 for the Scottish Parliamentary elections, and this bill died. However, it did create some further momentum towards legislation.

Finally, under their ruling coalition agreement of May 2003, the Scottish Labour and the Scottish Liberal Democrat parties made a commitment to legislate 'to provide secure status for Gaelic through a Gaelic Language Bill', which was to 'give local authorities and other public bodies a responsibility to draw up a languages plan which reflects the communities they serve' (Scottish Executive, 2003c, p. 43). In October 2003, the Scottish Executive brought forward its consultation paper on a Gaelic Language Bill (Scottish Executive, 2003a). In response to the consultation paper, the Scottish Executive received unprecedented levels of responses, the large majority of which advocated a stronger Bill. The version of the Bill ultimately introduced into the Scottish Parliament in 2004 was, in fact, strengthened in a number of key respects.

The Gaelic Language (Scotland) Act 2005

The Gaelic Language (Scotland) Bill was passed by the Scottish Parliament on 21 April 2005 without any dissenting votes, and on receiving Royal Assent in June, became the Gaelic Language (Scotland) Act 2005. This legislation is the single most important piece of legislation in respect of the language, and it is highly unlikely that Gaelic will benefit from any more substantial enactments in the foreseeable future. It is modelled to a considerable extent on the Welsh Language Act 1993.

There are four main components of the Gaelic Language Act. First, like the Welsh Language Act, it places a language development body, Bòrd na Gàidhlig, on a statutory footing. The Bòrd is given four general functions. The first of these is to promote the use and understanding of the Gaelic language and Gaelic education and Gaelic culture.[23] The second is to advise the Scottish Executive, public authorities[24] and other persons exercising functions of a public nature on matters relating to the Gaelic language, education and culture. The third is to advise other persons – for example, private and voluntary sector bodies – on matters relating to the Gaelic language, education and culture. The fourth is to monitor and report to the Scottish Executive on the implementation of the Languages Charter in relation to Gaelic. All of these functions are to be exercised by the Bòrd 'with a view to securing the status of the Gaelic language as an official language of Scotland commanding equal respect to the English language' in three ways: first, through increasing the number of persons who are able to use and understand Gaelic; second, through encouraging the use and understanding of Gaelic; and, third, through facilitating access, in Scotland and elsewhere, to the Gaelic language and Gaelic culture (subsection 1(3)). The Scottish Ministers may give the Bòrd directions of a general or specific character and guidance as to the exercise of the Bòrd's functions (subsection 1(4)).

While subsection 1(3) makes reference to 'the status of Gaelic as an official language of Scotland', the subsection itself does not confer any such status, as it concerns the functions of the Bòrd. In fact, this language seems to imply that Gaelic already has status as 'an official language of Scotland', and the Bòrd is merely given the function of taking steps to 'secure' that status through various means. It is, however, not at all clear from whence such status might derive, as there is no provision in the Act which clearly confers such a status on Gaelic, and there is no mention of Gaelic or of its status in important, quasi-constitutional legislation in the UK, the sort of statutory provisions in which status is normally conferred on a language or languages.[25] In this context, the wording of subsection 1(3) appears to be intended to give some recognition to the aspirations of many in the Gaelic community for some form of recognition of the newly heightened prestige of the language, without incurring any significant legal consequences.

The second main component of the Act is a requirement on the Bòrd to prepare and submit to the Scottish Ministers a national Gaelic language plan within one year of the coming into force of the legislation, and every five years thereafter.[26] This plan must include proposals as to how the Bòrd will exercise its functions under the Act, and a strategy for promoting, and facilitating the promotion of the use and understanding of, the Gaelic language and Gaelic education and Gaelic culture (subsections 2(1) and (2)). In preparing the plan, the Bòrd must consult the Scottish Parliament, publish a draft plan, publicise the opportunity to make representations about the draft plan, and take into account any such representations.[27] Thus, for the first time, Gaelic development will be guided by an articulated plan, one which is backed up by ministerial approval, and this plan will, as we will see, inform the preparation of Gaelic language plans by public bodies, which is the third and, in many respects, the most important component of the Act.

The scheme for the preparation by public bodies of Gaelic language plans is inspired by the Welsh Language Act 1993. Along the lines of that legislation, the Bòrd has the power to give notice to any Scottish public authority requiring it to prepare a Gaelic language plan (subsection 3(1)). Unlike the Welsh Language Act 1993, however, the Bòrd's discretion in issuing such a notice is not unlimited. In deciding whether to give such a notice, the Bòrd must have regard to a number of matters, including the most recent national Gaelic language plan (if any); the extent to which Gaelic is used by persons in relation to whom the functions of the public authority are exercisable, and the extent to which there is, in the Bòrd's opinion, potential for the authority to develop the use of Gaelic in connection with the exercise of its functions; any representations made to it in relation to the use of the Gaelic language in connection with the exercise of those functions; and any guidance given by the Scottish Executive (subsection 3(3)). Also unlike the Welsh Language Act 1993, the Bòrd cannot require Westminster departments or public bodies under the jurisdiction of Westminster to prepare plans, and many such bodies – for example, the Ministry of Defence and the Coast Guard, not to mention the Benefits Agency, the Inland Revenue and so on – play an important part in the daily life of Gaelic speakers and Gaelic-speaking communities.

Under the Act, the Bòrd will also set out in the notice to public bodies a time limit for the preparation of their plan, and such bodies are entitled to appeal to the Scottish Ministers both against this deadline and against the basic requirement to prepare a Gaelic language plan at all, on the basis that the Bòrd's decision to give the notice was unreasonable, having regard to the criteria just described, which the Bòrd must consider when issuing notices.[28] This additional appeal right given to public bodies was an attempt to address some public bodies' evident concern that the Bòrd could use its discretion to require a public body to prepare a Gaelic language plan in an inappropriate way; for example, by requiring a public body located in a part of the country with few Gaelic speakers and no perceived connection with the language to prepare a plan.

With regard to the basic content of Gaelic language plans, the Act again differs in important respects from the Welsh Language Act 1993, under which the Welsh language schemes of public bodies must reflect the principle that, so far as is both appropriate in the circumstances and reasonably practicable, the English and Welsh languages should be treated on a basis of equality (subsections 5(1) and (2)). The Act establishes no such general principle. It does require, though, that the Gaelic language plan of every Scottish public authority must set out the measures to be taken by it in relation to the use of Gaelic in connection with the exercise of its functions,[29] must specify the date by which such measures will be taken, and must contain such information as is prescribed in regulations made by the Scottish Ministers (subsection 3(4)). In preparing its plan, the public authority must also have regard to the following: the most recent national Gaelic language plan; the extent to which persons in relation to whom the authority's functions are exercisable are Gaelic speakers; the potential for developing the use of Gaelic in connection with the exercise of such functions; any representations made by the public; and any guidance provided by the Scottish Ministers or the Bòrd. Finally, the Act provides that all Gaelic language plans prepared by public bodies must be approved by the Bòrd (subsection 5(1)). If the Bòrd does not approve the plan, it has the power to propose modifications, and if there is no agreement on a modified plan, the Bòrd must refer the plan to the Scottish Ministers, who have the power to approve the plan as originally submitted to the Bòrd or approve it with such modifications as they think fit.[30] Thus the Bòrd has considerable power over the approval process, but ultimate authority here also rests with the Scottish Ministers. Once again, this seems primarily aimed at meeting the concerns of at least some public bodies that too much power in the hands of the Bòrd might result in the imposition of 'excessive' requirements with respect to the use of Gaelic.

As to monitoring the actual implementation of the Gaelic plans, the Bòrd may require a public body to submit a report on the extent to which it has implemented the measures set out in its plan (subsections 6(1) and (2)). Where the Bòrd considers that the public body is failing to implement its plan, it may submit a report to the Scottish Ministers, and they may lay a copy of the report before the Scottish Parliament, direct the public body in question to implement any or all of the measures set out in its plan by a specified date, or take both of these steps (subsections 6(4) and (5)). Thus the Bòrd has considerable power to expose what it perceives to be failures in implementation, but little in respect of rectifying such failures. Enforcement is also ultimately a matter for the Scottish Ministers.

The fourth and final component of the Gaelic Language Act relates to 'Gaelic education', which is defined very broadly to include not only GME but also the teaching of Gaelic as a subject. As noted above, the Standards in Scotland's Schools etc. Act 2000 created an obligation on local authorities to provide an annual account of the ways in which or the circumstances in which they will provide GME and, where they do provide such education, to provide an annual account of the ways they will seek to develop such provision. Under the Act, the Bòrd can now prepare guidance for local authorities, and in providing their annual account, local authorities are now required to have regard to any such guidance.[31] The Bòrd can, of course, also require an education authority to prepare a Gaelic language plan under the framework just discussed. It is also expected that Gaelic education will form an important part of the national Gaelic language plan. Whether these changes will be sufficient to respond to the various difficulties and challenges described above is unclear, and the effectiveness of this package will be scrutinised closely by the Gaelic community over the next several years.

Future prospects

In the twenty years since 1985, there has been a considerable amount of legislative and institutional activity with respect to Gaelic. With the ratification of important treaties, and especially the Languages Charter, the creation of the GMS and the expansion of its powers under the Communications Act 2003, and the passage of the Gaelic Language (Scotland) Act 2005, it is unlikely that there will be much additional significant legislative activity in the foreseeable future. It is notable that at the end of this twenty-year period, Gaelic speakers still do not have even a single 'language right' of the sort that linguistic minorities enjoy in many other jurisdictions – a formal legal entitlement to a minority-language service or services. The Gaelic language plans under the Gaelic Language (Scotland) Act 2005 will not create such rights, although they will create some obligations for certain public bodies in Scotland. The content, scope and effectiveness of these plans in significantly expanding Gaelic-medium services in the large number of areas of public life in which no provision for Gaelic currently exists will be essential, and this will ultimately be the full measure of the value of the legislation. As we have seen, there is currently almost no legislative provision for or institutional recognition of Gaelic in the legal system, in local government or in the broader public sector, and such development as has occurred has been ad hoc. The effectiveness of the Bòrd in using its powers to address such gaps and in ensuring that language plans go well beyond the symbolic will be crucial. Indeed, given the generally haphazard approach to minority language policy and planning that has existed until now, the ability of the Bòrd to articulate a coherent and compelling vision, and to implement such a vision, will be essential.

Endnotes

[1] The author is also a member of Bòrd na Gàidhlig and Seirbheis nam Meadhanan Gàidhlig. The opinions expressed in this article are solely his own, and do not represent those of either organisation.

[2] General Register Office for Scotland, 2005, Table 1. Note that the census figures relate only to the population aged 3 and over.

[3] The 2001 Census also contained information for the first time on numbers of people who could understand, but not speak, read or write Gaelic: there were 26,722 people in this category.

[4] Gaelic speakers tend to be over-represented in these age-groups: in 2001, Gaelic speakers made up 1.78% of those aged 65 and over in Scotland, and 1.36% of those aged 45 to 64; Gaelic speakers made up 1.21% of the Scottish population as a whole.

[5] Gaelic speakers also tend to be under-represented in this age-group: they make up only 0.92% of all Scots in the 3-15 age group. While this represented an improvement on the 1991 census, according to which Gaelic speakers in the 3-15 age group represented only 0.86% of that age group as a whole, they still point towards a continuing decline in the percentage of the Scottish population able to speak Gaelic.

[6] Between 1991 and 2001, there was a 10.5% loss in population, but a 19.6% decrease in the numbers of Gaelic speakers.

[7] General Register Office for Scotland (2005), Table 26. The corresponding figures in the 1991 census were 72.6% and 37.6% respectively: see MacKinnon, 1997, p. 108, figure 8.

[8] General Register Office for Scotland (2005), Table 26. This figure represents an improvement from 1991, however, when the figure was only 14.3%: see MacKinnon, 1997, p. 108, figure 8.

[9] The 2001 Census did reveal that there were a further 6,193 people who could read Gaelic but could not speak it; the total number of persons who could read Gaelic was thus some 3,200 higher than in 1991.

[10] This could, for example, mean simply the teaching of Gaelic as a subject, rather than teaching of part or of all the school curriculum through the medium of Gaelic.

[11] Broadcasting Act 1990, subsections 183(3) and (4). The CTG was required to make grants in such a manner as it considered would secure a wide range of high-quality television programmes in Gaelic are broadcast in Scotland (subsection 183(6)). Under the Broadcasting Act 1996, this duty was expanded to include widening the range and improving the quality of sound programmes in Gaelic that are broadcast for reception in Scotland (subsection 95(6)).

[12] Paragraph 184(1)(a) and (b). Channel 3 licensees in Scotland were also required to ensure that there would be a wide range of programmes in Gaelic.

[13] Fraser, 1998, pp. 6-7. At the time Fraser was writing, the value of the fund was only £8.5 million. This was raised in October 2001 by £450,000, but this was not nearly enough to significantly alter the picture painted by Fraser.

[14] Crofters (Scotland) Act 1993, subsection 3(3), and Scottish Land Court Act 1993, subsection 1(5), respectively.

[15] Motions and questions must be in English: Rules 8.2.2(a), 8.5.2.(a) and 13.3.3(c).

[16] By Statutory Instrument SI 2005 No. 250 (s. 1), The Parliamentary Constituencies (Scotland) Order 2005.

[17] See subsection 6(1) and Schedule 1, paragraph 1(1)(c), 'Requirements for Naturalisation'.

[18] For example, Article 14, paragraph 2 provides that, in areas inhabited by persons belonging to national minorities traditionally or in substantial numbers, states parties shall endeavour to ensure that, if there is sufficient demand, persons belonging to national minorities have adequate opportunities for being taught the minority language or receiving instruction in the language.

19 For example, Article 10, paragraph 2 provides that in areas inhabited by persons belonging to national minorities traditionally or in substantial numbers, if those persons request and where such a request corresponds to real need, the state shall endeavour to ensure, as far as possible, the conditions which would make it possible to use the minority language in relations between those persons and administrative authorities.

20 Article 9, paragraph 4 requires states party to the treaty to adopt adequate measures to facilitate access to the media for persons belonging to national minorities.

21 Defined in Article 1 as languages that are traditionally used within a given territory of a state by nationals of that state who form a group numerically smaller than the rest of the state's population and which differ from the official language(s) of the state. Dialects of the official language and the languages of migrants are specifically excluded. In its instrument of ratification, the UK recognised that there were five regional or minority languages in the UK: Scottish Gaelic, Welsh, Irish, Scots and Ulster-Scots. In two subsequent declarations in letters from the Permanent Representative of the UK to the Council of Europe, the UK also recognised Cornish and Manx as languages to which the Languages Charter applied.

22 While the recommendation did not make explicit reference to CnaG's proposals, it said that there should be an act which would provide 'secure status' to Gaelic. The term 'secure status' has no particular meaning in law; it is simply the form of words used by CnaG to describe their proposals for a language act. References to 'secure status' should, therefore, be understood to mean the concept which was created and promulgated by CnaG.

23 The Gaelic language is defined in subsection 10(1) of the Act to mean the Gaelic language as used in Scotland. Gaelic education is defined in subsection 10(1) as education (a) in the use and understanding of, (b) about, or (c) by means of the Gaelic language, and therefore includes the teaching of Gaelic as a subject as well as GME. Gaelic culture is defined in subsection 10(1) to include the traditions, ideas, customs, heritage and identity of those who speak or understand the Gaelic language.

24 The relevant public authorities are defined in subsection 10(2) of the Act as a Scottish public authority, a cross-border public authority (but only in relation to functions exercisable in or as regards Scotland which do not relate to reserved matters), and the Scottish Parliamentary Corporate Body.

25 Peter Peacock, the Minister for Education and Young People, made clear in his testimony to the Education Committee, the committee considering the legislation, that the Scottish Executive felt Gaelic already had 'official status' based on the fact that a response to a parliamentary question at Westminster explicitly states that Gaelic has such status in Scotland and the UK, that the Executive incurs spending on it, that there is a minister with responsibility for it, that there are various acts of Parliament which refer to it, that it is used in Scottish Parliamentary debates, and so forth. These things do indeed suggest that Gaelic has some form of status, but in the absence of a single written constitutional document of the sort that often confers status on a particular language or languages as the normal means of communication within and by branches of government, it is difficult to say what that status is.

26 Subsection 2(1); the Bòrd must also produce such at any other time should it be required to do so by the Scottish Ministers.

27 While the plan requires the approval of the Scottish Ministers, they are required to either approve the plan or require the Bòrd to resubmit the plan (taking into account ministerial comments on the plan) within 6 months, and where the plan is resubmitted, the Scottish Ministers must within a further 3 months approve it or order the Bòrd to publish the plan in such terms as the Scottish Ministers think fit. See subsections 2(3), (5) and (6).

28 Subsections 3(2), 4(1) and 4(8). Such an appeal must be made to the Scottish Ministers within 28 days of the receipt of the notice from the Bòrd.

29 For the purposes of the Act as a whole, subsection 10(4) of the Act provides that the

functions of a public authority include functions relating to its internal processes as well as the provision by it of any services to the public.

30   Subsections 5(1) and 5(5). The discretion of the Scottish Ministers is, however, not absolute, as they must have regard to the matters referred to in paragraphs 3(5)(a) to (c) of the Act – namely, the most recent national Gaelic language plan, the extent to which persons in relation to whom the public body's functions are exercisable use Gaelic, and the potential for developing the use of Gaelic in connection with the exercise of those functions – together with representations by the Bòrd and the public body.

31   Subsections 9(1) and (3). In preparing this guidance, or any other guidance under the Act, including the guidance in respect of Gaelic language plans, the Bòrd must publish a draft of the guidance, publicise the opportunity to make representations, and take into consideration any representations it receives (subsection 8(2)). All such guidance must, however, ultimately be approved by the Scottish Ministers (subsection 8(4)).

2   Leasachadh solarachadh sheirbhisean poblach tro mheadhan na Gàidhlig: duilgheadasan idè-eòlach agus pragtaigeach

Wilson McLeod

Gu ruige seo chan eil iomairt na Gàidhlig a' cur mòran cuideim air solarachadh no leasachadh sheirbhisean poblach dà-chànanach mar inneal leasachaidh cànain. Tha e fìor gu bheil grunn bhuidhnean poblach agus prìobhaideach an Alba air poileasaidhean Gàidhlig a chur air dòigh bho mheadhan nan 1970an air adhart (m.e. Scottish Natural Heritage, 2000; Scottish Arts Council, 2003; Highlands and Islands Enterprise, 2005a), ach mar as trice chan eil na poileasaidhean seo a' cur prìomhachas air solarachadh sheirbhisean anns a' chànan.[1] Ach tha sinn air starsnaich rè ùire a-nis agus Achd na Gàidhlig (Alba) 2005 ga cur an gnìomh, oir tha an Achd ag àithne gum feum gach ùghdarras poblach (ma thèid iarraidh air gu foirmeil le Bòrd na Gàidhlig) plana cànain ullachadh, plana a dhèiligeas ri cleachdadh agus leasachadh na Gàidhlig ann am 'm[]odhan-obrachaidh in-mheadhanach' an ùghdarrais agus 'solarachadh sheirbhisean sam bith don phoball leis an ùghdarras' (earrann 10(4)). Bidh grunn dùbhlan ag èirigh an lùib coileanadh na h-àithne seo, eadar dùbhlain idè-eòlach agus dùbhlain phragtaigeach. Is e amas na h-aiste seo sgrùdadh farsaing a dhèanamh air na duilgheadasan seo agus molaidhean a chur air adhart airson fuasglaidhean reusanta a lorg.

Ged nach eil luchd-leasachaidh na Gàidhlig air mòran obrach a dhèanamh anns an raon seo fhathast, chunnacas iomairtean soirbheachail às leth mhion-chànanan eile anns na beagan bhliadhnaichean a dh'fhalbh a chum leasachadh solarachadh sheirbhisean dà-chànanach. An t-eisimpleir as cudromaiche agus as follaisiche 's e a' Chuimrigh, far a bheil Achd na Cuimris 1993 (a bha na modal, gu ìre co-dhiù, do Achd na Gàidhlig) a' toirt air a h-uile buidheann phoblach anns a' Chuimrigh sgeama Cuimris a chur an sàs, sgeamaichean a leanas prionnsabal na co-ionannachd eadar a' Chuimris agus a' Bheurla (Williams, 2000; Dunbar, anns an leabhar seo). Chithear laghan eile den aon seòrsa ann am Poblachd na h-Èireann (Acht na dTeangacha Oifigiúla 2003) agus ann an Sealainn Nuadh (Achd a' Chànain Mhāori 1987) (Oireachtas na hÉireann, 2003; Riaghaltas Shealainn Nuaidh, 1987; Te Puni Kokiri, 1999).[2]

Feumar aideachadh gu bheil cuid a' ceasnachadh luach nan oidhirpean seo, ged-tà. A rèir an t-sòisio-chànanaiche chliùitich Joshua Fishman, cha bu chòir cus cuideim a chur air leasachadh mhion-chànanan aig 'àrd ìre', leithid obair an riaghaltais no nam meadhanan mòra, gus am bi an cànan daingeann ann an dachaighean agus anns a' choimhearsnachd. Gu dearbh, tha Fishman air rabhadh gu bheil iomairt na Gàidhlig ann an Alba a' cur 'well nigh complete reliance on . . . higher order "props"' (Fishman, 1991, td. 380). Aig an aon àm, tha Fishman ag aideachadh gum faod leasachaidhean aig 'àrd ìre' buaidh fheumail a thoirt air cleachdadh a' chànain anns a' choimhear- snachd (td. 404); gheibh mion-chànan cliù agus inbhe ann an sùilean a luchd-labhairt fhèin ma thathar ga chleachdadh ann an suidheachaidhean ùr-nodha is àrd-nòsach (Grin, 1992, td. 26). Faodar iomairtean den t-seòrsa a thuigsinn a rèir a' *Catherine wheel model* aig Miquel Strubell (2001, td. 280):

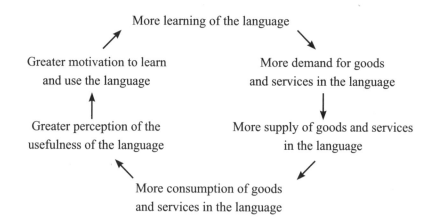

Le bhith a' leudachadh agus a' leasachadh solarachadh sheirbhisean Gàidhlig, thathar a' cur ri cleachdadh nan seirbhisean seo agus uime sin a' leasachadh ìomhaigh a' chànain agus a' brosnachadh ionnsachadh a' chànain. Anns a' cho-theagsa seo, tha e anabarrach cudromach gu bheil Achd na Gàidhlig a' cur uallach air buidhnean poblach Gàidhlig a bhrosnachadh: feumaidh iad feart a thoirt, chan ann a-mhàin 'don ìre gu bheil a' Ghàidhlig air a cleachdadh leis na daoine ris a bheil dleastanasan an ùghdarrais rin coileanadh', ach cuideachd 'don ìre gu bheil e comasach cleachdadh na Gàidhlig a *leasachadh* an co-cheangal ri coileanadh nan dleastanasan sin' (earrann 3(5); leamsa an cuideam). Is e sin ri ràdh, chan eil e math gu leòr a bhith a' stèidheachadh phoileasaidhean air na tha air tachairt gu ruige seo; feumar beachdachadh air dè dh'fhaodadh tachairt anns an àm ri teachd.

Feumar cuimhneachadh cuideachd gu bheil e luachmhor cuideam a chur air leasachadh solarachadh sheirbhisean dà-chànanach do luchd na Gàidhlig a chionn 's gu bheil na seirbhisean seo (no cuid aca co-dhiù) co-ceangailte ri am beatha làitheil. Tha seirbhisean poblach a' frithealadh iarrtasan agus feumalachdan dhaoine, agus ma tha barrachd dhiubh rim faighinn ann an Gàidhlig faodaidh seo piseach a thoirt air suidheachadh na Gàidhlig ann am beatha luchd na Gàidhlig tro bhith a' leudachadh raon-cleachdaidh na Gàidhlig, ga sgaoileadh ann an àiteachan às an robh i air a dùnadh a-mach gu ruige seo. Aig an aon àm, tha tòrr sheirbhisean 'poblach' ann a tha gan cleachdadh dìreach le daoine aig a bheil dreuchdan spèisealaichte no teignigeach (cur an sàs riaghailtean chìsean no truaillidheachd uisge, mar eisimpleir), agus chan eil e ciallach cuideam a chur air leasachadh na Gàidhlig ann an raointean den t-seòrsa seach a thaobh sheirbhisean a tha gan cleachdadh le farsaingeachd dhaoine.

Uile gu lèir, chan eil Achd na Gàidhlig idir soilleir mu dè bu chòir a chur ann am plana cànain Gàidhlig. Eu-coltach ri Acht na dTeangacha Oifigiúla an Èirinn (Oireachtas na hÉireann, 2003, earrannan 9-10), chan eil an Achd a' mìneachadh dè dìreach a dh'fheumas nochdadh ann am plana cànain. Gu dearbh, faodar a ràdh gun deach a' mhòr-chuid den duilgheadas agus den chonnspaid a dh'èireas an lùib dealbhadh nam planaichean a chur don dàrna taobh rè ùine: fhuair an Achd taic aona-ghuthach na Pàrlamaid, ged nach eil buill na Pàrlamaid (air neo muinntir na h-Alba anns an fharsaingeachd) idir den aon bharail a thaobh àite na Gàidhlig ann am beatha phoblach na dùthcha (cf. McLeod, 2001a). Mar sin, ged a tha luchd-iomairt na Gàidhlig ag aontachadh gum biodh e iomchaidh diofar sheòrsaichean de phlanaichean a bhith aig diotar bhuidhnean, gum bu chòir uallach nas truime a chur air buidhnean a tha a' frithealadh nan Eilean Siar an taca ri ùghdarrasan na Machrach Ghallda, mar eisimpleir (cf. Comunn na Gàidhlig, 1997b), chan eil e idir soilleir gum bi a' choimhearsnachd Ghàidhlig agus na buidhnean poblach a' tarraing air aon ràmh a thaobh dè dìreach a tha reusanta no iomchaidh. Is cinnteach nach bi luchd na Gàidhlig riaraichte le planaichean *minimalist* gun bhrìgh, gun mhac-meanmna.

Mar a mhìnichear gu h-ìosal, tha iomadach cnap-starra a chuireas bac air leasachadh solarachadh sheirbhisean poblach tro mheadhan na Gàidhlig. Faodar roinneadh a dhèanamh eadar cnapan-starra idè-eòlach agus cnapan-starra pragtaigeach; is e sin ri ràdh, eadar duilgheadasan co-cheangailte ri beachdan dhaoine (no cuid a dhaoine) air a' Ghàidhlig, agus air ceistean cànain anns an fharsaingeachd, air an dàrna làimh, agus duilgheadasan co-cheangailte ri laigse na Gàidhlig fhèin agus ri lughad na coimhear-snachd Ghàidhlig air an làimh eile.

1. Cnapan-starra idè-eòlach

Gun teagamh, is e mì-rùn agus aineolas na duilgheadasan as bunaitiche: gu bheil gu leòr de dhaoine ann an dreuchdan cudromach ann am meuran den riaghaltas nàiseanta no ionadail no ann am buidhnean poblach aig nach eil suim no diù don Ghàidhlig, nach eil a' faicinn luach sam bith innte (cf. Robertson, anns an leabhar seo). Ach is dòcha gu bheil cuid a Ghàidheil a' cur cus cuideim air 'mì-rùn mòr nan Gall', oir anns an latha an-diugh tha measgachadh de bheachdan ann a thaobh na Gàidhlig, iomadach seòrsa de rùn is de mhì-rùn (McLeod, 2001a). Is dòcha gur e aineolas seach mì-rùn fhèin a tha ag adhbharachadh barrachd dhuilgheadasan anns an latha a tha ann – gu bheil luchd a' chumhachd ann an Alba cho buileach aona-chànanach nan cumadh-inntinn agus cho anfhoiseil leis an dà-/ioma-chànanas.

Uime sin, is cinnteach gun cluinnear caochladh bheachdan agus argamaidean an lùib dealbhadh phlanaichean cànain fo sgèith Achd na Gàidhlig. Dè am fonn a bhios air luchd-ceannais nan ùghdarrasan poblach: am bi iad den bheachd gu bheil am plana (agus solarachadh sheirbhisean Gàidhlig gu sònraichte) cudromach agus luachmhor, no na chaitheamh ùine agus airgid? Am bi iad den bheachd nach eil a' Ghàidhlig cho cudromach ri cànanan eile, no nach eil feumalachdan luchd na Gàidhlig cho cudromach ri feumalachdan coimhearsnachdan chànanan eile? Am bi iad a' tuigsinn an ioma-chànanais mar rud àbhaisteach no annasach, rud fallain no bagairteach?

1.1 Riatanas agus deatamas

Am beachd mòran dhaoine chan eil feum air seirbhisean tro mheadhan na Gàidhlig a chionn 's gu bheil Beurla aig luchd na Gàidhlig co-dhiù. A rèir na tuigse sìmplidh seo feumaidh daoine Beurla a chleachdadh ma tha i aca, agus cha bhi seirbhisean rim faighinn ann an cànanan eile ach don fheadhainn aig nach eil Beurla.

Tha e fìor gur e sluagh dà-chànanach a tha ann an luchd Gàidhlig an latha an-diugh. Tha e cuideachd fìor gu bheil an dà-chànanas uile-choitcheann sin na thoradh air poileasaidh oifigeil: chaidh a' Ghàidhlig 'a theagaisg a-mach às' na Gàidheil bho 1872 air adhart (chanadh cuid bho 1609 air adhart, a' cuimhneachadh Reachdan Idhe seach Achd an Fhoghlaim). Tha an dà-chànanas uile-choitcheann gu math cumanta am measg coimhearsnachdan mion-chànanach na Roinn Eòrpa a-nis – tha Beurla aig luchd na Cuimris is luchd na Gaeilge, tha Fraingeis aig luchd na Breatannais, tha Spàinneis aig luchd na Basgais agus mar sin air adhart – ri linn poileasaidhean riaghaltasan a chuir cuideam air 'aonachadh' agus 'meadhanachadh' na tìre (Wright, 2004, tdd. 42-68). Gu dearbh, ann an cuid de shuidheachaidhean – a' Ghaeilge an Èirinn, mar eisimpleir – tha a' mhòr-chuid de luchd-labhairt a' mhion-chànain nan luchd-ionnsachaidh; is e sin ri ràdh gu bheil cànan na stàite aca mar chànan màthaireil.

Chan eil fiosrachadh cinnteach den t-seòrsa seo againn a thaobh na Gàidhlig, ach ged a tha àireamhan an luchd-ionnsachaidh a' sìor dhol am meud (gu h-àraidh àireamh nan daoine òga à dachaighean neo-Ghàidhlig a fhuair foghlam tro mheadhan na Gàidhlig) is cinnteach gu bheil an luchd-labhairt 'dùthchasach', a thog a' Ghàidhlig anns an dachaigh nan òige, anns a' mhòr-mhòr-chuid fhathast. Aig an aon àm, mar a mhìnichear gu h-ìosal, air sàillibh an dà-theangachais (*diglossia*), agus buaidh foghlam tro mheadhan na Beurla gu sònraichte, tha tòrr Ghàidheal nas comasaiche anns a' Bheurla na tha iad anns a' Ghàidhlig a thaobh sgilean litearrachd agus ghnothaichean inntleachdail anns an fharsaingeachd.

Ann an suidheachadh mar seo, is dòcha gun canadh luchd a' mhì-rùin no fiù 's luchd a' choingeis nach eil e iomchaidh stòras gann a chosg air lìbhrigeadh sheirbhisean poblach do dhaoine as urrainn na seirbhisean seo fhaighinn anns a' chànan àbhaisteach, .i. anns a' Bheurla (cf. O'Hagan, 2001, tdd. 18-19, 198-211; Dunn *et al.*, 2001, tdd. 28-9, 32). A rèir na tuigse seo chan eil a leithid de dh'iomairtean riatanach, chan eil iad a' freagradh feumalachdan dhaoine, 's chan eil 'còraichean bunaiteach' fo cheist idir.

Faodar grunn fhreagairtean a thoirt do dh'argamaidean den t-seòrsa ach is e am prionnsabal as cudromaiche *roghainn cànain*, gu bheil e ceart agus cothromach gum bi còir aig daoine an cànan as fheàrr leotha fhèin a chleachdadh nuair a ghabhas iad gnothach ris na h-ùghdarrasan poblach, agus nach eil an eòlas air cànanan eile gu diofar sam bith. Faodar am prionnsabal seo a stèidheachadh chan ann a-mhàin air prionnsabal a' cho-ionannais eadar a' Ghàidhlig agus a' Bheurla (prionnsabal a tha ga chur an cèill ann an grunn àiteachan ann an Achd na Gàidhlig) ach cuideachd air nàdar de dhìoladh, oir, mar a mhìnicheadh gu h-àrd, chan eil luchd na Gàidhlig dà-chànanach air sgàth co-thuiteamais ach air sgàth poileasaidh riaghaltais a chaidh a sparradh orra. Tha e cudromach gu bheil Cairt Eòrpach nam Mion-chànanan agus nan Cànanan Roinneil (Council of Europe, 1992) stèidhichte air prionnsabal na roghainn cànain; ann a bhith a' measadh gnìomhan is geallaidhean nan riaghaltasan a chuir an ainm ris a' Chairt, chan eil e gu diofar gu bheil luchd-labhairt nan cànanan a tha a' Chairt a' dìon (a' Ghàidhlig nam measg) cuideachd a' bruidhinn cànan na stàite anns a bheil iad a' fuireach (Dunbar, 2003b).

Ach tha e soilleir nach eil a h-uile buidheann phoblach ann an Alba a' gabhail ri prionnsabal na roghainn cànain aig an ìre seo. Chunnacas an tuigse dhiùltach anns an fhianais a chuireadh gu Pàrlamaid na h-Alba le Coimisean airson Co-ionannachd Cinnidh (Commission for Racial Equality) aig toiseach 2003, a' mìneachadh carson nach robh an Coimisean a' cumail taic ri Bile na Gàidhlig (Alba).[3] A rèir a' Choimisein:

> Advocating the promotion of the Gaelic language is not about tackling exclusion, because few Gaelic speakers find it problematic to communicate effectively in English. However, many people are excluded from civic life in Scotland because they cannot communicate effectively in English. In this context, we feel that the Parliament's priority should be to help those people who currently cannot engage at all (Scottish Parliament, 2003, imleabhar 2, tdd. 143-4).

A rèir a' Choimisein, '[the proposed legislation] could actually militate against new duties on public bodies in Scotland to promote race equality' agus 'could send out an unhelpful message in terms of race relations'.[4] Chaidh am beachd seo a chàineadh gu làidir le comataidh na Pàrlamaid (Scottish Parliament, 2003, imleabhar 1, td. 11, para-grafan 61-2), ach cha chualas deasbad mun argamaid bhunaitich a thog an Coimisean, nach eil e iomchaidh seirbhisean a thabhann do luchd-labhairt na Gàidhlig (no, gu dearbh, do luchd-labhairt mhion-chànanan eile) ma tha Beurla aca. Tha an tuigse agus an dòigh-obrach seo fhathast cumanta: ann an litir a chuir oifigeach Comhairle Dhùn Èideann còrr is dà mhìos an dèidh achdachadh Achd na Gàidhlig, chuireadh an cèill 'Gaelic is normally seen as a language of choice as opposed to one of need' agus nach biodh seirbhis eadar-theangachaidh na Comhairle ri faighinn ach do 'Gaelic speaker[s] who cannot otherwise communicate in English' (City of Edinburgh Council, 2005).

1.2 Dè na cànanan a gheibh taic, agus càite?

Faodar a ràdh gu bheil argamaidean den t-seòrsa a mhìnicheadh gu h-àrd mar phàirt de shealladh nas leatha: gum bu chòir barrachd prìomhachais a thoirt do chuid a chànanan seach cànanan eile. Am measg nan ceistean an seo is e an diofar cudromach eadar cànanan dùthchasach agus cànanan neo-dhùthchasach, ceist a tha connspaideach air feadh na Roinn Eòrpa fad grunn deicheadan. An seòl àbhaisteach anns an Roinn Eòrpa is e a bhith a' cur barrachd cuideim air cànanan dùthchasach seach cànanan neo-dhùthchasach; mar eisimpleir, chan eil (a rèir coltais)[5] Cairt Eòrpach nam Mion-chànanan a' gabhail nan cànanan neo-dhùthchasach fo a sgèith (Cheesman, 2001; cf. Gupta, 2002).

Tha Alba a' leantainn a' phàtrain chumanta anns an t-seagh gu bheil a' Ghàidhlig a' faighinn fada bharrachd taice poballaich na na cànanan neo-dhùthchasach a tha rin cluinntinn anns an dùthaich, leithid Urdu, Panjabi agus Sìneis (ach a-mhàin a thaobh sheirbhisean eadar-theangachaidh, mar a mhìnicheadh gu h-àrd). Faodar an diofar seo a mhìneachadh agus fhìreanachadh ann an diofar dhòighean (e.g. May, 2001); ach is cinnteach gur e am factar as cudromaiche gu bheil a' Ghàidhlig ann an suidheachadh èiginneach, gu dearbh ann an cunnart bàis, rud nach eil idir fìor mu na cànanan neo-dhùthchasach. Rud cudromach eile is e gu bheil (a rèir coltais)[6] barrachd dhaoine a' bruidhinn Gàidhlig na tha a' bruidhinn gin de na cànanan neo-dhùthchasach – pàtran a tha eadar-dhealaichte ri cuid a dhùthchannan na Roinn Eòrpa, far a bheil barrachd dhaoine a' cleachdadh nan cànanan 'ùra'. A dh'aindeoin sin, cluinnear gu tric (anns na meadhanan Beurla gu h-àraidh) nach ann mar sin a tha cùisean ann an Alba agus gu bheil barrachd dhaoine a' bruidhinn chànanan neo-dhùthchasach – nithear iomradh air an Urdu mar as trice – na tha a' bruidhinn Gàidhlig, agus ri linn sin gu bheil na cànanan sin nas cudromaiche, agus nas toillteanaiche, na a' Ghàidhlig. Anns a' chu-mantas, ged-tà, tha e follaiseach gu leòr nach eil a leithid de dh'argamaidean gan togail a chum frithealadh feumalachdan coimhearsnachdan nan cànanan neo-dhùth-chasach ach mar chleas reatraig gus dèanamh cinnteach nach dèanar solarachadh ann an cànan sam bith seach a' Bheurla.

Thathar cuideachd a' sìor-thogail cheistean mu àite na Gàidhlig taobh a-muigh na Gàidhealtachd. Mar as trice, tha iomairtean leasachaidh às leth mhion-chànanan gan cur an sàs dìreach ann an sgìrean far an robh iad air am bruidhinn anns na beagan bhliadhnaichean no deicheadan a dh'fhalbh; ann an cuid a shuidheachaidhean (e.g. a'

Bhreatannais ann am bailtean mòra taobh an ear na Breatainne Bige, a' Bhasgais ann an taobh a deas Navarra), tha iomairtean den t-seòrsa cuideachd a' ruigsinn sgìrean anns nach robh an cànan air a chleachdadh fad iomadh linn, no anns nach robh e riamh air a chleachdadh. Chanadh cuid gu bheil na deasbadan a thaobh àite na Gàidhlig anns a' Ghalldachd caran staoin, a' cur cus cuideim air eachdraidh chànanach nam Meadhan Aoisean seach air mianntan agus feumalachdan nan daoine le Gàidhlig a tha a' fuireach air a' Ghalldachd (aon 45% den choimhearsnachd Ghàidhlig) anns an latha an-diugh.

Tha Achd na Gàidhlig 'nàiseanta' na sealladh agus na ruigsinn,[7] agus mar sin faodaidh Bòrd na Gàidhlig iarraidh air buidhnean poblach ann am bad sam bith de dh'Alba plana cànain a dhealbhadh. Ach ann a bhith a' dèanamh cho-dhùnaidhean am bu chòir dha a leithid a dh'iarrtas a dhèanamh, feumaidh am Bòrd feart a thoirt 'don ìre gu bheil . . . a' Ghàidhlig ga cleachdadh le daoine ris a bheil dleastanasan an ùghdarrais rin coileanadh' (earrann 3(3)(b)(i)). Thug Riaghaltas na h-Alba rabhadh an lùib seo nuair a thuirt e, anns a' Mheòrachan Poileasaidh a dh'fhoillsich e an cois Bile na Gàidhlig, nach robh e 'a' sùileachadh gun cuir[eadh] Bòrd na Gàidhlig brath gu ùghdarrasan poblach an Alba [ag iarraidh orra planaichean Gàidhlig a dhealbhadh] ann an sgìrean le beagan luchd-labhairt Gàidhlig sa chiad bhliadhnachan an dèidh achdachadh a' Bile'. A bharrachd air a' cheist 'starsnaich' seo a thaobh bhuidhnean taobh a-muigh na Gàidhealtachd, gheibhear duilgheadasan a thaobh susbaint nam planaichean cànain a thèid a dhealbhadh leis na buidhnean seo, oir is dòcha gum bi mòran dhiubh den bheachd nach eil planaichean mionaideach, a ghabhas a-steach solarachadh sheirbhisean dà-chànanach, riatanach no fiù 's iomchaidh dhaibhsan.

Tha e follaiseach bhon deasbad air Bile na Gàidhlig gu bheil cuid de na buidhnean seo den bheachd nach eil buntainneas sam bith aca ris a' Ghàidhlig no uallach sam bith orra a thaobh leasachadh na Gàidhlig. Thuirt Comhairle Arcaibh ann an litir gu Riaghaltas na h-Alba mu choileanadh Cairt Eòrpach nam Mion-chànanan 'Orkney has no Gaelic heritage and . . . accordingly, there are no Gaelic . . . policies and practice in place' (Orkney Council, 2005), agus dh'agair Comhairle Dhùn Phris agus Ghall-Ghàidhealaibh 'there is no tradition of Scottish Gaelic' anns an sgìre aca, ged a bha a' Ghàidhlig ga bruidhinn innte fad mìle bliadhna, suas chun an 17mh linn (Dumfries and Galloway Council, 2004; faic Withers, 1984, tdd. 38-40). Gu tric, cluinnear aig buidhnean den t-seòrsa gum bu chòir a' Bheurla Ghallda a leasachadh air a' Ghalldachd an àite – chan e 'maille ri' – na Gàidhlig, ach an da-rìribh is e fìor bheag de sholarachadh a tha a' mhòr-chuid dhiubh a' cur air dòigh airson na Beurla Gallda. Mar as trice, tha argamaidean den t-seòrsa coltach ris na breug-argamaidean às leth Urdu no chànanan neo-dhùthchasach eile: chan eil annta ach cleasan reatraig airson dìon an aona-chànanais.

1.3 Ioma-chànanas agus aona-chànanas

Ann an cuid a dhùthchannan, leithid na h-Eilbhise, tha e cumanta agus àbhaisteach a bhith a' cleachdadh grunn chànanan anns a' bheatha phoblaich, agus tha na h-ùghdarrasan cleachdte agus leagte ri bhith a' lìbhrigeadh sheirbhisean, agus a' dèiligeadh ri daoine, ann an diofar chànanan. Chan ann mar sin a tha Alba (no an Rìoghachd Aonaichte air fad). Ged nach robh Alba riamh na dùthaich aona-chànanach, tha an t-aona-chànanas daingeann ann an tuigsean agus dòighean-obrach luchd- agus bhuidhnean-riaghlaidh na h-Alba, agus thathar a' meas an dà-/ioma-chànanais na rud coimheach, cunnartach agus mì-nàdarra. Tha cuid a dhaoine a' fàs gu math an-fhoiseil nuair a thathar a' moladh dhòighean-obrach ùra, a bhith a' gluasad air falbh bhon aona-chànanas stèidhichte, 'nàdarra' sin. Tha cuid eile deònach gu leòr a' Ghàidhlig (no cànanan eile) a leigeil a-steach do raointean 'sàbhailte' leithid foghlaim agus cultair, ach aindeònach àite a thoirt dhi ann an raointean 'cudromach' leithid gnìomhachais agus deasbad phoileasaidhean poblach. Is cinnteach gum bi na diofar bheachdan sin rin cluinntinn uair is uair ann am buidheann an dèidh buidhne an lùib dealbhadh phlanaichean cànain fo Achd na Gàidhlig.

2. Cnapan-starra pragtaigeach

A dh'aindeoin farsaingeachd agus dèinead nan dùbhlan idè-eòlach seo, bidh na cnapan-starra pragtaigeach a dh'èireas an lùib leudachadh solarachadh sheirbhisean dà-chànanach, an dèidh aonta poilitigeach fhaighinn airson innleachdan den t-seòrsa a chur an gnìomh ann am prionnsabal, nas duilghe aig a' cheann thall. Tha na cnapan-starra seo a' gabhail a-steach dhuilgheadasan co-cheangailte ris an ìre iarrtais airson seirbhisean den t-seòrsa, ri gainne luchd-obrach aig a bheil na sgilean a tha a dhìth airson an lìbhrigeadh, agus ri laigsean a' chànain fhèin (air sgàth cion dealbhaidh corpais, no *corpus planning*). Tha e deatamach gum bi luchd-ceannais nam buidhnean poblach agus luchd-lìbhrigidh nan seirbhisean mothachail air na trioblaidean seo ma tha na poileasaidhean aca gu bhith ciallach agus soirbheachail.

Aig an aon àm, tha e cudromach gun a bhith a' cruthachadh sgaradh ro shoilleir eadar na duilgheadasan idè-eòlach agus na duilgheadasan pragtaigeach, oir faodaidh tuigsean idè-eòlach dhaoine buaidh a thoirt air cùisean aig gach ìre agus aig gach àm. Gu h-àraidh, chan eil e idir cinnteach gum bi a h-uile duine a tha ag obair aig a h-uile ìre de bhuidheann mhòr a' leantainn no a' cur an sàs poileasaidh na buidhne, a chaidh aontachadh aig àrd ìre, le làn-tuigse, deagh rùn agus dìoghras (cf. Martínez-Arbelaiz, 1996). A thuilleadh air sin, mar a tha Colin Williams a' mìneachadh (2002, tdd. 17-18), faodaidh planaichean den t-seòrsa seo 'very often be symbols of good intent rather than genuine services for customers at the point of local demand/contact'; uime sin '[there is a] critical need to monitor the actual working of the schemes' agus a bhith a' dèanamh cinnteach gum bi (an da-rìribh, seach dìreach a' gabhail ris gun tachair e) 'empowerment, ownership, participation and partnership' leis an fheadhainn aig a bheil còir buannachd faighinn às.

2.1 Àireamhan beaga

A rèir Cunntas-sluaigh 2001 cha robh ach 58,650 duine a' bruidhinn Gàidhlig ann an Alba (agus cha robh comas-leughaidh innte ach aig 45,377 duine agus comas-sgrìobhaidh ach aig 33,571) (General Register Office for Scotland, 2005). Gun teagamh is e lughad na coimhearsnachd Ghàidhlig an duilgheadas as bunaitiche an seo, agus tha grunn trioblaidean ag èirigh às.

Anns a' chiad dol-a-mach, air sgàth lughad na coimhearsnachd faodaidh e a bhith glè chosgail a bhith a' lìbhrigeadh cuid a sheirbhisean tro mheadhan na Gàidhlig. Gu sònraichte, tha na cosgaisean aonaid (*unit costs*) gu math àrd, oir mar as trice cha bhi na cosgaisean cruthachaidh a' dol an lughad a rèir meud a' mhargaidh (Grin agus Vaillancourt, 1999, td. 109). Tha na buannachdan gu math beag an coimeas ris na cosgaisean. Mar eisimpleir, tha an Riaghaltas fhathast a' diùltadh sianal telebhisein Gàidhlig a stèidheachadh, ged a tha sianal Cuimris (S4C) air a bhith ann airson còrr is fichead bliadhna, le taic bhon aon Riaghaltas (Dunbar, an leabhar seo). Am measg nan adhbharan a chaidh a chur an cèill gus an diofar seo a mhìneachadh agus fhìreanachadh tha gu bheil a' choimhearsnachd Chuimris mu dheich uiread cho mòr ris a' choimhearsnachd Ghàidhlig (mu 600,000 neach-labhairt an coimeas ri mu 60,000). Ged a tha e a cheart cho cosgail prògraman a dhèanamh anns a' Ghàidhlig 's a tha anns a' Chuimris, faodar a ràdh gu bheil na prògraman Cuimris deich uiread nas 'èifeachdaiche' (agus gu bheil prògraman Beurla, a tha a' ruigsinn nam milleanan mòra, nas 'èifeachdaiche' buileach). Tha an seòrsa seo de chothromachadh eadar cosgaisean agus buannachdan bunaiteach ann an co-dhùnaidhean mu chosg airgid anns an roinn phoblaich; mar as trice, cha ghabh an duilgheadas seo a sheachnadh tro bhith ag argamaid mu 'chòraichean' (Grin agus Vaillancourt, 2000). Aig a' cheann thall, is e ceist phoilitigeach a tha innte: 'the acceptability or excessiveness of . . . cost can only be made in the context of democratic political debate . . . 'adequate' demolinguistic size is a political question' (Grin agus Vaillancourt, 1999, td. 109).

Duilgheadas eile co-cheangailte ri lughad na coimhearsnachd Ghàidhlig is e gu bheil glè bheag de Ghàidheil aig a bheil sgilean sònraichte no spèisealaichte (a thaobh duilgheadasan labhairt, can, no sàbhailteachd bìdh). A bharrachd air sin, fhuair mòran Ghàidheal aig a bheil sgilean spèisealaichte an cuid foghlaim is trèanaidh tro mheadhan na Beurla agus mar sin is dòcha nach biodh làn-earbsa aca ann a bhith a' cleachdadh Gàidhlig anns an obair phroifeasanta aca.

Chithear buaidh a' ghainnead sgilean seo ann an saoghal an telebhisein, mar eisimpleir: tha a' mhòr-mhòr-chuid den obair theignigich (cleachdadh chamarathan, innleadaireachd fuaime agus mar sin air adhart) ga dèanamh le daoine gun Ghàidhlig (Dunbar, an leabhar seo). Chuireadh an cion sgilean seo bacadh air leasachadh na Gàidhlig mar chànan obrach aig leithid Dualchas Nàdar na h-Alba (aig a bheil oifigear Gàidhlig agus seòrsa de phoileasaidh Ghàidhlig mu thràth (Scottish Natural Heritage, 2000)) cuideachd, oir chan eil mòran daoine aig a bheil an dà chuid Gàidhlig agus eòlas air saidheans na h-àrainneachd. Bhiodh an aon rud fìor a thaobh iomadach buidheann eile.

Tha ceist èifeachdachd a' nochdadh anns a' cho-theagsa seo cuideachd. Ma tha daoine le sgilean adhartach cho gann am measg luchd na Gàidhlig, dè an dòigh as fheàrr agus as ciallaiche airson an cur gu feum? Tha gearain air èirigh mu thràth gu bheil buidsead mòr an telebhisein a' tarraing cus òganach comasach agus gan stiùireadh air falbh bho obraichean luachmhor eile (ann an saoghal an fhoghlaim, mar eisimpleir). Nan robh an Riaghaltas agus buidhnean poblach eile a' toirt a-mach fada bharrachd sgrìobhaidhean ann an Gàidhlig, bhiodh aca ri na ceudan de dh'eadar-theangairean fhastadh. An e seo an dòigh as fheàrr sgilean na coimhearsnachd bhig Ghàidhlig a chur gu feum?

2.2 Cion dlùthais

Duilgheadas eile is e gu bheil an roinn den t-sluagh aig a bheil Gàidhlig air leth ìosal. Chan eil a' Ghàidhlig na cànan coimhearsnachd[8] ach ann an grunn sgìrean dùthchail, agus iad uile beag. Ann an Alba air fad, tha dìreach 1.16% a' bruidhinn Gàidhlig; fiù ann an sgìre Comhairle na Gàidhealtachd, tha dìreach 6.1% a' bruidhinn Gàidhlig. Tha seo a' ciallachadh gu bheil buidhnean poblach a' frithealadh sluagh anns a bheil luchd na Gàidhlig fìor ghann. Tha e cuideachd a' ciallachadh gu bheil a' mhòr-mhòr-chuid de na daoine anns a' mhargaidh-obrach ionadail gun Ghàidhlig idir. Mar sin, bhiodh e duilich a bhith a' tabhann seirbhis a tha an da-rìribh dà-chànanach agus a' cruthachadh àrainneachd dhà-chànanach ann an àiteachan-obrach coitcheann.

2.3 Buaidh an dà-theangachais

Tha seòrsa de dà-theangachas (*diglossia*)[9] stèidhichte anns a h-uile coimhearsnachd Ghàidhlig anns an latha an-diugh: thathar a' cleachdadh Gàidhlig airson ghnothaichean cumanta leithid obair croite agus còmhradh ri nàbaidhean, agus a' cleachdadh Beurla airson ghnothaichean aig àrd-ìre, leithid bruidhinn ris a' phoileas no ris an dotair (MacKinnon, an leabhar seo). Anns a' chumantas, chan eil luchd na Gàidhlig cleachdte ri bhith a' cleachdadh a' chànain ann an suidheachaidhean foirmeil, agus bhiodh atharrachadh 'mì-nàdarra' den t-seòrsa seo a' fàgail cuid aca an-fhoiseil. Tha seo a' ciallachadh gu bheil an ìre iarrtais airson seirbhisean Gàidhlig eadhon nas ìsle na bhite an dùil a rèir nan àireamhan beaga; bhiodh cuid a Ghàidheil a' cumail ris a' Bheurla fiù 's nam biodh seirbhisean Gàidhlig rim faighinn. Mar sin feumaidh buidhnean a tha a' feuchainn ri seirbhisean Gàidhlig a thabhann agus a lìbhrigeadh iarrtas a bhrosnachadh; cha dèan e a' chùis a bhith a' feitheamh ri iarrtas agus a bhith ga fhrithealadh dìreach nuair a nochdas e (Mac Donnacha, 2002). Feumaidh a' bhuidheann dèanamh cinnteach gu bheil e soilleir gu bheil taghadh cànain ann, agus gu bheil e furasta agus goireasach Gàidhlig a thaghadh (Williams agus Evas, 1998, td. 4). Is e tairgse ghnìomhach no *active offer* an abairt a thathar a' cleachdadh ann an Canada an lùib seo. Mar a mhìnicheadh gu h-àrd, faodar a ràdh gu bheil am prionnsabal seo mar phàirt de Achd na Gàidhlig (earrann 5(c)).

2.4 Duilgheadasan cànanach

Tha duilgheadasan cànanach a' toirt droch bhuaidh air cùisean cuideachd. An toiseach, tha dìth briathrachais spèisealaichte a' cur maille air cleachdadh na Gàidhlig ann an saoghal na h-obrach. Gu traidiseanta cha robhar a' cleachdadh Gàidhlig ann am farsaingeachd de shuidheachaidhean agus mar sin tha e nàdarra nach deach farsaingeachd de bhriathrachas sònraichte a ghineadh 's a chruthachadh. A rèir prionnsabal bunaiteach a' chànanachais bidh a' mhòr-chuid a dhaoine a' cleachdadh a' chànain as fhasa dhaibh; mar as trice, tha e nas fhasa do dhaoine (oir tha iad uile dà-chànanach) a bhith a' cleachdadh Beurla na Gàidhlig ann an suidheachaidhean foirmeil oir tha Beurla nas leasaichte.

Tha e coltach gu bheil seo fìor eadhon am measg nan daoine as comasaiche ann an Gàidhlig; is dòcha nach eil duine beò a tha nas comasaiche ann an leughadh agus sgrìobhadh Gàidhlig na Beurla. Mar thoradh air foghlam tro mheadhan na Beurla, a bha uile-choitcheann ro na 1970an agus a tha uile-chumachdach fhathast, tha farsaingeachd de sgilean aig na Gàidheil ann am Beurla, gu h-àraidh a thaobh leughaidh agus sgrìobhaidh, nach eil aca ann an Gàidhlig. Anns a' chumantas tha dìth misneachd fiù 's aig daoine aig a bheil Gàidhlig mar chiad chànan agus a tha gu tur fileanta innte (Ó Maolalaigh, 2001); agus tha daoine eile ann, eadar òganaich nan eilean agus cuid den fheadhainn a fhuair foghlam bogaidh anns a' Ghàidhlig, nach eil idir cho comasach anns a' Ghàidhlig, eadhon Gàidhlig làitheil, neo-fhoirmeil, 's a tha iad ann am Beurla – ged a thathas gam meas mar 'fhileantaich'.

Mu dheireadh, tha e coltach gu bheil an 'nua-Ghàidhlig' a tha ga cleachdadh ann an suidheachaidhean ùra, àrd-ìre do-thuigsinneach, gu ìre co-dhiù, do mhòran Ghàidheal nach tèid an sàs anns na h-àrainneachdan seo. Ma thèid briathrachas sònraichte a dhealbhadh ri linn leudachadh solarachadh sheirbhisean poblach ann an Gàidhlig – ceum a tha riatanach, mar a mhìnichear gu h-ìosal – is dòcha gum bi na duilgheadasan seo a' dol am miosad mura cuirear iomairtean foghlaim air dòigh an cois nan leasachaidhean seo (McLeod 2000, 2004b).

3. Slighe air adhart

3.1 Frèam teòiridheil

Bidh na duilgheadasan seo ag èirigh air feadh na h-Alba gu ìre air choreigin. Ach tha gnothaichean a' caochladh bho sgìre gu sgìre a rèir dlùths na Gàidhlig ann an sgìrean fa leth agus tha a' chaochlaideachd seo a' toirt buaidh air na tha comasach no reusanta ann an diofar sgìrean no do dhiofar bhuidhnean. Bheirear sùil air a' cheist seo ann am farsaingeachd agus an sin bithear a' coimhead gu mionaideach air an t-suidheachadh as cumanta, is e sin ri ràdh suidheachadh nan sgìrean far a bheil a' Ghàidhlig gu math lag, agus a' feuchainn ri molaidhean ciallach, freagarrach a chur air adhart.

3.1.1 Sùil gheur air ceist an dlùthais

Ann an cuid a dhùthchannan dà-chànanach, tha siostam dà-chànanach an gnìomh air feadh na dùthcha, ged nach eil an dà chànan gam bruidhinn anns a h-uile bad. Mar eisimpleir, ann an Canada tha Beurla agus Fraingeis gan comharrachadh mar chànanan nàiseanta agus air sgàth sin tha seirbhisean rim faighinn bhon riaghaltas fheadaralach anns an dà chànan anns a h-uile pàirt den dùthaich, ged a tha grunn sgìrean ann far a bheil Beurla glè lag agus tòrr a bharrachd sgìrean far a bheil Fraingeis glè lag. Tha an aon rud fìor a thaobh na Cuimris anns a' Chuimrigh: a rèir Achd na Cuimris 1993 tha uallach air a h-uile buidheann phoblach air feadh na dùthcha a bhith a' dèiligeadh ri Beurla agus Cuimris air stèidh na co-ionannachd (earrann 5(2)), ged a tha sgìrean ann an taobh an ear na Cuimrigh far nach eil an cànan idir làidir anns a' choimhearsnachd. Gun teagamh, tha na siostaman seo stèidhichte air tuigsean poilitigeach agus eachdraidheil a tha car eadar-dhealaichte ri tuigsean muinntir na h-Alba a thaobh na Gàidhlig; an rud a tha cudromach bho shealladh teòiridheil is e gu bheil e comasach inbhe nàiseanta a thoirt do dhà chànan agus dòigh-obrach choitcheann nàiseanta a chur an sàs fiù 's ma tha sgìrean aona-chànanach ann.

Tha mòran riaghaltasan air siostam eile a chur air dòigh, le bhith a' stèidheachadh 'ìrean stairsnich' a thaobh chòraichean no solarachadh sheirbhisean do choimhearsnachdan mion-chànanach. Mar eisimpleir, chan ann tric a gheibhear seirbhisean aig ìre nàiseanta no ìre roinneil nuair a tha nas lugha na 8-10% den t-sluagh a' bruidhinn a' mhion-chànain. Anns an Fhionnlainn, mar eisimpleir, thathar a' comharrachadh sgìrean far a bheil co-dhiù 8% a' bruidhinn mion-chànan (.i. Suaineis ann an sgìrean Fionnlainneach, Fionnlainneis ann an sgìrean Suaineach) mar sgìrean dà-chànanach, agus a' toirt aithneachadh foirmeil don mhion-shluagh chànanach air sgàth sin (Modeen, 1999, td. 22-3).

Aig an aon àm, ma tha an àireamh iomlan de dhaoine ann an sgìre fa leth a' cleachdadh mion-chànan mòr gu leòr, bu chòir seirbhisean poblach a thoirt dhaibh anns a' mhion-chànan, gu ìre co-dhiù, fiù 's ged a bhiodh dlùths a' mhion-chànain ìosal. Anns an Fhionnlainn, mar eisimpleir, thathar ag aithneachadh sgìre sam bith far a bheil co-dhiù 3,000 duine a' bruidhinn mion-chànan mar sgìre dhà-chànanach (Modeen, 1999, td. 23).

Chan e rud ùr a tha ann a bhith a' moladh phoileasaidhean diofraichte a rèir cho làidir 's a tha a' Ghàidhlig ann an sgìrean fa leth (e.g. MacLeòid, 1976, tdd. 14, 25). Anns an aithisg chudromaich *Inbhe Thèarainte dhan Ghàidhlig* (Comunn na Gàidhlig, 1997b), mar eisimpleir, mhol CnaG gum bu chòir trì irean aithneachadh: (1) sgìrean far a bheil Gàidhlig aig còrr is 30% den t-sluagh, (2) sgìrean far a bheil Gàidhlig aig còrr is 10% den t-sluagh, no aig 2,500 den luchd-àiteachaidh aca, agus (3) sgìrean far a bheil ìre na Gàidhlig nas ìsle (Comunn na Gàidhlig, 1997b, td. 26). Bhiodh poileas-aidhean nas treasa iomchaidh anns na sgìrean nas 'Gàidhealaiche', a rèir prionnsabal a' *sliding scale*.

Nan robhar a' cur nam molaidhean seo an gnìomh, seo na comhairlean ionadail a chuirte anns na roinnean fa leth:

(1) Comhairle nan Eilean Siar (15,811 luchd-labhairt / 59.8%)

(2) Comhairle na Gaidhealtachd (12,673 / 6.1%)[10]

 Comhairle Earra Ghàidheal is Bhòid (4,145 / 4.6%)[11]

 Comhairle Ghlaschu (5,730 / 1.0%)

 Comhairle Dhùn Èideann (3,120 / 0.7%)

(3) An còrr (27 comhairle)

A thaobh bhuidhnean poblach eile, bhiodh e iomchaidh sgaradh a dhèanamh eadar buidhnean nàiseanta, leithid Buidheann Dìon Àrainneachd na h-Alba, a tha a' frithealadh 60,000 Gàidheal, agus buidhnean ionadail, leithid Comhairle Crìochan na h-Alba, a tha a' frithealadh sgìrean far a bheil luchd na Gàidhlig gann a thaobh an dà chuid dlùths agus àireamhan iomlan (376 duine / 0.35% den t-sluagh); tha e reusanta a bhith a' sùileachadh barrachd adhartais bho bhuidhnean nàiseanta. Thathar an dùil gum bi Bòrd na Gàidhlig a' leantainn a' phrionnsabail seo ann an dealbhadh agus beannachadh phlanaichean cànain fo Achd na Gàidhlig.

3.1.2 'Seirbhisean beò' agus 'seirbhisean dàilichte'

Tha diofar cudromach ann eadar seirbhisean a tha gan lìbhrigeadh 'beò', ann an *real-time*, agus seirbhisean eile far a bheil dàil air choreigin anns a' chùis. Ma thathar a' dèiligeadh ri suidheachaidhean 'beò' tro mheadhan na Gàidhlig, feumaidh gum bi Gàidhlig aig an neach a tha a' dèiligeadh ris a' chùis às leth na buidhne. Ann an suidheachaidhean 'dàilichte', tha barrachd sùbailteachd aig a' bhuidhinn a bhith a' lorg cuideigin (neach-obrach eile, no cunnraidhear) a nì an obair tro mheadhan na Gàidhlig. Mar sin tha e nas fhasa a bhith a' tabhann sheirbhisean 'dàilichte' tro mheadhan na Gàidhlig seach seirbhisean 'beò'. Seo prionnsabal cudromach a thaobh leasachadh na Gàidhlig nuair a tha an ìre dlùthais ìosal.

Mar eisimpleir, a rèir riaghailtean Pàrlamaid na h-Alba faodaidh na buill Gàidhlig a chleachdadh ann an deasbadan, ach feumaidh iad rabhadh 48 uairean a thìde a thoirt seachad ma tha airson sin a dhèanamh. Mar sin tha ùine gu leòr aig luchd-rianachd na Pàrlamaid eadar-theangair a lorg (air bonn cunnraidh is dòcha). Nan robh cead aig buill Gàidhlig a chleachdadh gun a bhith a' toirt seachad rabhadh sam bith, dh'fheumadh eadar-theangair a bhith ri làimh fad an t-siubhail, agus bhiodh aig a' Phàrlamaid ri eadar-theangair làn-ùine fhastadh, rud a chuireadh gu mòr ris na cosgaisean.

Ged nach eil luchd-iomairt na Gàidhlig riaraichte leis an dòigh-obrach seo, chithear gu bheil buannachdan na cois airson na buidhne. Tha pailteas rudan ann a ghabhadh a thabhann air bonn dàilichte, leithid deasachadh aithisgean, chuairt-litrichean, bhileagan fiosrachaidh agus sgrìobhaidhean eile; stèiseanarachd; làraichean-lìn; sanasan agus soighneachaidhean (taobh a-muigh is taobh a-staigh thogalaichean, air càraichean is bhanaichean). Bidh iomadach suidheachadh ann far am bi e comasach no meadhanach saor a bhith a' tabhann sheirbhisean 'dàilichte' mar seo, agus tha teans nas fheàrr ann gun gabhadh buidhnean ris a leithid de mholaidhean. Air an làimh eile, bidh seirbhisean beò, leithid dèiligeadh ri ceistean no gearanan air a' fòn, no coinneamhan ris a' phoball, nas duilghe rin cur air dòigh, agus is dòcha nach biodh buidhnean cho deònach a bhith a' gabhail cheumannan mar seo.

3.1.3 Suaicheantachd gun susbaint?

Bho na chuireadh an cèill gu h-àrd chithear gu bheil e comasach do bhuidhnean poblach 'ìomhaigh Ghàidhlig' a chruthachadh agus a nochdadh gun a bhith a' tabhann mòran sheirbhisean tro mheadhan na Gàidhlig. Dh'fhaodadh buidheann stèiseanarachd dhà-chànanach a chleachdadh agus soighnichean dà-chànanach a chur an-àirde, gun a bhith ag obair tro mheadhan na Gàidhlig idir no a' tabhann sheirbhisean tro mheadhan na Gàidhlig do luchd na Gàidhlig.

Gun teagamh sam bith, tha duilgheadasan a' nochdadh an lùib innleachdan den t-seòrsa. Tha cuid a' cumail a-mach gur e seòrsa cealgaireachd a tha an seo, nach eil ann ach suaicheantachd gun susbaint, no *tokenism* (Cox, 1998). Chan eil na gearanan seo gun bhrìgh. Ach tha ìomhaigh a' chànain dlùth-cheangailte ri inbhe a' chànain; tha follaiseachd na Gàidhlig gu math cudromach do nàimhdean na Gàidhlig, mar a chithear bho na connspaidean gun chrìoch a thaobh togail shoighnichean dà-chànanach air rathaidean na h-Alba.

Is dòcha gu bheil diofar ann eadar ìomhaigheachd fhalamh agus lìbhrigeadh sheirbhisean. Ma tha buidheann phoblach a' tabhann sheirbhisean dàilichte tro mheadhan na Gàidhlig (e.g. a' foillseachadh sgrìobhainnean cudromach ann an Gàidhlig, agus a' freagairt litrichean Gàidhlig ann an Gàidhlig), tha luchd na Gàidhlig a' faighinn cuid a sheirbhisean bhuaipe tro mheadhan na Gàidhlig, ged nach eil làn-sheirbhis Ghàidhlig ri faighinn. Tha adhartas air tachairt, ged nach eil e ach beag. Ach ma tha buidheann a' cleachdadh stèiseanarachd dhà-chànanach agus soighnichean dà-chànanach gun a bhith a' tabhann seirbhis sam bith tro mheadhan na Gàidhlig, chan eil ann ach suaicheantachd gun susbaint, agus cha bu chòir a bhith a' brosnachadh a leithid.

3.2 Ceumannan pragtaigeach

Chunnacas gum bi na duilgheadasan as doirbhe a thaobh lìbhrigeadh sheirbhisean Gàidhlig a' nochdadh nuair a tha an ìre den t-sluagh aig a bheil an cànan air leth ìosal. Tha e follaiseach nach eil e comasach làn-dà-chànanas a chur an sàs, ach dè ghabhas dèanamh ann a leithid a shuidheachadh?

3.2.1 Litrichean agus conaltradh

Am measg nan ceumannan as bunaitaiche is e a bhith a' toirt fhreagairtean ann an Gàidhlig do litrichean (agus do bhrathan puist-dhealain) sgrìobhte ann an Gàidhlig. Tha an cleachdadh seo meadhanach cumanta ann an Alba a-nis, aig meuran de Riaghaltas na h-Alba, Pàrlamaid na h-Alba, agus grunn chomhairlean ionadail. (Mar as trice, ged-tà, chan eil poileasaidhean den t-seòrsa gan cur an cèill gu foirmeil; agus chan ann ainneamh a bhios oifigich ag iarraidh eadar-theangachaidhean de litrichean sgrìobhte ann an Gàidhlig, seach a bhith a' faighinn eadar-theangachadh tro structaran na buidhne, no a' sgrìobhadh nam freagairtean ann am Beurla a dh'aindeoin a' phoileasaidh).

Gabhaidh an ceum seo a chur an gnìomh le buidheann sam bith; gu dearbh, is dòcha gur e seo an ceum as lugha a ghabhas a thoirt.[12] Tha e an crochadh air iarrtas airson seirbhis Ghàidhlig a tha air a shealltainn an da-rìribh seach ann an teòiridh; agus chan fheumar an t-iarrtas seo a fhreagairt anns a' bhad. A bharrachd air sin, chan eil e gu diofar gu bheil glè bheag de dhaoine a' sgrìobhadh litrichean chun na buidhne ann an Gàidhlig; chan eil cion dlùthais, a tha ag adhbharachadh dhuilgheadasan ann an iomadach suidheachadh, na bhacadh an seo.

Is e ceum a bharrachd a bhith a' stèidheachadh Gàidhlig mar chànan conaltraidh le duine sam bith a sgrìobhas chun na buidhne ann an Gàidhlig; is e sin ri ràdh, ma sgrìobhas cuideigin ann an Gàidhlig tuigear gur i Gàidhlig an cànan as fheàrr leis an neach seo agus cleachdaidh a' bhuidheann Gàidhlig ann an conaltradh a bharrachd a thòiseachas a' bhuidheann ris an neach. Tha seo a' cur uallach a bharrachd air a' bhuidhinn; feumaidh i a bhith for-gnìomhach, a' toirt cheumannan air a ceann fhèin, seach dìreach a' feitheamh gu fulangach.

Chan eil an cleachdadh seo idir cumanta ann an Alba an-dràsta, ged a tha Bòrd na Cuimris ga mheas mar cheum bunaiteach airson bhuidhnean poblach anns a' Chuimrigh (Welsh Language Board, 1996, tdd. 12–13). Tha na h-aon bhuannachdan rim faicinn an seo 's a tha an lùib freagradh litrichean sgrìobhte ann an Gàidhlig ann an Gàidhlig, agus tha e ri mholadh air sgàth sin; ach cuideachd, tha e buailteach a bhith ag atharrachadh cultar na buidhne gu ìre bhig, a' toirt cheumannan beaga a dh'ionnsaigh àrainneachd dhà-chànanaich.

3.2.2 Aithisgean agus sgrìobhainnean

Tha tòrr chothroman ann ri bhith a' toirt a-mach stuthan sgrìobhte ann an Gàidhlig: aithisgean, aithrisean, bileagan-fiosrachaidh, cuairt-litrichean, làraichean-lìn, sanasan-reic agus mar sin air adhart. Tha dà dhuilgheadas bunaiteach ann, ged-tà. An toiseach, mar a mhìnicheadh gu h-àrd, tha dìreach 70% de luchd na Gàidhlig comasach air an cànan a leughadh, agus tha a' mhòr-chuid dhiubh sin nas cofhurtaile a' leughadh Beurla.

Cuideachd, cha bhiodh e idir prragtaigeach do bhuidhnean poblach a bhith a' toirt a-mach a h-uile sgrìobhainn aca ann an Gàidhlig; tha Riaghaltas na h-Alba a' foill-seachadh aithisgean tomadach cha mhòr a h-uile latha, mar eisimpleir. Chan eil eadar-theangairean gu leòr ann, 's chan eil iarrtas gu leòr bhon choimhearsnachd Ghàidhlig. Mar sin feumar co-dhùnaidhean a dhèanamh a thaobh phrìomhachasan: dè na sgrìobh-ainnean as cudromaiche agus as fhreagarraiche?

Tha structaran toinnte aig a' mhòr-chuid de bhuidhnean poblach agus is ann airson adhbharan glè mhionaideach a tha a' mhòr-chuid de na sgrìobhainnean aca gan dèanamh; cha bhiodh mòran ùidh aig daoine àbhaisteach annta. Tha sgrìobhainnean eile, ged-tà, gan dèanamh a dh'aona ghnothaich gus fiosrachadh a thoirt don phoball no gus beachdan a' phobaill a shireadh. Seo grunn seòrsaichean sgrìobhainnean a bhiodh freagarrach airson foillseachadh ann an Gàidhlig:

- aithisgean bliadhnail
- bileagan fiosrachaidh
- fiosrachadh coitcheann air làraichean-lìn
- aithisgean conaltraidh, a' sireadh beachdan a' phobaill [13]

A thaobh cruth nan sgrìobhainnean seo, is e an cleachdadh nas fheàrr tionndaidhean dà-chànanach a thoirt a-mach, anns am bi an dà chànan rim faicinn, seach tionndaidhean làn-Bheurla agus tionndaidhean làn-Ghàidhlig. Tha grunn adhbharan ann airson seo. Gu tric cha bhi tionndaidhean làn-Ghàidhlig gan sgaoileadh mar bu chòir; thèid na tionndaidhean Beurla a sgaoileadh fad is farsaing ach bidh uallach air luchd na Gàidhlig tionndaidhean Gàidhlig iarraidh a dh'aona ghnothach – ma tha fios aca gu bheil iad rim faighinn idir. Cuideachd, tha follaiseachd na Gàidhlig a' toirt buannachd do dh'ìomhaigh na Gàidhlig am measg an dà chuid luchd na Gàidhlig is luchd na Beurla, a' dèanamh adhartas a dh'ionnsaigh cruthachadh àrainneachd dhà-chànanaich.

3.2.3 Poileasaidhean fastaidh agus sgiobachd

Feumaidh buidheann sam bith a tha airson Gàidhlig adhartachadh taobh a-staigh na buidhne ceumannan pragtaigeach a ghabhail a thaobh phoileasaidhean fastaidh agus sgiobachd, nam measg:

- sgrùdadh air comasan cànain an luchd-obrach
- measadh air ciamar a b'urrainnear Gàidhlig a chleachdadh ann an diofar dhreuchdan
- cur sgilean cànain an sgioba gu feum
- sireadh sgilean cànain ann am fastadh luchd-obrach ùra

Tha na ceumannan bunaiteach seo freagarrach do bhuidheann sam bith, ge b'e cho lag 's a tha a' Ghàidhlig anns an sgìre a tha a' bhuidheann a' frithealadh.

Tha na ceumannan seo ceangailte ri chèile. Ann an sgrùdadh air comasan cànain an luchd-obrach, no *language audit*, thathar a' sireadh fiosrachadh mu chomasan nan daoine a tha ag obair anns a' bhuidhinn mar-thà: co aige tha comas labhairt/tuigsinn/leughaidh/sgrìobhaidh anns a' Ghàidhlig, dè an ìre comais agus misneachd a tha aca (Welsh Language Board, 1998, tdd. 64-5).

Is e an ath cheum bhith a' sgrùdadh nan dreuchdan a tha ann mar-thà agus a' comharrachadh nan obraichean far am biodh sgilean Gàidhlig feumail, gus a bhith a' leasachadh comas na buidhne seirbhisean a lìbhrigeadh do luchd na Gàidhlig. Gu dearbh, dh'fhaoidte a ràdh gum biodh sgilean Gàidhlig feumail airson obair sam bith, ach bhiodh e na bu reusanta cuideam a chur air dreuchdan anns am biodh an neach-obrach a' dèiligeadh ris a' phoball.

An sin feumar feuchainn ri sgilean an luchd-obrach (a rèir mar a chaidh an lorg an lùib nan sgrùdaidhean seo) a chur gu feum tro bhith a' gluasad dhaoine gu obraichean far am biodh an cuid sgilean Gàidhlig feumail. Mar eisimpleir, ged a mhol Aithisg Mhic a' Phearsain agus Aithisg Mheek gum bu chòir aonad Gàidhlig a stèidheachadh am broinn na seirbhis chatharra (Taskforce on the Public Funding of Gaelic, 2000; Ministerial Advisory Group on Gaelic, 2002), tha grunn sheirbhiseach catharra aig a bheil Gàidhlig ag obair anns an Riaghaltas mu thràth, ach gu ruige seo cha deach an cur gu feum ann a bhith a' dèiligeadh ri cùisean Gàidhlig no luchd na Gàidhlig, oir cha robh poileasaidh no stiùireadh ann a dhèanadh cinnteach gum biodh an Riaghaltas a' cur nan sgilean cànain seo gu feum. Tha an aon rud fìor anns a' mhòr-mhòr-chuid de bhuidhnean poblach ann an Alba: chan eilear a' beachdachadh air gnothaichean cànain, a' feuchainn ri bhith a' faighinn a-mach mu chomasan cànain an luchd-obrach aca, no a' cur nan comasan seo gu feum. Seo ceum bunaiteach, toiseach-tòiseachaidh a bu chòir a ghabhail an lùib cur an sàs phlanaichean cànain fo Achd na Gàidhlig.

An dèidh sin feumar ceumannan a ghabhail a thaobh fastadh luchd-obrach ùra anns an àm ri teachd. Ma tha sgrùdadh air feumalachdan dreuchdan na buidhne a' nochdadh gum biodh sgilean Gàidhlig feumail ann a bhith a' coileanadh dhreuchdan fa leth, bu chòir sgilean Gàidhlig a shònrachadh ma thathar a' lìonadh an aon seòrsa dhreuchdan a-rithist. Tha e saor 's an-asgaidh a bhith a' sònrachadh ann an sanas-obrach gum biodh Gàidhlig na buannachd do na tagraichean. Ach dè tha 'bhiodh comas ann an Gàidhlig na bhuannachd' a' ciallachadh? Tha e coltach nach eil a h-uile buidheann a tha a' comharrachadh cuid a dhreuchdan anns an dòigh seo a' cur mòran cuideim air an taobh seo den ghnothach an da-rìribh (McLeod, 2001b). Air an làimh eile, faodar a bhith gu math mionaideach mu chuideam shònrachaidhean den t-seòrsa; tha cuid a bhuidhnean poblach an Èirinn a' cur an cèill gum bi eadar 3% agus 6% de na comharraidhean agallaimh gan toirt seachad mu choinneimh chomasan anns a' Ghaeilge (Ó Cinnéide, Mac Donnacha agus Ní Chonghaile, 2001, tdd. 102-3). Tha na molaidhean seo reusanta gu leòr ach is cinnteach gum biodh cuid a dhaoine – dream an aona-chànanais – diombach no diùltach riutha.

Bhiodh connspaid a' nochdadh gun teagamh nam bite a' feuchainn ri Gàidhlig a thoirt gu ìre nas àirde – tro bhith ga stèidheachadh mar chànan an ionaid-obrach, no ag iarraidh chomasan Gàidhlig anns a' mhòr-chuid de dhreuchdan agus 'a' dùnadh a-mach' dhaoine a bhuineas don sgìre ach aig nach eil Gàidhlig. Aig an ìre seo, is dòcha nach biodh an darna seòrsa duilgheadais ag èirigh ann am buidheann a tha a' frithealadh Alba gu lèir, no sgìre far a bheil an cànan lag, oir cha bhiodh ach cuibhreann beag de na dreuchdan air an comharrachadh mar 'dreuchdan Gàidhlig'. Bhiodh poileasaidh na bu treasa, ann an sgìrean far a bheil a' Ghàidhlig nas treasa, ag adhbharachadh barrachd connspaid. A rèir cunntas-sluaigh 2001 cha robh Gàidhlig ach aig 47.9% de dh'inbhich anns na h-Eileanan Siar eadar 20 agus 34 bliadhna a dh'aois, a' bhuidheann-aoise aig teis-meadhan na margaidh-obrach ionadail; mar a chunnacas anns a' Chuimrigh (May, 2000), bhiodh cuid a dhaoine diombach mu phoileasaidhean fastaidh aig buidhnean poblach a chuireadh cuideam làidir air sgilean Gàidhlig.

Tha e na chleachdadh glè chumanta gum bi an luchd-fastaidh a' toirt àrdachadh pàighidh no leasachaidhean chùmhnantan obrach don fheadhainn aig a bheil sgilean sònraichte, no a gheibh sgilean no teisteanasan ùra fhad 's a tha iad anns na dreuchdan aca. Mar sin, bhiodh e reusanta àrdachaidhean no leasachaidhean a thoirt don fheadhainn aig a bheil sgilean Gàidhlig agus a tha gan cur gu feum às leth na buidhne; tha an cleachdadh seo na àbhaist anns na Stàitean Aonaichte, mar eisimpleir (Rubin, 2002). Air an làimh eile, is dòcha gum biodh cuid den bheachd nach eil adhbharan brosnachaidh mar seo iomchaidh no cothromach, is gum biodh connspaid ag èirigh an lùib cur an sàs chleachdaidhean mar seo.

Bhiodh adhbharan brosnachaidh (*incentives*) cuideachd iomchaidh nam biodh a' bhuidheann ag iarraidh (no a' toirt) air luchd-obrach gluasad gu dreuchdan eile gus na sgilean Gàidhlig aca a chur gu feum. Chuireadh cuid a luchd-obrach fàilte air a' chothrom an cuid Gàidhlig a chleachdadh agus seirbhis a thoirt do luchd na Gàidhlig, ach is dòcha gum biodh cuid de dhaoine amharasach mu chàileachd an cuid Gàidhlig no an-fhoiseil airson adhbharan pearsanta. Is dòcha cuideachd gum biodh cuid teagmhach nach biodh e glic dhaibh a dhol an sàs ann an gnothaichean Gàidhlig, gun chinnt gum biodh a' bhuidheann a' cumail a' dol le bhith ag adhartachadh na Gàidhlig; tha an an-fhois seo air bacadh a chur air cuid a thidsearan aig a bheil Gàidhlig ach a tha a' teagasg tro mheadhan na Beurla bho bhith a' tionndadh bho thaobh na Beurla gu taobh na Gàidhlig.

3.2.4 Trèanadh agus ionnsachadh

Ma tha luchd-obrach gu bhith ag ionnsachadh Gàidhlig air sgàth na dreuchd aca, tha e deatamach gum bi an trèanadh seo co-cheangailte ris an obair. Is e sin ri ràdh, feumaidh iad sgilean ùra ionnsachadh a chleachdas iad anns an obair aca, agus feumaidh iad Gàidhlig ionnsachadh chun na h-ìre 's gum bi e comasach dhaibh dleastanasan an cuid dhreuchdan a choileanadh tro mheadhan na Gàidhlig. Ma tha a' bhuidheann ag obair a dh'ionnsaigh solarachadh sheirbhisean Gàidhlig, an rud a tha a dhìth is e luchd-obrach a tha comasach air seirbhisean a thabhann. Mas e 's nach eil aca ach beagan Gàidhlig bhunaitich, neo-fhoirmeil, chan fhaighear piseach air comas na buidhne seirbhisean Gàidhlig a thabhann do luchd na Gàidhlig. Uime sin tha e fìor chudromach gum bi prògraman airson teagasg na Gàidhlig ag amas air fileantachd phragtaigeach anns a' chànan.

Bhiodh prògraman mar seo na bu chosgaile (a thaobh an dà chuid airgead agus ùine) na prògraman bunaiteach anns am bi an luchd-obrach ag ionnsachadh beagan abairtean sìmplidh ('Madainn mhath', 'Mar sin leibh' agus a leithid) a chleachdas iad anns an àite-obrach air sgàth modha. Mar phàirt de 'Bhasgachadh' an riaghaltais ann an Dùthaich nam Basgach, tha ceithir ìrean comais anns a' chànain air an stèidheachadh, a rèir nan dòighean a bhios gach neach-obrach a' cleachdadh na Basgais, agus thathar a' meas gum biodh cuideigin gun Bhasgais feumach air 864 uairean a thìde airson ìre 1 a ruigsinn agus 2,160 airson ìre 4 a ruigsinn (Cenoz agus Perales, 1997, td. 266).

A bharrachd air sin, ma thathar ag amas air leasachadh sgilean cànain pragtaigeach an luchd-obrach, bu chòir ionnsachadh a thabhann a tha co-cheangailte ri dreuchdan sònraichte. Bu chòir dhaibh briathrachas ionnsachadh a tha riatanach airson nan suidheachaidhean a dh'èireas anns an obair aca. Gu tric bidh feum air cruthachadh no leasachadh a' bhriathrachais seo. Bhiodh trèanadh den t-seòrsa luachmhor do dhaoine aig a bheil Gàidhlig mu thràth, ach nach d'fhuair trèanadh spèisealaichte ann an cainnt an àite-obrach. Mura h-eil a' bhuidheann fhèin a' stiùireadh 'Gàidhealachadh' na h-àrainneachd obrach, cha bhi fiù 's an fheadhainn a tha fileanta anns a' Ghàidhlig a' cleachdadh a' chànain anns an obair aca, agus gu dearbh cha bhiodh sin comasach dhaibh, air sgàth cion briathrachais (cf. Mac an Iomaire, 1983). Seo an seòrsa innleachd a chleachdadh an lùib a' phoileasaidh de 'Bhasgachadh' ann an Dùthaich nam Basgach anns na bliadhnaichean an dèidh aontachadh a' phoileasaidh dhà-chànanaich (Cenoz agus Perales, 1997; Martínez-Arbelaiz, 1996).

Co-dhùnadh

Rinn an aiste seo sgrùdadh air na h-argamaidean agus air an reatraig a chluinnear an lùib leasachadh na Gàidhlig anns an raon phoblach, agus air na duilgheadasan pragtaigeach as cudromaiche a tha rim faicinn. Bidh pailteas mhion-dhuilgheadasan a' nochdadh nuair a chuirear planaichean Gàidhlig an gnìomh, agus tha e fìor chudromach nach bi beàrn eadar na poileasaidhean foirmeil air an dàrna làimh agus an t-eadar-obrachadh am measg bhuidhnean phoblach agus am poball a tha ga fhrithealadh air an làimh eile (Grin, 2000). Feumaidh poileasaidhean a bhith stèidhichte air fiosrachadh a tha ceart is cruinn, gus nach bi luchd-dèanamh poileasaidh a' taghadh amasan neo-iomchaidh no do-ruigsinneach (mar eisimpleir, ag àithne gun tèid pailteas sgrìobhainnean eadar-theangachadh gu Gàidhlig gun a bhith mothachail air a' ghainne eadar-theangairean agus air laigsean a' chànain a thaobh briathrachais spèisealaichte). Mu dheireadh, tha e deatamach gun cumar sùil air buileachadh phoileasaidhean gus dèanamh cinnteach gu bheil na co-dhùnaidhean a rinneadh aig àrd-ìre gan toirt gu buil mar bu chòir, agus gu bheil na poileasaidhean seo a' freagradh feumalachdan agus prìomhachasan luchd na Gàidhlig.

Summary

In contrast to other minority language jurisdictions such as Wales and Ireland, relatively little attention has so far been given to the development of Gaelic-medium public services in Scotland, but this situation will change significantly as the Gaelic Language Act 2005 comes into force. All public bodies in Scotland will be obliged to develop Gaelic language plans, if formally requested to do so by Bòrd na Gàidhlig. This article considers the various ideological and practical challenges that will arise in the development and implementation of such plans and makes practical suggestions for progress, particularly on the part of bodies serving areas in which Gaelic is relatively weak.

Straightforward hostility and ignorance will play a role in resistance to Gaelic plans, but the most important obstacle is the monolingual mentality of Scotland's public bodies and those who control them. Some will question the value of providing Gaelic-medium services when Gaelic speakers can also speak English; a more progressive approach, in line with European norms, is to allow citizens to use the language of their choice in dealing with public authorities. Others will challenge the relevance of Gaelic outside the Gàidhealtachd, even though the Gaelic Language Act is deliberately Scotland-wide in its scope. Crucially, the Act requires that in developing their language plans public bodies must have regard not only to the existing demand for Gaelic-medium services but also to the potential for developing the use of Gaelic by the organisation.

The practical challenges at issue may prove more difficult in the long run, even if ideological obstacles will be continually thrown up as plans are implemented; top-level support for a plan does not guarantee enthusiastic acceptance at all levels of the organisation.

The most obvious practical difficulties arise from the small size of the Gaelic community. The 'market' for Gaelic-medium services is relatively small, especially in non-heartland areas, and the relative cost of providing such services, perhaps most controversially television programming, is high. The limited number of Gaelic speakers, especially those with specialist skills, also makes the delivery of Gaelic-medium services difficult. The low density of Gaelic speakers in most parts of Scotland further complicates matters in terms of both demand and supply.

Diglossia also plays an important role in depressing the level of demand for Gaelic-medium services; partly due to state-imposed English-medium education, Gaelic speakers are not accustomed to using Gaelic in 'formal' settings, and thus may well not choose the Gaelic option even when this is made available. Proactive efforts to promote Gaelic-medium services ('active offer') are therefore required.

Diglossia also has a linguistic aspect, as many Gaelic speakers lack confidence in dealing with formal and intellectual matters through the medium of Gaelic. The language lacks specialist terminology for a wide range of relevant topics.

A number of practical recommendations are advanced. First, the relative level of provision for Gaelic should vary according to the strength of Gaelic in the community served. Where either the proportion or the absolute number of Gaelic speakers is relatively high, provision should be more expansive than when neither condition applies; thus Edinburgh and Glasgow City Councils, which serve thousands of Gaelic speakers, would have greater obligations than Scottish Borders Council.

Second, in non-Gaelic areas more emphasis should be placed on public services that allow for a delay in delivery (translation of correspondence, bilingual publications, bilingual corporate identity) rather than those which must necessarily be provided in real-time by a Gaelic speaker. At the same time, Gaelic plans cannot be allowed to be purely tokenistic, failing to involve the delivery of any Gaelic-medium public services.

Certain practical steps can be taken by any public body, even those in the areas of Scotland where Gaelic is weakest. Provision can be made to translate all communications received in Gaelic, and to publish certain key documents bilingually. Linguistic audits can make sure that any existing employees with Gaelic skills are wisely deployed, and 'language profiles' can show the potential value of Gaelic skills in each post. Appropriate posts can then be filled through proactive recruitment strategies or through the training of existing staff. Language training needs to be geared to the possible delivery of bilingual services; minimal courses that merely allow the recital of courtesy phrases are inadequate. Measures in the area of recruitment, personnel management and staff training are potentially controversial, however, and implementation needs to be well-planned and sensitively executed.

Endnotes

[1] Is ann aig Comhairle nan Eilean (Siar) a tha am poileasaidh as leatha. Tha an tionndadh as ùire den phoileasaidh aice (Comhairle nan Eilean Siar, 2004) a' cur an cèill gu bheil i airson 'cothrom a thoirt do gach neach a tha a' faighinn no a' cleachdadh sheirbheisean na Comhairle . . . seo a choilionadh ann an Gàidhlig no ann am Beurla a rèir an taghaidh phearsanta' agus gu bheil i '[a'] daingneachadh gu bheil seirbheis tron Ghàidhlig ri faotainn mar chòir gun a bhith aig neach ri dhol ga sireadh'. Chan eil e idir soilleir gu bheilear a' coileanadh nam prionnsabalan seo an-dràsta, ged-tà; mar eisimpleir, eadar am Faoilleach 2000 agus an t-Ògmhìos 2001 cha robh ach 4.8% de na dreuchdan a chaidh a shanasachadh leis a' Chomhairle air an comharrachadh 'Gàidhlig riatanach' no 'Gàidhlig fheumail' (McLeod, 2001b: tdd. 19-20).

[2] Tha an aiste seo a' coimhead air dleastanasan bhuidhnean poblach, ach tha e a cheart cho cudromach gum faighear adhartas anns an roinn phrìobhaidich. Ged a thathar a' cur cuideam air leasachadh 'an eaconamaidh Ghàidhlig' thairis air na beagan bhliadhnaichean a dh'fhalbh, is e glè bheag de dh'adhartas a chunnacas gu ruige seo anns an roinn phrìobhaidich (McLeod, 2001b, td. 30; McLeod, 2002, tdd. 54-5). Is bochd nach eil Achd na Gàidhlig a' beantainn ris an roinn phrìobhaidich idir agus nach deach a' cheist seo a thogail an lùib nan deasbadan Pàrlamaideach air a' bhile.

[3] Sin am bile aig Michael Russell BPA seach am bile Riaghaltais air a bheil Achd na Gàidhlig (Alba) 2005 stèidhichte: faic Dunbar, an leabhar seo.

[4] Cha robh an Coimisean idir cho diùltach anns na beachdan aige air Bile na Gàidhlig (Alba) anns an dàrna Pàrlamaid: thuirt e '[that it] fully supports the need to develop and maintain initiatives to promote and sustain Gaelic and is therefore fully supportive of the general principles of the Gaelic Language (Scotland) Bill', ach gu robh e airson adhartas a bhrosnachadh a thaobh solarachadh do chànanan eile cuideachd (Scottish Parliament, 2005, imleabhar 3).

[5] Tha airteagal 1(a) den Chairt a' mìneachadh na h-abairt 'regional or minority languages', a' dèanamh soilleir nach eil i a' gabhail a-steach 'the languages of migrants'. Mar as trice tha ciall chumhang aig an fhacal 'migrant' ann an lagh eadar-nàiseanta agus tha e coltach nach biodh e iomchaidh an teirm seo a chleachdadh ann an co-theags in-imrichean den dàrna no an treas ginealach. Mar sin, ged a chaidh an eisgeachd seo a chur anns a' Chairt gus cànanan neo-dhùthchasach a chumail a-mach, faodar ceist a thogail a bheil e ceart a bhith a' putadh à sgeith na Cairte cànanan a tha stèidhichte anns an Rìoghachd Aonaichte fad iomadh deichead (mar a tha cuid de chànanan nan Innseachan).

[6] Chan eil fiosrachadh cruinn ri fhaighinn air a' cheist seo, ged-tà, oir chan eil an Cunntas-sluaigh a' cur cheistean mu na cànanan seo. A rèir tomhais 'very crude' a rinneadh le Coinneach MacFhionghain, stèidhichte air fiosrachadh bho Chunntas-sluaigh 1991 a thaobh cinnidheachd agus àiteachan breith, bha 103,706 daoine a' bruidhinn chànanan neo-dhùthchasach ann an Alba, 2.11% de shluagh na h-Alba. Bha an àireamh sin a' gabhail a-steach chànanan Àsianach, Afraigeanach agus Eòrpach, agus bha freumhan aig a' mhòr-chuid dhiubh ann am Pakistan (21,113 daoine, 0.43% de shluagh na dùthcha) no ann an Sìne (10,179, 0.43%) (MacKinnon 1995-6).

[7] Chan ann mar sin a bha am Bile Gàidhlig aig Michael Russell (faic Dunbar, an leabhar seo); bhuineadh e, anns a' chiad dol-a-mach co-dhiù, ri Earra Ghàidheal is Bòid, sgìre Comhairle na Gàidhealtachd agus na h-Eileanan Siar a-mhàin. Cha robh a' choimhearsnachd Ghàidhlig

idir riaraichte leis an t-seòl seo, agus thug an diomb seo buaidh air Riaghaltas na h-Alba ann an dealbhadh a' Bhile acasan (a bha, ann an dòighean cudromach eile, nas laige na bile an Ruisealaich).

[8] Ann an 2001 cha robh ach 15,317 duine a' fuireach ann am paraistean far an robh Gàidhlig aig a' mhòr-chuid agus 9,473 ann am paraistean far an robh Gàidhlig aig dà thrian den t-sluagh. Gu dearbh, ma chleachdar mìneachadh nas teinne air 'cànan coimhearsnachd', .i. cànan a tha mar ghnàth-chainnt aig a h-uile ginealach ann an sgìre fa leth, dh'fhaodadh e bhith nach eil a' Ghàidhlig na cànan coimhearsnachd ann an àite sam bith ann an Alba a-nis.

[9] Tha dà-theangachas a' nochdadh nuair a tha dà chànan (no dà sheòrsa den aon chànan) air an stèidheachadh agus gan cleachdadh air feadh coimhearsnachd air choreigin, agus aon chànan ga chleachdadh ann an cuid de shuidheachaidhean agus an cànan eile ga chleachdadh ann an suidheachaidhean eile. Mar as trice bidh an dàrna cànan ga chleachdadh ann an suidheachaidhean neo-fhoirmeil, 'ìosal' agus an cànan eile ga chleachdadh ann an suidheachaidhean foirmeil, 'àrd-ìre' (faic Romaine, 2000, tdd. 46-9).

[10] Thoir an aire gu bheil an ìre gu math nas àirde ann an sgìre an Eilein Sgitheanaich agus Loch Àillse (fo-roinn oifigeil na Comhairle), far an robh Gàidhlig aig 34% den t-sluagh ann an 2001 (agus 41.7% ann an 1991).

[11] Tha an ìre nas àirde na 30% ann an Tiriodh (47.8% ann an 2001) ach chan eil an t-eilean na ogìre rianachd.

[12] A dh'aindeoin sin, tha paragraf 91 den Mheòrachan Ionmhasail a dh'fhoillsich Riaghaltas na h-Alba an cois Bile na Gàidhlig a' cur an cèill gum 'bu chòir *a' chuid as motha* de ùghdarrasan poblach beachdachadh' a bhith a' 'gealladh . . . ann an cur ri chèile plana[-cànain] a bhith a' toirt freagairt sa Ghàidhlig do litrichean Gàidhlig' (leamsa an cuideam). Tha e cha mhòr do-chreidsinneach gum biodh Bòrd na Gàidhlig (air neo an Riaghaltas) a' beannachadh 'plana Gàidhlig' a bheireadh cead do bhuidheann phoblach a bhith a' diùltadh freagairt anns a' Ghàidhlig a thoirt do litir a bha sgrìobhte anns a' Ghàidhlig. Saoil am biodh e ceart gu leòr 'plana Gàidhlig' a chur ri chèile a rinn soilleir nach faigheadh litrichean sgrìobhte anns a' Ghàidhlig freagairt idir?

[13] Tha liosta de sgrìobhainnean a dh'fheumas buidhnean poblach a' foillseachadh gu dà-chànanach ga thoirt seachad ann an earrann 10 de Acht na dTeangacha Oifigiúla an Èirinn, a' gabhail a-steach 'any document setting out public policy proposals; . . . any annual report; . . . any audited account or financial statement; [and] . . . any document . . . that is, in the opinion of the Minister [for Community, Rural and Gaeltacht Affairs], of major public importance'.

3   The Western Isles Language Plan: Gaelic to English language shift 1972–2001

Kenneth MacKinnon

As described by Magaidh NicAoidh (this volume), the Western Isles Language Plan was established in 2003, following an initiative commencing in August 2002 under the aegis of the Western Isles Language and Culture Forum. I was a consultant to the plan at early stages of its development. and participated in framing the questionnaire and sampling frame for a systematic survey of Western Isles residents in 2003–4. In preparation for this I also advised on demographic and linguistic processes affecting viability of the Gaelic-speaking community, much of which involved census analysis and empirical research which I had undertaken in the Western Isles since the early 1970s. This paper reports on some these bodies of data.

Language, Education and Social Processes in the Isle of Harris, 1972–4

This study was funded by a Social Sciences Research Council senior research fellowship (reference number 00 87812) and was based upon surveys of the island's then 286 primary and 181 secondary pupils, and a systematic sample of 91 adults. Amongst the problems which this study attempted to investigate was that of language-shift. Adult respondents were asked to report on their language use in some 55 everyday speech-situations in their upbringing and in present family usage. In 15 situations of reported low usage of Gaelic, 9 had shifted intergenerationally in favour of English, and 6 in favour of Gaelic. In the case of 27 situations reported with moderate use of Gaelic, 22 had shifted in favour of English, and only 2 in favour of Gaelic. Of 13 situations reported with high incidence of use of Gaelic, none were reported as stronger in present family use compared with the past. The cases where Gaelic usage was reported as increasing comprised such instances of low reported use of Gaelic as dealing with bank staff, local and regional telephone operators, policeman, inspector, and councillor, and such instances of moderate use of Gaelic as public entertainments and interactions with visiting workmen. (MacKinnon, 1977, pp. 144–57; see Table 1 herewith.)

These latter situations may be viewed as instances where the old diglossia was breaking down. Over the vast majority of situations in everyday life, English had made considerable gains. Its 'demesne', or the range of situations 'occupied' by the language, had considerably extended. Yet at that time, Gaelic remained the principal language of home and community and was still in active transmission to the younger generation.

Transmission of Language and Culture in Harris and Barra, 1976–8

This study was undertaken in 1976–8 with the support of a Social Science Research Council small project grant (reference number HR 4309) and the research funds of Hatfield Polytechnic, which enabled Morag MacDonald (now MacNeil) to be employed as a full-time research associate. The study comprised a systematic questionnaire survey of over one hundred respondents in southern Harris and on the Isle of Barra (and, with the assistance of research associates in Nova Scotia, of two similar Gaelic communities in Cape Breton Island). One of the principal purposes of this study was to examine more closely the maintenance of Gaelic and its associated linguistic culture in two strongly Gaelic Western Isles communities (and their maintenance by way of comparison in two migrant Gaelic communities in Canada). Results of these studies have been published: MacDonald, 1984; MacKinnon and MacDonald, 1980; MacKinnon, 1982, 1996.

Amongst the issues studied were language maintenance in the family and language use in the community. Gaelic usage in some of the more salient situations are presented here (in Tables 2 and 3, and Figures 1–4). It is apparent that intergenerational language shift has been substantial in both Western Isles communities. The top three instances (grandparents in original family, parents in original family, and parents in present family) represent three generations, and language-shift from Gaelic to English is particularly noticeable – especially in the percentage presentations (Tables 4 and 5). So too are the exchanges between father and child, mother and child, and children between each other. Gaelic may be marginally (but probably not significantly) stronger with fathers than mothers. Nevertheless the differences between original and present family usage indicate the substantial intergenerational weakening of the language in both communities. Children's use of Gaelic between each other shows this even more dramatically.

Language Maintenance and Viability in the Gaelic Speech Community, 1986–8

This study attempted to apply a similar scope and methodology to the whole of the principal Gaelic-speaking area, systematically surveying the Western Isles and the Isle of Skye some ten years later. It was supported by an Economic and Social Research Council major project grant (reference number G00 232328) and the research funds of Hatfield Polytechnic. Cathlin Macaulay was appointed as a full-time research associate. Similarity of questions enabled some comparison with the situation in typical parts of this area studied ten years earlier. Fuller details can be found in Macaulay, 1999 and in MacKinnon, 1988, 1990, 1991 and 1994a.

The results for the maintenance of Gaelic within Gaelic-speaking families in the Western Isles in 1986–8 are presented in Table 4 and Figure 5. Intergenerationally, Gaelic was well-maintained by these respondents between the grandparental and parental generations, but decline is successively rapid between subject and partner, subject to children, and between children themselves. Such decline will certainly be more advanced amongst younger respondents.

The Euromosaic National Gaelic Speaker Survey, 1994–5

The European Commission's Task Force Resources Humaines funded an international study of lesser-used languages across the European Union in 1994–5, which was organised by Equip Euromosaic, Barcelona, and in the UK by Research Centre Wales at Bangor. I was asked to undertake what was to be the first national language-use study of Gaelic speakers throughout Scotland. It was quota-sampled by area, age, gender and occupation, and included a subsample of 130 respondents in the Western Isles. The similarity of questions with earlier samples enabled comparisons with earlier studies. This methodology gave the potential for comparisons with other language groups (see EBLUL, 1995; Nelde, Strubell and Williams, 1996). Further results of the Gaelic survey have been published as MacKinnon, 1998 and 2001.

With the analysis of these results, language use of Gaelic speakers in the Western Isles between the 1986–8 and 1994–5 surveys could be compared. Although the methodology of the two surveys differed, the pace of language shift during this short period certainly overcame any effects of quota *versus* systematic sampling. The results are presented in Tables 4 and 5, and in Figure 5. This gives a clear visual indication of the rapidity of Gaelic-to-English language-shift in this area. Table 6 and Figures 7 and 8 present a more detailed impression of language use within Western Isles Gaelic-speaking families at this time. The dominant pattern is of rapid sequential intergenerational decline in use of Gaelic.

The study also examined the use of Gaelic and English across a range of 30 everyday community speech-situations. These results are presented in Tables 7–9, and Figures 9–11. The situations are rank-ordered in terms of salience of Gaelic as compared with English. They range from such situations as retail purchases, asking the time, speaking to minister, priest or local councillor, where use of Gaelic predominates. The use of Gaelic declined further through such moderately Gaelic situations as car and machine repairs, drinking in pubs, and ordering meals, to situations of lower use of Gaelic such as dealings with bank manager, teacher, doctor, library staff and social worker. Minimal use of Gaelic was reported with solicitors, paying bills, sports training and police. Negligible use of Gaelic was reported for business with tax and social security offices, telephone operators, dentists, buying electronic goods, reporting leaks and power cuts, booking theatre tickets or holidays, and for eye tests. The Gaelic 'demesne' can be seen as extending across most of the situations in Figure 9, and English can be seen as commanding to a greater or lesser degree the situations represented in Figures 10 and 11. These aspects of modern life thus bring the use of English into the heart of the Gaelic community.

Demographic analysis

Population, education and economy

The Western Isles area today faces acute population and economic problems. In recent decades oil-related work has brought some intermittent employment opportunities, but the island economy lacks a reliable staple industry. Harris tweed has faced decline, and people go away to work in service industries and the merchant navy. The population is ageing and birth rates are declining more acutely than in Scotland as a whole. This is apparent in the population structure as illustrated in Figures 14 and 15, and the situation for school rolls as shown in Tables 10 and 11, and Figures 12 and 13.

Education may provide an effective means of reproducing the language in the younger generation even though its position in the home is weakening. This has proved a most effective strategy in Wales. However, it is clearly apparent that school rolls have been falling over the past two decades, and although there was a growth of enrolments into Gaelic-medium schooling between 1986 and 1998, since then Gaelic-medium education in the Western Isles has been in decline. If the Western Isles Language Plan is to have any prospects of success, this is clearly an issue for immediate attention. If Gaelic is to be realistically retained as a community language in the Western Isles, a priority aim for local education needs to be the effective acquisition and development of both the languages of the community during the period of childhood school attendance. This needs to involve all schools – both primary and secondary – and not just the present 25 out of 39 primary schools which in 2004 have Gaelic-medium units.

Gaelic-medium education has achieved some success, which is apparent in Figures 14 and 15 in the gains for Gaelic in the 5–9 and 9–14 age-groups. The lack of development for the language in secondary education has meant that these gains are almost immediately lost in the successive 15–19 and 20–24 age-groups. These age-groups immediately precede marriage and family-formation, and are noticeable also for local population loss. The present extent of Gaelic-medium education is quite insufficient either to hold or to reverse the present incidence of Gaelic in the community. Its effects may be little more than to slow down the present rates of attrition of the language.

The development of economic and employment policies for the Western Isles might lie outwith the scope of the present paper, which is concerned essentially with language policy and planning. However, as the systematic sample was being selected, it became apparent that substantial numbers of incomers have settled in the Western Isles, and presumably have the economic means to do so. They are for the most part non-Gaelic-speaking, and any language plan for the community must take into account how this population sector may be accommodated without the concomitant of inducing even further local language-shift. The challenge of any future economic development of the islands will lie in its potential for the stimulation of Gaelic rather than its inexorable promotion of English.

Prospects for reversing language shift

On the whole, Gaelic in the Western Isles has been officially regarded in a fairly *laisser-faire* manner. When the authority was created in 1975 a bilingual primary schools project was initiated, and this was supposed to have resulted in its measures being spread to all primary schools when it had run its course. A bilingual secondary project was deferred in 1979, the government changed and the new government did not support it. Gaelic preschool provision has often entailed corresponding English-language provision – without the reverse having necessarily received similar priority. In 1975 a bilingual administrative policy was initiated. This was a permissive measure, and has probably not really achieved any significant breakthrough of encouraging Gaelic-speakers to use their language in new domains and situations. The time is ripe for a fresh start with a new language plan, informed with new thinking, such as the possibility of reversing language shift.

Despite the long history of neglect and insufficient provisions, Gaelic has survived and still has some residual strengths. Over the decades the numbers of local areas where the incidence of Gaelic amongst younger people is stronger than amongst older has steadily diminished. However, in 2001 there were still a remaining few. Whether it is possible to initiate policies which can build upon these instances of survival against all the odds remains to be seen. It is, however, instructive to examine these cases more closely. The Western Isles today certainly comprise a case of advanced language-shift, but can the prospect of reversing language shift be a realistic possibility (Fishman 1990, 1991, 2001) – or is it even in places actually occurring?

This analysis has used two measures of assessing community strength for Gaelic by means of demographic analysis of census results. Where the incidence of Gaelic speakers is greater than amongst older speakers, there can be said to be an 'intergenerational gain'. This, however, is subject to population movements strengthening or diluting the proportions. A more absolute measure is the comparison of the numbers of Gaelic-speaking children as a ratio of the Gaelic-speaking parental generation. This 'intergenerational ratio' is the more valid measure. These values have been calculated for the Western Isles and its wards and the results are presented in Tables 12 and 13, and Figures 16 and 17.

There were only two cases of intergenerational gain where the proportion of Gaelic speakers amongst the children were equal or greater than in the parental generation: Uig/Carloway (Lewis), and Eochar (South Uist)/North Benbecula. There were only six cases of positive intergenerational ratio where the parental generation was successfully reproducing itself in the age-group of childhood: Harris, Barra/Vatersay, Uig/Carloway, Coll/Gress (Lewis), Lochmaddy/Paible (North Uist), and Daliburgh (South Uist)/Eriskay. Whether these last residual areas of successful language transmission will persist without strong positive supportive public policies is of course doubtful.

This, then, is the situation which the Western Isles Language Plan has to face, and a measure of the problems it is to tackle.

Some considerations for the future

- A future for Gaelic as a community language urgently implies new policies in education and in public life.
- Schooling – both primary and secondary – should enable *all* children to acquire, and to be educated in, *both* their community languages.
- Today's social and economic pressures mean that Gaelic cannot be successfully maintained as a community language without effective proactive policies, strong positive encouragement, and the creations of institutions which use the language.
- Such strategies need to promote Gaelic in the home, the workplace and the media as well as in the school.
- Strategies need to be developed to enable Gaelic to be effectively used in communities where incomers have brought a strong anglicising presence.
- Residual strengths still exist, however, and can be utilised.

Tables and Figures

Table 1: Intergenerational language-shift: Gaelic-speaking Harris adults (N = 85)
Source: MacKinnon, 1977, Figure 7.2 (p. 156)
Support: SSRC senior research fellowship ref no: 0087812

lang-shift: under 40s / over 60s	Low use of Gaelic-only: under 45%	Moderate use of Gaelic-only: 45-70%	High use of Gaelic-only: over 70%
High shift to English: 30 %+		27 People at work 17 Church meetings	
Moderate shift to English: **15-30 %-point difference**	44 Unfamiliar shopkeeper 45 Counting	34 District clerk 29 Foreman 21 Shopping 14 Young people 36 Dreaming 28 Children 15 Younger relations 32 teacher 31 Buying petrol	3 spouse 9 Family at home 11 Other family 4 Old people 5 Own croft work 13 Township mtg 7 Oth croft 12 Personal prayer
Low shift to English: **under 15 %-point difference**	42 Sports meeting 41 Swearing 54 Doctor 46 Croft Assessor 48 Travelling salesman 47 Waiter	26 Work 27 Child misbehaving 23 Stranger 22 Stranger opp sex 30 Nurse 19 Post-office 40 Councillor 16 Minister 24 Child expln 20 Shop / Van 35 Teacher at school 28 Clubs 37 Pub transport 18 Quarrelling	6 Family prayers 10 Church elder 8 Missionary 1 Older relations 2 Parents
Shift to Gaelic: **up to 20 %-point difference**	52 Bank 50 Teloperatr 53 Police 49 Inspector 51 Harris tel operator 41 Councillor loc probs	33 Public entertainments 39 Workman at door	

Table 2: *from* MacKinnon and MacDonald, 1980
Support: SSRC Project Grant HR 4309

Q.15 Q. 35 How often would you say Gaelic was / is spoken in your home?
Respondents in BARRA: N = 112 (101 G–speakers, 11 non-G-speakers)

Use of Gaelic by fam mbr	No resp N/A Orig / Pres	Always Orig / Pres	Often Orig / Pres	Occasionally Orig / Pres	Seldom Orig / Pres	Never/ Orig / Pres
Grandparnts in orig family	1 -	105 -	0 -	0 -	0 -	6 -
Btwn Father and Mother	0 20	96 71	6 7	6 3	2 4	8 7
Btwn Mother and Children	0 27	95 56	6 18	1 3	1 2	9 6
Btwn Father and Children	1 30	96 58	4 9	0 4	1 3	10 8
Btwn Friends and Relatns	0 1	100 76	2 20	2 6	1 5	7 4
Children wth each other	1 35	91 41	7 11	3 4	1 12	9 9

Table 3: *from* MacKinnon and MacDonald, 1980
Support: SSRC Project Grant HR 4309

Q.15 Q. 35 How often would you say Gaelic was / is spoken in your home?
Respondents in HARRIS: N = 106 (89 G-speakers, 14 non-G-speakers, 3 D/K)

Use of Gaelic by fam mbr	No resp N/A Orig / Pres		Always Orig / Pres		Often Orig / Pres		Occasionally Orig / Pres		Seldom Orig / Pres		Never/ Orig / Pres	
Grandparnts in orig family	0	-	97	-	0	-	2	-	0	-	7	-
Btwn Father and Mother	0	30	90	54	5	6	0	3	2	1	9	12
Btwn Mother and Children	0	39	88	39	4	11	3	5	0	3	11	8
Btwn Father and Children	0	39	88	42	5	11	3	1	0	3	10	10
Btwn Friends and Relatns	0	0	89	62	6	28	0	7	3	3	8	6
Children with each other	1	48	83	21	8	11	0	5	2	13	12	8

Figure 1: *from* MacKinnon and MacDonald, 1980

Q. 15 Q. 35 How often would you say Gaelic was / is spoken in your home?
Respondents in BARRA: N = 112 (101 G–speakers, 11 non-G-speakers)

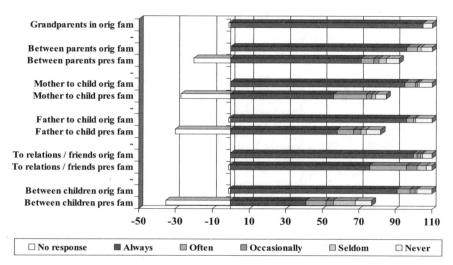

Figure 2: *from* MacKinnon and MacDonald, 1980

Q. 15 Q. 35 How often would you say Gaelic was / is spoken in your home?
Respondents in HARRIS: N= 106 (89 G-speakers, 14 non-G-speakers, 3 D/K)

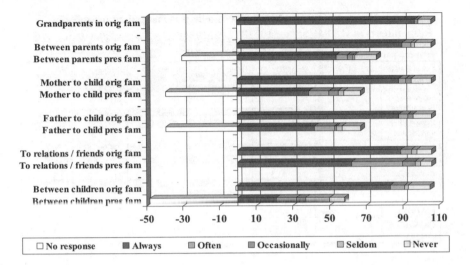

Figure 3: *from* MacKinnon and MacDonald, 1980

Q. 15 Q. 35 How often would you say Gaelic was / is spoken in your home?
Respondents in BARRA: N = 112 (as % eliminating N/A and non-respondents)

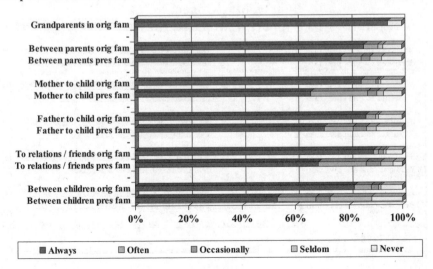

Figure 4: *from* MacKinnon and MacDonald, 1980

Q. 15 Q. 35   How often would you say Gaelic was / is spoken in your home?
Respondents in HARRIS: N = 106 (as % eliminating N/A and non-respondents)

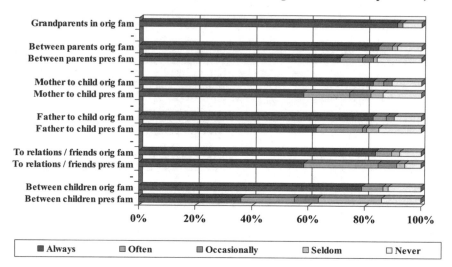

Table 4: *from* Language-Maintenance and Viability in the Scottish Gaelic Speech-Community 1986-8
Western Isles Gaelic Speakers (N = 224)
Source: MacKinnon, 1994a
Support: ESRC G00 232328

Language Usage	By Subject to Grand-parents		Betwn subject's own Parents		By subject to Partner		By subject to own Children		Betwn subjt's own Children	
	Number	%	Number	%	Number	%	Number	%	Number	%
Gaelic	212	95.9	212	96.4	117	72.7	80	55.2	45	35.5
Both equally	3	1.4	1	0.4	18	11.2	37	25.5	29	22.8
English	6	2.7	7	3.2	26	16.1	28	19.3	53	41.7
Total respdg	221	100.0	220	100.0	161	100.0	148	100.0	127	100.0
Non-respdng	3		4		63		79		07	

Table 5: *from* Euromosaic National
Gaelic-speaker Survey 1994-5
Western Isles Gaelic Speakers (N = 130)
Source: Euromosaic, 1995
Support: EU Task Force Resources Humaines / Euromosaic Project

NOTE: Responses for maternal and paternal grandparents have been aggregated = 260

Language Usage	By Subject to Grand-parents Number %	Betwn subject's own Parents Number %	By subject to Partner Number %	By subject to own Children Number %	Betwn subjt's own Children Number %
Gaelic	195 88.2	210 83.6	45 69.2	38 49.4	18 28.6
Both equally	12 5.5	7 5.5	12 15.8	15 19.4	13 20.6
English	14 6.3	14 10.9	19 25.0	24 31.2	32 50.7
Total respdg	221 100.0	128 100.0	76 100.0	77 100.0	63 100.0
Non-respdng	39	2	54	63	67

Figure 5: Intergenerational Language-Shift: Western Isles Gaelic-speakers — Comparison between 1986-8 and 1994-5 Surveys

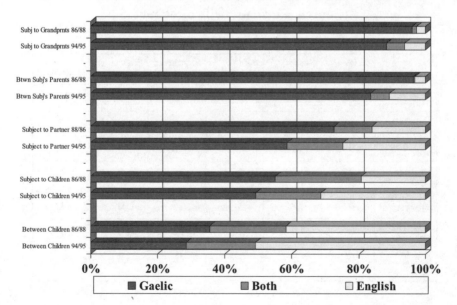

Figure 6: Western Isles: total population and Gaelic speakers 1891-2001
Source: GROS Census Gaelic Reports 1971-2001, Census 2001 Tables UV12, S206

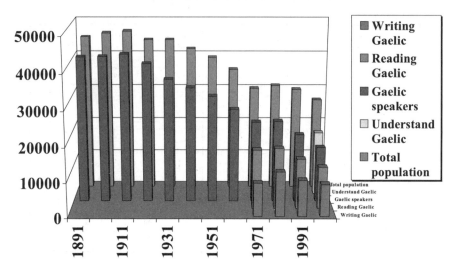

Table 6: Language in family: Western Isles 1994-5
Source: Euromosaic Project 1994-5

Speech situation	Gaelic only	Gaelic mainly	Both equally	English mainly	English only	Not applicable
To maternal grandparents	94	6	7	5	0	18
To paternal grandparents	89	6	5	0	9	21
Between orig family parents	99	8	7	6	8	2
To original family mother	92	9	17	6	8	2
To original family father	87	9	14	7	6	7
To present family sister	65	10	15	12	10	18
To present family brother	68	8	17	9	10	18

Table 6: Language in family: Western Isles 1994-5 (continued)
Source: Euromosaic Project 1994-5

Speech situation	Gaelic only	Gaelic mainly	Both equally	English mainly	English only	Not applicable
To present family mother	39	10	15	6	7	53
To present family father	29	5	12	8	7	69
To pres fam spouse/ partner	39	6	12	7	12	54
To pres family children	26	12	15	13	11	53
Pres fam partner to children	29	8	11	12	5	65
Between pres family children	7	11	13	10	22	67

Figure 7: Language in family: Western Isles 1994/5

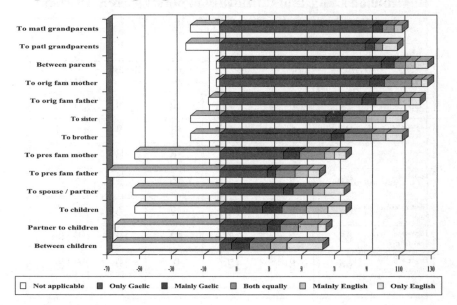

61

Figure 8: Language in family: Western Isles 1994/5

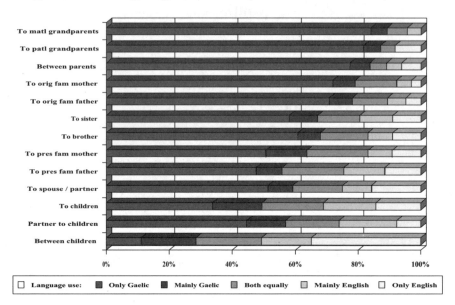

Table 7: Western Isles Gaelic speakers 1994-5:
High to moderate use of Gaelic in community speech situations

Speech situation	Speak in Gaelic	Speak in English	Not applicable
Shopping	97	25	8
Ask the time	93	23	14
Buy a newspaper	92	28	10
To minister/priest	92	21	17
Buy petrol	87	26	17
To local councillor	86	27	17
For a car repair	69	36	25
Buy drink in pub	55	35	40
To hairdresser	45	39	46
For machine repair	37	61	32

Figure 9: Western Isles Gaelic speakers 1994-5:
High to moderate use of Gaelic in community speech situations

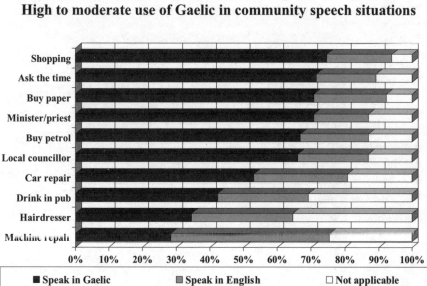

Table 8: Western Isles Gaelic speakers 1994-5:
Low to minimal use of Gaelic in community speech situations

Speech situation	Speak in Gaelic	Speak in English	Not applicable
Order a meal	32	60	38
To bank manager	31	69	30
To child's teacher	31	12	87
To a doctor	19	70	41
To library staff	19	53	58
To a social worker	19	39	72
To a solicitor	13	44	73
Pay a water bill	11	45	74
At sports training	7	25	98
To the police	6	66	58

Figure 10: Western Isles Gaelic speakers 1994-5:
Low to minimal use of Gaelic in community speech situations

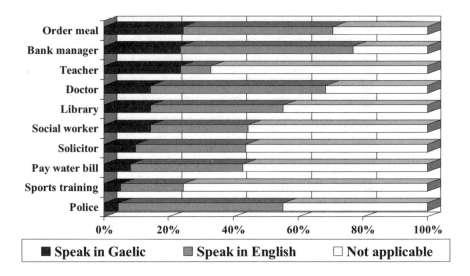

Table 9: Western Isles Gaelic speakers 1994-5:
Negligible use of Gaelic in community speech situations

Speech situation	Speak in Gaelic	Speak in English	Not applicable
At a tax office	5	65	60
Buy a CD / Hi-Fi	5	60	65
To phone operator	4	86	40
To a dentist	4	79	47
Report a gas leak	4	50	76
At DSS office	3	57	70
Buy theatre ticket	2	34	94
Report power cut	2	83	45
At an eye test	1	77	52
Book a holiday	1	64	65

Figure 11: Western Isles Gaelic speakers 1994-5:
Negligible use of Gaelic in community speech situations

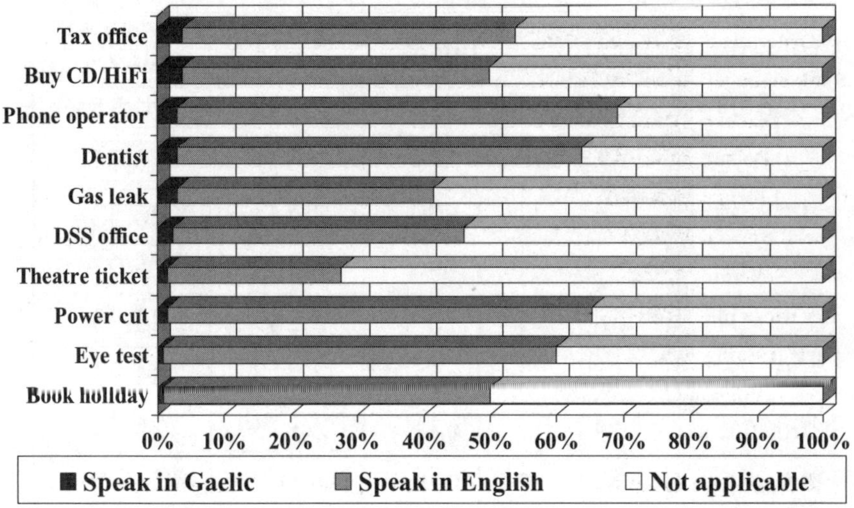

Table 10: Western Isles primary pupils in Gaelic-medium education 1986-95

School year	Pupils in GME	Non-GME pupils	Total pupils	% in GME
1986/87	4	3,006	3,010	0.13
1987/88	19	2,927	2,946	0.64
1988/89	20	2,776	2,796	0.72
1989/90	51	2,746	2,797	1.82
1990/91	107	2,669	2,776	3.85
1991/92	192	2,470	2,662	7.21
1992/93	271	2,373	2,644	10.25
1993/94	362	2,279	2,641	13.71
1994/95	467	2,151	2,618	17.84

Table 11: Western Isles primary pupils in Gaelic-medium education 1995-2004

School year	Pupils in GME	Non-GME pupils	Total pupils	% in GME
1995/96	549	2,066	2,615	20.99
1996/97	629	1,954	2,583	24.35
1997/98	665	1,896	2,561	25.97
1998/99	643	1,800	2,443	26.32
1999/00	599	1,790	2,389	25.07
2000/01	589	1,700	2,289	25.73
2001/02	553	1,665	2,218	24.93
2002/03	542	1,631	2,173	24.94
2004/05	503	1,657	2,160	23.29

Fig. 12: Western Isles primary pupils in Gaelic-Medium Units 1986-2004

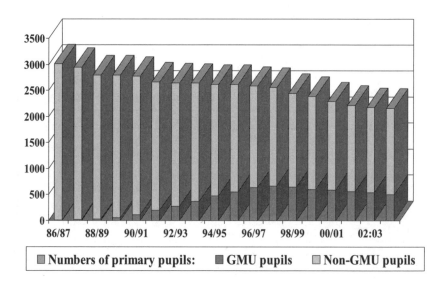

Fig. 13: Western Isles primary pupils in Gaelic-Medium Units 1986-2004

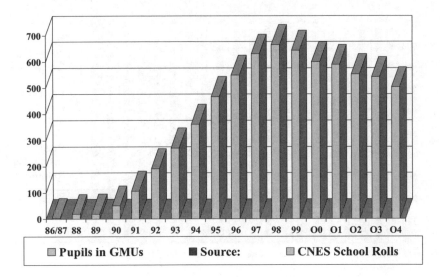

Fig 14: Western Isles 2001 Census: all persons with and without Gaelic language abilities – numbers
(under-20s as: 0-4, 5-9, 10-14, and 15-19)

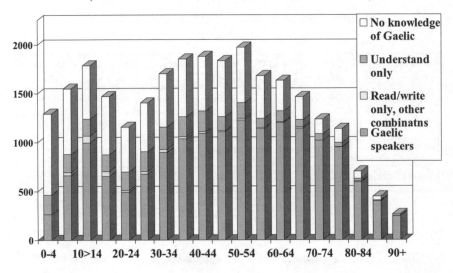

Fig 15: Western Isles 2001 Census: all persons with and without Gaelic language abilities – percentages
(under-20s as: 0-4, 5-9, 10-14, and 15-19)

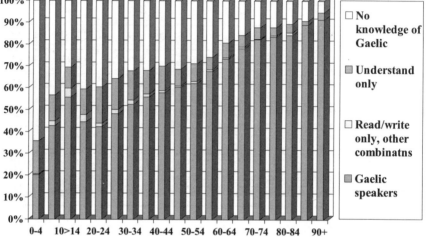

Table 12: Reversing Language Shift: Scotland, Western Isles 2001

Source: Census Scotland 2001, Tables S206, T27 .

Area & age-group	Total population	No. of G. speakers	As % of age-grp	Intergenrl gain / loss	Mean no. p single year	Intergen ratio
Scotland 5-15	695,191	6,899	0.992	- 0.011	672.182	0.891
Scotland 20-44	1,794,648	17,599	0.981	- 0.011	703.960	0.891
W Isles 5–15	3,709	1,834	49.447	- 2.980	166.727	0.995
W Isles 20-44	7,992	4,190	52.427	- 2.980	167.600	0.995

Table 13: Reversing Language Shift:
Western Isles Wards 2001

Area & age-group	Total populn	No. of G speakers	As % of age-grp	Intergenrl gain / loss	Mean no.p. single year	Intergen ratio
Harris 5 - 15	282	164	58.156	- 6.639	14.909	1.242
Harris 20 - 44	463	300	64.795	- 6.639	12.000	1.242
Barra/Vatsy 5 - 15	212	122	57.547	- 7.849	11.091	1.243
Barra/Vatsy 20 - 44	341	223	65.396	- 7.849	8.920	1.243
Dell/P.Ness 5 - 15	178	118	66.292	- 6.027	10.727	0.925
Dell/P.Ness 20 - 44	401	290	72.319	- 6.027	11.600	0.925
Shawbost 5 - 15	223	130	58.296	- 9.383	11.818	0.947
Shawbost 20 - 44	461	312	67.679	- 9.383	12.480	0.947

Table 13 contd: Reversing Language Shift:
Western Isles Wards 2001

Area & age-group	Total popln	No. of G speakers	As % of age-grp	Intergenrl gain / loss	Mean no.p single year	Intergen ratio
Uig/Carloway 5-15	223	159	71.300	+ 11.208	14.455	1.379
Uig/Carloway 20-44	436	262	60.092	+ 11.208	10.480	1.379
Coll/Gress 5-15	283	148	52.296	- 5.977	13.455	1.038
Coll/Gress 20-44	556	324	58.273	- 5.977	12.960	1.038
Laxdale/Bwtr 5-15	209	80	38.278	- 2.514	7.273	0.767
Laxdale/Bwtr 20-44	581	237	40.792	- 2.514	9.480	0.767
Castle/Coulrgn 5-15	258	66	25.581	- 5.099	6.000	0.811
Castel/Coulrgn 20-44	603	185	30.680	- 5.099	7.400	0.811

Table 13 contd: Reversing Language Shift: Western Isles Wards 2001

Area & age-group	Total popln	No. of G speakers	As % of age-grp	Intergenrl gain / loss	Mean no.p single year	Intergen ratio
Goathill/M.Pk 5 - 15	184	47	25.543	- 9.457	4.273	0.565
Goathill/M.Pk 20 - 44	540	189	35.000	- 9.457	7.560	0.565
Newton/Bayhd 5 - 15	192	65	33.854	- 3.721	5.909	0.782
Newton/Bayhd 20 - 44	503	189	37.575	- 3.721	12.960	0.782
Rraighe/Plstfd 5 - 15	230	76	33.043	- 2.768	6.909	0.815
Braighe/Plstfd 20 - 44	592	212	35.811	- 2.768	8.480	0.815
Tiumpan/Cnoc 5 - 15	239	87	36.402	- 11.321	7.909	0.820
Tiumpan/Cnoc 20 - 44	505	241	47.723	- 11.321	9.640	0.820

Table 13 contd: Reversing Language Shift: Western Isles Wards 2001

Area & age-group	Total popln	No. of G speakers	As % of age-grp	Intergenrl gain / loss	Mean no.p single year	Intergen ratio
Lochs/N.Lochs 5 - 15	210	86	40.952	- 9.241	4.273	0.752
Lochs/N.Lochs 20 - 44	518	260	50.193	- 9.241	10.400	0.752
Lochmaddy/Pbl 5 - 15	266	159	59.774	- 7.663	14.445	1.126
Lochmaddy/Pbl 20 - 44	476	321	67.437	- 7.663	12.840	1.126
Eochar/N.Ben 5 - 15	196	105	53.571	+ 0.514	9.545	0.982
Eochar/N.Ben 20 - 44	458	243	53.057	+ 0.514	9.720	0.982
Daliburgh/Esky 5 - 15	324	222	68.519	- 3.524	20.182	1.255
Daliburgh/Esky 20 - 44	558	402	47.723	- 3.524	16.080	1.255

Figure 16: RLS Western Isles Wards 2001

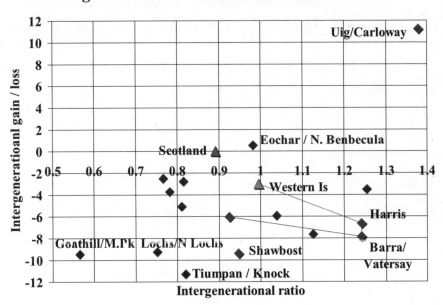

Fig. 17: RLS Western Isles 2001, Welsh 1991, 2001

Source: 2001 Census Scotland:Tables S206, T27; 1991 Census England & Wales: LBS 67W;
2001 Census England & Wales, Tables S133, T39

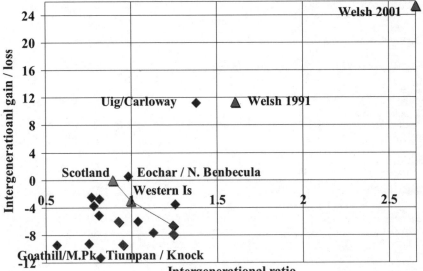

4 Pròiseact Plana Cànain nan Eilean Siar: A' chiad ìre – rannsachadh air suidheachadh na Gàidhlig anns na h-Eileanan Siar

Magaidh NicAoidh

Eachdraidh a' phròiseict

Chaidh pròiseact Plana Cànain nan Eilean Siar a stèidheachadh ann an 2002, an dèidh do bhuidhnean anns na h-Eileanan Siar coinneachadh gus beachdachadh air suidheachadh na Gàidhlig anns na h-eileanan. Bha dragh air an fheadhainn a bha an làthair mu mar a bha an àireamh de luchd-labhairt na Gàidhlig a' crìonadh agus Gàidhlig air a cleachdadh nas lugha agus nas lugha ann an coimhearsnachdan nan eilean. Le sin chaidh pròiseact Plana Cànain nan Eilean Siar a stèidheachadh gus an suidheachadh a rannsachadh agus gus feuchainn ri dòighean a lorg airson cùisean a leasachadh.

Chaidh an Co-òrdanaiche Plana Cànain fhastadh as t-samhradh 2003, le Comhairle nan Eilean Siar, Comunn na Gàidhlig, Colaisde a' Chaisteil, Iomairt nan Eilean Siar agus Bòrd na Gàidhlig air an riochdachadh air a' bhuidhinn-stiùiridh. Tha am pròiseact a' faighinn maoineachadh bho LEADER + agus bho Bhòrd na Gàidhlig, agus tha e stèidhichte aig Colaisde a' Chaisteil ann an Steòrnabhagh.

Amasan

Is iad na h-amasan a tha aig a' phròiseact:

- Gàidhlig a neartachadh mar chànan teaghlaich
- Gàidhlig a neartachadh mar chànan anns a' choimhearsnachd
- àireamh luchd-labhairt is luchd-cleachdaidh na Gàidhlig anns na h-eileanan a mheudachadh

Is e an rùn a tha air cùl seo gum bi dà-chànanas gnàthaichte anns an teaghlach agus anns a' choimhearsnachd. Tha fios nach bi an targaid agus na h-amasan seo furasta an coileanadh, agus tha an t-slighe air adhart na ceist air mòran.

An rannsachadh

Bha a' chiad ìre den phròiseact stèidhichte air rannsachadh air dè am fìor shuidheachadh a tha aig a' Ghàidhlig ann an coimhearsnachdan nan Eilean Siar.

Bha feum air rannsachadh a dhèanamh air na buidhnean poblach a tha ag obair anns na h-Eileanan Siar gus faighinn a-mach an robh poileasaidh Gàidhlig aca agus ma bha, solas fhaighinn air an dòigh anns an robh iad a' cur am poileasaidhean an gnìomh agus fiosrachadh fhaighinn cuideachd mu dhòighean eile anns an robh iad a' toirt taic dhan Ghàidhlig.

Bhathar cuideachd a' rannsachadh mar a tha coimhearsnachdan mion-chànanach eile ag obair gus piseach a thoirt air an t-suidheachadh aca fhèin agus tha an taobh seo den rannsachadh a' leantainn anns an dàrna ìre den phròiseact. Thathar a' coimhead ri dùthchannan mar a' Chuimrigh far a bheil Cuimris air neartachadh thar nam bliadhnaichean leis na h-oidhirpean a tha a' gabhail àite. Bidh e feumail do phròiseact Plana Cànain nan Eilean Siar ionnsachadh bho choimhearsnachdan air feadh an t-saoghail dè na gnìomhan a b' fheàrr a dh'obraich dhaibhsan agus a dh'fhaoidte a chleachdadh a thaobh na Gàidhlig.

B' e an obair rannsachaidh a chaidh a dhèanamh le ceisteachain an rannsachadh a bu mhotha anns an robh an sgioba an sàs anns a' chiad ìre den phròiseact. Chaidh dà cheisteachan ullachadh – Ceisteachan 1, a chaidh gu taghadh de mhuinntir nan eilean, agus Ceisteachan 2, airson daoine a thàinig a dh'fhuireach anns na h-Eileanan Siar anns na deich bliadhna a chaidh seachad.

Rannsachadh nan ceisteachan

Gus fiosrachadh fhaighinn air suidheachadh na Gàidhlig anns na h-Eileanan Siar, bha na ceisteachain a' faighneachd ciamar a tha Gàidhlig air a cleachdadh ann an teaghlaichean agus coimhearsnachdan nan eilean, cuide ri bhith a' toirt cothrom beachdachaidh dhan luchd-fhreagairt air a' Ghàidhlig agus gnothaichean ceangailte rithe. Tha am fiosrachadh bho Chunntas-sluaigh 2001 a' toirt sealladh farsaing air an àireamh de dhaoine aig a bheil comas a' Ghàidhlig a bhruidhinn, a thuigsinn, a leughadh agus a sgrìobhadh. Chan eil an cunntas seo a' toirt iomradh air mar a tha Gàidhlig air a *cleachdadh* agus le sin, tha feum air soilleireachadh air dha-rìribh dè cho 'beò' 's a tha a' Ghàidhlig anns na h-Eileanan Siar.

Cuide ri sin, bha na ceisteachain a' toirt cothrom dhan phoball beachdachadh air suidheachadh na Gàidhlig mar a tha iadsan ga fhaicinn. Aig deireadh a' phròiseict bithear an dùil gum bi plana cànain air a dheasachadh airson nan Eilean Siar. Bidh e deatamach dhan phlana seo gum bi taic aige bho mhuinntir nan eilean. Tha am pròiseact airson gum bi cothrom aig an t-sluagh beachdan a thoirt air dè na leasachaidhean a tha a dhìth airson na Gàidhlig anns na coimhearsnachdan aca fhèin, agus bha na ceisteachain mar phàirt bhunaiteach den chonaltradh seo.

Ceisteachan 1: modhan-obrach

Air sgàth gainnead tìde agus ionmhais cha robh e comasach ceisteachan a chur chun a h-uile duine a tha a' fuireach anns na h-Eileanan Siar. Le sin bha taghadh òrdail air a dhèanamh, leis a h-uile 35 ainm air a' chlàr-bhòtaidh air a thaghadh gus ceisteachan fhaighinn. Bha seo a' ciallachadh nach e dìreach feadhainn a bha taiceil dhan Ghàidhlig a fhuair ceisteachan agus bu chòir gum biodh an siostam a' ciallachadh taghadh de dhaoine de gach aois, boireannaich agus fireannaich, le obraichean de gach seòrsa, agus mar sin air adhart. Bha an siostam seo cuideachd a' dèanamh cinnteach gum biodh a h-uile coimhearsnachd anns na h-Eileanan Siar air an riochdachadh.

Le ceisteachan a tha a' dol a-mach anns a' phost tha e air a dhearbhadh nach bu chòir dùil a bhith ach ri àireamh glè bheag de na ceisteachain air ais. Is ann air sgàth sin a roghnaicheadh luchd-tadhail dhachaighean fhastadh airson a dhol a-mach le na ceisteachain. Bhiodh an neach-tadhail a' dol le ceisteachan chun an t-seòlaidh a bha air a thaghadh agus a' fàgail a' cheisteachain aig an neach a bha air a thaghadh, ma bha iad deònach pàirt a ghabhail anns an rannsachadh. Dhiodh an neach-tadhail an uair sin a' tilleadh an dèidh latha no dhà a dh'iarraidh a' cheisteachain agus a' toirt cuideachadh le duilgheadas sam bith a bha aig an neach-fhreagairt. Anns gach coimhearsnachd, is e neach-tadhail bhon choimhearsnachd fhèin a bha air fhastadh agus air sgàth sin bha eòlas acasan air an sgìre agus, anns an fharsaingeachd, bha an luchd-freagairt a' faireachdainn na bu chofhurtaile.

Shoirbhich leis an t-siostam seo, le 611 cheisteachan air an cur a-mach, agus 414, no 68%, air an tilleadh. B'e na bu lugha na deichnear a dhiùlt an ceisteachan a lìonadh anns na h-eileanan gu lèir. Ged a bha an àireamh a fhuaireadh air ais ann am feadhainn de choimhearsnachdan na bu lugha na ann an coimhearsnachdan eile, b' iad na h-adhbharan airson seo gun robh an fheadhainn a bha air an taghadh air falbh bhon t-seòladh aig àm an rannsachaidh, tinn no air bàsachadh. Sin na duilgheadasan le rannsachadh a' cleachdadh a' chlàir-bhòtaidh – chan urrainn dhan fhiosrachadh a bhith buileach ùr seach gu bheil cùisean ag atharrachadh a h-uile latha.

An luchd-freagairt

Bha an siostam òrdail airson an luchd-freagairt a thaghadh a' ciallachadh gun d' fhuair taghadh cothromach de mhuinntir nan eilean na ceisteachain. Tha na h-àireamhan a' dearbhadh seo. Is e boireannaich a tha ann an 58.5% den luchd-fhreagairt, le 41.5% de dh'fhireannaich. Tha cunntas-sluaigh 2001 a' sealltainn gu bheil àireamh nam boireannach a tha a' fuireach anns na h-Eileanan Siar nas àirde na àireamh nam fireannach– is e boireannaich a tha ann an 51% de mhuinntir nan eilean – agus tha mòran fireannaich anns na h-eileanan ag obair air falbh, mar eisimpleir anns a' Chuan a Tuath. Tha seo a' toirt beagan mìneachaidh air feadhainn de na h-adhbharan airson barrachd boireannaich na fireannaich a bhith anns an luchd-fhreagairt.

Tha a' mhòr-chuid den luchd-fhreagairt pòsta (59.2%), le taghadh math de dhaoine nach eil air a bhith pòsta a-riamh (24.2%), daoine a tha nam banntraich (9.3%), feadhainn a tha air dealachadh bho an cèile (4.9%) agus feadhainn a tha a' fuireach còmhla ri cuideigin eile (2.4%).

Is ann nas sine na seachd bliadhna deug a tha a h-uile neach-freagairt, air sgàth 's gur ann bhon chlàr-bhòtaidh a thàinig na h-ainmean. Uile gu lèir, tha an luchd-freagairt cuideachd a' toirt a-steach daoine de gach aois agus cuideachd daoine ann an obraichean eadar-dhealaichte – bho fheadhainn a tha nam manaidsearan gu feadhainn aig nach eil obair.

Is ann às na h-Eileanan Siar a tha pàrantan mu 77% den luchd-fhreagairt bho thùs. Cuide ri sin, tha 17% de luchd-freagairt a' cheisteachain fharsaing seo air gluasad gu na h-Eileanan Siar anns na deich bliadhna mu dheireadh. Feumar cuimhneachadh air seo nuair a thathas a' coimhead air na toraidhean bhon rannsachadh.

Tha na h-àireamhan seo mar dhearbhadh gur e taghadh cothromach de luchd-freagairt a fhuair agus a thill na ceisteachain. Tha measgachadh de dhaoine eadar-dhealaichte ann, agus bheir seo sealladh air dè gu fìor an suidheachadh a tha ann a thaobh na Gàidhlig anns na h-Eileanan Siar.

Comasan anns a' Ghàidhlig

Chaidh faighneachd dhan luchd-freagairt dè an cànan a bha aca an toiseach – Beurla no Gàidhlig no eile. Den luchd-fhreagairt gu lèir, b' e Gàidhlig a' chiad chànan a bha aig 61.5% dhiubh. Den 38.5% aig nach robh Gàidhlig bho thùs, bha 56.2% dhiubh airson an cànan ionnsachadh (gu dearbh, bha cuid aca air an cànan ionnsachadh gu ìre air choreigin). Tha luach pròiseact Plana Cànain nan Eilean Siar ga shoilleireachadh le mar is e adhbharan teaghlaich agus coimhearsnachd na h-adhbharan a tha aig còrr air leth dhiubh airson a bhith a' miannachadh Gàidhlig ionnsachadh. Seo an dà àite far a bheil am pròiseact seo ag amas air suidheachadh na Gàidhlig a leasachadh anns na h-eilean. B'e foghlam, obraichean agus ùidh anns a' chultar adhbharan eile a chaidh a thoirt seachad airson am miann Gàidhlig ionnsachadh.

Tha co-dhiù beagan tuigse air a' Ghàidhlig aig 88% den luchd-fhreagairt, ach tha na comasan labhairt, leughaidh agus sgrìobhaidh mòran nas ìsle anns a' chumantas. Tha 45% den luchd-fhreagairt glè mhath air a' Ghàidhlig a bhruidhinn, 22% dhiubh glè mhath air a' Ghàidhlig a leughadh agus 15% dhiubh glè mhath air a' Ghàidhlig a sgrìobhadh. Tha duilgheadas ann nuair a tha daoine a' beachdachadh air na comasan aca fhèin — bidh feadhainn ann a bhios ro mhisneachail agus dha-rìribh feadhainn nach bi misneachail gu leòr mu dè cho math 's a tha iad. Tha na beachdan anns a' cheisteachan ag innse gu bheil dìth misneachd na duilgheadas dha muinntir nan eilean a thaobh na Gàidhlig. A rèir grunnan bheachdan a nochd anns na ceisteachain, tha mòran ann a tha den bheachd nach eil sgilean sgrìobhaidh agus leughaidh math gu leòr aca. Le sin, chan eil iad airson an cuid Ghàidhlig a chleachdadh gun fhios nach dèan iad mearachdan. Tha feum air dòighean, mar chlasaichean, gus cothroman a thoirt dha daoine na sgilean cànain aca a leasachadh.

An teaghlach

Chaidh faighneachd dhan luchd-fhreagairt dè an cànan a thathar a' bruidhinn leis na daoine eadar-dhealaichte anns na teaghlaichean aca. Tha am pàirt geal ann an Dealbh 1 a' sealltainn nuair nach eil, m.e. piuthar, aig an neach-fhreagairt. Tha barrachd Gàidhlig ga bruidhinn leis na ginealaich as sine, le Gàidhlig ga bruidhinn ri mu dà thrian de sheanairean agus sheanmhairean an luchd-fhreagairt. Chan eil cleachdadh na Gàidhlig eadar daoine nas òige anns an teaghlach cho tric, agus an rannsachadh a' sealltainn gu bheil ochd a-mach à deich duine-cloinne a' bruidhinn Beurla ri chèile. Anns an rannsachadh, tha clann air am mìneachadh mar feadhainn nas òige na 18 bliadhna a dh'aois.

Dealbh 1

An cànan air a bhruidhinn leis an neach-fhreagairt anns an teaghlach

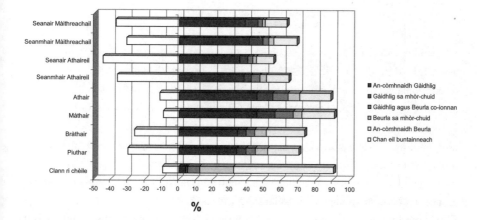

Chaidh iomadh beachd a thoirt seachad anns na ceisteachain mun Ghàidhlig anns an dachaigh. Am measg nam beachdan seo, chaidh iomradh a thoirt air mar bu chòir don Ghàidhlig a bhith ga bruidhinn taobh a-staigh theaghlaichean, oir tha e doirbh do fhoghlam Gàidhlig clann a thoirt gu fileantachd anns a' chànan gun taic anns an dachaigh. Air an làimh eile, bha beachdan làidir ann a thaobh Gàidhlig a dhèanamh tarraingeach do chloinn, agus nach eil a bhith ga cluinntinn anns an dachaigh a' dol a shàbhaladh cànan mura h-eil na daoine òga iad fhèin a' faicinn gu bheil luach anns a' Ghàidhlig.

A' choimhearsnachd

A rèir toraidhean an rannsachaidh, chan eil Gàidhlig ga bruidhinn anns a' choimhearsnachd cho tric 's a bha anns an àm a dh'fhalbh. Faodar coimeas a dhèanamh eadar mar a bha Gàidhlig air a cluinntinn ann an còig suidheachaidhean eadar-dhealaichte nuair a bha an luchd-freagairt òg agus mar a tha Gàidhlig ri cluinntinn anns na h-aon suidheachaidhean anns an latha an-diugh.

Dealbh 2

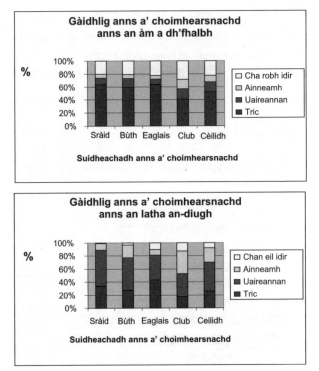

Tha a' cheist seo a' dèanamh follaiseach gun robh Gàidhlig air a bruidhinn tric co-dhiù dàrna leth den tìde anns a h-uile suidheachadh, ach a-mhàin anns na buidhnean. Tha e furasta coimeas a dhèanamh le nuair a tha Gàidhlig air a bruidhinn tric an-diugh – nas lugha na 30% den tìde ann am bùithtean, buidhnean agus aig cèilidhean. Ged a tha Gàidhlig air a cleachdadh gu ìre fhathast, tha e follaiseach nach eil i idir ga cleachdadh cho tric 's a bha i. (Nuair a thathas a' coimhead ri na figearan seo, tha e cudromach cuimhneachadh gu bheil an luchd-freagairt gu lèir air an gabhail a-steach – daoine a chaidh a thogail anns na h-Eileanan Siar agus daoine a thàinig a dh'fhuireach anns na h-eileanan bhon taobh a-muigh. Is e sin as coireach gu bheil an roinn 'cha robh idir' cho mòr anns a' chiad ìomhaigh an coimeas ri an dàrna ìomhaigh, ged a tha ìre cleachdaidh na Gàidhlig gu math nas ìsle anns an dàrna ìomhaigh uile gu lèir).

Airson barrachd mìneachaidh fhaighinn air mar a tha Gàidhlig ga cleachdadh anns a' choimhearsnachd, chaidh an luchd-freagairt a cheasnachadh mu shia suidheachaidh-ean deug a tha a' buntainn ri beatha làitheil na coimhearsnachd. Faodar coimeas a dhèanamh air càit a bheil e *comasach* Gàidhlig a chleachdadh anns a' choimhearsnachd agus cuine a tha an luchd-freagairt gu fìor ga *cleachdadh*.

Dealbh 3

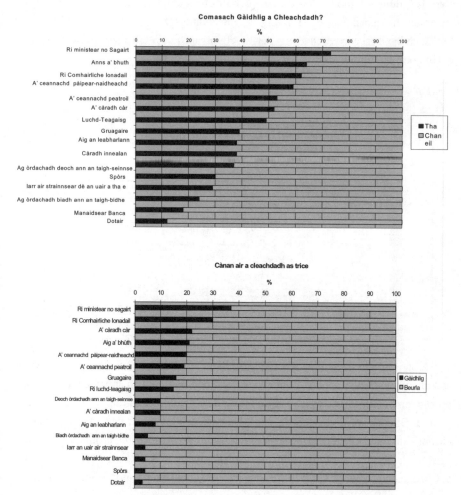

Tha na ceistean seo a' sealltainn, a dh'aindeoin fios a bhith aig daoine, gun urrainn dhaibh Gàidhlig a chleachdadh ann an suidheachaidhean agus ri daoine eadar-dheal-aichte anns a' choimhearsnachd, gu bheil iad a' taghadh Beurla a bhruidhinn co-dhiù. Mar eisimpleir de seo, tha fios aig 72% de dhaoine gu bheil e comasach dhaibh a bhith a' cleachdadh Gàidhlig leis a' mhinistear no leis an t-sagart, ach is e dìreach 38% a bhios a' cleachdadh Gàidhlig leotha. A bharrachd air sin, thuirt 38% gum b' urrainn dhaibh Gàidhlig a chleachdadh anns an leabharlann, ach is e dìreach 8% a bhios ga cleachdadh ann an sin. Tha e soilleir bhon rannsachadh gu bheil Beurla na cànan coimhearsnachd nas motha na bha i riamh roimhe.

Clann

Den 171 duine-cloinne a tha aig an luchd-fhreagairt, tha 27.3% dhiubh a' dol tro fhoghlam tro mheadhan na Gàidhlig. Taobh a-muigh na sgoile tha sinn a' faighinn boillsgeadh air na cur-seachadan a tha aig cloinn anns na h-eileanan agus ciamar a tha a' Ghàidhlig a' tighinn a-steach annta.

Dealbh 4

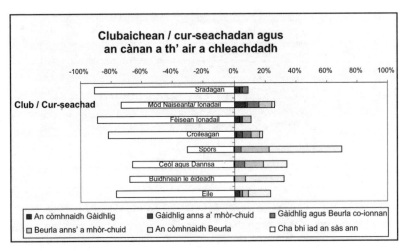

Taobh a-muigh na sgoile, 's e a' Bheurla an cànan as trice a tha air a chleachdadh ann an cur-seachadan. Nuair a tha clann a' gabhail pàirt ann an spòrs, ceòl no dannsa no ann am buidhnean oifigeil, 's e glè bheag de Ghàidhlig a chluinnear. Tha coltas gu bheil a' Bheurla air a cleachdadh nas trice cuideachd anns na tachartasan a bha co-cheangailte ris a' Ghàidhlig, m.e. mòdan ionadail agus nàiseanta, cròileagain, fèisean agus Sradagan. Tha seo follaiseach bho fhreagairtean nan daoine aig a bheil clann a tha a' frithealadh nan cur-seachadan sin agus iad ag ràdh gu bheil Gàidhlig air a cleachdadh nas lugha na dàrna leth den tìde, le Beurla air a cleachdadh an còrr den tìde.

Na meadhanan

Chaidh faighneachd dhan luchd-fhreagairt dè cho tric 's a tha iad a' cleachdadh nam meadhanan – Beurla agus Gàidhlig. Tha e comasach coimeas a dhèanamh eadar telebhisean, rèidio agus pàipearan-naidheachd Beurla agus Gàidhlig gus dealbh fhaighinn air dòighean-cleachdaidh muinntir nan eilean.

Dealbh 5

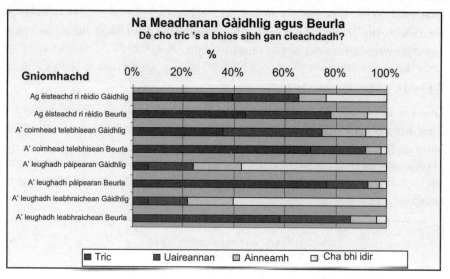

Na Meadhanan Gàidhlig agus Beurla
Dè cho tric 's a bhios sibh gan cleachdadh?

Tha barrachd dhaoine a' cleachdadh nam meadhanan Beurla, ach tha e fìor ri ràdh gu bheil taghadh nas leatha de phrògraman telebhisein agus rèidio agus de leabhraichean agus pàipearan-naidheachd ann am Beurla na tha ann an Gàidhlig. Tha seasamh prògraman rèidio Gàidhlig math, le 39% den luchd-fhreagairt ag èisteachd riutha gu tric, agus 45% ag èisteachd ri prògraman ann am Beurla gu tric. Tha an luchd-freagairt a' coimhead phrògraman telebhisein Gàidhlig an dàrna leth cho tric 's a tha iad a' coimhead phrògraman Beurla – 35% tric a' coimhead phrògraman Gàidhlig agus 70% a' coimhead phrògraman Beurla gu tric. Tha an àireamh de dhaoine a tha a' leughadh phàipearan-naidheachd agus leabhraichean ann an Gàidhlig mòran nas lugha na an àireamh ann am Beurla, le dìreach 8% a' leughadh leabhraichean Gàidhlig gu tric, an coimeas ri 58% a' leughadh an fheadhainn Bheurla gu tric. Thug an luchd-freagairt mòran bheachdan seachad air na meadhanan, nam measg mothachadh air an fheum airson seanal telebhisein digiteach sònraichte dhan Ghàidhlig agus càineadh air mar a tha prògraman telebhisein gan craoladh aig amannan nach eil freagarrach, m.e. ro anmoch air an oidhche. Bha cuideachd beachdan ann a' moladh prògraman Radio nan Gaidheal, còmhla ri beachdan a' soilleireachadh feum airson barrachd litreachais Ghàidhlig.

Taic an luchd-fhreagairt

Le deich abairtean eadar-dhealaichte air an toirt dhan luchd-freagairt, bha iadsan an uair sin a' comharrachadh an robh iad ag aontachadh no nach robh. Leis na freagairtean aca, bha e comasach comharra a thoirt dhan a h-uile neach-fhreagairt a thaobh an taice dhan Ghàidhlig. Tha na freagairtean a' sealltainn gu bheil còrr air leth den luchd-fhreagairt taiceil dhan chànan, le dìreach beagan a bharrachd air cairteal dhiubh nach eil taiceil. Feumar an taic a tha aig a' mhòr-chuid dhan Ghàidhlig a bhith air a brosnachadh gu gnìomhan airson cor na Gàidhlig. A thuilleadh air sin, tha a' mhòr-chuid den luchd-fhreagairt (57%) den bheachd gu bheil dearbh-aithne làidir Gàidhlig fhathast aig na h-Eileanan Siar.

Taic bho bhuidhnean

Chaidh iarraidh air an luchd-fhreagairt comharra a thoirt do dhiofar bhuidhnean gus faicinn ciamar a tha a' mhòr-shluagh a' meas na taice a tha buidhnean a' toirt dhan Ghàidhlig.

Dealbh 6

Beachdan an luchd-fhreagairt air taic dhan Ghàidhlig

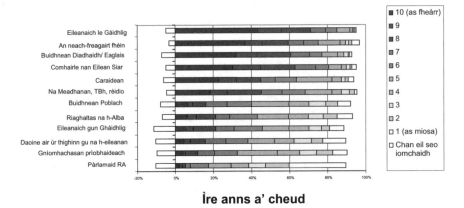

Tha luchd-labhairt na Gàidhlig a' tighinn aig mullach a' chlàir, agus Riaghaltas Bhreatainn aig a' bhonn. Faodaidh am fiosrachadh seo a dhol gu na buidhnean eadar-dhealaichte, gus am bi fios aig, mar eisimpleir, companaidhean prìobhaideach agus buidhnean poblach, dè an taic a tha daoine *a' meas* a tha iad a' toirt dhan Ghàidhlig. Bidh gnothaichean a thaobh margaidheachd a dhìth ma tha na buidhnean airson an ìomhaigh aca a thaobh taic dhan Ghàidhlig a thogail.

An t-àm ri teachd

A rèir an luchd-fhreagairt, is ann nas laige a dh'fhàsas Gàidhlig anns an àm ri teachd, le dìreach 12% a' smaoineachadh gur ann beagan no tòrr mòr nas làidire a dh'fhàsas a' Ghàidhlig ann an coimhearsnachdan nan Eilean Siar. Tha seo a' dearbhadh, dìreach mar a bha na beachdan anns na ceisteachain cuideachd a' sealltainn, gu bheil dìth misneachd na trioblaid, agus tòrr dhaoine den bheachd nach eil càil as urrainn a dhèanamh ach leigeil leis a' chànan bàsachadh.

Ceisteachan 2: modhan-obrach

Chaidh rannsachadh a dhèanamh air beachdan dhaoine a tha air ùr thighinn a dh'fhuireach anns na h-Eileanan Siar gus faicinn dè na beachdan a bha acasan air suidheachadh na Gàidhlig anns na h-eileanan. Chaidh na ceisteachain seo a chur a-mach còmhla ri Ceisteachan 1 agus mas ann gu doras cuideigin a bha air a thighinn a dh'fhuireach anns na h-Eileanan Siar anns na deich bliadhna mu dheireadh a thurchair an neach-tadhail a dhol, chaidh faighneachd dhan neach-fhreagairt an robh e/i deònach an dà cheisteachan a lìonadh. Fhuaireadh 40 ceisteachan air ais anns an dòigh sin agus chaidh luchd-tadhail dhachaighean a-mach a-rithist ann an trì coimhearsnachdan sònraichte – Uibhist a Tuath, Taobh Siar Leòdhais agus Steòrnabhagh – gus ceisteach-ain a thoirt do dhaoine a bha air ùr thighinn gu na h-eileanan. Uile gu lèir, lìon 150 duine an ceisteachan seo.

Toraidhean ceisteachain 2

Tha an rannsachadh air daoine a tha air ùr thighinn a dh'fhuireach anns na h-eileanan a' dearbhadh na taice a tha iadsan a' toirt dhan Ghàidhlig agus cho luachmhor 's a tha an cànan agus an cultar dhaibh. Anns an fharsaingeachd, tha an rannsachadh a' sealltainn gum beachdaicheadh 71% air a' chlann aca a chur tro fhoghlam tro mheadhan na Gàidhlig agus tha mu 74% a' faicinn gum biodh buannachd ann dhaibhsan Gàidhlig ionnsachadh. Leis na h-àireamhan de dh'in-imrich do na h-Eileanan Siar a' dol an-àirde a h-uile bliadhna, tha buaidh aig seo air suidheachadh na Gàidhlig a thaobh àireamhan de luchd-labhairt, cleachdadh na Gàidhlig anns na coimhearsnachdan agus eile. Bidh toraidhean an rannsachaidh seo air am mìneachadh agus air an cleachdadh gus dòighean a lorg amasan pròiseact Plana Cànain nan Eilean Siar a choileanadh a thaobh dhaoine a tha ùr anns na h-eileanan.

Beachdan bhon rannsachadh

Bha cothrom aig gach neach-freagairt na beachdan aige/aice air diofar nithean a thaobh na Gàidhlig a chur an cèill anns na ceisteachain. Bha seo a' toirt cothrom dhan luchd-fhreagairt beachdachadh air foghlam, na h-ealain, na meadhanan, Gàidhlig anns a' choimhearsnachd agus gnothaichean sam bith eile a tha co-cheangailte ris a' Ghàidhlig. Bha barrachd bheachdan air foghlam na bha air cuspair sam bith eile, le sgaradh eadar beachdan a bha a' cur taic ri foghlam tro mheadhan na Gàidhlig, agus feadhainn nach robh a' faicinn luach sam bith anns an t-siostam seo:

I'm of the opinion that when in Rome . . . Gaelic should be taught in all schools to all pupils no matter what parents say or where they came from.

Complete waste of money and time. Takes funding away from the English speaking majority. Children in Gaelic classes never speak Gaelic out with the classroom.

A thaobh a bhith a' brosnachadh dhaoine òga a gus Gàidhlig a bhruidhinn, bhathar a' faireachdainn gum feum an cànan a bhith tlachdmhor dhaibh agus luach a bhith aig a' Ghàidhlig nam beatha.

Allow the teenage population some mechanism where they see/realise the value of having Gaelic as an integral part of their lives.

Bha mòran de na beachdan a' togail air mar bu chòir dhan chànan a bhith nas fhosgailte gus cothroman a thoirt dha daoine a bhith a' cluinntinn, ag ionnsachadh agus a' cleachdadh na Gàidhlig.

Make the language more accessible, emphasise bilingual elements. Bilingual forms and information in community. Making the language more accessible to non-speakers, encouraging participation in small ways initially.

Bidh na beachdan mu ionnsachadh cànain air an cleachdadh gus ro-innleachd ionnsachadh cànain a dhèanamh a bhios mar phàirt den phlana cànain fhèin.

Uile gu lèir, tha tòrr bheachdan anns na 414 ceisteachan a chaidh a thilleadh agus bidh iad seo air an cleachdadh mar bhun-stèidh anns an dàrna ìre den phròiseact.

An t-slighe air adhart

Bidh toraidhean an rannsachaidh bhon chiad ìre de phròiseact Plana Cànain nan Eilean Siar air a thoirt air ais gu coimhearsnachdan nan eilean. Anns an dàrna ìre, bidh rannsachadh nas mionaidiche air a dhèanamh air suidheachadh na Gàidhlig anns na h-eileanan, gu h-àraidh a' sireadh bheachdan air dè bu mhiann agus de bu chòir tachairt a thaobh na Gàidhlig anns na coimhearsnachdan fa leth. Bidh planaichean cànain coimhearsnachd air an deasachadh le comhairle bhon choimhearsnachd fhèin agus bidh na planaichean sin an uair sin a' fighe a-steach do phlana cànain dha na h-Eileanan Siar gu lèir. Bidh àite cudromach aig Plana Cànain nan Eilean Siar anns a' Phlana Nàiseanta dhan Ghàidhlig a thèid a dheasachadh le Bòrd na Gàidhlig a rèir Achd na Gàidhlig (Alba) 2005.

Aithisg Ìre 1: Western Isles Language Plan Project (2005)
Làrach-lìn Phlana Cànain nan Eilean Siar:
www.planacanain.org.uk

Summary

The Western Isles Language Plan project was established in 2002 in response to concerns from a number of public bodies with regard to the decline in Gaelic use in Western Isles. The aims of the Language Plan are to strengthen Gaelic as a language in the family, to strengthen Gaelic as a language in the community and to increase the number of Gaelic speakers in the islands, with an underlying objective of normalising bilingualism in the family and community.

Stage 1 of the project sought to investigate the current situation of Gaelic in the Western Isles, using two questionnaires, one distributed to a representative sample of all island residents (1 in every 35 on the electoral register) and the other distributed among people who had moved into the Western Isles in the previous ten years. This sociolinguistic research is part of a broader effort to devise a language plan for the islands that reflects local concerns and commands widespread public support.

With regard to the first questionnaire, questionnaires were distributed and collected in person by local fieldworkers rather than by post, so as to assure a high rate of return. 414 of 611 questionnaires were returned, a response rate of 68%. The respondents were generally representative of the Western Isles population in terms of their demographic profile; 77% were from the islands originally and 17% had moved in within the previous ten years.

61.5% declared Gaelic as their first language. Of the remaining 38.5%, 56.2% stated that they felt a desire to learn the language. 88% claimed they could understand Gaelic to some extent at least; 45% claimed they could speak Gaelic very well, but fewer claimed such a level of ability in reading and writing (22% and 15% respectively). There is an evident lack of confidence in Gaelic ability which needs to be addressed.

As shown in Dealbh 1, usage of Gaelic within the families declines significantly from older generations to younger. Dealbh 2 compares the relative levels of Gaelic usage in the community today and when respondents were growing up; overall, usage has declined substantially. A disturbing finding, shown in Dealbh 3, is that respondents often use English even when they know it is possible to use Gaelic. 38% indicated they could use Gaelic at the library, but only 8% actually do so. The research demonstrates that English has now become the predominant community language in the Western Isles.

Dealbh 4 shows that children use Gaelic relatively little outside the classroom. Gaelic is little used in musical and sporting activities and English is even becoming more common in Gaelic-related settings (mòds, fèisean and so on).

Dealbh 5 reports media consumption in Gaelic and English. There is a clear relationship between supply and consumption, with Gaelic radio, the best-provided sector, more regularly consumed than television or print media.

Respondents were asked to rate the strength of their own support for Gaelic and of various institutions' support. Gaelic speakers were considered the most supportive of Gaelic and the UK Government the least supportive. Respondents were generally pessimistic about the future of Gaelic in the Western Isles, with only 12% anticipating that the language would become stronger in island communities in the future.

150 people who had moved into the islands within the last 10 years completed the second questionnaire as well as the first. 71% of these respondents indicated that they would consider enrolling their children in Gaelic-medium education and 74% considered that it would be beneficial for them to learn Gaelic.

Many respondents to both questionnaires availed themselves of the opportunity to express opinions or suggest ideas concerning Gaelic development. These views will be extremely useful for future stages of the project.

Stage 2 of the project will involve more focused research on the linguistic situation and will in particular seek input with regard to specific communities. Community language plans will then be developed and these will feed in both to a language plan for the entire Western Isles and also to Bòrd na Gàidhlig's national Gaelic language plan.

For more details, see Western Isles Language Plan Project (2005).

5   Foghlam Gàidhlig: bho linn gu linn

Boyd Robasdan

Thar nan leth-cheud bliadhna a dh'fhalbh, tha mi air a bhith an sàs ann am foghlam Gàidhlig ann an iomadach dòigh: mar neach-cleachdaidh agus mar neach-lìbhrigidh, mar sgoilear 's mar oileanach, mar neach-teagaisg, mar neach-trèanaidh is neach-oideachaidh, mar òraidiche agus, cuideachd, mar phàrant agus neach-coiteachaidh. Anns a' phàipear seo, tha dùil agam sùil a thoirt air cuid de na dh'fhiosraich mi agus de na mhothaich mi anns an leth-cheud bliadhna mu dheireadh. Ach chan e sealladh eachdraidheil a-mhàin a tha fa-near dhomh. Tha mi, gu h-àraidh, airson lèirmheas a dhèanamh air suidheachadh agus air èifeachd foghlam Gàidhlig an-diugh. Tha dùil agam cuideachd beachdachadh air an t-slighe air adhart agus air na tha dhìth airson piseach a thoirt air oideachadh Gàidhlig.

1. Gnè foghlam Gàidhlig

Dè tha sinn a' ciallachadh nuair a tha sinn a' cleachdadh nam faclan 'foghlam Gàidhlig'? Saoilidh mise gu bheil foghlam Gàidhlig a' gabhail a-steach trì nithean – foghlam anns a' chànan, foghlam tron chànan agus foghlam mun chànan 's mun dualchas.

1.1 Foghlam anns a' chànan

Tha mi a' ciallachadh leis an seo a bhith a' sgrùdadh na Gàidhlig mar chuspair ann fhèin. Thathar dualach a bhith a' smaoineachadh gur e gnothach àrd-sgoile a tha an seo ach tha e nas fharsainge na sin. Tha e a' tachairt cuideachd anns a' bhun-sgoil, far a bheil cuid ag ionnsachadh Gàidhlig airson a' chiad uair mar chuspair agus cuideachd taobh a-staigh foghlam tro mheadhan na Gàidhlig, far a bheil còir aig clann-sgoile a bhith ag ionnsachadh mu dheidhinn gràmar, briathrachas, gnàthasan-cainnte agus modhan labhairt cànain. Tha mi an amharas nach eil seo a' tachairt chun na h-ìre a bu chòir dha a bhith agus nach eil e cunbhalach air feadh na dùthcha.

Anns an àrd-sgoil, tha foghlam anns a' chànan ann an dà chruth eadar-dhealaichte – cùrsa do dh'fhileantaich agus cùrsa do luchd-ionnsachaidh. Chaidh an dà shruth sin a dhealachadh gu foirmeil ann an 1962 nuair a chaidh deuchainn nàiseanta airson luchd-ionnsachaidh a thairgse airson a' chiad uair an dèidh iomairt làidir o luchd-teagaisg Gàidhlig.

1.2 Foghlam tron chànan

Seo an raon de dh'fhoghlam Gàidhlig far a bheil an cànan air a chleachdadh mar mheadhan-teagaisg. Tha sin a' gabhail a-steach foghlam dà-chànanach agus foghlam a tha gu ìre mhòr, no gu beagnaich, tro mheadhan na Gàidhlig. Thathar dualach a bhith a' smaoineachadh gur e nì ùr a tha an seo ach feumar cuimhneachadh gun robh a' Ghàidhlig air a cleachdadh mar mheadhan oideachaidh aig na cinnidhean o shean agus ann an leithid nan sgoiltean Crìosdail anns an naoidheamh linn deug. Tha e na chùis-iongnaidh agus na chùis-nàire gun tug e faisg air ceud bliadhna o chaidh foghlam stàite a stèidheachadh ann an Alba mus deach cead oifigeil a thoirt an cànan a chleachdadh mar mheadhan teagaisg ann am Pròiseact Dà-chànanach Comhairle nan Eilean. Thug e deich bliadhna eile, gu 1985, mus do thòisich foghlam tro mheadhan na Gàidhlig anns an riochd air a bheil sinn eòlach air an-diugh.

1.3 Foghlam mun chànan agus mun dualchas

Anns an treas raon seo, tha eòlas air a thoirt seachad mu na tha co-cheangailte ris a' chànan a thaobh eachdraidh is cultar is dualchas, m.e. eachdraidh nan Ceilteach, na cànanan Ceilteach agus ainmean-àiteachan. Faodaidh seo a bhith air a lìbhrigeadh tron Bheurla no tron Ghàidhlig agus faodaidh e a bhith aig ìre bun-sgoile, àrd-sgoile no àrd-fhoghlaim. Faodaidh e cuideachd a bhith air fhilleadh a-steach mar a tha e an lùib cuid de chùrsaichean Gàidhlig, faodaidh e a bhith mar earrann de chùrsa fharsaing air eòlas cultarach no faodaidh e a bhith na mhodal no na chùrsa sònraichte ann fhèin.

2. Ìrean ann am foghlam Gàidhlig

2.1 Foghlam fo aois sgoile

'S e raon meadhanach ùr a tha an seo ann am foghlam Gàidhlig a thòisich leis na cròileagain a bhrosnaich Fionnlagh MacLeòid tro, agus ro, Chomhairle nan Sgoiltean Àraich, a chaidh a stèidheachadh ann an 1982. Leudaich obair CNSA gu buidhnean pàrant is pàiste airson clann nas òige.

Thàinig leudachadh mòr air foghlam sgoil-àraich ri linn poileasaidh ùr aig an Riaghaltas Làbarach. Bha sin ag amas air cothrom a thoirt do phàiste sam bith aois 4 an toiseach, agus as dèidh sin aois 3, àite fhaighinn ann an sgoil-àraich. Tha a' mhòr-chuid dhe na sgoiltean-àraich sin a-nis air an ruith le ùghdarras ionadail no le buidhnean saor-thoileach an co-cheangal ri ùghdarras ionadail. Tha Eàrr-ràdh 1 a' sealltainn mar a tha àireamhan cloinne a tha a' frithealadh sgoiltean-àraich Gàidhlig air leudachadh anns na trì bliadhna a chaidh seachad.

Tha taobh eile air foghlam fo aois sgoile a tha caran ùr agus tearc gu leòr fhathast. 'S e sin cùram chloinne far am bi leanabain air am fàgail fad latha no leth-latha air chùram ionad chloinne agus far am feum pàrantan pàigheadh airson na seirbhis. Tha Na Sgoilearan Beaga ann an Colaiste Langside ann an Glaschu na eisimpleir dhen t-seirbhis seo agus tha a leithid de dh'iarrtas air an t-seirbhis gu bheil an t-ionad làn agus gu bheil feadhainn a' feitheamh ri àite fhaighinn ann.

2.2 Foghlam bun-sgoile

Tha trì dualan ann am foghlam bun-sgoile Gàidhlig – foghlam tro mheadhan na Gàidhlig, foghlam dà-chànanach agus Gàidhlig airson luchd-ionnsachaidh. Ann am foghlam tro mheadhan na Gàidhlig, tha a' mhòr-chuid dhen teagasg air a dhèanamh anns a' Ghàidhlig agus, anns a' chiad dà bhliadhna dhen sgoil, tha a' chlann air am bogadh anns a' chànan. Ann am foghlam tro mheadhan na Gàidhlig, tha còir aig sgoiltean a bhith a' cuimseachadh air a' chloinn a thoirt an ìre mhath gu comas co-ionann ann an Gàidhlig agus ann am Beurla anns na sgilean uile, ron àm a dh'fhàgas iad P7, a rèir stiùiridhean nàiseanta Gàidhlig 5-14.

Tha 61 bun-sgoil a' tathann foghlam tro mheadhan na Gàidhlig a-nis. Anns a' mhòr-chuid dhiubh sin, tha sruth no clas no aonad Gàidhlig suidhichte ann an sgoil coimhearsnachd Bheurla. Chan eil fhathast ach aon sgoil gu tur Gàidhlig san dùthaich, Bun-sgoil Ghàidhlig Ghlaschu, a dh'fhosgail ann an 1999. Tha còig sgoiltean ann an sgìre Comhairle nan Eilean Siar air an ainmeachadh mar sgoiltean Gàidhlig ach tha eileamaid Bheurla anns na sgoiltean sin cuideachd. Tha Eàrr-ràdh 2 a' sealltainn àireamhan nan sgoilearan a tha a' leantainn foghlam tron Ghàidhlig ann an sgìrean nan ùghdarrasan ionadail thar nan ceithir bliadhna a chaidh seachad.

Tha sgoiltean ann an sgìre Comhairle nan Eilean Siar anns nach eil foghlam tro mheadhan na Gàidhlig a tha air an ainmeachadh mar sgoiltean dà-chànanach. Tha sin a' ciallachadh gum bu chòir a' Ghàidhlig a bhith air a cleachdadh gu ìre air choreigin mar mheadhan teagaisg anns na sgoiltean sin, ach chan eil fiosrachadh cruaidh againn a dhearbhas gu bheil sin a' tachairt no dè an ìre gu bheil e a' tachairt.

'S e an treas meur de dh'fhoghlam bun-sgoile ann an Gàidhlig, clasaichean airson luchd-ionnsachaidh. Chleachd Gàidhlig a bhith air a lìbhrigeadh do luchd-ionnsachaidh bun-sgoile tro luchd-teagaisg a bhiodh a' tadhal air na sgoiltean. Ann an cuid a dh'àiteachan, b' e neach-teagaisg à àrd-sgoil ri làimh a bha a' dol a-mach a theagasg ann an cuid de bhun-sgoiltean na sgìre. Ann an àiteachan eile, bha tidsearan-siubhail air am fastadh a dh'aon ghnothaich airson na h-obrach. Bha an dòigh-obrach seo air a chur an sàs ann an siorrachdan mar Earra Ghàidheal, Inbhir Nis agus Peairt.

An-diugh, tha sgeama ùr ann airson luchd-ionnsachaidh nam bun-sgoiltean – an sgeama Gaelic Language in Primary School (GLPS), a tha a' togail air prionnsapail Modern Languages in the Primary School (MLPS). Tha an sgeama seo a' cleachdadh luchd-teagaisg na sgoile fhèin airson a' Ghàidhlig a theagasg dhan luchd-ionnsachaidh agus tha na tidsearan a tha deònach an obair a ghabhail os làimh a' faighinn mu fhichead latha trèanaidh ann an Gàidhlig mus tèid iad an sàs anns an obair. Tha a' chlann anns na bun-sgoiltean a' faighinn mu uair a thìde gach seachdain dhen chànan. Thòisich an sgeama ann an 1998 agus, aig an ìre seo, tha mu 2,000 sgoilear a' faighinn na h-uimhir de dh'oideachadh anns a' chànan. Tha an sgeama a' faighinn taic-airgid o Riaghaltas na h-Alba, luach £100,000 ann an 2004-5. (Gheibhear tuilleadh fiosrachaidh mun sgeama seo is na buannachdan a tha na chois ann an Johnstone, 2003).

2.3 Foghlam àrd-sgoile

Chan eil foghlam tro mheadhan na Gàidhlig anns an àrd-sgoil air fàs 's air leudachadh aig an aon ìre ri foghlam tron Ghàidhlig anns a' bhun-sgoil agus tha e na adhbhar iomagain nach eil ach mu leth nan sgoilearan a tha a' fàgail na bun-sgoile a' dol air adhart gu foghlam tron chànan anns an àrd-sgoil. Ann an cuid a dh'àiteachan, chan eil foghlam tron Ghàidhlig aig ìre àrd-sgoile air a thathann dhan fheadhainn a tha a' fàgail na bun-sgoile agus, eadhon far a bheil e air a thairgse, tha an teagasg air a chuingealachadh gu dhà no trì cuspairean. Tha Eàrr-ràdh 3 a' sealltainn cho cugallach 's a tha an raon seo anns an àrd-sgoil agus gu bheil cruaidh fheum air poileasaidhean is planaichean a bheir piseach air an t-suidheachadh. Tha na h-àireamhan a' nochdadh gu bheil faisg air dà thrian dhe na sgoilearan a tha a' faighinn foghlam tron Ghàidhlig ann an sgìre Comhairle na Gàidhealtachd agus nach eil fiù 's cairteal dhen àireamh ann an sgìre Comhairle nan Eilean Siar.

Tha na h-àireamhan sin buileach annasach nuair a bheirear sùil air àireamhan cùrsa nam fileantach anns na h-àrd-sgoiltean (Eàrr-ràdh 4). Chithear bhuaithe seo gun robh còrr is 400 sgoilear anns na h-Eileanan Siar a' gabhail Gàidhlig mar chuspair ged nach robh ach 70 a' dèanamh chuspairean tron Ghàidhlig.

Gheibhear togail is misneachd bho na h-àireamhan a tha a' roghnachadh na cùrsa Gàidhlig do luchd-ionnsachaidh a ghabhail (Eàrr-ràdh 5). Tha àrdachadh cunbhalach air a bhith ann fad nan trì bliadhna a dh'fhalbh agus tha a-nis 2,500 sgoilear ag ionnsachadh na Gàidhlig. Tha sin a dh'aindeoin buaidh iomairtean mar an sgeama MLPS anns a' bhun-sgoil a chaidh a chur air chois bliadhnaichean ron sgeama GLPS agus a dh'aindeoin cho doirbh 's a tha e ann am mòran àiteachan Gàidhlig agus nua-chànan a ghabhail còmhla.

Shaoil mi gum biodh e inntinneach faighinn a-mach bho Ùghdarras Theisteanas na h-Alba (Scottish Qualifications Authority) ciamar a bha na h-àireamhan a bha a' suidhe nan deuchainnean air atharrachadh on bhliadhna chaidh tòiseachadh air foghlam tron Ghàidhlig anns a' bhun-sgoil ann an 1985. Chìthear bho na clàran ann an Eàrr-ràdh

6 is 2 gu bheil an àireamh a tha a' gabhail deuchainnean Gàidhlig (Fileantaich) air dùblachadh anns an ùine sin agus gu bheil àireamhan luchd-ionnsachaidh air cumail aig car an aon ìre. Tha àrdachadh mòr air tighinn anns an dà bhliadhna mu dheireadh anns an àireamh a tha a' suidhe deuchainnean na siathamh bliadhna ach 's ann air taobh an luchd-ionnsachaidh a tha am fàs air tighinn ri linn 's gun deach pàipear air leth a thairgse dhaibhsan (faic Eàrr-ràdh 8). Eadar Àrd-ìre agus Àrd-ìre Adhartach, chan eil fhathast ach 103 neach a' gabhail deuchainnean nam Fileantach. Tha 172 neach-ionnsachaidh a' gabhail dheuchainnean aig na h-aon ìrean.

2.4 Foghlam coimhearsnachd

Tha foghlam coimhearsnachd a' gabhail a-steach foghlam taobh a-muigh na sgoile agus foghlam do dh'inbhich agus tha e na phàirt chudromach de dh'fhoghlam Gàidhlig, ged nach eil e an-còmhnaidh a' faighinn na h-inbhe agus a' phrìomhachais a bu chòir dha. 'S e aon dhe na duilgheadasan a tha ag èirigh an lùib foghlam tro mheadhan na Gàidhlig anns na sgoiltean gu bheil cleachdadh a' chànain a' stad aig geata na sgoile no fiù 's aig doras an rùm-theagaisg. Tha e air aithneachadh gu bheil e duilich a' Ghàidhlig a tha mar mheadhan-teagaisg a thoirt gu bhith na mheadhan cluich is spòrs is cur-seachad anns an raon-chluich agus ann an dàimhean eadar na sgoilearan gu sòisealta (cf. Morrison agus Oliver, anns an leabhar seo). Tha e mar sin glè chudromach gum bi buidhnean òigridh mar na Sradagan ann a tha a' tathann chur-seachadan anns a' Ghàidhlig. Tha na fèisean, mar an ceudna, a' toirt cothrom dhan òigridh sgilean ciùil is ealain eile a thogail tron Ghàidhlig agus tha buaidh nam fèisean sin ri faicinn aig Sgoil Chiùil Àrd-sgoil a' Phluic agus cuideachd an lùib nan oileanach a tha a' frithealadh Sabhal Mòr Ostaig.

Tha e na bhuannachd mhòr do sgoil ma tha ceangal làidir aice leis a' choimhearsnachd. Tha sin follaiseach ann an Glaschu, far a bheil foghlam coimhearsnachd a' ruith chlasaichean do phàrantan agus far a bheil pàrantan a' cruinneachadh air madainn Disathairne airson clasaichean aig an aon àm 's a tha a' chlann aca a' dol gu club Gàidhlig anns an sgoil. Tha Roinn Foghlaim Coimhearsnachd Ghlaschu cuideachd a' tathann chùrsaichean an asgaidh do dh'inbhich ann an sgìrean eadar-dhealaichte dhen bhaile le taic-airgid bho Sgeama nan Tabhartasan Sònraichte. Tha an sgeama seo cuideachd air a chleachdadh le ùghdarrasan ionadail eile mar Siorrachd Àir an Ear agus Siorrachd Rinn Friù an Iar airson oifigearan fhastadh a bhrosnaicheas foghlam coimhearsnachd Gàidhlig anns na sgìrean aca.

2.5 Foghlam aig an treas ìre

Tha a' cholaiste Ghàidhlig Sabhal Mòr Ostaig a' tathann caochladh chùrsaichean tron Ghàidhlig, m.e. cùrsaichean ann an gnìomhachas, na h-ealain agus telebhisean is na meadhanan, agus tha Colaisde a' Chaisteil an Leòdhas a' tairgse chùrsaichean do luchd-ionnsachaidh agus do dh'fhileantaich ann an leasachadh sgilean cànain.

Aig ceann eile na dùthcha, tha Colaiste Telford ann an Dùn Èideann a' toirt cothrom do dh'oileanaich deuchainn Àrd Ìre ann an Gàidhlig airson Luchd-Ionnsachaidh a shuidhe as dèidh cùrsa a dhèanamh aig astar.

Chuir Comunn na Gàidhlig (CnaG) air adhart iomairt airson cùrsaichean bogaidh Gàidhlig a stèidheachadh ann an colaistean a bheireadh oileanaich gu ìre mhath de dh'fhileantachd an taobh a-staigh bliadhna agus tha cùrsaichean dhen t-seòrsa sin air an ruith le Colaiste Inbhir Nis, Colaiste Chill Mheàrnaig, Colaiste na h-Eaglaise Brice agus Colaiste Stow an Glaschu. Tha cùrsaichean car co-ionann ris na cùrsaichean-bogaidh aig Sabhal Mòr Ostaig agus aig Colaisde a' Chaisteil agus tha iad sin gu math èifeachdail ann a bhith a' treòrachadh oileanaich gu fileantachd.

Sheall aithisg rannsachaidh a dheasaich mi-fhèin do dh'Ùghdarras Theisteanas na h-Alba (Robertson, 2001) gun robh beagan is 100 oileanach a' leantainn nan cùrsaichean-bogaidh sin anns an àbhaist gach bliadhna. Nochd an aithisg cuideachd gu bheil easbhaidhean ann an cruth is measadh nan cùrsaichean agus gu bheil cosgais nan cìsean na bhacadh do chuid de dh'oileanaich 's gu bheil feum air dòighean maoineachaidh nan cùrsaichean sin a leasachadh.

2.6 Àrd-fhoghlam

Tha roinnean Ceiltis ann an trì dhe na h-oilthighean – Dùn Èideann, Glaschu is Obar Dheathain. Faodar ceum ann an Ceiltis/Gàidhlig a dhèanamh anns gach oilthigh sin agus faodar ceum le Ceiltis a dhèanamh ann an co-bhonn ri ceum ann an cuspairean eile. Gheibhear cuideachd cùrsaichean is sgrùdaidhean iar-cheumnach anns na h-oilthighean sin. Faodar ceum ann an Gàidhlig is cuspair eile mar Iomall a' Chuain Siar a dhèanamh ann an Institiùd UHI nam Mìle Bliadhna tro cholaistean Sabhal Mòr Ostaig agus Caisteal Leòdhais. Bhon a chaidh Colaiste Chnoc Iòrdain a cheangal ri Oilthigh Shrath Chluaidh ann an 1993, tha an t-oilthigh air a bhith a' tairgse chùrsaichean fo-cheumnach ann an Gàidhlig airson luchd-ionnsachaidh.

Gheibhear cùrsaichean trèanaidh airson luchd-teagaisg ann an oilthighean Obar Dheathain is Srath Chluaidh agus, gu ìre, ann an Oilthigh Ghlaschu bhon a chaidh Colaiste Naomh Ainndreis a ghabhail thairis leis an oilthigh. Tha oilthighean Obar Dheathain is Shrath Chluaidh a' toirt seachad trèanadh ann an Gàidhlig agus ann am Foghlam tron Ghàidhlig do dh'oileanaich a tha airson teagasg anns a' bhun-sgoil agus anns an àrd-sgoil.

Tha aon cholaiste eile far am faod oileanaich modalan is clasaichean Gàidhlig fhaighinn. 'S e sin Acadamaidh Rìoghail Ciùil is Dràma na h-Alba ann an Glaschu far an deach cùrsa ùr a stèidheachadh ann an 1999 ann an Ceòl Traidiseanta. Tha eileamaidean bunaiteach agus roghainneil aig Gàidhlig ann an cùrsa na h-Acadamaidh agus tha e follaiseach bho na h-oileanaich a tha air ceumnachadh às gu bheil buaidh dha-rìribh air a bhith aig an oideachadh Ghàidhlig orra.

3. Co-theagsa phoilitigeach agus laghail

Tha foghlam air aon dhe na cuspairean a tha tiomnaichte o Phàrlamaid na Rìoghachd Aonaichte gu Pàrlamaid na h-Alba. Mar sin, tha foghlam Gàidhlig gu ìre mhòr air a stiùireadh leis an Riaghaltas ann an Dùn Èideann, ged is ann aig na h-ùghdarrasan ionadail a tha uallach lìbhrigidh seirbhis an fhoghlaim gu làitheil. Ach 's fhiach cuimhneachadh gu bheil na h-uimhir de bhuaidh aig an Roinn Eòrpa air cruth agus susbaint an fhoghlaim ri linn gnìomhan is molaidhean Comhairle na h-Eòrpa.

3.1 Cairt Eòrpach nam Mion-chànanan agus nan Cànanan Roinneil

Ghabh an Rìoghachd Aonaichte ris a' Chairt Eòrpach seo ann an 2001 agus bha Gàidhlig mar aon dhe na còig cànanan ris am buineadh e. Roghnaich an Riaghaltas gum buineadh Pàirt 2 agus Pàirt 3 ris a' Ghàidhlig an Alba, ris a' Ghaeilge ann an Ceann a Tuath na h-Èireann agus ris a' Chuimris anns a' Chuimrigh. Tha Bonn 8 dhen Chairt a' buntainn ri foghlam agus ghabh Riaghaltas Bhreatainn ris na roghainnean a b' àirde anns an raon seo, a' gealltainn gun toireadh iad seachad foghlam ron sgoil, foghlam bun-sgoile is foghlam àrd-sgoile ann an Gàidhlig (UK Government, 2002, 2005; Council of Europe, 2004).

Chuir Comhairle na h-Eòrpa buidheann de dh'eòlaichean a Bhreatainn a dhèanamh sgrùdadh air mar a bha an dùthaich a' cur na Cairt an gnìomh. Dheasaich Comataidh nan Eòlaichean aithisg a chaidh fhoillseachadh anns an Lùnastal 2003. Ann am paragraf 198 dhen aithisg aca, tha iad a' co-dhùnadh mar a leanas:

> In the view of the Committee of Experts, the Education (Scotland) Act 1980 and other measures referred to by the UK authorities are at present insufficient to meet the requirements of the undertakings chosen by the UK for Scotland. The Committee of Experts has also not received information about any measures which could lead to the practical fulfilment of the undertakings (Council of Europe, 2004, td. 32, paragraf 198).

Chomharraich na h-eòlaichean cuid mhath de dh'easbhaidhean anns gach raon de dh'fhoghlam Gàidhlig agus tha trì dhe na seachd molaidhean aca a thaobh na Rìoghachd Aonaichte a' buntainn ri foghlam Gàidhlig. Mhol iad gum bu chòir coimhead ris na leanas gun dàil:

- make primary and secondary education in Scottish Gaelic generally available in the areas where the language is used;
- with regard to Scottish Gaelic and Welsh, establish a system of monitoring the measures taken and progress achieved in regional or minority language education, including the production and publication of reports of the findings;

- provide information and guidance to those responsible for implementing the undertakings chosen for Scottish Gaelic, in particular in the fields of education and administration (Council of Europe, 2004, td. 70; cf. Dunbar, anns an leabhar seo).

3.2 Achd Inbhean ann an Sgoiltean na h-Alba etc. 2000

B' e seo a' chiad Achd Foghlaim aig Pàrlamaid ùr na h-Alba agus b' e am prìomh amas aice piseach a thoirt air ìrean coileanaidh na cloinne ann an sgoiltean na dùthcha. Chomharraich an Achd còig seòrsaichean de phrìomhachasan nàiseanta agus chaidh foghlam Gàidhlig ainmeachadh fo aon dhe na cinn sin – in-ghabhail agus co-ionannachd (faic Dunbar, anns an leabhar seo). Dh'èirich deasbad gu math cruaidh mu dheidhinn inbhe na Gàidhlig ann am foghlam nuair a chaidh am Bile a-mach gu conaltradh agus bha mòran ann a bha diombach gur e foghlam Gàidhlig agus nach e foghlam tro mheadhan na Gàidhlig a chaidh a shònrachadh anns an Achd. Bha gu leòr cuideachd a bha diombach mar a chaidh Gàidhlig ainmeachadh anns an Achd anns an aon t-sreath ri sgoilearan le dìth chomasan agus feumannan foghlaim sònraichte agus luchd-labhairt mion-chànanan coimhearsnachd mar Urdu is Panjabi.

Ged nach do riaraich briathrachas na h-Achd gu leòr ann an saoghal na Gàidhlig, chan eil teagamh nach eil am prìomhachas nàiseanta a thugadh dhan Ghàidhlig air inbhe a' chànain a thogail an lùib luchd-riaghlaidh is luchd-cleachdaidh foghlaim agus tha mothachadh nas motha aig luchd-stiùiridh foghlaim mu fheumannan agus mu chòraichean na Gàidhlig. Chuir an Achd cuideachd dleastanas air ùghdarrasan ionadail amasan leasachaidh ionadail a dhealbh agus fhoillseachadh a sheallas mar a tha dùil aca na prìomhachasan nàiseanta a chur an gnìomh anns na sgìrean aca. Tha an Achd cuideachd a' sùileachadh gun dèan na h-ùghdarrasan ionadail aithisg gach bliadhna air mar a tha a' dol leotha leis na h-amasan sin. Tha ceistean air èirigh mun ìre gu bheil an Riaghaltas a' cumail smachd air na planaichean ionadail seo agus chan eil e idir soilleir mar a tha na h-amasan agus na h-aithisgean air am meas a thaobh na Gàidhlig. Tha aig gach sgoil ri plana-leasachaidh ullachadh a tha a' ceangal ri amasan an ùghdarrais ionadail agus, mar sin, tha e dha-rìribh cudromach gum bi amasan nan comhairlean a' freagairt air feumannan na coimhearsnachd.

3.3 Seasamh Riaghaltas na h-Alba

As dèidh taghaidhean Pàrlamaid 2003, chaidh aonta a ruighinn eadar am Pàrtaidh Làbarach agus na Libearalaich Dheamocratach gun leanadh iad ag obair còmhla mar Riaghaltas na h-Alba (Scottish Executive, 2003c). An lùib na chaidh fhoillseachadh anns a' phrògram riaghaltais aca, bha gealladh gun toireadh an Riaghaltas inbhe thèarainte dhan Ghàidhlig tro Achd Ghàidhlig.

Chaidh bile Gàidhlig fhoillseachadh leis an Riaghaltas anns an Dàmhair 2003 agus ghabh mòran bhuidhnean agus dhaoine com-pàirt anns a' cho-chomhairleachadh a ghabh àite ro dheireadh na bliadhna sin. Ged a bha daoine toilichte gun do chuir an Riaghaltas bile Gàidhlig air adhart, bha a' mhòr-chuid dhen bheachd nach robh am Bile làidir gu leòr. Chaidh laigsean is easbhaidhean a chomharrachadh, gu sònraichte a thaobh inbhe a' chànain agus a thaobh foghlaim. Bha faireachdainn làidir ann gum bu chòir còir a bhith aig pàrantan foghlam tro mheadhan na Gàidhlig fhaighinn far an robh iarrtas reusanta air a shon.

B' ann air Ministear an Fhoghlaim, Peter Peacock, a bha uallach am Bile a stiùireadh tron Phàrlamaid, agus ghabh esan ealla ris na beachdan a thàinig bhon mhòr-shluagh agus bhon fhianais a thog Comataidh Foghlaim na Pàrlamaid bho bhuidhnean Gàidhlig agus bho ùghdarrasan poblach. Ri linn sin, bha daoine na bu riaraichte leis an dàrna dreach dhen Bhile a thugadh am follais anns a' Mhàrt 2005. Cha robh guth fhathast anns a' Bhile air còraichean a thoirt do phàrantan a thaobh foghlam Gàidhlig ach thugadh cumhachd do Bhòrd na Gàidhlig stiùireadh a dhealbh dhan Riaghaltas mu sheirbhis an fhoghlaim agus mu dhòighean air a leasachadh. Cha deach inbhe laghail a thoirt dhan chanan a bharrachd mar a bha mòran ag iarraidh ach shònraich an dreach ùr gun robh a' Ghàidhlig 'a' faighinn urram co-ionnan ris a' Bheurla'.

Ghabh a' Phàrlamaid ris a' Bhile, gun bhall a bhòtadh na aghaidh, as dèidh deasbad air 21 Giblean 2005, agus chuireadh an lagh ùr an gnìomh anns a' Ghearran 2006. Bidh Plana Nàiseanta Gàidhlig ri dhealbh le Bòrd na Gàidhlig agus bidh aig a' Bhòrd ri plana airson foghlam Gàidhlig ullachadh mar phàirt dhen Phlana Nàiseanta. Bidh cumhachd aig a' Bhòrd planaichean cànain iarraidh air buidhnean poblach agus tha dùil gun tèid mu dheich bhuidhnean a chomharrachadh gach bliadhna. Bidh ùghdarrasan foghlaim nan lùib agus bidh e inntinneach fhaicinn ciamar a ghreimicheas am Bòrd, na comhairlean is na buidhnean foghlaim eile ris na dleastanasan ùra a tha a' tighinn orra fon Achd. Tha ceistean fhathast ag èirigh mun cheangal eadar Achd na Gàidhlig agus Inbhean ann an Sgoiltean na h-Alba etc 2000 mu ciamar a dh'fhigheas iad ri chèile agus mun bhuaidh a bhios aig an dàrna tè air an tè eile.

Gheibh Bòrd na Gàidhlig stiùireadh ann a bhith a' dealbh plana airson foghlam Gàidhlig bho aithisg a chaidh a dheasachadh le buidheann eòlaichean airson Comunn na Gàidhlig ann an 1997 (Comunn na Gàidhlig, 1997c). Rinn a' bhuidheann lèirmheas air foghlam aig gach ìre agus rinneadh molaidhean mu dheidhinn foghlam tro mheadhan na Gàidhlig, teagasg Gàidhlig mar chuspair, stòras agus co-òrdanachadh. Bha dà phrìomh mholadh aig a' bhuidhinn. Bha aon dhiubh sin gun stèidhichte meadhan airson foghlam Gàidhlig is foghlam tro mheadhan na Gàidhlig a leasachadh aig ìre nàiseanta cho luath 's a b' urrainn. Agus airson seo a thoirt gu buil, chaidh iarraidh gun cuireadh an Riaghaltas Comataidh Nàiseanta airson Foghlam Gàidhlig air chois airson comhairle fhaighinn air cùisean solair is maoin. B' e an dàrna moladh gum bu chòir an aon aithne a thoirt don Ghàidhlig, tron lagh, is a tha aig Cuimris anns a' Chuimrigh airson inbhe thèarainte a thoirt do dh'fhoghlam Gàidhlig.

3.4 Poileasaidhean nàiseanta

Tha poileasaidh foghlaim aig ìre nàiseanta air a mhìneachadh ann am pàipearan agus ann an aithisgean-stiùiridh a bhios an Riaghaltas a' toirt a-mach bho àm gu àm. Nan lùib sin, tha iomairtean sònraichte air a' churraicealam aig diofar ìre, m.e. An Ìre Choitcheann, an Curraicealam 5-14, Higher Still agus an Curraiccalam fo Aois Sgoile. Tha stiùireadh is slatan-tomhais a thaobh Gàidhlig anns gach aon dhiubh sin agus, mar as trice, tha aithisg shònraichte mun Ghàidhlig a' nochdadh an cois nan iomairtean sin.

Bho àm gu àm, bidh buidhnean mar an seann Scottish Consultative Council on the Curriculum (SCCC) a' dèanamh sgrùdaidhean àraidh air cuspairean farsaing co-cheangailte ris a' churraicealam. Bha mise am measg fichead eòlaiche dhan tug an SCCC fiathachadh ann an 1998 gus pàirt a ghabhail ann am buidheann a dhèanadh sgrùdadh air àite cultar na h-Alba ann an clàr-oideachais nan sgoiltean. An dèidh rannsachadh a dhèanamh air na bha, agus nach robh, a' tachairt ann an sgoiltean aig an àm, dheasaich a' bhuidheann aithisg a mhol, am measg nithean eile, gum bu chòir barrachd aire is inbhe a thoirt do Ghàidhlig, do dh'Albais agus do dh'Eòlas Ceiltis ann an sgoiltean na dùthcha. Cha do ghabh an SCCC ris an aithisg aig a' bhuidhinn idir, eadhon ged a bha fear-cathrach na buidhne, Niall Mac a' Bhreatannaich, Stiùiriche Foghlaim Comhairle nan Eilean, cuideachd na Chathraiche air an SCCC fhèin. Cha d'fhuaras riamh a-mach le cinnt carson a chaidh cùl a chur ris an aithisg, ach bha amharas ann gun robh na h-àrd-urracha foghlaim an Oifis na h-Alba dhen bharail gun robh an aithisg ro làidir air taobh barrachd àite a thoirt do chultar na h-Alba anns a' churraicealam goirid ro àm stèidheachaidh Pàrlamaid na h-Alba.

Greis as dèidh sin, thug an SCCC a-mach pàipear conaltraidh eile a bha iad fhèin air a dhealbh mun chùis (Scottish Consultative Council on the Curriculum, 1999). 'S e aithisg gun bhrìgh is gun stàth a bha an sin agus fhuair i an dubh-chàineadh air an robh i airidh aig coinneamhan conaltraidh. 'S e glè bheag a thachair, ma thachair dad idir, ri linn aithisg an SCCC fhèin agus tha suidheachadh cultar na h-Alba is dualchas nan Gàidheal anns a' churraicealam mar a bha e mus deach tòiseachadh air an iomairt. 'S e deagh eisimpleir agus rabhadh a tha an sin air mar a dh'fhaodas còmhlan beag de dhaoine le cumhachd bacadh a chur air adhartas agus air miann na mòr-chuid. Tha e cuideachd a' sealltainn cho deatamach 's a tha e gum bi taic luchd-poileataigs air cùl iomairtean foghlaim dhe sheòrsa.

3.5 Poileasaidhean agus planaichean nan comhairlean

Mar a chaidh ainmeachadh mu thràth, chuir Achd Inbhean ann an Sgoiltean na h-Alba etc. 2000 uallach air ùghdarrasan foghlaim planaichean is aithisgean a dheasachadh mu fhoghlam Gàidhlig. Ri linn sin, agus ri linn 's gum b' fheudar dhan Riaghaltas fiosrachadh a chruinneachadh mu fhoghlam Gàidhlig o na comhairlean airson aithisg na Rìoghachd Aonaichte a dheasachadh airson sgrùdadh mu choinneimh Cairt Eòrpach nam Mion-chànan, tha grunn chomhairlean, a bharrachd air an fheadhainn a chleachd a bhith ga dhèanamh mar Comhairle na Gàidhealtachd is Comhairle nan Eilean Siar, air a bhith ag ullachadh phoileasaidhean agus/no planaichean. Ann a bhith ag ullachadh a' phàipeir seo, sgrìobh mi gu na sia-deug ùghdarrasan ionadail a tha a' faighinn taic o Sgeama nan Tabhartasan Sònraichte airson Foghlam Gàidhlig a dh'iarraidh nam poileasaidhean/planaichean Gàidhlig aca.

Tha na planaichean a fhuair mi bho aon-deug dhiubh gu math eadar-dhealaichte ann an cruth 's ann am meud 's ann an susbaint. Tha feadhainn, mar phoileasaidh Comhairle na Gàidhealtachd, mionaideach agus susbainteach, mar a bhiodh dùil agus mar a bu chòir (faic Eàrr-ràdh 9). Tha cuid eile, ann an sgìrean mar Chlach Mhanainn (faic Eàrr-ràdh 10), far nach eil mòran luchd-labhairt na Gàidhlig, a tha lom agus cuingealaichte ri taobh no dhà de raon an fhoghlaim. Gan gabhail gu h-iomlan, ged-thà, tha aon nì glè fhollaiseach. 'S e sin gum bi feum air mòran comhairle agus stiùiridh bho Bhòrd na Gàidhlig mus bi na planaichean aig ìre far am bi iad a' co-chòrdadh ri plana nàiseanta.

4. Beachdan air foghlam Gàidhlig

4.1 Seasamh oifigeil luchd-foghlaim

Tha siostam an fhoghlaim an Alba air a bhith air a ruith sìos tro na bliadhnaichean cha mhòr gu tur le daoine gun Ghàidhlig. Dh'atharraich seo aithneachadh beag ann an 1974 nuair a chaidh Comhairle nan Eilean a stèidheachadh. Dh'fhàg sin gun robh cuid dhe na h-Eileanan an Iar air an riaghladh le muinntir an àite fhèin agus bha Gàidhlig aig mòran dhen luchd-riaghlaidh sin. Ach ged a b'e adhartas mòr a bha an sin aig ìre ionadail, bha foghlam gu nàiseanta fhathast fo smachd nan Gall. Dh'adhbhraich sin dragh do Chomhairle nan Eilean nuair a rinneadh oidhirp air a' Phròiseact Foghlam Dà-chànanach, a chuir iad air chois le aonta Roinn an Fhoghlaim an 1975, a leudachadh gu sgoiltean eile. Nuair a chaidh iad a shireadh taic on Riaghaltas, chaidh a ràdh riutha le riochdairean Roinn an Fhoghlaim gur e beachd 'benevolent neutrality' a bha aca air foghlam dà-chànanach. Chan e a-mhàin nach eil Gàidhlig air a leithid de rud ach chan eil e a' dèanamh ciall ann am Beurla a bharrachd!

Thàinig beachd annasach eile am bàrr ann an 1994 nuair a dh'fhoillsich luchd-sgrùdaidh nan sgoiltean aithisg air an robh an tiotal *Solarachadh na Gàidhlig ann am Foghlam ann an Albainn* (HM Inspectorate of Schools, 1994). Thug an luchd-sgrùdaidh beachd air gach ìre is gach seòrsa de dh'fhoghlam Gàidhlig agus cho-dhùin iad gun robh foghlam tro mheadhan na Gàidhlig anns na bun-sgoiltean air a bhith na b'èifeachdaile na foghlam dà-chànanach:

> Chan eil mòran eisimpleirean idir far an do chuireadh am prionnsabal dà-chànanach an gnìomh gu soirbheachail; air an làimh eile, dh'obraich

am prionnsabal meadhan-Gàidhlig gu math. Far a bheil e mar amas a' mhòrchuid de chloinn bhunsgoile ann an ceàrnaidhean àraidh a bhith dàchànanach ann an Gàidhlig agus Beurla mun ruig iad B7, tha e follaiseach gur e am prionnsabal meadhan-Gàidhlig am prionnsabal prataigeach 's gur còir gabhail ris. Leis cho mòr 's cho leantainneach 's a tha de dh'fhèill air foghlam tro mheadhan na Gàidhlig ann an ceàrnaidhean aig a bheil sgoiltean dà-chànanach mar-thà, tha e follaiseach gu bheil beachdan nam pàrant an co-bhuinn ri fianais nan sgrùdaidhean (td. 21).

An dèidh sin a ràdh mu dheidhinn foghlam bun-sgoile, cha shaoileadh neach gur e an co-dhùnadh a bhiodh aca a thaobh foghlam tro mheadhan na Gàidhlig aig ìre àrdsgoile nach robh e 'miannaichte no comasach':

Mar sin 's e an co-dhùnadh a ruigear nach eil e miannaichte no comasach, cho fada 's a chithear san àm ri teachd, gum bi foghlam àrdsgoile ri fhaotainn ann an grunn chuspairean tro mheadhan na Gàidhlig, nuair a tha an solarachadh seo fo bhuaidh bhrothlainnean na tha ann de stòras aig àm sam bith (td. 3)

An lùib nan adhbharan a chomharraich iad airson tighinn chun a' cho-dhùnaidh sin, bha gu bheil structar foghlam àrd-sgoile cho sgaraichte ann an cuspairean seach foghlam bun-sgoile, gu robh na h-àireamhan le Gàidhlig anns an àrd-sgoil cho beag agus gun robh dìth luchd-teagaisg agus gainne stuthan-teagaisg ann. Rinn co-dhùnadh an luchd-sgrùdaidh cron mòr aig an àm agus thug am beachd oifigeil seo buaidh air ùghdarrasan ionadail agus, gu dearbh, air pàrantan a dh'fhàs iomagaineach mu dheidhinn a bhith a' leantainn air foghlam tron Ghàidhlig dhan àrd-sgoil.

Chaidh aithisg ùr mu fhoghlam Gàidhlig fhoillseachadh le Luchd-sgrùdaidh nan Sgoiltean anns an Ògmhìos 2005 (HM Inspectorate of Schools, 2005). Anns an roràdh, tha an t-Àrd Neach-sgrùdaidh, Graham Donaldson, a' comharrachadh cuid dhe na duilgheadasan a tha mu choinneimh foghlam Gàidhlig an-diugh:

Tha aon de na trioblaidean as motha ri lorg ann am foghlam àrd-sgoile, far nach deach ach beagan adhartais a dhèanamh a thaobh teagasg tro mheadhan na Gàidhlig a sgaoileadh do chaochladh chuspairean air a' chlàr-oideachaidh (td. iii).

Tha na tha e ag ràdh fìor ach cò as coireach gu bheil an suidheachadh mar sin? Tha tuilleadh mìneachaidh ga dhèanamh air an trioblaid ann am pàirt eile dhen aithisg:

Chan eil feuman nan sgoilearan uile a tha air seachd bliadhna de FTMG a choileanadh, agus a tha air tighinn gu fileantachd, gam freagradh gu h-iomlan. Chan eil aon chùrsa cànain Gàidhlig, le beagan cothroim air a' chànan a h-uile latha, no fiù nas ainneamh a rèir feumalachdan a' chlàirama, gu leòr airson fileantachd a chumail an àird agus a leasachadh ann an caochladh àrainn cànain. . . . Tha cus àrd-sgoiltean anns na 'sgìrean Gàidhlig' nach eil fhathast air gabhail ris a' bheachd gum bu chòir FTMG a sholarachadh ann an iomadh cuspair, agus gum faodadh sochairean a thighinn an lùib sin (tdd. 36-7).

Tha mòran brìgh is lèirsinn anns an lèirmheas a thathar a' dèanamh anns an aithisg air gach raon de dh'fhoghlam sgoile agus tha neartan is laigsean an t-siostaim air an toirt far comhair. Tha an Luchd-sgrùdaidh cuideachd a' moladh na tha dhìth airson piseach a thoirt air foghlam Gàidhlig agus a' cur uallach leasachaidh air ùghdarrasan ionadail agus buidhnean nàiseanta.

Tha aineolas is claon-bheachdan cumanta gu leòr an lùib oifigearan foghlaim, mar a dh'fhiosraich an fheadhainn againn a bha a' strì airson foghlam tron Ghàidhlig fhaighinn a' dol ann an Glaschu. 'S iomadh beachd tarchaiseach a chuala sinn o bhilean oifigearan aig an àm sin agus anns na bliadhnaichean as a dhèidh nuair a bhathar ag iomairt airson bun-sgoil Ghàidhlig agus a-rithist làn-sgoil Ghàidhlig. Bidh cuimhne agam ri m' mhaireann mar a dh'innis aon oifigear do thè a dh'fhaighnich dha dè a' choinneamh aig an robh e air a bhith agus a fhreagair e gur e coinneamh mu fhoghlam Gàidhlig a bha ann mus do chuir e aghaidh ris a' bhalla agus a chuir e an ìre gun robh e a' sreap ris. 'S dòcha gur e na sgilean sreap sin a chuidich e gu inbhe Stiùiriche Foghlaim fhaighinn aig aon de chomhairlean ionadail ar dùthcha!

Dh'ainmich mi mu thràth an iomairt lèirmheas air cultar na h-Alba anns an robh mi an sàs às leth an SCCC. Thàinig beachdan gu math tàireil a-steach o bhuill àrd-chomhairle an SCCC nuair a chaidh a' chiad dhreach dhen aithisg aig a' bhuidhinn a chur thuca. Seo cuid dhe na bha aig aon cheannard-sgoile ri ràdh:

> The Paper is very well written. I find the content difficult to argue with. It is the concept I don't like so much. It smacks of being 'good for one' to become imbued with Scottish culture . . . I do not feel that there is a popular and growing interest in all aspects of Scottish culture. There is a growing nationalism which is accompanied by some very low-brow cultural baggage . . . I feel that minority interest groups are trying to foist their opinions and 'causes' on the majority. For example, the Gaelic lobby, religious groups and some literary groups . . . Unlike some other distinctive European cultures, we do not have our own language. Everyday language is English in our country. We cannot change this fact. The Gaelic language and cultural study is well embedded in some parts of the country. However, and however wrong it may be, the culture remains strange to many. It is very foreign to some. The values implicit in Gaelic culture in the widest sense are not those of today. 'Back to the

future' has never struck me as a guiding light for the development of modern society.

Chan eil anns a' bheachd gu h-àrd ach barail aon neach ach 's i a' cheist dè an ìre gu bheil e a' riochdachadh beachdan àrd-urracha foghlaim na h-Alba.

4.2 Beachdan phàrantan agus luchd-theagaisg

Gheibhear fianais air beachdan phàrantan agus luchd-theagaisg bho aithisgean rannsachaidh a rinneadh le Dr Allan Wolfe on Cholaiste a Tuath ann an Obar Dheathain, leis a' bhuidhinn rannsachaidh Lèirsinn agus bho sgrùdaidhean pearsanta a rinn daoine fa leth mar an Dr Anna Latharna NicGill'Ìosa (Wolfe, 1992, 1996; MacNeil agus Beaton, 1994; MacNeil agus Stradling, 1995, 1996, 1997, 2000; Fraser, 1989). Tha na h-aithisgean sin uile a' sealltainn gu bheil pàrantan a' toirt taic làidir do dh'fhoghlam tro mheadhan na Gàidhlig, ged a tha iad cuideachd ag aithneachadh gu bheil easbhaidhean anns an t-siostam. Thàinig an aithisg chudromach aig Scottish CILT (Johnstone et al., 1999) chun an aon seòrsa co-dhùnaidh. Seo na prìomh theachdaireachdan a bha aice a thaobh beachdan phàrantan nan sgoilearan a tha an sàs ann am foghlam tron Ghàidhlig:

A. Parents of Gaelic-medium children had a strong sense of their own heritage and saw Gaelic-medium education as addressing this for themselves and for their children.

B. They were concerned that Gaelic-medium education should be continued and put on to a more secure footing, with particular reference to the following:

- teacher supply
- teacher support and professional development, particularly where it related to delivery of the whole curriculum
- continuity – within schools, across schools and into the secondary phase of Gaelic-medium education

C. They also felt that they could do with more support in helping their children acquire and use more Gaelic.

D. A large majority was satisfied with the quality of the educational experience provided for their children (td. 3).

4.3 Beachdan a' phobaill

Cha deach mòran rannsachaidhean a dhèanamh thuige seo air beachdan mòr-shluagh na h-Alba air a' Ghàidhlig agus air foghlam Gàidhlig ach ann an 2003, dh'fhastaidh BBC Alba agus Bòrd na Gàidhlig le chèile a' bhuidheann sgrùdaidh Market Research UK airson sampall dhen phoball a cheasnachadh mu dhiofar rudan co-cheangailte ris a' chànan agus ri craoladh. Bha buil an rannsachaidh inntinneach agus misneachail, mar a chithear bhon chlàr gu h-ìosal:

MRUK PUBLIC ATTITUDE RESEARCH (2003)

	Strongly agree	Agree	Total
Gaelic is an important part of Scottish life and needs to be promoted	25%	41%	66%
Bilingual education and education through the medium of Gaelic should be promoted and expanded	23%	41%	64%
School pupils should be enabled to learn Gaelic if they so wish	31%	56%	87%
School pupils should learn about Celtic and Gaelic heritage	28%	48%	76%
There should be more opportunities for people to learn Gaelic across Scotland	26%	45%	71%

Tha e na adhbhar dòchais gu bheil dà thrian de mhòr-shluagh na dùthcha a' meas gu bheil Gàidhlig na pàirt chudromach de bheatha na dùthcha agus gum bu chòir foghlam dà-chànanach agus foghlam tron chànan a bhith air a bhrosnachadh agus air a leudachadh. Tha e anabarrach misneachail gu bheil cha mhòr naoinear às gach deichnear a' faireachdainn gum bu chòir cothrom a bhith aig sgoilearan Gàidhlig ionnsachadh ma tha iad ag iarraidh sin a dhèanamh.

5. Tomhas èifeachd agus measadh luach

Ciamar a gheibhear beachd air dè cho èifeachdach 's a tha foghlam Gàidhlig? Tha grunn mheadhanan ann trom faigh sinn sgeul air seo. Nam measg sin tha na Deuchainnean Nàiseanta, Aithisgean Luchd-sgrùdaidh nan Sgoiltean, Sgrùdaidhean Ionadail le luchd-sgrùdaidh nan comhairlean fhèin agus pròiseactan rannsachaidh sònraichte.

5.1 Aithisg Johnstone

Rinn sgioba fo stiùir an Ollaimh Johnstone, Oilthigh Shruighlea, rannsachadh airson Roinn Foghlaim Riaghaltas na h-Alba air ìre coileanaidh sgoilearan a bha air an oideachadh tron Ghàidhlig ann am bun-sgoiltean an Alba. Chaidh fiosrachadh a chruinneachadh ann an 34 bun-sgoiltean anns an robh foghlam tro mheadhan na

Gàidhlig a' gabhail àite suas gu deireadh na bun-sgoile agus rinn an sgioba-rannsachaidh sgrùdadh air measaidhean nàiseanta AAP (Assessment of Achievement Programme) ann an Saidheans, Matamataig agus Beurla agus measaidhean Curraicealaim 5-14 ann an Gàidhlig, Beurla agus Matamataig. Chaidh a' chlann a bha a' faighinn foghlam tro mheadhan na Gàidhlig a choimeas ri clann a bha air an oideachadh ann am Beurla anns na h-aon sgoiltean agus ri clann ann an sgoiltean eile anns an aon ùghdarras agus gu nàiseanta.

Cho-dhùin sgioba Johnstone on rannsachadh aca:

> nach robh sgoilearan ann am foghlam meadhan-Gàidhlig sa bhunsgoil, eadhan far nach b' e a' Ghàidhlig cànan na dachaigh, a' call a-mach an coimeas ri cloinn air an teagasg tro mheadhan na Beurla. Ann am mòran de na cuspairean bha iad a' coileanadh na b' fheàrr na sgoilearan meadhan-Beurla agus còmhla ri sin ràinig iad fileantachd ann an dà chànan (Johnstone *et al.*, 2000, td. 12).

Thug aithisg Johnstone toil-inntinn agus togail do na bha an sàs ann am foghlam tron Ghàidhlig agus dhearbh e do dh'àrd-urracha foghlaim na h-Alba an rud air an robh fios aig pàrantan is luchd-teagaisg air fada roimhe sin, gun robh an siostam foghlaim Gàidhlig ag obair gu math agus gun robh e buannachdail dhan chloinn.

5.2 Na deuchainnean nàiseanta

B' e aon dhe na slatan-tomhais a bha aig sgioba rannsachaidh Johnstone an fhianais a thog iad o na deuchainnean a tha a' gabhail àite an lùib Curraicealaim 5-14. Tha na deuchainnean sin a' tachairt aig dà ìre, aig Ìre B a tha co-ionann ri Prìomh 4 anns a' bhun-sgoil agus aig Ìre D a tha co-ionann ri Prìomh 7. Ged is e na sgoiltean fhèin a tha a' toirt nan deuchainnean dha na sgoilearan, thathar a' cleachdadh ionnsramaidean measaidh a tha air an dealbh aig ìre nàiseanta. Faodar, mar sin, cuid mhath de chreideas a chur annta, gu h-àraidh ann a bhith a' coimeas clas ri clas agus sgoil ri sgoil.

Aig ìre na h-àrd-sgoile, gheibhear dealbh air èifeachd an fhoghlaim a tha sgoilearan a' faighinn le a bhith a' toirt sùil air na tha iad a' cosnadh anns na deuchainnean nàiseanta aig An Ìre Choitcheann, aig A' Mheadhan Ìre, aig An Àrd Ìre agus aig an t-Sàr Ìre. Tha na comharran a tha sgoilearan a' faighinn ann an Gàidhlig mar chuspair do dh'Fhileantaich, ann an Gàidhlig mar chuspair airson Luchd-ionnsachaidh agus ann an cuspairean mar Eachdraidh is Cruinn-eòlas tron Ghàidhlig uile a' sealltainn gu bheil iad a' coileanadh nan amasan agus nan slatan-tomhais a tha iomchaidh dha na cuspairean agus na h-ìrean sin.

5.3 Aithisgean Luchd-sgrùdaidh nan Sgoiltean

Tha gach sgoil an Alba, eadar sgoil-àraich, bun-sgoil agus àrd-sgoil, air an sgrùdadh le Luchd-sgrùdaidh na Ban-rìgh uair 's na seachd bliadhna co-dhiù agus tha na h-aithisgean aca a' toirt dealbh eile dhuinn air buaidh foghlam Gàidhlig. Choimhead mi air ceithir-deug aithisg a nochd o Luchd-sgrùdaidh nan Sgoiltean anns na còig bliadhna a chaidh seachad anns an robh iad a' toirt breith air na chunnaic 's na chuala iad ann an sgoiltean anns an robh clasaichean tro mheadhan na Gàidhlig. Thug mi sùil, gu sònraichte, air coileanadh na cloinne ann an Gàidhlig a tha air a mheas, mar a tha gach taobh eile de dh'fhoghlam, fo cheithir chinn. Is iad sin:

Fìor Mhath	– a' comharrachadh prìomh neartan
Math	– a' comharrachadh barrachd neartan na laigsean
Meadhanach Math	– a' comharrachadh beagan laigsean cudromach
Neo-thaitneach	– a' comharrachadh prìomh laigsean

Bha 3 de na 14 sgoiltean air am meas Fìor Mhath, le 10 air am meas Math. Bha aon sgoil a bha Meadhanach Math agus cha robh gin idir a bha Neo-thaitneach. Tha seo a' cur taic ri co-dhùnadh aithisg Johnstone ach tha e cuideachd a' sealltainn gum faodadh 11 de na 14 sgoiltean a bhith na b' fheàrr a thaobh ìre coileanaidh na cloinne ann an Gàidhlig.

5.4 Sgrùdaidhean ionadail

Tha e na chleachdadh aig ùghdarrasan ionadail an-diugh siostam sgrùdaidh sgoiltean a bhith aca taobh a-staigh na comhairle fhèin agus bidh uallach airson an t-siostaim measaidh sin aig oifigear aig àrd ìre taobh a-staigh Roinn Foghlaim na comhairle. Chan eil an siostam ionadail aocoltach ris an t-siostam sgrùdaidh nàiseanta ach chan eil e cho poblach no cho follaiseach agus tha e ann airson sgoiltean a chuideachadh gus dèanamh nas fheàrr. Bidh na sgrùdaidhean ionadail sin a' gabhail a-steach foghlam tron Ghàidhlig agus Gàidhlig mar chuspair.

6. Uireasbhaidhean agus cùisean sònraichte

Ged a tha piseach air tighinn air foghlam Gàidhlig, gu sònraichte anns an 20 bliadhna mu dheireadh, tha fhathast iomadh easbhaidh agus laigse anns an t-siostam. Tha cuid dhiubh sin a' bualadh air poileasaidhean foghlaim, air margaidheachd is sanasachd agus air leantainneachd ann am foghlam tron Ghàidhlig. Tha cuid eile a bhuineas do dh'fhastadh agus trèanadh luchd-teagaisg, do ghainne stuthan-teagaisg, do dhìth rannsachaidh agus do chion chothroman ionnsachadh mu chultar is mu dhualchas nan Ceilteach 's nan Gàidheal agus a' Ghàidhlig fhèin ionnsachadh anns na sgoiltean.

6.1 Cion Poileasaidh Nàiseanta

'S e aon dhe na h-uireasbhaidhean as motha agus as cudromaiche nach eil poileasaidh nàiseanta air aontachadh mu fhoghlam Gàidhlig. Tha sin a' fàgail nach eil amasan air an dèanamh soilleir agus nach eil stiùir làidir air. Mar sin, tha mòran dhe na tha a' tachairt *ad hoc* agus tha cus an crochadh air ùidh phearsanta agus beachd aon neach, biodh e aig ìre Ministeir anns an Riaghaltas no seirbhiseach chatharra no neach-sgrùdaidh sgoile. Tha cion poileasaidh ri fhaicinn ann an cion co-cheangail agus co-òrdanachaidh agus tha e na bhacadh air leasachadh.

6.2 Gainne luchd-teagaisg

Tha gainne luchd-teagaisg air a bhith na uallach o dheireadh na 1980an nuair a thòisich foghlam tro mheadhan na Gàidhlig a' sgaoileadh tro na bun-sgoiltean ach, a dh'aindeoin gach coinneimh agus iomairt a tha air a bhith ann mun chuspair, cha deach fuasgladh ceart fhaighinn air a' cheist. Tha iomairtean mar 'Thig a Theagasg' a cho-òrdanaich CnaG air feum a dhèanamh agus tha an àireamh a tha a' trèanadh airson na bun-sgoile air a dhol an-àirde ri linn 's gun deach àiteachan sònraichte a chur mu seach airson oileanaich le Gàidhlig air cùrsaichean mar am PGDE agus am BEd. Ach chan eileas fhathast a' faighinn gu leòr oileanaich tro phrìomh shlighe cùrsa BEd agus 's ann tron chùrsa aon bhliadhna PGDE a tha a' mhòr-chuid de luchd-teagaisg na bun-sgoile a' tighinn. Tha feum sònraichte cuideachd air tidsearan a theagaisgeas cuspairean àrd-sgoile leithid Matamataig, Saidheans, Ceòl is Ealain tron Ghàidhlig.

6.3 Trèanadh luchd-teagaisg

Chomharraich aithisg air teagasg ann am foghlam tro mheadhan na Gàidhlig a thug Comhairle Choitcheann Luchd-teagaisg na h-Alba a-mach ann an 1999 (General Teaching Council, 1999) gun robh ro bheag ùine agus aire air a thoirt do thrèanadh airson foghlam tron Ghàidhlig ann an cùrsaichean trèanaidh airson na bun-sgoile agus na h-àrd-sgoile. Bha a' bhuidheann a dheasaich an aithisg airson an GTC cuideachd dhen bharail gun robh cion aithne air a thoirt dhan trèanadh a bha na h-oileanaich a' faighinn ann an Gàidhlig (tdd. 15-18). Thug an aithisg tarraing air rannsachadh a rinn a' bhuidheann Lèirsinn air ìre ullachaidh luchd-teagaisg airson a bhith a' teagasg tron Ghàidhlig. 'S e aon dhe na co-dhùnaidhean a bha aig Lèirsinn gun robh na tidsearan fhèin a' faireachdainn gun robh feum aca air leudachadh air na sgilean cànain aca agus air an eòlas mun chànan (td. 55). Thathar fortanach aig an àm seo gu bheil Gàidheal air an stiùir aig an GTC agus gu bheil eileanach eile os cionn Damh an Fhoghlaim aig Oilthigh Srath Chluaidh, ach tha cunnart ann gu bheil cus an crochadh air neach sònraichte mar sin ann an dreuchd àraid agus 's e tha dhìth gum biodh an siostam fhèin na bu treasa agus na bu chunbhalaiche a thaobh trèanaidh ann an Gàidhlig airson teagasg ann an Gàidhlig.

6.4 Leantainneachd ann am foghlam tron Ghàidhlig

Tha e na adhbhar dragh glè mhòr gu bheilear a' call uimhir dhen chloinn ann am foghlam tron Ghàidhlig nuair a ghluaiseas iad on bhun-sgoil dhan àrd-sgoil. Chan eil an-dràsta ach mu leth nan sgoilearan a' faighinn no a' gabhail a' chothroim cuspairean àrd-sgoile ionnsachadh tro mheadhan na Gàidhlig. Fiù 's far a bheil foghlam tron Ghàidhlig air a thathann anns an àrd-sgoil, tha e cuingealaichte mar as trice ri dhà no trì chuspairean agus ri feadhainn a dh'fhaodas a' chlann a leigeil às an dèidh dà bhliadhna agus chan fhaighear fhathast air deuchainn a shuidhe ann an cuspair sam bith os cionn na h-Ìre Coitchinn. Tha cuid de sgoiltean ann far nach urrainn do sgoilearan a rinn foghlam tro mheadhan na Gàidhlig anns a' bhun-sgoil ach Gàidhlig a-mhàin a dhèanamh mar chuspair anns an àrd-sgoil. Leis gu bheil cho beag cothrom aig clann Gàidhlig a chluinntinn 's a chleachdadh anns an àrd-sgoil, tha e dualach gum bi na sgilean Gàidhlig aca a' traoghadh agus a' lagachadh.

6.5 Cion cothroim Gàidhlig ionnsachadh air feadh na dùthcha

Nuair a ghluais mise a Ghlaschu tràth anns na 1980an, bha Gàidhlig air a tairgse mar chuspair airson luchd-ionnsachaidh ann an ceithir sgoiltean anns a' bhaile. An-diugh, chan eil aon sgoil ann an Glaschu a tha a' frithealadh do dh'fheumannan luchd-ionnsachaidh. Tha aonad Gàidhlig ann an Àrd-sgoil Phàirc a' Chnuic ach tha sin airson sgoilearan a chaidh an oideachadh tron Ghàidhlig anns a' bhun-sgoil. Tha bailtean agus caoban eile dhen dùthaich far nach fhaighear Gàidhlig mar chuspair sgoile, m.e. baile Dhùn Deagh agus sgìrean meadhan Earra Ghàidheal is Còmhghall. 'S e suidheachadh truagh a tha ann nach fhaigh daoine òga eòlas a chur air a' chànan as fhaide a tha air a bhith air a bruidhinn anns an dùthaich ach ann an aon às gach deich àrd-sgoiltean anns an rìoghachd.

6.6 Dìth oideachaidh mu chultar is mu dhualchas nan Ceilteach is nan Gàidheal

Mar fhear a tha a' teagasg Eòlas Ceiltis do fho-cheumnaich agus do dh'iar-cheumnaich, tha e na chùis nàire agus iomagain cho beag eòlas 's a tha aig oileanaich air dualchas Ceilteach na dùthcha agus air eachdraidh is cultar nan Gàidheal. Tha an dìth oideachaidh seo a' togail cheistean gu math bunaiteach mun dòigh foghlaim ann an Alba. Mar eisimpleir, carson a thathar a' dèanamh dearmad air eileamaid cho cudromach de dhualchas na dùthcha nuair a tha uimhir de dh'aire air a toirt anns na bun-sgoiltean dha na Ròmanaich 's dha na Lochlannaich? Dè seòrsa rìoghachd a tha a' cleith pàirt cho bunaiteach de a h-eachdraidh bho a h-òigridh? Tha an Coimisean Culturach a stèidhich an Riaghaltas, agus air nach eil aon bhall le Gàidhlig no le eòlas air ar cultar, na eisimpleir eile dhan chion àite a tha air a thoirt dhan chànan is dhan dualchas leothasan aig a bheil ùghdarras ann an Dùn Èideann.

6.7 Cion fiosrachaidh is sanasachd mu fhoghlam Gàidhlig

Chaidh a ràdh ann an aithisg an GTC (1999) gu bheil foghlam tron Ghàidhlig air aon dhe na nithean as soirbheachaile a tha air tachairt ann am foghlam ann an Alba anns na deich bliadhna roimhe. 'S ann a shaoileadh duine mar sin gum biodh am modh foghlaim seo air a shanasachd agus air a mhargaidheachd fad is farsaing. Ach an àite a bhith air a reic 's ann a tha e cha mhòr air a chleith. Feumaidh neach sam bith a tha ag iarraidh fiosrachadh spàirn is cnuasachd a dhèanamh mus fhaigh iad a-mach mu dheidhinn agus 's ann tro chagar cluaise no tro cheanglaichean pearsanta as trice a tha daoine a' cluinntinn mu thimcheall.

6.8 Gainne rannsachaidh

'S e glè bheag de sgrùdadh a chaidh a dhèanamh thuige seo air foghlam tron Ghàidhlig no air foghlam Gàidhlig anns an fharsaingeachd. Tha feum air fios mionaideach mu na tha a' tachairt aig gach ìre de dh'fhoghlam tro mheadhan na Gàidhlig agus tha feum air fiosrachadh cinnteach is earbsach air an gabh poileasaidhean freagarrach am bonntachadh.

6.9 Gainne stuthan-teagaisg

Eadhon ged a tha an t-ionad-stòrais nàiseanta, Stòrlann, air obair ionmholta a dhèanamh anns na còig bliadhna o chaidh a chruthachadh, tha iomadh beàrn fhathast ann a thaobh stuthan-teagaisg is ionnsachaidh de gach ìre is de gach gnè. Cha bu chòir gum feumadh luchd-teagaisg fhathast a bhith a' cleachdadh leabhraichean Beurla le teagsa Gàidhlig air an steigeadh orra. Tha sin a' toirt droch ìomhaigh do dh'fhoghlam tron Ghàidhlig ann an sùilean na cloinne agus nam pàrantan. Tha clann an-diugh cho àilgheasach agus cho eòlach air goireasan gleansach is snasail agus feumaidh na goireasan Gàidhlig a bhith a cheart cho tarraingeach.

7. Fuasglaidhean

Dè na fuasglaidhean a tha ann do chuid dhe na duilgheadasan agus dhe na h-easbhaidhean a chomharraich mi gu h-àrd? Tha iomadh innleachd a dhìth agus tha na leanas am measg an fheadhainn as riatanaiche.

7.1 Plana Nàiseanta

Bhiodh poileasaidh nàiseanta airson foghlam Gàidhlig fìor fheumail agus bu chòir gun tachair sin mar phàirt den Phlana Nàiseanta a tha Achd na Gàidhlig a' sùileachadh o Bhòrd na Gàidhlig. Feumaidh am plana sin a bhith lèirsinneach agus susbainteach agus feumaidh e siostaman agus dòighean liubhairt a chruthachadh a bhios buan agus nach bi an crochadh air deagh-ghean corra neach anns an Riaghaltas no anns an t-seirbhis chatharra no anns na buidhnean foghlaim nàiseanta. Nam faighte plana nàiseanta le amasan soilleir is brìoghmhor, shruthadh na h-iomairtean is na prògraman is na pròiseactan air a bheil feum bhuaithe.

7.2 Cur an gnìomh molaidhean aithisgean

Thar nam bliadhnaichean, tha mi air a bhith an sàs ann a bhith a' cur ri chèile grunn aithisgean air cuspairean sònraichte ann am foghlam Gàidhlig. Mar eisimpleir, bha mi an lùib na buidhne a dh'ullaich an aithisg air trèanadh luchd-teagaisg airson foghlam tro mheadhan na Gàidhlig dhan GTC (1999) agus chaidh m' fhastadh leis an SQA airson aithisg a dhèanamh air na cùrsaichean bogaidh Gàidhlig (Robertson, 2001). Thuige seo, cha deach cus gluasad a dhèanamh air na molaidhean a bha annta, gu h-àraidh ann an aithisg nan cùrsaichean bogaidh. Dh'fheumadh plana nàiseanta sam bith feart a ghabhail dhe na molaidhean sin agus dhèante adhartas math nan cuirte an gnìomh cuid dhiubh.

Bha aithisg an GTC ag iarraidh gum biodh teisteanas ann airson teagasg tro mheadhan na Gàidhlig, gum biodh co-dhiù leth dhe na cùrsaichean trèanaidh air an lìbhrigeadh ann an Gàidhlig agus gum biodh sgilean cànain nan oileanach air an leasachadh. Bha aithisg an SQA a' moladh gun dèante leudachadh mòr air cùrsaichean bogaidh agus air meadhanan dian-ionnsachaidh agus ag aithneachadh gum feumte maoineachadh a bharrachd a thoirt do dh'oileanaich agus do cholaistean a tha an sàs ann an cùrsaichean bogaidh gus meudachadh a thoirt air na h-àireamhan.

A thuilleadh air a bhith a' cur molaidhean aithisg an GTC an gnìomh, 's mathaid gum bu chòir beachdachadh air ionad-trèanaidh nàiseanta airson foghlam Gàidhlig a chur air bhonn. Tha uimhir ri dhèanamh a thaobh a bhith a' tàladh oileanaich gu bhith trèanadh mar luchd-teagaisg, a' leudachadh chothroman air trèanadh, a' leasachadh sgilean cànain nan oileanach agus a' leudachadh air meud an trèanaidh tron Ghàidhlig agus ann a bhith a' co-òrdanachadh iomairtean eadar an liuthad buidheann a tha an sàs ann am fastadh is ann an trèanadh luchd-teagaisg gu bheil feum air ionad agus air neach a bheir na nithean sin air adhart a dh'aon mhàgh agus gu cunbhalach. Bhite an dùil gun tigeadh piseach air an t-suidheachadh tro obair na buidhne-gnìomh Gaelic Medium Teachers' Action Group a chuir Ministear an Fhoghlaim air chois ann an 2004 airson slighe air adhart a mholadh.

7.3 Iomairt a thaobh Eòlas Ceiltis

Feumar oidhirp a dhèanamh air Eòlas Ceiltis fhilleadh a-steach do chlàr-oideachais nan sgoiltean air feadh na dùthcha ma thathas a' dol a chur às dhen dìth tuigse agus an dìth eòlais a tha aig a' mhòr-chuid de mhuinntir na dùthcha mu dhualchas is cultar nan Ceilteach 's nan Gàidheal. Ach chan e an cuspair a sparradh air luchd-teagaisg an dòigh air adhart idir. 'S e an rud as motha a dhèanadh feum stuthan-ionnsachaidh tarraingeach is èifeachdach a dheasachadh agus a thathann do luchd-teagaisg mar aonad no pasgan bun-sgoile no mar chùrsa goirid àrd-sgoile. Dh'fheumadh na stuthan a bhith ann am Beurla airson gun d' rachadh an cleachdadh anns a' mhòr-chuid de sgoiltean agus dh'fheumadh na stuthan a bhith cho furasta a chleachdadh agus a cheart cho math ri goireasan-teagaisg a gheibhear air cuspairean eile.

7.4 Leudachadh air cothroman Gàidhlig ionnsachadh anns an sgoil

Tha co-dhiù trì dòighean anns an gabhadh Gàidhlig a chur an tairgse mòran a bharrachd chlann-sgoile. Aig ìre na bun-sgoile, ghabhadh an sgeama GLPS a leudachadh mean air mhean gu sgoiltean ann an sgìrean far nach fhaighear e an-dràsta agus cuideachd gu bun-sgoiltean a tha a' biadhadh a-steach gu àrd-sgoiltean anns a bheil a' Ghàidhlig mu thràth. Aig ìre foghlam àrd-sgoile, dh'fhaoidte sgoiltean àraidh ann am bailtean no ann an sgìre ùghdarras ionadail a chomharrachadh mar sgoiltean anns am biodh a' Ghàidhlig air a teagasg. Ann an sgoiltean far nach biodh neach-teagaisg Gàidhlig, dh'fhaoidte teicneòlas fiosrachaidh is conaltraidh a chleachdadh mar mheadhan lìbhrigidh aig astar le tidsear à aon dhe na sgoiltean anns a bheil Gàidhlig a' treòrachadh an luchd-ionnsachaidh tro cho-labhairt bhidio no a leithid. Tha beagan dhen seo a' tachairt mu thràth a thaobh Gàidhlig mar chuspair is cuideachd a thaobh Cruinn-eòlas tron Ghàidhlig agus tha buidheann-ghnìomh eile aig an Riaghaltas a' rannsachadh dhòighean air na meadhanan ùra conaltraidh a chleachdadh airson tuilleadh chuspairean sgoile a thathann tron Ghàidhlig ann am barrachd sgoiltean.

7.5 Prògraman margaidheachd

Dh'fheumadh plana nàiseanta coimhead ri dòighean air fiosrachadh mu fhoghlam tron Ghàidhlig agus mu bhuannachdan an dòigh foghlaim seo a chraobh-sgaoileadh gu sluagh na dùthcha. Feumar iomairtean margaidheachd mòra nàiseanta a thuilleadh air prògraman margaidheachd cunbhalach aig ìre ionadail. Bu chòir dha na h-ùghdarrasan ionadail barrachd uallach a ghabhail airson a bhith a' sgaoileadh fiosrachadh gu pàrantan seach a bhith a' cur an uallaich air na buidhnean Gàidhlig.

7.6 Pròiseactan rannsachaidh

Ma tha foghlam Gàidhlig a' dol a shoirbheachadh, feumaidh na planaichean leasachaidh a bhith air am bonntachadh air an fhiosrachadh agus an fheallsanachd as fheàrr as urrainn fhaighinn agus tha sin a' ciallachadh gum feumar pròiseactan rannsachaidh de dhiofar sheòrsa a chur air adhart. Seo cuid dhe na tha a dhìth:

- tomhas adhartas sgoilearan anns a' chànan thar ùine
- sgrùdadh air mar a thathar a' làimhseachadh fhileantach aig ìre bogaidh
- rannsachadh air mar a thathar a' dèiligeadh ri clann aig a bheil feumalachdan sònraichte
- sgrùdaidhean air suidheachaidhean sònraichte (*case studies*)
- coimeas eadar foghlam tron Ghàidhlig agus foghlam tro mhion-chànanan eile

- cnuasachd bheachdan phàrantan air carson a tha iad a' roghnachadh foghlam tron Ghàidhlig agus dè tha iad a' saoilsinn dheth
- rannsachadh air èifeachd an ullachaidh a tha oileanaich a' faighinn anns na cùrsaichean trèanaidh
- sgrùdadh air tairbhe nan Tabhartasan Sònraichte agus air iomairtean àraidh eile
- mion-sgrùdaidhean air Gàidhlig na cloinne
- sgrùdadh air a' bhuaidh a tha aig foghlam tron Gàidhlig air a' chòrr dhen sgoil

Chan eil an sin ach pàirt dhe na tha a dhìth a thaobh rannsachadh agus tha e a' sealltainn gu bheil feum air obair co-òrdanachaidh a dhèanamh anns an raon seo fhèin. 'S mathaid gun tig sin on Phlana Nàiseanta ach 's dòcha gum feumar beachdachadh air innleachd eile cuideachd leithid Acadamaidh Nàiseanta airson na Gàidhlig a ghabhadh a leithid seo os làimh cuide ri raointean eile mar chànanachas, briathrachas agus taclaireachd.

8. Thugam agus Bhuam

Dè tha romhainn ann am foghlam Gàidhlig? A bheil saoghal ùr air fàire le Achd na Gàidhlig, le Plana Nàiseanta na Gàidhlig agus le planaichean bhuidhnean fa-leth?
Am faic sinn, an ceann deich bliadhna:

- dùblachadh anns an àireamh sgoilearan ann am foghlam tro mheadhan na Gàidhlig?
- a leth uimhir a-rithist de dh'àrd-sgoiltean (60) a' tathann Gàidhlig?
- an sgeama GLPS air a leudachadh gu gach sgìre comhairle anns a bheil foghlam tron Ghàidhlig?
- clann air feadh na dùthcha a' cur eòlas air an dualchas Cheilteach aca?
- mìle neach anns a' bhliadhna air cùrsaichean bogaidh?
- cùrsaichean-trèanaidh luchd-teagaisg air an lìonadh?
- ionad-trèanaidh nàiseanta agus Acadamaidh Gàidhlig air an stèidheachadh?

An e bruadar a tha an sin no an e sealladh thar Iòrdain gu Tìr a' Gheallaidh a tha ann?

Eàrr-ràdh 1

Foghlam tron Ghàidhlig: 2002-5: Àireamhan Sgoilearan: Sgoiltean Àraich

Comhairle	2002-3	2003-4	2004-5
Aonghas	4	4	2
Baile Dhùn Èideann	20	20	25
Baile Ghlaschu	50	44	52
Baile Obar Dheathain	10	5	7
Dùn Breatainn an Ear	15	15	13
Earra Ghàidheal & Bòid	48	50	43
Inbhir Àir an Ear	3	4	6
Inbhir Chluaidh	10	9	8
Lannraig a Deas	12	13	12
Lannraig a Tuath	10	24	18
. . . na Gàidhealtachd	166	262	265
. . . nan Eilean Siar	13	179	173
Sruighlea	–	–	14
GU LÈIR	**361**	**629**	**638**

Eàrr-ràdh 2

Foghlam tron Ghàidhlig: 2002-5: Àireamhan Sgoilearan: Bun-sgoiltean

Comhairle	2002-3	2003-4	2004-5
Aonghas	8	10	14
Baile Dhùn Èideann	60	66	80
Baile Ghlaschu	142	161	172
Baile Obar Dheathain	50	52	47
Dùn Breatainn an Ear	29	35	42
Earra Ghàidheal & Bòid	127	149	152
Inbhir Àir an Ear	35	34	25
Inbhir Chluaidh	14	17	21
Lannraig a Deas	79	80	83
Lannraig a Tuath	85	95	91
... na Gàidhealtachd	707	717	730
... nan Eilean Siar	542	503	491
Peairt & Ceann Rois	12	5	4
Sruighlea	38	48	56
GU LÈIR	**1928**	**1972**	**2008**

Eàrr-ràdh 3

Foghlam tron Ghàidhlig: 2002-5: Àireamhan Sgoilearan: Àrd-sgoiltean

Comhairle	2002-3	2003-4	2004-5
Aonghas	4	5	5
Baile Ghlaschu	35	31	34
Earra Ghàidheal & Bòid	12	–	12
Inbhir Àir an Ear	–	4	9
Lannraig a Tuath	5	4	8
. . . na Gàidhealtachd	231	171	184
. . . nan Eilean Siar	81	70	54
Peairt & Ceann Rois	7	3	1
GU LÈIR	**375**	**288**	**307**

Eàrr-ràdh 4

Foghlam Gàidhlig: 2002-5: Àireamhan nam Fileantach: Àrd-sgoiltean

Comhairle	2002-3	2003-4	2004-5
Aonghas	4	5	5
Baile Dhùn Èideann	24	28	31
Baile Ghlaschu	56	53	54
Baile Obar Dheathain	24	24	30
Dùn Breatainn an Ear	13	13	13
Earra Ghàidheal & Bòid	24	28	34
Inbhir Àir an Ear	–	4	9
Lannraig a Deas	29	31	22
Lannraig a Tuath	9	10	15
. . . na Gàidhealtachd	346	358	356
. . . nan Eilean Siar	458	421	418
Peairt & Ceann Rois	10	3	3
GU LÈIR	**997**	**978**	**990**

Eàrr-ràdh 5

Foghlam Gàidhlig: 2002-5: Àireamhan Luchd-Ionnsachaidh: Àrd-sgoiltean

Comhairle	2002-3	2003-4	2004-5
Aonghas	–	1	–
Baile Dhùn Èideann	5	5	12
Baile Ghlaschu	–	–	2
Clach Mhanainn	17	13	4
Earra Ghàidheal & Bòid	439	439	425
Inbhir Àir an Ear	–	–	1
Lannraig a Tuath	7	4	4
. . . na Gàidhealtachd	955	1162	1220
. . . nan Eilean Siar	804	760	764
Peairt & Ceann Rois	143	129	150
Sruighlea	–	–	1
GU LÈIR	**2370**	**2513**	**2583**

Eàrr-ràdh 6

Gàidhlig

	An Ìre Choitcheann	Meadhan Ìre 1	Meadhan Ìre 2	An Àrd Ìre
1985	119	–	–	40
1986	100	–	–	39
1987	109	–	–	48
1988	75	–	–	38
1989	86	–	–	27
1990	107	–	–	44
1991	122	–	–	43
1992	126	–	–	40
1993	89	–	–	33
1994	86	–	–	45
1995	102	–	–	40
1996	103	–	–	41
1997	100	–	–	45
1998	98	–	–	54
1999	95	–	–	50
2000	117	–	7	43
2001	133	–	7	66
2002	138	7	8	72
2003	183	–	13	75
2004	220	–	11	92

(Fiosrachadh bho SQA)

Eàrr-ràdh 7

Luchd-Ionnsachaidh

	An Ìre Choitcheann	Meadhan Ìre 1	Meadhan Ìre 2	An Àrd Ìre
1985	414	–	–	131
1986	300	–	–	131
1987	328	–	–	114
1988	340	–	–	122
1989	315	–	–	118
1990	339	–	–	117
1991	389	–	–	116
1992	423	–	–	127
1993	368	–	–	135
1994	425	–	–	120
1995	440	–	–	140
1996	540	–	–	144
1007	522	–	–	168
1998	423	–	–	148
1999	329	–	–	138
2000	366	5	15	102
2001	385	13	15	114
2002	328	20	34	147
2003	334	25	36	147
2004	322	11	41	143

(Fiosrachadh bho SQA)

Eàrr-ràdh 8

Teisteanas AS6/An Àrd Ìre Adhartach

	Gàidhlig	Gaelic	Gaelic Learners
1985	–	6	–
1986	–	6	–
1987	–	1	–
1988	–	3	–
1989	·	8	–
1990	–	7	–
1991	–	10	–
1992	–	13	–
1993	–	20	–
1994	–	23	–
1995	–	18	–
1996	–	17	–
1997	–	18	–
1998	–	17	–
1999	–	20	–
2000	–	16	–
2001	11	–	10
2002	14	–	11
2003	11	–	23
2004	11	–	29

(Fiosrachadh bho SQA)

Eàrr-ràdh 9

Earrann à Poileasaidh Foghlaim Gàidhlig Comhairle na Gàidhealtachd

Foghlam tro mheadhan na Gàidhlig

- Ged a tha foghlam Gàidhlig uile cudromach, tha foghlam tro mheadhan na Gàidhlig air a mheas mar an dòchas as fheàrr airson na Gàidhlig agus mar sin bidh prìomhachas aige.
- Thèid na dòighean a leanas a chur an gnìomh gus a leasachadh, anns an òrdadh prìomhachais seo.
  a) daingneachadh na seirbheis a tha ann mu thràth
  b) freagairt iarrtasan an àiteachan ùra
  c) brosnachadh foghlam tron Ghàidhlig ann an àiteachan ùra.

Foghlam bun-sgoile tro mheadhan na Gàidhlig

- Leanaidh a' Chomhairle a' freagairt iarrtasan airson foghlam tron Ghàidhlig le deagh rùn, air chùmhnant gu bheil àireamh chloinne chuimseach (4 sa bhliadhna), tìdsear agus rùm ann.
- Bidh foghlam tro mheadhan na Gàidhlig sa chumantas air a liubhairt mar chlasaichean anns na sgoiltean a tha ann mu thràth.
- Thèid beachdachadh air Sgoiltean Gàidhlig a chur air chois far a bheil sin comasach.
- Ann an sgoiltean le foghlam san dà chànan
  – bu chòir an aon seasamh a bhith aig a' Bheurla agus a' Ghàidhlig
  – bu chòir do cheanglaichean eadar clasaichean Beurla agus Gàidhlig a bhith a' ruith an dà thaobh
  – bu chòir do chloinn a bhith air am bogadh sa Ghàidhlig uimhir 's a tha comasach ann an sgoil sa bheil dà chànan

Eàrr-ràdh 10

Earrann à Poileasaidh Foghlaim Gàidhlig Siorrachd Chlach Mhanainn

Summary

A long-term aim of Clackmannanshire Council is to create Gaelic-medium education for those children whose parents wish it.

Clackmannanshire Council will work to ensure that Gaelic is available to children and adults as a learning opportunity, both in school and in the community education service.

Clackmannanshire Council will help to promote the use of the Gaelic language.

Conclusion

There is a need to assess the level of parental demand for Gaelic-medium education in Clackmannanshire.

The preparatory work that is currently being undertaken will assess whether Gaelic-medium can become a feature of the education programme in Clackmannanshire from 2004/05. The aim is in future to have a thriving Gaelic-medium system in place locally or, if it is more practical to do it, in conjunction with one or more other local authorities, given that there is sufficient parental demand.

Summary

This paper reviews Gaelic education, assesses its effectiveness and considers future prospects. Three main strands are identified: education in the language, education through the language and education about the language and culture.

Gaelic-medium education (GME) at primary school has grown steadily since its inception in 1985, reaching a high of 2,007 pupils in 2004-5. There is, however, only one all-Gaelic school in Scotland, in Glasgow. The Gaelic Language in Primary Schools (GLPS) scheme, initiated in 1998, gives a further 2,000 primary school pupils limited exposure to the language on a weekly basis.

Secondary GME has not kept pace with provision in the primary sector and only 50% of pupils transferring to secondary continue in GME. 2,500 pupils follow Gaelic Learners courses at secondary. Scottish Qualifications Authority statistics show that the number of pupils taking the Gàidhlig examinations for fluent speakers has increased significantly in recent years.

Opportunities to study Gaelic in higher education have expanded through initiatives such as the University of the Highlands and Islands project and the new Traditional Music course at the Royal Scottish Academy of Music and Drama in Glasgow.

The political and legal context for Gaelic education is provided by the European Charter for Regional and Minority Languages, the Standards in Scotland's Schools etc Act 2000 and the Gaelic Language Act 2005. Experts auditing implementation of the UK's undertakings under the Charter identified a number of shortcomings and three of their seven recommendations related to Gaelic education. National priority status was conferred on Gaelic by the 2000 Act. The intentions and terms of the Act engendered vehement debate and the Gaelic community remains sceptical about the effectiveness of measures put in place by the Act.

The Scottish Executive's Gaelic Language Bill also provoked considerable debate with the majority of submissions during the consultation phase calling for the Bill to be strengthened, particularly in regard to language status and education. The Executive took cognisance of these views and of evidence presented to the Education Committee of the Parliament and the Bill was duly amended. Although parents were not given a right to Gaelic education, powers were conferred on Bòrd na Gàidhlig to devise guidance for the Executive on the development of Gaelic education. The Executive resisted requests for legal status but conceded that Gaelic and English should be given 'equal respect'. The Act became law early in 2006.

The 2005 Act requires Bòrd na Gàidhlig to produce a National Gaelic Language Plan of which education will form a part. Education authorities will be amongst the public bodies required to produce their own language plans. There is evidence in the plans devised by an increasing number of local authorities that the 2000 Act and the European Charter have had some impact. However, the documents the author received from eleven local authorities in receipt of Specific Grant funding for Gaelic Education were variable in scope and in substance and it was apparent that Bòrd na Gàidhlig would have to offer considerable guidance to bring these plans into line with a National Plan.

A survey of the attitudes of officialdom to Gaelic reveals views ranging from indifference to antipathy and includes such pronouncements as the Education Department's 'benevolent neutrality' stance on bilingual education in the 1970s and HM Inspectorate's view in 1994 that the development of GME at secondary level was neither 'desirable nor feasible'. Parental opinion has been shown to be consistently supportive in various research studies and market research conducted in 2003 by mrUK reveals strong support for enhanced provision for the language in education.

The effectiveness of Gaelic education is measured in national assessments, in school inspections and in research studies. The Johnstone report on attainment of pupils in primary GME (1999) looked at the evidence of national tests and other instruments and concluded that pupils in GME in many cases 'out-performed English-medium pupils'. A scrutiny of 14 school inspection reports shows that 13 achieved good or very good ratings for achievement in Gaelic. Read another way, however, 11 schools could have achieved an even higher standard in Gaelic.

Deficiencies identified in current provision include the recruitment and training of teachers, a paucity of teaching materials, lack of continuity across sectors and restricted access to the language and culture in schools. The production of a national plan for Gaelic education is seen as the best way of addressing these problems. Marketing and research programmes are also deemed to be vital components of a sustainable development strategy.

6   Language use, language attitudes and Gaelic writing ability among secondary pupils in the Isle of Skye

Martina Müller

The fieldwork for this investigation of language use and bilingual writing ability among secondary-level pupils was carried out in the Isle of Skye in 1997. Data was collected mainly from pupils in the first to fourth year at Portree High School, the only secondary school on the island. Students from Plockton High School, located on the adjoining mainland, also took part in this project and served as a control group.[1]

The focus of the survey was on contact between English and Gaelic. Gaelic is still spoken in Skye, albeit to varying degrees in different areas of the island (see Duwe, 2004e, 2004f). Against this background, this research endeavoured to assess the extent to which the two languages are used by young people in Skye today and what role Gaelic plays in their lives. Another point of interest was the attitudes of pupils concerning different aspects of the languages. Finally, their ability to write in English and Gaelic was tested in order to find out about the dynamics of language use for each of the two languages, Gaelic clearly being disadvantaged. A sociolinguistic questionnaire was used in this fieldwork, and the pupils were asked to write essays about a film shown to them beforehand.

The first section of this article introduces the secondary schools in Portree and Plockton and discuss the different methods of Gaelic instruction there. In section 2, the methods used in fieldwork are described before section 3 presents findings concerning general language use, the frequency of Gaelic use, attitudes towards English and Gaelic and finally writing ability in the two languages. In the last section I summarise possible connections between the different areas of this research project.

1. Gaelic school education in Skye

In 1997, six of the fifteen primary schools in Skye hosted a Gaelic-medium unit on their premises. Portree High School was and is the only secondary school on the island. Portree High School and Milburn Academy in Inverness were the only secondary schools in the then Highland Region to offer their pupils Gaelic-medium teaching in at least some subjects.[2]

1.1 Gaelic at the secondary schools of Portree and Plockton

The curriculum at Portree High School differed from that of other secondary schools in Highland Region only in so far as students there had the opportunity to choose Gaelic as the language of tuition in a limited number of subjects. Given that Gaelic-medium education is well-established in the island's primary schools, there is increasing demand for continued Gaelic-medium education at secondary level.

Five subjects were taught through the medium of Gaelic at Portree High School: Gaelic itself, mathematics, history, home education and PSE.[3] The form class with registration in the morning was also held in Gaelic. All other subjects were taught through English. The number of Gaelic-medium teaching periods per week varied according to subject and school level. Those pupils who did not follow Gaelic-medium education – slightly more than two-thirds of the approximately 670 pupils who attended the school at the time of the research – took Gaelic as a second language. This was compulsory in the first two years at secondary level (S1 and S2). From S3 onwards, Gaelic was an optional subject and could be dropped in favour of another modern language like French or German, and many pupils chose this option.

In the catchment area of Plockton High School on the adjoining mainland, the primary schools of Plockton and Lochcarron had a Gaelic-medium unit in 1997. Unlike in Portree, pupils at Plockton High School did not have the opportunity to be taught through the medium of Gaelic and thus continue with Gaelic-medium education at secondary school. Gaelic was taught solely as a second language, compulsory in S1 and S2 and optional from S3 onwards. More pupils in Plockton than in Portree dropped Gaelic after S2. In the 1997-8 school year, 80% switched to another subject at this stage.[4]

1.2 The sample

Skye is characterised by an ongoing language shift from Gaelic to English. Until recently, Gaelic was the overwhelmingly dominant language of the island (see Duwe, 2004e, 2004f). The advanced curriculum of Portree High School with regard to Gaelic made it an ideal place to carry out an investigation among young people from all parts of the island. It is also the best opportunity to reach the vast majority of the island's GM-pupils.[5] The fact that almost all the Gaelic-speaking secondary pupils in Skye at this time were enrolled at Portree High School makes it possible to draw conclusions about the current state of Gaelic and its position in the community.

GM-pupils made up approximately one-third of all pupils who attended the school at the time of the research. With the exception of a few students who were temporarily absent, almost all GM-pupils from S1 to S6 took part in the project – 84 pupils in total (51 boys and 33 girls), 18 in S1, 22 in S2, 17 in S3 and 9 in S4, 13 in S5 and

5 in S6. The S1-S4 pupils were of particular interest since they both filled in the questionnaire and wrote Gaelic essays, while the S5 and S6 pupils only answered the questionnaire. With few exceptions, no other pupils in Skye had a comparable knowledge of Gaelic.

The number of students in S1 and S2 to whom Gaelic is taught as a second language is many times higher than that of GM-pupils in the same year. As pupils go on from S2 to S3, Gaelic is no longer a compulsory subject. As a consequence, many pupils drop the subject for another modern language. At the time of research, for example, there were 103 GL-pupils in S2 but only 35 in S3 (GM-pupils: 22 in S2 and 17 in S3). Overall, 107 GL-pupils at Portree High School took part in this survey – 25 in S1, 26 in S2, 27 in S3 and 29 in S4.

At Plockton High School, 96 pupils took part in the research, most of them attending S1 (40) and S2 (36). Only 8 S3 and 12 S4 GL-pupils participated, reflecting the significant drop-off from S3, when pupils were permitted to take up another language in place of Gaelic.

However, the number of students who wrote an essay in Gaelic and/or English was lower due to feasibility. The number of Gaelic and English essays written by the PorGM-pupils[6] served as the basis for the number of English essays from the GL-pupils in Portree and Plockton which were corrected:

Table 1: *Number of Gaelic and English essays analysed with regard to school, years at secondary school, age and sex*

		PorGM	PorGL	PloGL
1st year secondary	male	10	9	10
(S1)	female	6	7	6
age 12	all	16	16	16
2nd year secondary	male	10	10	10
(S2)	female	10	10	10
age 13	all	20	20	20
3rd year secondary	male	10	10	3
(S3)	female	5	5	1
age 14	all	15	15	4
4th year secondary	male	8	5	4
(S4)	female	2	5	5
age 15	all	10	10	9
entire group	male	38	34	26
	female	23	27	23
	all	61	61	49

All of the participating GM-pupils of each year wrote an English and a Gaelic essay (therefore only one column in Table 1 above). If the GL-pupils of either Portree or Plockton had written more English essays than the Portree GM-pupils, the number of essays for comparison was chosen randomly according to the number written by the GM-pupils. If the same number of essays written by both boys and girls was not available from Portree GL or Plockton GL pupils of one school year, the same number of essays was corrected and analysed regardless of the informant's sex, for instance in S1. In those cases for which a corresponding number of Portree GM-pupils' essays could not be collected from one of the two GL-groups in Portree and Plockton, a smaller quantity had to be accepted (PloGL S3 and S4). The number of essays may appear small, but it nevertheless reflects the formal Gaelic writing abilities of younger people in this area at the time of the research. Additional pupils with this kind of writing experience simply did not exist.

A problem that both secondary schools had to face in one way or another at the time was the lack of appropriate Gaelic textbooks and provision of on-line courses, as is now the case with Geography at Plockton High School, for example. Textbooks, such as the book used for mathematics at Portree High School, were often merely Gaelic translations of the schoolbooks used in English-medium classes. The fact that there were still not enough qualified teachers who were able and willing to teach in Gaelic caused further difficulties.

2. Fieldwork methodology

2.1 The questionnaire

English is clearly the dominant language in the bilingual areas of the Highlands and Islands. There are no monolingual Gaelic speakers alive today and census figures in recent decades suggest that Gaelic will die out[7] unless intensive language planning and development measures are put in place at a national level.

In order to investigate language use patterns of bilingual individuals in language-contact situations, Joshua Fishman (1964, p. 37) describes various domains of language behaviour. These refer to certain situations in which speakers prefer to use one variety or language to another. In addition, the social roles of individual speakers within particular domains are just as important as the situations in which they communicate and the subjects they talk about.

Fishman's sociolinguistic principles formed the basis of the survey among pupils in Skye and accordingly the question of 'who speaks what language to whom and when' (Fishman, 1965, p. 67) stood at the centre of the investigation. The family domain is of critical importance since this is where multilingualism usually arises. Multilingualism may even continue here after monolingualism has taken over in other domains (Fishman, 1965, p. 70). Hence the great importance of the family for the maintenance of endangered minority languages. However, since teachers can be role models, much like parents, we must not underestimate the school domain as a supporter of one or more languages.

In the sociolinguistic questionnaire, which was a revised version of the one Sture Ureland used with Irish pupils in Connemara in the 1980s (Ureland, 1993), students were asked whether they spoke English, Gaelic, both or any other variety with their parents and siblings. Another area of investigation was the language they used with their classmates during and after the lesson, with their teacher during and after the lesson and with their friends at home.[8]

However, frequency of language use has to be taken into account along with patterns of language use. The Language Use Index (LUI) is a means of measuring the frequency of Gaelic use. Students were asked for information about how often they speak Gaelic with certain interlocutors in the family: with their father, mother, brothers and sisters, grandfathers, grandmothers, uncles and aunts. They could choose their answers from the four alternatives 'regularly', 'often', 'seldom' and 'never'. These answers were then quantified, points being allocated according to the degree of frequency claimed: 'regularly' and 'often' were given 2 points, 'seldom' was given 1 point and 'never' 0 points. All points were added for each pupil and the sum divided by the actual number of interlocutors:

$$
\text{(GLUI)} \qquad \frac{\text{total of points}}{\text{number of interlocutors}} = \text{Gaelic Language Use Index}
$$

Another important part of the survey was the attitudes of pupils to Gaelic and English. Attitudes towards individual languages are to a large extent influenced by the community of which their speakers form part. In particular, the status of their language within the domains closest to the speaker, such as the domain of the family, is essential. Of further significance, especially with young students, is the way in which a language is taught at school. Positive attitudes about a particular language and language learning in general may also be the result or the cause of successful language acquisition. In addition, people such as parents and teachers, who act as role models, leave their mark on young people when it comes to language learning and language policy, as the latter, for example, is reflected in compulsory language courses. The status which a language (whether mother tongue or second language) holds in a society also has repercussions for language teaching. Attitudes and the motivation resulting from them often have subconscious but nevertheless powerful effects on learners and on teachers (McGroarty, 1996, p. 4).

The attitudinal questions applied in this questionnaire were based on the one used by Nancy Dorian in her 1976 survey of East Sutherland Gaelic (Dorian, 1981, p. 184). To adapt it to contemporary circumstances, only a few changes were required; for example, the term 'the English' was replaced by 'English-speaking people'. The assertions which had to be assessed were divided into those directly addressing Gaelic and those addressing English. Both categories were further subdivided according to their positive or negative implications. The pupils were asked to assess each assertion on a five-point scale ranging from 'agree strongly' at one end to 'disagree strongly' on the other.

2.2 The essays

In order to assess the writing abilities of the pupils in a controlled fashion, essays were collected in English and Gaelic wherever possible. All pupils were shown (part of) a film, which they were asked to retell afterwards. The pupils in S1 and S2 saw the Russian cartoon *The Rich Man and The Poor Man*, which lasts about 10 minutes. The older pupils in S3 and S4 were shown the first 30 minutes of Charlie Chaplin's *Modern Times*. All students then had another 30 minutes to write down the story of the film they had watched. Mistakes and interferences in the essays were corrected using an Error Index (EI) in proportion to the number of words written. As such, the Error Index avoids punishing longer essays for a greater number of mistakes.

Points were deducted for each mistake in the essays according to the error category in which it belonged. One mark was taken off for an orthographical error, for example, while four marks were taken off for morphological errors.[9] The minus points for each essay (MP) were then added, the sum divided by the number of words written (NW), and the result multiplied by 100, so as to produce the error index (EI):

$$MP/NW*100 = EI$$

The EI contains information about the mistakes made in each essay as compared to the standard norm of the written language. The respondents' linguistic competence could be correlated with the information obtained from their sociolinguistic questionnaires. Accidental as well as systematic mistakes are included in the EI since this reflects errors caused by interference and all other kinds of disturbances, such as poor concentration or sloppiness. Since we can assume that such accidental errors occur in both languages, the EI can be regarded as being significant for the writing performance of the bilingual.

In marking each student's essay, the following scale was used:

MP	mark
0-6.9	'excellent' (1)
7-10.9	'good' (2)
11-15.9	'fair' (3)
16-20.9	'pass' (4)
21-24.9	'poor' (5)
25-	'failed' (6)

The length of an essay reflects the productivity and ease with which the bilingual is able to write in each of the two languages in a given context. It therefore indicates the linguistic productivity of the pupil. Even if it is the case that the student is more accustomed to writing in one language than the other, which surely is the case with English as opposed to Gaelic, the amount of verbal output is still a reliable indicator of productivity and allows conclusions as to which language the pupil feels more at home with and can thus be said to be the pupil's true mother tongue.

2.3 Data collection

All students who took part in the survey had 30 minutes of regular school time to complete the questionnaire in their usual school environment, mostly during the periods in which they would have had their Gaelic lesson. Both the teacher and the author were present in the classroom to answer questions and to ensure that the pupils kept quiet and concentrated on their task.

The S1 to S4 pupils who wrote essays had 30 minutes to retell what they had just seen on the video. The Portree GM-pupils wrote their Gaelic essays first. These were collected before they started writing the English ones. They were given 30 minutes for each and the pupils gathered either in classrooms or in the assembly hall, depending on their number. Again, apart from the author, at least one teacher was present to keep an eye on the pupils and to assist them if necessary.

3. Some research results

3.1 Pupils' language use

As shown in Diagram 1 below,[10] only 13.1% of the Portree GM-pupils used exclusively Gaelic with their parents. The GL-pupils from Portree and Plockton at best use a combination of Gaelic and English when talking to their parents:

Diagram 1: *Language use of the three groups of pupils with their mother and father*

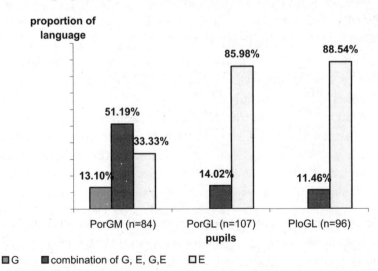

The great majority of both groups of GL-pupils use English when communicating with their parents (> 85% of each GL-group). Gaelic is spoken with their parents, if at all, only in combination with English (14% and 11.5%).[11] 51.2% of the GM-pupils also use both languages with their parents, but only one-third of these students speak solely in English with their parents.

This pattern of language use with parents is confirmed by the result for language use with pupils' brothers and sisters:

Diagram 2: *Language use of the three groups of pupils with their siblings*

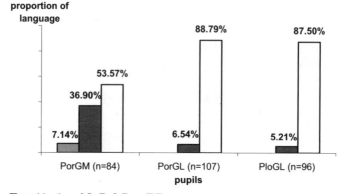

Diagram 2 shows that again only a small proportion (7.1%) of the Portree GM-pupils used Gaelic as the exclusive medium of communication with their siblings. More than two-thirds of these pupils (36.9%) use both Gaelic and English with their siblings and more than half the GM-pupils (53.6%) use exclusively English. The amount of Gaelic spoken with brothers and sisters was even lower among the two GL-groups: not a single member of these two groups claimed to speak only Gaelic with their siblings and less than 10% (PorGL 6.5% and PloGL 5.2%) used Gaelic in combination with English at least sometimes. Again English is by far the dominant language: 88.8% of the Portree GL-pupils and 87.5% of the Plockton GL-pupils talk to their brothers and sisters exclusively in English.

With regard to language use with the immediate family, i.e. parents, brothers and sisters, the best result for Gaelic is, as expected, found with the Portree GM-pupils. 7.1% of these students use only Gaelic with other members of the immediate family. Since Gaelic is used only in combination with English by the two GL-groups, the best result for Gaelic here was achieved by the Plockton GL-pupils of whom at least 3.1% use both languages with their parents, brothers and sisters. Only 1.9% of the Portree GL-pupils use both languages with all these interlocutors.

This result for Gaelic is on the whole unsatisfactory: the Portree GM-group contained almost all the Gaelic-speaking secondary pupils in Skye at this time, but not even one-third of these 84 pupils (23.8%) used Gaelic and English at least in combination with all members of the immediate family, while their exclusive use of Gaelic was even lower.

3.2 The frequency of Gaelic use in pupils' families

3.2.1 Gaelic in the immediate family

Bearing in mind the results of language use in general from section 3.1 above, it comes as no surprise to see that it was the Portree GM-pupils who spoke Gaelic most frequently with their relatives.

Diagram 3: *The frequency of Gaelic use of the three groups of pupils with their parents*

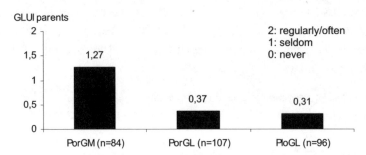

The highest Gaelic Language Use Index (GLUI) was achieved by the GM-group with their parents: here, the Portree GM-pupils reached a Gaelic Language Use Index of 1.27, which is at least well above seldom. Their GLUI stands in sharp contrast to those of the GL-pupils in Portree and Plockton, which were much lower at 0.37 and 0.31 respectively. This means that these students almost never use Gaelic with their parents.

As can be seen from Diagram 4, the Gaelic language use index for the immediate family, consisting of parents and siblings mirrors these results:

Diagram 4: *Frequency of Gaelic use by the three groups of pupils in the immediate family*

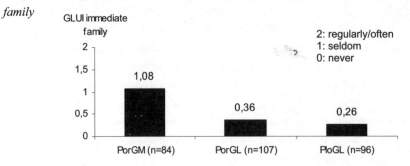

With a GLUI of 1.08 the GM-pupils are again the only ones who use Gaelic at least seldom with their parents, sisters and brothers. The GLUIs of the Gaelic-learner pupils from Portree (0.36) and Plockton (0.26) are again below 0.5, which means that they almost never use Gaelic with the members of the immediate family. This is regrettable but unavoidable if only one or indeed none of the parents can speak Gaelic, which was often the case with these GL-pupils. Use of Gaelic at home, which was more prevalent among the GM-pupils, strengthens the child's self-confidence in speaking Gaelic, and appears to support the willingness of both parents and child to choose Gaelic-medium education at secondary school to the extent it is available.

3.2.2 Gaelic in the extended family

The Gaelic use with grandparents was about the same as with the immediate family (PorGM GLUI 1.06, PorGL 0.34, PloGL 0.32). However, Gaelic language use with uncles and aunts was lower still: PorGM GLUI 0.75, PorGL and PloGL both 0.23.

Bearing these figures in mind, the GLUIs with all interlocutors of the extended family are as follows:

Diagram 5: *The frequency of Gaelic use by the three groups of pupils in the extended family*

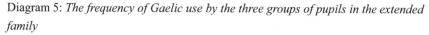
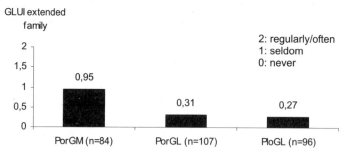

The Portree GM-pupils were the only ones whose frequency of Gaelic use with parents, siblings, grandparents and uncles and aunts can be regarded as nearly 'seldom', with a GLUI for all of these interlocutors of 0.95. The main reason for this relatively low result even for the Gaelic-medium pupil group was the low Gaelic use of Gaelic by these students with their brothers and sisters (GLUI 0.89) and with their uncles and aunts (GLUI 0.75). Despite this, the GLUI in the extended families of the Portree GM-pupils was clearly above the GLUIs of the two GL-groups: the Portree GL-pupils achieved a GLUI of 0.31 and the Plockton GL-pupils a GLUI of 0.27. As can be seen from the 84 GM-pupils, we must not underestimate the importance of the parents (GLUI 1.27) and grandparents (GLUI 1.06) for the transmission of a minority language, in so far as they themselves speak the language and are able to motivate their children and grandchildren to use it as well.

The only respondents who exclusively use Gaelic with their parents were found among the Portree GM-pupils. This is also the group with the largest number of pupils who use Gaelic as well as English with their parents. The same can be said of their language use with brothers and sisters. In addition, 40% of these pupils stated that their first language learned at home was Gaelic and almost half of them reported that

Gaelic was their first language of tuition when they came to school. The Portree GM-pupils also contained those very few pupils for whom we can say that Gaelic is an essential part of life for them and their families. Only in these limited cases can we cautiously expect that this will remain the case in the future.

3.3 Results from the attitudinal questionnaire

As described in section 2.1 above, the attitudinal questionnaire was divided into two sections: statements directly concerning Gaelic and statements directly concerning English. The responses to these attitudinal questions is summarised below.[12]

3.3.1 Attitudes towards Gaelic and English

In the Gaelic category, pupils had to assess statements such as 'Gaelic is a language worth learning', 'anyone who learns Gaelic will have plenty of chances to use it', 'more radio and television time should be given to Gaelic', 'Gaelic has no value in the modern world' or 'school time should be used for more practical subjects than Gaelic'. The positive statements directly concerning Gaelic in particular provoked quite distinct reactions from the GM-pupils on the one hand and the two GL-groups on the other. Positive assertions with regard to Gaelic generally received the highest approval from the Portree GM-pupils and, with one exception, the highest disapproval from the Plockton GL-pupils. With the negative statements it was exactly the other way around: the GM-pupils from Portree showed the highest degree of disapproval when it came to negative assertions concerning Gaelic and, again with one exception, the Plockton GL-students expressed the highest degree of approval in this section. The GL-pupils from Portree and Plockton were in most cases the ones with a higher number of 'don't know' answers.

With regard to English, approval, disapproval and 'don't know' could not so easily be assigned to the three groups of pupils as with the Gaelic statements. The main reason for this different pattern is that all pupils are familiar with English and none of them has to learn it as a second language. Therefore it cannot be said that the GM-pupils automatically disagree with all the positive assertions concerning English simply because of their highly positive attitude towards Gaelic. All students were asked to assess critically statements such as 'English will take you farther than Gaelic', 'English is better for studying scientific subjects than Gaelic', 'English speakers who don't want to learn Gaelic shouldn't come to live in the Highlands' or 'English will become less important in the Highlands in the future'. Levels of approval and disapproval for individual statements of this kind were more balanced than with the Gaelic ones. However, there was one clear trend: with the positive assertions concerning English the GM-group in most cases showed the highest levels of disapproval. In addition, all of the three negative statements concerning English also found the highest degree of acceptance in this group.

3.3.2 Pupils' language use and attitudes

If we compare the patterns of language use and the attitudes towards Gaelic and English of the three groups of pupils, it becomes obvious once more that the GM-group is most favourably disposed towards Gaelic. For most of these pupils Gaelic is still part of their family and everyday life. Their knowledge of Gaelic enables them to cope with Gaelic-medium education and allows them to view the experience as advantageous for their future careers. Some of the answers of the GM-group might seem too euphoric and uncritical and these pupils sometimes seem to overestimate the health of Gaelic. Nevertheless, in light of the progress made in recent years in terms of supporting Gaelic language and culture, the views of the Portree GM-pupils should be regarded as being sincere.

Since the everyday language use of the two GL-groups is very similar, as shown in sections 3.1 and 3.2 above, it is not surprising that the attitudes of these two groups towards Gaelic are also similar. The GL-pupils have many things in common: their family background is orientated towards English, and they learn Gaelic as a foreign language rather than as a second mother tongue. Consequently, Gaelic is much less used by these students than by the GM-pupils. This also becomes obvious when we remember the GLUIs of the three groups in the immediate family (PorGM GLUI 0.95, PorGL 0.31, PloGL 0.27). The attitudinal questionnaire demonstrates that there are many similarities in the attitudes of the two groups of GL-pupils towards Gaelic.

These results demonstrate that the pupils with the greatest practical knowledge of Gaelic and those for whom we can say that Gaelic is an active part of their life are most open to all aspects of the Gaelic language. The GL-students, who do not have a comparable knowledge of the language and do not use Gaelic as a medium in their daily life, are less open to and much more indifferent towards all things Gaelic. English today is part of every pupil's life in Skye, as demonstrated not only by the attitudes expressed towards the language but also by the answers of all three groups of pupils to language use. Hence the more balanced acceptance or disapproval of the statements concerning English.

For no pupil in this survey could English properly be described as a foreign language. The competences that pupils bring to school vary much more in the case of Gaelic than in the case of English: the extent to which a pupil is able to cope with English is much more dependent on his or her individual abilities. As a majority language and a worldwide medium of communication, the status of English is widely accepted. The young people are influenced by the attitudes of their parents and teachers. The young people may not have the opportunity to use Gaelic extensively in their homes and with friends because their parents have no connections to Gaelic culture, despite the fact that they may live in a Gaelic-speaking community.[13] As this lack of identification is so prevalent within the two GL-groups, it is no wonder that these pupils express disapproval with regard to matters Gaelic.

3.4 The pupils' written performance

3.4.1 Results of the English essays

The Gaelic substratum seemed to have almost no influence on the mistakes made in the English essays written by the three groups of pupils. Not surprisingly, orthography was the most frequent source of error, but morphological, syntactical, lexical, stylistic and idiomatic mistakes were also made in abundance.

Table 2: *The error indices (EIs) of the three groups of pupils in the English essays*

school year	PorGM	PorGL	PloGL
S1	14.31	12.42	13.74
S2	11.50	12.55	13.59
S3	22.10	16.70	19.30
S4	22.05	12.40	12.63

The best mean result of the Portree GM-pupils on the English essays was achieved by the pupils in S2 (EEI 11.5).[14] This was also the best result of all three groups of pupils in this school year. They were followed by their fellow pupils in S1 (EEI 14.3). The Gaelic-medium pupils in S3 and S4 did significantly less well, with EEIs of 22.1 each. The reason for these weak results could be the more complicated plot of the Chaplin film and the fact that the GM-pupils had to write the Gaelic essays before they wrote the English ones. However, the GM-pupils in S1 and S2 also had to write their Gaelic essays first but achieved much better results on their English essays. The GL-pupils in Portree and Plockton in S1 and S2 achieved results similar to the GM-group: PorGL S1 EEI 12.4, S2 12.6; PloGL S1 EEI 13.7, S2 13.6. The EEIs of the pupils in S3 and S4, however, were better than those of the GM-pupils: PorGL S3 EEI 16.7, S4 12.4; PloGL S3 EEI 19.3, S4 12.6.

The overall results of the English essays of the three groups are shown in Diagrams 6 and 7 overleaf.

The Portree GM-pupils achieved, with an EEI of 16.6, a result slightly inferior to the two GL groups: PorGL 13.5 and PloGL 13.7. This is mainly due to the poor results of the GM-pupils in S3 and S4 mentioned above. In all three groups the girls did a better job than the boys. This was particularly the case among the Portree GM-pupils, where the difference was a full 10 index points, which was the best overall result of any of these six small groups of girls and boys. Since the results of the GM-girls and the girls of the two GL-groups are roughly the same with a difference of slightly more than one index point, it is very likely that the wide gap between the GM-girls and boys was caused by the girls' more disciplined way of working and their continued willingness to write a second essay. It seems on the whole rather improbable that the boys generally are so much less skilled at writing English.

As for the length of the English essays, the two GL groups were again superior to the Gaelic-medium pupils. The overall result of the Portree GM-pupils was on average

Diagram 6: *The overall English Error Indices (EEI) of the three groups of pupils*[15]

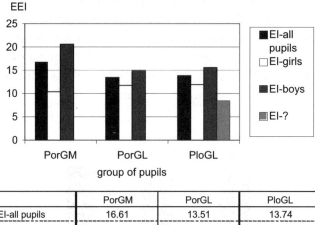

	PorGM	PorGL	PloGL
EI-all pupils	16.61	13.51	13.74
EI-girls	10.42	11.64	11.88
EI-boys	20.45	14.99	15.53
EI-?			8.42

Diagram 7: *The overall number of words written by the three groups of pupils*

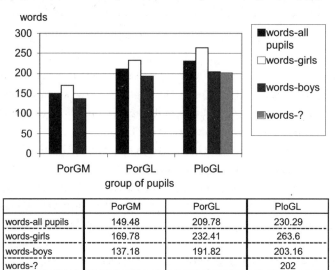

	PorGM	PorGL	PloGL
words-all pupils	149.48	209.78	230.29
words-girls	169.78	232.41	263.6
words-boys	137.18	191.82	203.16
words-?			202

only 149.5 words per essay while the Portree GL group wrote on average 209.8 words and the Plockton GL group a full 230.3 words. The English essays of the girls were on average longer than those of the boys, with a difference up to 60 words (PloGL).

3.4.2 The Gaelic and English essay results of the Portree GM-pupils

As was to be expected, there were many disturbances of all kinds caused through English interference in the Gaelic essays of the Portree GM-pupils.[16] As with the

English essays, the orthography was most prone to mistakes. Phonological mistakes often reflected spelling pronunciations; morphophonological errors were mainly caused by a neglect of lenition. There were morphological errors of different kinds and various English syntactical structures were used. Lexical borrowing from English was common in cases where a suitable Gaelic word or expression existed. Another major field of error was the adoption of English idioms into the Gaelic sentences.

Diagram 8: *The error indices of the PorGM-pupils in their Gaelic essays (GEI)*

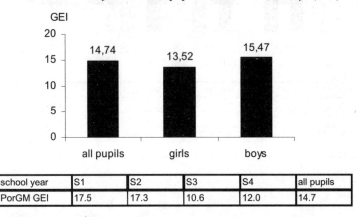

school year	S1	S2	S3	S4	all pupils
PorGM GEI	17.5	17.3	10.6	12.0	14.7

While the average Gaelic results of the GM-pupils in S1 and S2 were almost identical (GEI S1 17.5 and GEI S2 17.3), the Gaelic error indices of the Gaelic-medium pupils in S3 and S4 were even better. The students in S3 achieved the best average Gaelic error index of 10.6 points. The pupils in S4 did slightly worse with an GEI of 12. We therefore have a Gaelic overall result of 14.7. With an overall GEI of 15.5 the boys again did worse than the girls (GEI 13.5).

The average essay length of the Gaelic essays was only 127.4 words. Again, the essays of the girls (156.6 words) were longer than those of the boys (109.8 words). Comparing the English and Gaelic essays of the Portree GM-pupils, we find that the English essays of the S1 and S2 students were better than their Gaelic essays. With the S3 and S4 students it was the other way around, as can be seen from diagram 9 overleaf.

The Gaelic EIs of the S3 and S4 pupils were about half of the English EIs of these pupils. Therefore it could indeed be the case that the S3 and S4 GM-pupils simply did not want to write another essay about the same topic since they did not benefit from the result in any way. It is also possible that their greater experience of writing in Gaelic made it easier for these pupils to retell the story of *Modern Times*. The good Gaelic results of the pupils in S3 and S4 were also the reason for the better overall Gaelic result with an EI of 14.7. The overall English result (EEI 16.6) was two points worse. The inferior Gaelic results of the S1 and S2 pupils may well be explained by a lack of experience in Gaelic writing.

Diagram 9: *The English and Gaelic error indices of the PorGM-pupils*

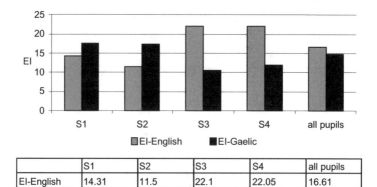

	S1	S2	S3	S4	all pupils
EI-English	14.31	11.5	22.1	22.05	16.61
EI-Gaelic	17.52	17.32	10.55	11.99	14.74

Diagram 10: *The number of words written in the English and Gaelic essays of the PorGM-pupils*

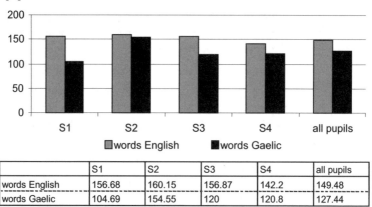

	S1	S2	S3	S4	all pupils
words English	156.68	160.15	156.87	142.2	149.48
words Gaelic	104.69	154.55	120	120.8	127.44

With regard to the length of the essays, we can say that a lower and therefore better EI need not automatically mean that a pupil has written a very long essay. Especially in S3 and S4, the essays were often shorter but achieved a better EI, which also takes the number of words written into account. The English essays were on average longer than the Gaelic ones. The smallest difference occurred in S2 with only 6 words and the largest difference in S1 with more than 50 words. The overall Gaelic essay length was 127.4 words and that of the English essays 149.5 words. Therefore the Gaelic essays were on average 22 words shorter than the English ones.

3.3.3 Gaelic use and essay results of the Gaelic-medium pupils

If we compare the Portree GM-pupils' use of Gaelic with the different interlocutors in their families with the Gaelic essay results, we find that regardless of how often the 55 Gaelic-medium pupils for whom a comparison is possible speak Gaelic with their parents and siblings, the Gaelic essay results were mostly concentrated in the area between EIs of 7 and 20.9, which means a good, fair or passed result. Therefore the essay results can be considered as being largely independent of the everyday Gaelic use of the GM-pupils. As far as writing is concerned, we cannot say that a higher frequency of Gaelic use at home automatically results in a better Gaelic writing performance. An important reason for this is of course the fact that Gaelic use in the family mainly involves speaking and understanding, which is also true for Gaelic language education up to secondary school, regardless of whether Gaelic-learner or Gaelic-medium pupils are involved. An extension of Gaelic-medium education is therefore indispensible if not only the oral language abilities but also the writing abilities of the pupils are to be developed in such a way that they can compete with English, which would mean another step towards the maintenance of the language.

The results of the English essays were much more concentrated at the two ends of the error index scale, i.e. very low or very high EEIs. It was not the case that those pupils who communicate more in Gaelic were those with worse English essay results. About 75% of those pupils who claimed to use Gaelic at least 'often' in the immediate family had either excellent or poor English results. As many of the pupils might have a longer essay-writing experience in English than in Gaelic, the limitations and possibilities of individual writing capacities became much more obvious in the English essays than in the Gaelic ones, given the more uniform level of writing experience.

It is not possible to learn complicated grammatical structures and ways of expression of written Gaelic only from secondary level onwards and to expect perfect results if the mother tongue and the language of everyday life is English. English had been perfectly acquired even by those pupils who use Gaelic relatively often in the immediate family. This was shown by the English error indices. The essay results demonstrate that there should be a stronger emphasis on the teaching of Gaelic writing skills at secondary level. This would not only mean a change of the syllabus of Gaelic language teaching but also to overcome the lack of high-quality teaching material and to support further qualification of Gaelic language teachers. Soundly developed Gaelic writing skills would also be a great advantage for both students and teachers with regard to Gaelic in higher education.

4. Conclusion: language use, attitudes and essay results

The results in all areas of this research project, as described in section 3 above, illustrate the weak standing of Gaelic in Skye when compared to English. This is particularly alarming in the domain of the family, even in those cases in which pupils attend Gaelic-medium classes at secondary level and where it could therefore be assumed that there would be a higher level of Gaelic use in the family (cf. GLUI PorGM with father 1.3 and with mother 1.24). However, it is not surprising that the group of the GM-pupils is the one which uses Gaelic most often in both the immediate and the extended family (GLUI 1.08 and GLUI 0.95). With these interlocutors the GL-groups from Portree and Plockton achieved GLUIs well below 0.5: GLUIs PorGL 0.36 and 0.31, GLUIs PloGL 0.26 and 0.27.

A certain degree of parental direction seems to be necessary when it comes to language use. Where this does not exist, the language spoken with siblings, for example, is English even in those cases where communication in Gaelic would theoretically be possible. For only 8.36% (24) of the 287 Portree GM-pupils is there a positive use of Gaelic in the extended family (i.e. they use Gaelic exclusively 'regularly', 'often' and/ or 'seldom'); and only one (!) of these 24 pupils claimed to speak Gaelic 'regularly' with all of these interlocutors.

The responses to the attitudinal questionnaire generally conform to those relating to Gaelic use: the strongest support for Gaelic again came from the Portree GM-pupils, where a positive attitude to all things concerning Gaelic prevails. It cannot be said that the two GL-groups are generally hostile when it comes to Gaelic, but the degree of approval clearly decreases from the Portree GL- to the Plockton GL-pupils. The opposite trend prevails in relation to English. Reactions to the statements concerning English also show how well-accepted the English language is by the young people in general. There was a much greater uniformity in the reactions of the pupils than was the case with Gaelic. All the pupils master and speak this language and use English daily. If this is not the case at home, then at least they do so at school. The confrontation with English cannot be avoided, even if someone wanted to. In contrast, avoiding Gaelic is much easier to achieve.

The essay results show that the GM-pupils are by no means less skilled in writing English than their GL-counterparts, even if their written performance was slightly behind that of the two GL-groups (cf. EEI PorGM 16.61, EEI PorGL 13.51 and EEI PloGL 13.74). However, this difference does not even add up to a full mark. As far as the productivity in the English essays is concerned, the two GL-groups were close together and wrote longer English essays than the Portree GM-pupils (cf. words English PorGM 149.48, PorGL 209.78, PloGL 230.29). These differences are mainly due to the fact that the GM-group had to write their Gaelic essays before they wrote their English ones, so that concentration and motivation may have been decreasing during the time of writing. If we take this into account when judging the English results, the difference between the GM- and the GL-pupils becomes less meaningful.

If we compare the English and Gaelic essays of the Portree GM-pupils, we get different pictures depending on the school level of the pupils, which could possibly be explained by a lack of Gaelic writing experience in the first two years of secondary school. In S1 and in S2, the writing performance on the Gaelic essays is therefore several points lower than in the English ones (S1 EEI 14.31, GEI 17.52; S2 EEI 11.5, GEI 17.32). In contrast, the Gaelic essays of the GM-pupils in S3 and S4 were twice as good as their English ones (S3 EEI 22.1, GEI 10.55; S4 EEI 22.05, GEI 11.99; see Diagram 9). However, this difference could again be due to a lack of concentration and motivation, as suggested above, and not a lack of knowledge of English. Productivity in the Gaelic essays was generally inferior to the English ones (words in Gaelic 104.69 (S1) – 154.55 (S2); words in English 142.2 (S4) – 160.15 (S2); see Diagram 10). These results suggest that it is easier for pupils to write down their thoughts in English than in Gaelic and that they have to think harder about the best way of expressing themselves in Gaelic.

This is also confirmed by the formal linguistic analysis of the essays in the two languages. In the English essays almost no transferences from Gaelic could be found while in the Gaelic essays interferences from English in terms of phonology, morphophonology, morphology, syntax, lexicon and idiom occurred regularly, albeit to varying degrees. Improving pupils' ability to write accurately and confidently seems to be an important task of the schools to ensure the survival of the language. It is up to the schools and the teachers to secure a fundamental and extensive knowledge of Gaelic at least with future Gaelic-medium pupils at all school levels. Since we have seen that there are no correlations in this study between language use at home and the writing performance at school in both languages, the role of Gaelic-medium education becomes even more important for the survival of the language as an adequate and modern medium of communication. This would clearly make the work of colleges and universities easier as these pupils might go on to study Gaelic there and become the Gaelic teachers of tomorrow. The development of adequate textbooks and of high-quality teacher-training opportunities in sufficient numbers become all the more important.

Endnotes

[1]   This article is a summary of my doctoral thesis 'Sprachkontakt und Sprachzerfall auf der Insel Skye (Schottland)', published as Vol. 3 in the series *Studies in Eurolinguistics* (Müller, 2003).

[2]   In 2004-05 Gaelic-medium education was available in the same six Skye primary schools (Broadford, Dunvegan, Kilmuir, Portree, Staffin and Sleat), but had expanded to eight secondary schools in the Highland Council area, although Portree High School had more Gaelic-medium pupils than all the other schools combined.

[3]   PSE = personal and social education; a weekly discussion group.

[4]   In the meantime this has changed, especially for the pupils in S1 and S2. Today History and Home Economics are taught through the medium of Gaelic as well as through English in these two school years. Geography in Gaelic is also available as an on-line course. All pupils from the Gaelic-medium stream take the fluent speakers Gaelic course whereas the other pupils take a much easier course for Gaelic learners.

⁵ 'GM-pupil' refers to 'Gaelic-medium pupil' and 'GL-pupil' to 'Gaelic-learner pupil'.

⁶ PorGM-pupils: Portree Gaelic-medium pupils; accordingly: PorGL-pupils (Portree Gaelic-learner pupils) and PloGL-pupils (Plockton Gaelic-learner pupils). In the case of the PorGM-pupils, the number of Gaelic essays corresponded with the number of English essays, which is the reason why they appear only once in Table 1 above.

⁷ See Dressler, 1988, p. 184 for his definition of language death.

⁸ Due to limitations of space I will concentrate here on language use in the pupils' families. For the results of language use with teachers, classmates and friends see Müller, 2003, p. 131.

⁹ For a more detailed discription of the error categories see Ureland, 1991, p. 633 and Müller, 2003, pp. 49-50.

¹⁰ In this and in the following diagrams of this article the following abbreviations will be used: G=Gaelic, E=English, G,E=Gaelic and English in combination.

¹¹ This can mean that either English is spoken with one parent and Gaelic with the other or that both languages are used with each of the parents.

¹² For a more detailed discription of the results from the attitudinal survey see Müller, 2003, p. 145.

¹³ For more information about the background of the pupil's parents and their Gaelic knowledge see Müller, 2003, pp. 52, 80, 100, 124.

¹⁴ Abbreviations in this chapter: EEI = English Error Index, GEI = Gaelic Error Index.

¹⁵ In this and the following diagrams ...-? means that one pupil from Plockton could not afterwards be identified as a boy or a girl.

¹⁶ The mistakes made by the Gaelic-medium pupils in the Gaelic essays are described in more detail in Müller, 2003, p. 182.

7   **A' Chiad Ghinealach – the First Generation: A survey of Gaelic-medium education in the Western Isles**

Marion F. Morrison

Introduction

Gaelic-medium education in the Western Isles has been in place since 1986. This paper reviews the experiences and views of the first generation of school pupils who have had their education in this system: *A' Chiad Ghinealach*. Gaelic-medium (GM) teaching units are embedded in English-medium primary schools and pupils go on to complete their secondary education with little or no Gaelic-medium teaching in subjects other than Gaelic itself. The current arrangements require pupils to adapt to a separate Gaelic education in primary school and then re-assimilate themselves into an English-dominant education in secondary school. This paper examines the outcomes of this system in terms of pupils' response to their secondary school environment, their perceptions of the value of Gaelic, the influence of Gaelic-medium education on their sense of heritage and identity and their thoughts on their own future prospects and the future prospects for Gaelic.

Within the broad scope of my research I considered the rationale of language maintenance that underpins support for Gaelic-medium education in order to draw comparisons between the stated aims and the actual experience. This paper presents a snapshot look at the local and national ideologies of Gaelic language maintenance, the current trends and attitudes relating to Gaelic development in Scotland and the perceptions that the Western Isles Gaelic-medium client group who took part in my research (pupils and parents) and the delivery group (teachers and educationalists) have of Gaelic-medium education.

My interest in conducting research into Gaelic-medium education stemmed from my background as a Gaelic speaker and from my role as a Principal Teacher of Guidance in Sgoil Lìonacleit in Benbecula.[1] As a teacher directly involved in the future aspirations of young people I was aware that the debate, both local and national, on the effectiveness of Gaelic-medium education was potent and of crucial concern to the communities in the Western Isles which had embraced the concept of educating their children in Gaelic-medium primary school units. In my research I have therefore drawn attention to the possible transitional difficulties that may confront pupils from primary GM in an environment which does not fully address dissonances of culture and identity.

My research data was collected in four phases. Initially I circulated questionnaires to pupils in the four six-year secondary schools in the Western Isles: the Nicolson Institute (Lewis), Sir E Scott School (Harris), Sgoil Lìonacleit (Uist) and Castlebay Community School (Barra). I then analysed the results of the respondents, 88 in total, and produced graphs to provide an easy visual representation. The findings formed the core of my MLitt thesis (Morrison, 2004).

The second stage of my research consisted of visiting the schools to interview a selection of the pupils who had completed questionnaires. The third involved circulating a questionnaire to parents. Finally, I canvassed the opinions of educationalists who were involved in teaching Gaelic or in developing Gaelic education policy.

The decline of Gaelic was in the past a by-product of economic advance. By the time of the Education (Scotland) Act of 1872, the developing role of English seemed to combine with a view that English was the language of success in terms of earning power. Gaelic was seen as an impediment,

> a barrier to the progress and advancement of the Highland population. It might have a place in the home or church, but not in the vital business of education which prepared young people for jobs and careers (Devine, 1994, p. 98).

Many parents in the Western Isles are themselves products of an education system that 'farmed' them off to the mainland, where they received an education almost devoid of Gaelic. Some remained at home, and although the schools retained spoken Gaelic they did not encourage the language and there was little formal teaching of the written word.

In conducting my research I sought to ascertain whether or not my survey group of the first generation of GM pupils would see Gaelic as a language for the future and as help or hindrance to their aspirations. In terms of their culture and identity I wished to explore their feelings about loyalty to their language heritage and the role of Gaelic in their own self-definition. The importance of language as a marker of identity has been a recurring concern of sociolinguists. Joshua Fishman, for example, puts a high value on feelings about one's mother tongue. In his view language is what defines

> this sense of one's existence in time and place: the relationship between a language and its people which constitutes both a metaphysic and a cosmology (Fishman, 1997, p. 333).

Although it is unlikely that Gaelic-medium pupils in the Western Isles have an existentialist approach to their language needs, I felt that as the first generation to have gone through the system they merited a consultation about their feelings of time and place. In my research I sought to engage with the ideas young people might have in relation to their Gaelic education and any identity issues that had emerged in the process of their maturation as products of a new system of dual-language education.

The Gaelic question has in recent times provoked a debate over what the culture of Scotland should consist of and to what extent language difference is perceived as a marker of identity. Even if 'language *per se* has not traditionally figured as a primary component of how individuals in Scotland view themselves or how they are viewed by officialdom' (Nicolson and MacIver, 2002, p. 64), the Gaels have been able to think in terms of alternatives to the anglicising influences of modern Scotland in their art, their song, and above all their language.

Despite the efforts of bodies set up to promote Gaelic, there has been a rapid decline in the Western Isles in the number of fluent speakers, and intergenerational transmission of the language is threatened. The 1991 census showed a drop in the numbers of Gaelic speakers in the Western Isles aged between 3 and 15 from 68% to 49%; by 2001, despite a significant expansion in Gaelic-medium education in the 1990s, that figure had dropped further, to 46.3%. Currently only 26% of the total number of primary school-age children in the region are in Gaelic-medium. Although the proportion is increasing, the numbers are not high enough to reverse the decline. While there have been high-profile attempts nationally to promote the 'Gaelic economy' (cf. Chalmers and Danson, this volume; Walsh, this volume), there is no overall strategy that prioritises language needs. We live in a grant-chasing environment in which language promotion is often just an implicit part of some more generalised cultural funding bid (cf. McEwan-Fujita, 2005). The fact that children are often the beneficiaries of Gaelic arts initiatives can lead parents to believe that these events are of benefit to Gaelic language revitalisation when in fact language is not actually at the core.

Of course it could be, and has been, argued that the promotion of the broader cultural aspects of Gaeldom has a beneficial effect on the language. But this investment in the media and the arts has not resulted in a groundswell of support for Gaelic-medium education (McLeod, 1999b, p. 1). There seemed to be an assumption implicit within the development initiatives that bringing Gaelic into the public consciousness would in itself make Gaelic-medium education more desirable.

In the years since the inception of Gaelic-medium education in 1985, there have been parallel and complementary initiatives under the umbrella of Gaelic development. These have tended to present Gaelic as a commodity, a product which will improve if it can be developed within a broader marketing and cultural regeneration strategy. This concept of 'development from within' was a feature of initiatives in the Western Isles such as the Van Leer Project (James, 1991, p. 196). This type of scheme, while raising the profile of the language, may have made people vulnerable in the sense that positioning language needs within a context of economic development tends to cloud the language issues and may have suppressed local awareness of the real language policy challenges. Remoteness from the mainland and what is described by Kenneth MacKinnon as 'cultural lag' were in the past key factors in language preservation in the Western Isles (MacKinnon, 1991b, p. 143). The packaging of Gaelic language within a development strategy throughout the 1990s has resulted in an expectation that parents must be culturally aware in order to ensure that Gaelic heritage will not slip through their fingers and be lost. Gaelic language planners, in attempting to 'market' or 'brand' Gaelic, had yet to learn that 'the commodity was not the same as the language ability' (McEwan-Fujita, 2003, p. 238). The fact that Gaelic-medium education is still offered on 'parental demand' suggests that parents are regarded as customers selecting one product, Gaelic, over another, English, and are fully aware of the relative advantages.

Although I was interested in the issues which may affect parents, a key question for me was the extent to which pupils felt that their cultural and language needs had been met in their Gaelic education. Does their sense of identity alter as their secondary school education progresses? Does the dilution of the Gaelic curriculum that occurs within the broader scope of the secondary experience result in a loss of cultural identification? These were some of the considerations which underpinned my research aims.

Findings

One of the advantages that I had in conducting this research was ease of access to pupils. Research data was collected between November 2001 and January 2003. After the circulation of questionnaires, arrangements were made for me to meet with pupils in their own schools and to spend some time with them. The fact that I was not a Gaelic teacher or involved in Gaelic development enabled the pupils to relate to me just as a researcher and similarly I was able to adopt an unbiased approach to my subjects. My discussions with pupils focused on drawing out their thoughts on some of the issues that had emerged from the questionnaire data. These were their feelings about Gaelic-medium education, the transition to secondary school, Gaelic-medium education in specific subjects, identity and culture issues, and the current situation of Gaelic.

My pupil questionnaire presented questions in a sequence that tracked their progress through school. Some questions elicited information about primary school and home. Others questions asked about secondary school experience and Gaelic in the wider community. The graphs and interview extracts which follow therefore represent a resumé of the views on these key issues which confront both pupils and parents who have opted for Gaelic medium.

The questionnaire circulated to pupils was in English and interviews were also conducted in English. This approach allowed me to consider the subject from the perspective of a detached researcher not connected with the schools' Gaelic departments or working on behalf of a Gaelic body. The exemplars below indicate the feelings of the pupils about their linguistic ability at the time of the investigation and when they were in primary school. Their home experience of Gaelic is indicated in the graph below.

Q1 Which of the following best describes your home experience of Gaelic?
    a Two parents/guardians who are fluent in Gaelic
    b One parent who is fluent
    c Parents/guardians who are learners
    d Parents/guardians who have no Gaelic

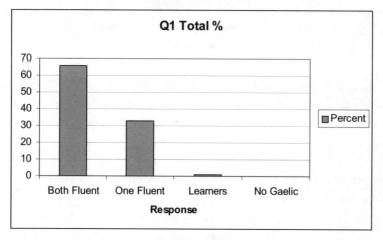

Q2 How would you rate your own ability now in the elements of Reading, Writing, and Talking?

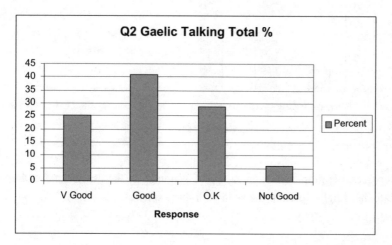

Only 25% thought that they were 'very good' in Gaelic. When asked about their competence in English, however, they showed much more confidence in their ability, with 49% claiming they were 'very good' and a further 42% claiming they were 'good'.

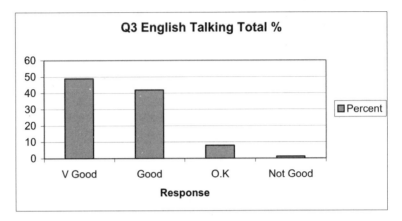

By the end of primary school, however, some felt that they were better at Gaelic and a fairly large proportion thought that their level of competence in speaking Gaelic was the same as in English. A few pupils made no response (NR) or an irrelevant response (IR)

Q4 By the end of primary school were you more competent in Gaelic, English, or about the same in both?

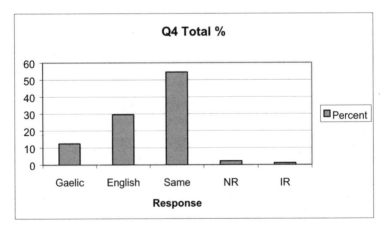

However, the graphs relating to use of language in the playground and at home indicate that English predominates in both these spheres.

Q5 What language did you usually speak in the playground in primary school?

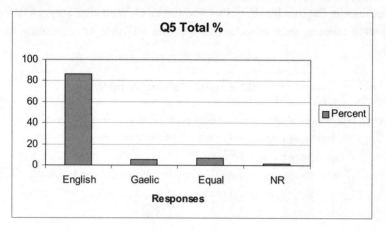

Q6 At home did you speak mostly English, mostly Gaelic, or both equally?

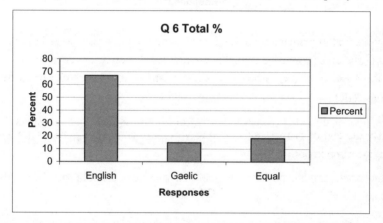

The responses indicate that more Gaelic is spoken in the home than in informal settings in school. I raised this in the interview stage of my research and it emerged that some children felt that they stood out in school as a different 'tribe' in the playground, set apart from the 'English only' stream.

During the interviews, some children said that it was difficult to be in a primary school where not much Gaelic was spoken:

> I was crying a lot at first. We were told even in the playground to speak
> Gaelic and I used to get called every name under the sun trying to speak
> in Gaelic to everyone who walked past me.

This type of experience was the case to some extent in the early days of Gaelic-medium education, particularly in locations where there was a larger non-Gaelic speaking community.

In other situations which were perhaps less affected by the influx of incomers with no Gaelic, children felt much happier and more confident about the Gaelic-medium experience:

> It was all right. We could all speak Gaelic. The work was easy.

In general it appeared that the pupils enjoyed their primary school experience and did not feel too different from their English-medium peers. It should be borne in mind, however, that some children not enrolled in the Gaelic unit would have had an understanding of Gaelic and may even have been fluent speakers.

The secondary experience posed difficulties on most fronts. Academically, the study of Gaelic became much more challenging, with a greater emphasis on accuracy in the written word. There was also an awareness of a culture shift into an English-dominated environment:

> There was a jump in difficulty after first and second year. It was hard as not so many people speak Gaelic.

One pupil's remarks encapsulated the growing sense that Gaelic belonged to a restricted audience:

> You did not really have to disguise the fact that you spoke it but there were just fewer people to speak Gaelic to.

In spite of this, there was evidence from both the data and the interviews that Gaelic was being spoken at home and that a large proportion (80%) of children were happy with their choice of Gaelic in S3 and onwards.

Nevertheless, the experience of Gaelic in secondary school proved to be daunting in some cases:

> I myself found it very difficult and I did not like it at all. I thought this is going to be an absolute nightmare for me.

Pupils were aware that although their parents had made a choice of Gaelic in the primary school, the parents considered the 'subject specific' approach of the secondary curriculum to be too serious a business to allow Gaelic considerations to influence matters such as overall success in other examined subjects and progression towards university entrance. When asked about their opportunities to study other subjects through the medium of Gaelic in secondary school, they reported few opportunities and were also aware that parents regarded doing so as risky:

> You can do some subjects but parents don't want you to do certain subjects such as Maths or Science.

It should be noted that a large factor in the lack of opportunity to study other subjects through the medium of Gaelic is the lack of appropriately fluent and qualified staff.

Another area of interest in my research was the feelings of the pupils regarding the general ambience of their school with respect to Gaelic. For example, when do they hear Gaelic outwith the classroom and who is likely to use it? The following graph shows the distribution as they perceived it.

Q7 Do you hear Gaelic being spoken in your school outwith the classroom?

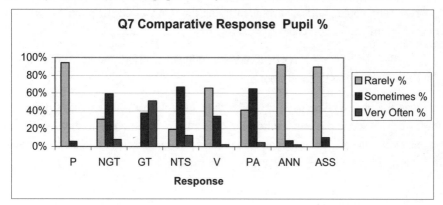

KEY

P	NGT	GT	NTS	V	PA	ANN	ASS
Pupils	Non Gaelic Teachers	Gaelic Teachers	Non Teaching Staff	Visitors	Parents	Announcements	Assembly

It is clear from the table that pupils do not really speak Gaelic outwith the classroom, but what is more surprising is that there are so few opportunities to hear Gaelic at all beyond the classroom. Gaelic is rarely heard in announcements or assemblies but parents and visitors sometimes use Gaelic. Recognition of the value of Gaelic is not therefore endorsed in any official school setting. When asked about promoting Gaelic more robustly, pupils felt that this would be counter-productive:

> I think the more you promote it, the less people would want it. You wouldn't want to promote it at our age.

Pupils were enthusiastic, however, about the cultural opportunities that had been offered to them and were aware that Gaelic would open doors for them in employment, particularly in the media. They expected to gain a good career through their involvement with Gaelic, as the following quotations from the interview material demonstrate:

> It might be handy if you know what you want to do and the job requires Gaelic.

> It is a boost. I might want to do something in drama or be an actor or something.

I don't know what I would do if I didn't have Gaelic. Well, I don't mean I would die. I mean career-wise I know I will get a job with it. I expect to make my career through it.

And as one pupil so optimistically put it: 'You could make your fortune.'

This positive appreciation of the broader educational benefits of Gaelic was apparent, with some pupils clearly identifying the role that Gaelic played in making them aware of cultural diversity:

It gives me two ways of looking at things because I am aware of two cultures, English and Gaelic.

I was frequently taken by surprise by their insight into what emanated from the adult world in terms of their Gaelic development. Their responses to the role played by the media showed that although some found programmes useful in an educational way, far more felt that they were just entertainment.

Q8 Do you find Gaelic TV/Radio programmes useful mainly for
a) entertainment, b) study?

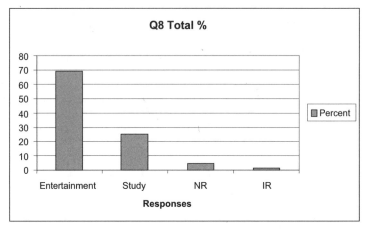

In the interview situation they expressed a desire to have more appropriate programmes for a teenage audience:

They [the media] think we are babies. They try to copy the style of English programmes but it doesn't work.

Parents were much in favour of the efforts of the media, however. One parent felt that the children had been given unique opportunities compared to non-Gaelic pupils, asking:

How many English speaking people do you know who have been on TV?

By the teenage years the Gaelic client group had become discerning about the role that Gaelic had played in their lives and the influence it had had on their sense of identity. One of my questions focused on their perceptions of the various effects of Gaelic-medium education on their lives. In posing this question I had in mind not just their ideas about language competence but allegiance as well. The native speaker of a language may have a set of allegiances that fluctuate according to a number of factors. Maturation may change a teenager's perception of the importance of a language, or they may change camp on the basis of their awareness of social and political processes at play in the defence of a threatened language (Auer, 1991, pp. 319-20). They may subordinate their ethnic identity within a broader 'total repertoire of identities' (Fishman, 2001, p. 21), or they may become aware of the inherited role of the native speaker as a combatant in reversing language shift (Rampton, 1995, p. 338). I felt that my desire to question young people on this topic would reveal whether or not they had any insight into what has been described as 'a sense of the permanent, ancient, or historic' (Rampton, 1995, p. 343). If such insight were apparent, it might be influenced not just by their expertise or attainment in their language but by factors such as their sense of inheritance and affiliation to their mother tongue.

Q9 Having been through the Gaelic-medium system, what do you feel Gaelic has done for you?

        a – makes me feel more Scottish

        b – gives me more job opportunities

        c – makes me proud of being a Gael

        d – has made me better at languages

        e – has made me more aware of the history of the Highlands and Islands

        f – has given me a better social life

        g – no response

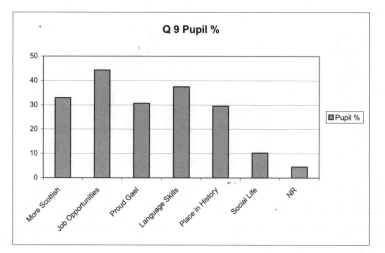

The pupils showed a strong awareness that Gaelic had made them better at languages and would give them improved job opportunities. They were somewhat proud of their status as Gaels. Perhaps surprisingly, they also thought that Gaelic made them feel more Scottish.

There is also a broader general advantage in studying Gaelic as it seems to produce a more rounded and accomplished, 'cultured' individual. This has been noted by local teachers for some years now in schools. Richard Johnstone's report on the attainments of pupils receiving Gaelic-medium education (1999) confirmed that pupils were not disadvantaged academically by studying through the medium of Gaelic. But there has not been any evidence, except anecdotal, of the cultural and personal advantages. In my own experience of assisting pupils to make university applications it has come to my attention that many of the pupils who have come through the Gaelic-medium system have a far better portfolio of skills and cultural experiences than their English-monoglot counterparts. Many of them have had experience of assisting at cultural events and had appeared on Gaelic programmes. (This was of course in addition to having an all-round level of academic achievement.)

One negative aspect of their Gaelic experience, however, was their sense of the narrowing-down of the domains of use of Gaelic. This emerged both in the questionnaire results and during interviews. For example, very few reported that they spoke to friends in Gaelic.

Q10 Outwith school how much conversation do you have in Gaelic with friends/parents?

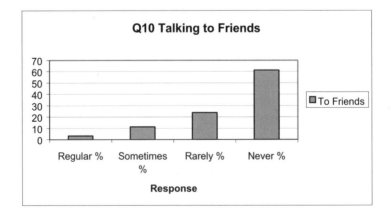

The results for use of Gaelic to parents were only slightly better and revealed that although older relatives may try to compensate, the frequency of use of Gaelic at home is limited.

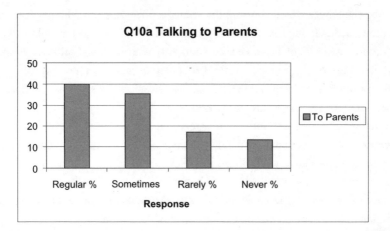

One pupil summed up this gradual descent into negligible use of Gaelic as follows:

> When you come to secondary you realize that not everybody speaks Gaelic. When I go to Uni nobody will speak it at all.

The fact that young people have begun to embrace this type of subtly negative view is perhaps indicative of the difficulty that linguistic minorities have with ownership of a language identity. This mindset has been described by Tove Skutnabb-Kangas (1995, p. 44) as 'a conflict between internal and external identification'. This conflict can result in young people disowning their first language and casting off that identity.

Conclusions

The statistics for Gaelic-medium uptake in the Western Isles are not encouraging. Taken with the general trend of lack of Gaelic use except in formal educational settings, it is clear that Gaelic could sooner rather than later become a 'museum piece', part of the vague quaintness that in the minds of some makes up Scottish culture. Are we a step away from adding Gaelic to the stereotyped haggis and shortbread imagery that attracts the tourist? This decline has not been halted either by the measures to preserve Gaelic or by initiatives such as placing Gaelic within the context of cultural and tourist development. It could be said that the lack of focus on Gaelic itself is resulting in an equation that accelerates the death throes. Gaelic is to Scotland as an old sporran is to a kilt: a decorative appendage, not very functional, and getting threadbare in places.

In the view of educationalists that I consulted in my study, there should be more image enhancement of Gaelic education and more upbeat publicity of the successes and initiatives to counteract the negative peer-group pressure on Gaelic-speaking children in secondary schools. Parents also endorsed these views, stating that they would welcome wider circulation of information to parents of the advantages of Gaelic-medium education.

The challenges which confront the secondary school pupil who has chosen Gaelic medium are daunting, and more so because they remain, in the politically correct environment of school, unspoken. Unfamiliarity with specialist subject terminology in English tends to have a negative effect at transition stages, e.g. coming into secondary school from primary 7 or into S3 from a 'two-year' secondary school. Pupils at these stages quickly become aware of themselves as a linguistic minority, and that in itself is often a culture shock. Some pupils reported being stereotyped in a negative way because of their language, disparaged because of the perceived cultural differences and called names such as 'crofter kids'. Schools have not addressed these issues as part of their policies of inclusion largely because they are generally unreported.

One of my respondents working in the Gaelic development field proposed a radical solution to the problems facing Gaelic-medium education:

> There has to be political will forthcoming inclusive of clear policies etc.
> to make Gaelic compulsory for all pupils in primary school and upper
> secondary school.

Short of this, it might be that creating Gaelic-medium primary schools (not just units) within the islands would work an improvement on the current structure, although this would give rise to a range of practical and political difficulties.

In the absence of such a fundamental change of approach, the respondents in my study, both parents and those practitioners in the field of education, thought that something must be done to get non-Gaelic pupils to accept the Gaelic culture that is within their schools but is not overtly acknowledged. Should this be enshrined in official education policies or would that be counter-productive? Stacy Churchill identified some of the difficulties associated with promoting minority language groups in his work on multiculturalism. When their rights are enshrined in legislation, linguistic minorities become more of a threat to the majority:

> Policy making that threatens to recognize an alternative language,
> culture or ethnically-based world view is an explosive matter that
> arouses heated opinion even among those who are generally passive on
> most public issues (Churchill, 1989, p. 6).

That said, apart from the odd flurry of resentment in some sections of the press when money is allocated to Gaelic development, the climate in Scotland for the promotion of Gaelic has never been better. The Gaelic Language (Scotland) Act has raised the profile of the language and key issues have been aired on Gaelic television programmes such as *Eòrpa* and *Cunntas*, thus giving the impression at least that Gaelic can have its own platform for debate or 'Question Time' equivalent, and at reasonable viewing times. However, the promotion of Gaelic issues in the Gaelic media does not necessarily address the issue of language revitalisation or enlighten the wider community of non-Gaelic speakers. The media may also provide fora in which unrealistic proposals are advanced, as if they could be attained merely by expressing the whim. This prescribing of 'fixes' such as asking for better resources, more support institutions and so on is, according to Fishman, detrimental to language revitalisation in that it:

> . . . posits no priorities, establishes no sequences or linkages between events and provides no differential weights to the factors being high- lighted (Fishman, 2001, p. 13).

There is also a danger of Gaelic being seen in its cultural context as part of a 'culture fest' in which the needs of the language are swamped under less urgent agendas, such as the 'citizenship' brief or the 'cultural tourism' brief. Language diversity is surely something more complex than mere conservation for political reasons, and it should not fall prey to the sort of gesture politics described by Kalantzis *et al.* (1989, p. 28):

> We must be careful not to limit our view of social function in such a way that tokens or gestures seem adequate in the hope perhaps that regardless of the linguistic outcome, some psychological sense of self-esteem or tolerance of others will come simply through institutional approval of a language.

The same 'window-dressing' tendency in education circles can affect our perceptions of what is really happening in Gaelic education. High-profile events for Gaelic pupils are costly, yet they appear to have little effect on the overall outcome in terms of language use. Children are sometimes swept up in the performance domain of Gaelic. There appear to be two schools of thought locally on this issue. Some parents feel that this involvement in events and competitions helps to provide an additional range of settings where Gaelic can be used. Others feel that Mods, *fèisean* and the like are unnatural and contrived domains of Gaelic use which do not accurately reflect the real culture or which are too closely linked to the competitive and academic aims of the school. Although events such as the Royal National Mòd and the *fèisean* may have a limited role in promoting either fluency or intergenerational transmission of Gaelic, we should bear in mind what it takes for a young person to have the courage to stand on a stage. There is a sense in which the public performance rituals are in themselves statements of allegiance as well as demonstrations of expertise. In the face of all that might induce despondency about Gaelic education, it was enlightening on occasion during my research interviews to realise that for pupils the whole experience of Gaelic is more than the sum of its sometimes problematic parts. There may be tensions that make pupils uncomfortable in the role of language pioneer. Their seeming competency in Gaelic is often based on their spoken ability, but achieving the required level of language competency in the written word requires long hours of study for some pupils. They may have all but abandoned the spoken word outwith the classroom, and feel oppressed by the demands of formal examination within it, but something of their sense of the value of their Gaelic education rang out clearly in comments such as this, made by a pupil describing what it was like to be a fluent speaker:

> If you go to a Mod and see 'native speaker' on the song sheet you feel above the rest because you are able to do it. You feel better about yourself because you think, well, I am a native speaker. I can sing in Gaelic. I can do everything.

In a world which is becoming increasingly multicultural, it would be heartening if our young people could identify their Gaelic language inheritance as being concordant with an English-speaking culture complementing and enriching Scottishness. Perhaps the real value of the progress of Gaelic-medium education has been its role in bringing to light some of the issues for youth of the national identity question (cf. Oliver, this volume). The role of a member of the first generation is finite, but hopefully this group of Gaelic-medium children in the Western Isles will embrace the challenges of guiding the next generation, rather than becoming the last.

Endnote

[1] Views expressed are my own as an independent researcher and not as a spokesperson for Comhairle nan Eilean Siar.

Where is Gaelic?
Revitalisation, language, culture and identity

James Oliver

Introduction

This essay discusses a banal yet important issue for the future place of Gaelic in Scotland: everyday negotiations of culture. It presents a brief reflection on some of the empirical data that emerged from my research amongst young people at two secondary schools (one in Glasgow and one on the Isle of Skye) that offer Gaelic-medium education. In the research, I interviewed Gaelic speakers, Gaelic learners and non-Gaelic speakers (Oliver, 2002), as I contend that the socio-cultural, political, spatial and linguistic contexts of Gaelic in contemporary Scotland are not confined to those who can speak the language fluently, if at all. These shifting contexts prompt the question, where is Gaelic?

By way of brief background, and acknowledgement, the empirical research to emerge was influenced by reflection on questions from previous research on Gaelic. In particular it addressed the work of Sharon Macdonald (1997) and Richard Rogerson and Amanda Gloyer (1995), where the following broad questions have aroused interest. Might Gaelic be shifting from a language of interaction and becoming a more symbolic marker of identities, for some, and what identities might be articulated amongst younger people (Macdonald, 1997)? Is the centrality of language as the indicator of cultural identity open to question (Rogerson and Gloyer, 1995; cf. Edwards, 1985)? The aim of my research, then, was to use these questions not so much as hypotheses to substantiate or repudiate but as thinking tools to engage with the empirical context of young people and Gaelic in Scotland.

A new Scotland

Since UK devolution in 1999, some commentators speak of a 'new' Scotland (Curtice *et al.,* 2002, Hassan and Warhurst, 2002, Paterson *et al.,* 2001). Certainly, there is a context of change, and in 2005 the Gaelic Language (Scotland) Act became law. It might be argued reasonably that Gaelic is now secured in the legal domain and has made an important advance. This statute is significant not only because it gives the language more prestige, in a national and formal context, but also because it provides an apparatus to protect the language from (implicit or explicit) discrimination at more local levels of public policy and governance. But it is not just a matter of Gaelic now being 'in' law, because this new law is a consequence and expression of civil society in Scotland and its immanent dynamic; in other words, a civil society that is a cultural expression of Scotland's difference from other nations (McCrone, 2001, 2005).

This civil society has, over the last few decades, incorporated Gaelic more formally and broadly into the education system; it also sustains Gaelic through cultural institutions and the arts. This gradual incorporation reveals the deeper significance of the new Gaelic Language Act, that Gaelic is part of Scotland's culture. It may not be part of everyone's culture, of course, but this development is evidence that the cultural relevance of Gaelic is not spatially and temporally confined to particular geographies or 'olden days'. Gaelic, however imagined, is clearly a constituent element in the cultural dynamic that is Scotland and it therefore has relevance and meaning outside of a law that aims to protect it. This, I believe, is the stronger claim for showing Gaelic as part of Scotland's culture, without having to revert to more ambiguous and emotive debates on the historical or primordial relevance of Gaelic to the Scottish nation.

Nevertheless, as part of Scotland's culture, Gaelic is variously imagined. This article is therefore not about the new Language Act *per se*. Rather, in the context of a changing Scotland, in which the public profile and prestige of Gaelic are increasing at the same time as the Gaelic-speaking population continues to decline, I am reflecting on some qualitative research amongst young people, investigating their negotiations of Gaelic. Understanding their perceptions and attitudes helps unravel the social dynamic and cultural context in which Gaelic revitalisation efforts are inevitably entangled. In that respect, the importance of official status (Gaelic 'in' the law), or the practice of targeting statistical reports (Gaelic 'in' the census) as evidence for evaluating the success of language policies, is only part of the story.

Community and society

The fairly common assumption (imagining) of Gaelic as being bounded by the traditional Gàidhealtachd is slowly eroding. This relates to a degree of politicisation of the language (its new place in public policy) and the paradox that 'communities' of speakers are increasingly centred in what might be termed complex society (non-traditional, socio-cultural networks and contexts). In an attempt to illuminate the shifting socio-cultural contexts, it will be useful to reflect on the traditional sociological distinctions of *Gemeinschaft* and *Gesellschaft*.[1] These are German terms, roughly translatable as community and society (from the sociological theory of Ferdinand Tönnies, 1955).

Both concepts relate to social membership, with *Gemeinschaft* (or Community) based on the idea of spontaneous organic participation, in which membership is self-fulfilling/self-perpetuating and often part of a long journey of tradition. This is distinct from the concept of *Gesellschaft* (or Society), where membership is more conditional and instrumental, based on self-interest. The original idea is that a distinction was being drawn between the traditional and the modern at a time (the height of the industrial era) when the pace of modernisation was quickening and society was becoming more disconnected from tradition. It highlighted an apparent contrast and disjuncture between the 'organic' and the 'manufactured' nature of changing social relations in industrial society.

Of course, this dichotomy of *Gemeinschaft/Gesellschaft* is relatively crude, particularly with regard to (post-)modern concepts of globalisation and complex society, and where 'governmentality' (Foucault, 1979) would appear to have permeated all geographies of the western world, particularly through technological advances. However, the dichotomy remains useful, in general terms, for rethinking 'bounded' notions of Gaelic and the Gàidhealtachd. Such bounded notions reflect a persisting, sometimes reactionary, understanding of Gaelic as belonging only to traditional *Gemeinschaft/* Community contexts. In extreme cases this might translate as Gaelic belonging to the past, with little relevance in the modern world. Less extremely, some may imagine Gaelic being relevant only to the rural Highlands, the geographical margins of Scottish society. But, of course, Gaelic is 'in' the modern world and is 'in' the cities of Scotland and being negotiated by modern civil society. Gaelic is increasingly 'unbounded', and being incorporated and perpetuated in ways that reflect the broader and instrumental context of *Gesellschaft/*Society. Therefore, it is to emphasise and make more sense of the contradistinctions of bounded/unbounded (or open and closed) imaginings of Gaelic that I draw this sociological parallel, whilst also fully acknowledging and exploiting the crude and limited nature of such a dichotomy. But this tactic helps guide exploration of the continuing everyday dynamic of Gaelic in Scotland, and consideration of the question 'where is Gaelic?'

Normalising Gaelic

The work of Charles Withers (1984, 1988, 1998) has shown that, geographically, Gaelic has a dynamic history that reflects the social and economic history of Scotland more generally. It is also evident that Gaelic has shifted culturally and socially from the private to the public domain, as demonstrated, for example, by the central role now given to the public education system in maintaining the language, in contrast to the more traditional home environment. It should therefore be clear that I am not merely referring to physical spaces but also to more abstract ideas of community and society. If the question is 'where is Gaelic?' then there are many relevant locations: 'in' communities of the Highlands and Islands, 'in' place names throughout Scotland, 'in' the census; but also 'in' the education system, 'in' the media, 'in' public administration, 'in' the arts and tourism, 'in' the economy, and now, 'in' the statute book. One especially important locus, however, is in the minds and imaginations of the people of Scotland (and beyond). It seems reasonable to suggest that attitudes to Gaelic will determine its future(s).

The new Gaelic Language Act will undoubtedly give the language more prestige and help the process of normalisation for the language nationally. However, there is a paradox, where the normalisation of language can generate ambivalence (cf. Macdonald, 1997). The following quotation from my research amongst young people in Skye and Glasgow highlights this paradox:

> *Male a:* I mean being Scottish is part of having culture and stuff, Scottish culture, and Scottish culture has Gaelic.
>
> *Male b:* Yeah, but it's not just you're not a proper Scottish person if you don't have Gaelic. (Fluent Gaelic speakers, Skye)[2]

So, whilst the language may become a more normalised part of Scottish culture, it does not follow that it will automatically be revitalised as part of local or national conversation. This was a general reflection and theme to emerge from my research participants. Young people do see Gaelic as a marker of being Scottish – but not an exclusive one. There are parallels here with the potentially morbid fixation on quantifying the state of Gaelic via census returns or Gaelic-medium education enrolment figures. Quantifying the Gaelic language is a useful but limited exercise. For example, although the increase in the number of young people going through Gaelic-medium education is unquestionably a positive development, what cannot be discovered from numbers alone is the relationship that individuals have to the language, in using and perpetuating it: 'the extent to which Gaelic is, and will be, part of the social and cultural world of these [young people]' (Macdonald, 1997, p. 254). Or, in other words, where is Gaelic in their lives? A major work of research on Gaelic language use has yet to be done. However, my own research has produced some insights with regard to the role of Gaelic in the lives of some young people.

Language use

This section reflects on the issue of when and how often the research participants use Gaelic outside the classroom. The pattern of language use is important for the future of Gaelic in Scotland and it impacts on personal identity negotiations. Specifically, is Gaelic embedded enough in the identities of young Gaelic speakers to be used as a first language of choice, or is Gaelic becoming a second language skill of occasional or limited use? Particularly important here is the home context.

> Mm, well I'm not very confident, really, that's because my parents don't speak Gaelic. (Female, fluent Gaelic speaker, Skye)

> I think it's made it a lot easier with my parents speaking it as well. (Male, fluent Gaelic speaker, Glasgow)

These comments suggest that a crucial factor in language usage, and by extension language confidence and competence, is the linguistic status of the parents of Gaelic speakers. Table 1 shows the linguistic situation in the homes of the participants (the relatively small numbers reflect the qualitative nature of my study).

Table 1: Interview groups and parental Gaelic-language status

Interview Groups	Number in group	Incidence of two Gaelic-speaking parents	Incidence of one Gaelic-speaking parent	Incidence of no Gaelic-speaking parents
Glasgow Fluent	6	3	3	0
Glasgow Learners	6	0	0	6
Glasgow No Gaelic	6	0	0	6
Skye Fluent	15	7	4	4
Skye Learners	6	0	3	3
Skye No Gaelic	6	0	2	4
Totals	45	10	12	23

It can be seen that fewer than half of the 'fluent' speakers have two Gaelic-speaking parents. As suggested by the quotations above, moreover, a lack of Gaelic use at home impacts on both confidence and language skills in using Gaelic (cf. Müller, this volume). This was particularly evident from some 'fluent' Gaelic speakers comments when amongst peers perceived to be 'native' speakers (see below).[3] The ultimate outcome is that English is often the language of choice amongst peers, a dynamic that is compounded by the prevalence of English in Scottish society. It is possible, then, that a combination of these factors may decrease the likelihood of some young people eventually passing Gaelic on to their children.

The habits and attitudes constructed in the home with regard to Gaelic are crucial for the future of the language. If we consider the young Gaelic learners from Glasgow, not one of them has a Gaelic-speaking parent, and (with one exception) these are young people who actually went through Gaelic-medium primary education, but who did not attain fluency. Facts like that suggest that Gaelic-medium units within mainstream

English language schools do not provide a sufficiently rich linguistic environment to ensure lasting Gaelic language acquisition. This point is probably central to the establishment of an all-Gaelic primary school in Glasgow, soon to become an all-Gaelic campus for pre-school through to a six-year secondary (expected to open in summer 2006). However, necessary as an all-Gaelic campus undoubtedly is, the importance of the home environment will not diminish. By more fully embedding Gaelic in an educational setting, and dissociating it from the family setting, it is possible that the disconnection between the language and the home will be made more complete for some people.

Table 2 further highlights the importance of Gaelic in the home. It can be seen that all homes with two Gaelic-speaking parents had a child fluent in Gaelic (ten out of ten). Thereafter, in homes without two Gaelic-speaking parents, the number of fluent speakers diminishes.

Table 2: Parental Gaelic-language status and corresponding language status of interviewees

Parental Gaelic-language status	Number of incidences	Fluent speaker	Learner	No Gaelic
Two parents speak Gaelic	10	10	0	0
One parent speaks Gaelic	12	7	3	2
No parents speaking Gaelic	23	4	9	10
Totals	**45**	**21**	**12**	**12**

It would appear, then, that the role of the home in language maintenance is crucial. If there is no commitment to Gaelic in the lives of parents then there is probably only a limited opportunity for a young person to become fluent in a minority language like Gaelic. That does not mean that parents with no Gaelic should not send their children to Gaelic-medium units, but an effort has to be made by the parents to either learn Gaelic or regularly involve their children in a wider community of adult Gaelic speakers. There will then be scope for the young people to associate the language with contexts outside the classroom and school. If a community of Gaelic speakers is not on the doorstep then any such commitment will be difficult to sustain. The 'community' of Gaelic speakers, however, is to be distinguished from Gaelic speakers at school. An all-Gaelic campus will help alleviate the problem of some pupils failing to attain fluency; however, it might not have a great effect on the choice, use and pervasive habit of speaking English when the young people are away from the classroom. The dilemma for assessing Gaelic revitalisation is this: increasing the number of young people able to speak Gaelic does not directly equate with the reversal of language shift. Instead, this hinges on the acquisition of confident, Gaelic-speaking identities.

The issue of Gaelic-medium education and its association to a language commitment is central to formative identities; however, the ambiguity of this relationship is demonstrated further by the following statements from the Glasgow learner group. Both were responding to the same question, 'why are you doing Gaelic?'

> I do like it, so I do. I don't pure hate it but, like, I prefer it than getting maths, so I do, sometimes, and it's . . . I get free transport. (Female, Gaelic learner, Glasgow)

> Um, because . . . (*laughs*) . . . like in this school you get your [free] bus and that to school and, like, I didn't want to go to a school over there [where she lives] and it would be too far for me to travel [without the free bus] and things like that . . . And this is a better school than the ones over there. (Female, Gaelic learner, Glasgow)

These statements demonstrate that factors other than a commitment to Gaelic can be involved for families when transferring to Gaelic medium. The reasoning appears to reflect instrumental, educational motivations, as opposed to language loyalty, which has associations with *Gesellschaft* understandings of cultural belonging, understandings that paradoxically and simultaneously prevent Gaelic from being fully incorporated in everyday social practices. As discussed elsewhere (Oliver, 2005), the persistent association of Gaelic with traditional community contexts appears to inhibit the evolution of a *Gesellschaft* ethos towards Gaelic in non-traditional contexts.

Another reflection of possible instrumental, educational approaches to enrolling for Gaelic schooling is that Gaelic-medium education is actively promoted as a route to bilingualism and better achievement. Recent research by Richard Johnstone (1999) shows that Gaelic-medium education does not impede the educational performance of children, and that in some instances Gaelic-medium pupils outperform English-stream students. It is naturally a concern for parents that their children receive a good education or attend the best school available, and free transport for Gaelic-medium students, no matter where the student lives in Glasgow, is an extra incentive. Commitment to Gaelic, then, is potentially subordinate. There may be a degree of ambivalence amongst some families who send their children to Gaelic-medium schools/units, especially where there is little or no Gaelic in the home. Compounding the potential problems of having no contact with Gaelic in the home is the fact that Gaelic is becoming associated strongly with the classroom, so that socialising with peers is generally done in English. The following extract from the Skye interviews highlights this dynamic:

> *Male c:* Yeah, but we choose to speak English.

> *Male d:* That's only because . . .

Male c: We could speak Gaelic now if we wanted to.

Female: If we wanted to, we could all speak Gaelic.

Male c: Bruidhinn Gàidhlig an-dràsta . . . [Speak Gaelic now . . .] *Chan eil thusa ag iarraidh idir – ag iarraidh bruidhinn Beurla . . .* [You don't want to at all – you want to speak English . . .]. You see, you want to speak English.

Male d: That's because I'm better at it.

Male c: So you're choosing to become the same as the rest of the people in Britain, when you could preserve your Highland identity. (Fluent Gaelic speakers, Skye)

This reflective discussion on the choice of English is interesting as it reveals a consciousness of the potential ambiguity of the relationship between their language ability and their identities. That is not to suggest directly that one informant has a stronger 'Gaelic' identity than the other, but that basic linguistic competencies can confound identity expressions, making them more contingent. As the closing comment above suggests, Gaelic is strongly associated with that informant's local experience and understanding, the context of the Highlands, and not Scotland *per se*. Gaelic speaking, at least for this respondent, preserves a Highland identity. This emphasises a local, contextual relevance of Gaelic, but even here it is ambiguous, where Gaelic is often subordinated to English. That is not to say the young people, especially those who have Gaelic-speaking parents at home, never choose to speak Gaelic in out-of-school contexts. However, when the same group were asked whether they thought the use of Gaelic in everyday life would increase or decrease in the future, they responded as follows:

Male e: It's going to struggle forever. It's going to keep going like this for ages.

Male f: It'll probably die away. So many people leave this place and go down to towns. (Fluent Gaelic speakers, Skye)

The relevance of Gaelic to place is evident here, suggesting that the decline in the concentration of speakers in local communities is detrimental to Gaelic. Out-migration is common in rural areas, where the perceptions of 'seeking a "good job" usually means migration' (Jamieson, 2000, p. 207), although growth in the 'Gaelic economy' works to counter these patterns and perceptions (McLeod, 2002; Chalmers and Danson, this volume). Nevertheless, considering that the above comments come from young fluent speakers, the opinions are fairly negative about the future relevance of Gaelic in their lives. The point is that there is an imagined lack of diversity of social context for Gaelic use. It seems that experiences and expressions of cultural belonging as organic and self-fulfilling, and of direct relevance to social behaviour (i.e. in the *Gemeinschaft*/ Community sense), are being undermined by the notion that traditional contexts were the only contexts in which that was possible. A bounded notion of Gaelic therefore restricts its relevance beyond more traditional contexts, particularly in relation to an imputed modern, complex society.

Clearly, the relevance of Gaelic is different on Skye than in Glasgow, which ultimately affects the negotiation of Gaelic in the wider society. But this too is based on bounded or fixed conceptions of the language. Of course, the dominance of English in everyday social networks compounds this dynamic, but this is equally true for so-called traditional contexts in modern Scotland. And that, in purely sociolinguistic terms, is the crux of the problem: how to create and provide the best environments and opportunities for the young people to build up Gaelic-speaking identities. The strongest Gaelic identities are formed in the home but a 'local' or 'community' sense of relevance also encourages people to use the language beyond the home and family.

From my research, the young fluent speakers in Gaelic-medium education claim Gaelic is used very little in their world, outwith the classroom (c.f. MacNeil and Stradling, 2000). It is also apparent that many fluent speakers are not from so-called 'native' speaker contexts. This is a further reflection not only of the status of the language in the particular homes (Gunther, 1990), but also of the success and rapid growth of the Gaelic-medium sector. However, Gaelic is generally a marginalised, second language for most fluent speakers. This is why Gaelic-medium education is a short-term fix if other structures and contexts to build up everyday language use are not in place.[4] Johnstone (1994) highlights this issue in his report on developments to support Gaelic:

> I believe that the longer-term future of the language lies with its being
> used by a significant minority of Scotland's population as a chosen first
> language, enabling them to maintain or to find a Gaelic identity and way
> of life that at the very least matches their English-speaking identity and
> way of life (Johnstone, 1994, p. 77).

Gaelic-medium education has been successful in attracting steady numbers of pupils, and it is supplementing the number of people able to speak the language. However, can these young people make a difference? Where is Gaelic in their lives? Will they choose to use Gaelic in later life? Is enough being done, or can enough be done, to ensure the maintenance of Gaelic as an everyday language of choice for communities? Gaelic speakers need the opportunity for everyday social use of Gaelic if the language is to have a stable future. As argued by prominent linguist Ken Hale:

> To reverse language shift, ultimately a certain condition must prevail.
> In a word, people must have the choice of learning or transmitting the

local language of their family, or the relevant social unit (Hale, 1998, p. 213).

'Choice' is a key word, but the 'certain conditions' must be conducive to making that choice. Here we have an acknowledgement of agency: people are supposed to be empowered by social structures to achieve the life they have been encouraged to imagine. With regard to the need to build a long-term framework for language use, Johnstone writes more explicitly:

> Ideally, to sustain intergenerational transmission there would be an unbroken life-cycle of experience connecting Gaelic-as-L1 in the home as a very young child, to Gaelic at pre-school and primary school, to Gaelic at secondary school, to Gaelic in FE/HE and at work, and then in turn to Gaelic in the home for one's own very young children (Johnstone, 1994, p. 80).

Effectively, this entails the revival of Gaelic-speaking communities. At the moment, much emphasis would appear to be on reversing the deficit trends reflected by census figures. This means increasing ascribed language ability, but not necessarily actual use. The fact that in 2001 some 45% of all reported Gaelic speakers lived outside the traditional Gàidhealtachd suggests that a large proportion do not use Gaelic as their primary daily means of communication. The policy focus is on a continued national growth of Gaelic-medium education but it must be understood that progress on this front will not inevitably increase the intergenerational transmission or everyday use of Gaelic.

New directions?

The problem is that, due to fundamental social changes and the consequences of modernity, Gaelic's contexts of meaning and use have shifted, becoming less cohesive. This transformation, in relation to the imaginings and identities of many people, is disorienting. There is a resistance to reimagining culture. Language shift has taken place in traditional Gaelic areas, and modernity cannot simply be made to vanish. As a means of revitalising the language, Gaelic is now very much 'in' the education system. But it is also quite evident from my research (and that of others: see MacNeil and Stradling, 2000, McPake, 2002, Stockdale *et al.*, 2003; Müller, this volume) that the use of Gaelic outside the classroom by young people in Gaelic-medium education is minimal. Nevertheless, in the short term, it is not necessarily critical that Gaelic has widespread use in order to secure its long-term future. Everyday use of Gaelic is clearly preferable for language maintenance but if it is largely learnt as a technical tool for certain contexts (the classroom, presenting news bulletins) then it has to be recognised that the role of language in the identities of the present and future generations is, in many cases, going to be different to traditional cultural memories. But at least it is still there, being maintained, with potential to inform new directions. Initiatives such as Gaelic-medium education therefore can maintain Gaelic, to a limited degree. This should be viewed as a baseline for engaging more with the identities of young people and to promote language revitalisation within everyday social contexts. Ultimately, the revival of organic, self-sustaining, Gaelic-speaking communities will depend on enabling policies that facilitate action and allows people to perform their Gaelic-speaking identities and create communities together.

From my research it emerges that most young people are positive about Gaelic-medium education, in principle, regardless of their linguistic background and personal language ability. However, the majority of young people who were not Gaelic speakers of any acknowledged ability showed no great ambition to use or learn Gaelic in the future, as they did not consider it particularly relevant to living in modern-day Scotland. This was especially true in Glasgow, whereas the Skye young people were more conscious of the language having metaphorical significance in terms of place and continuity and having particular domains of use within the local community. Skye youngsters are more inclined to perceive the language in local terms, in relation to continuity, identity and place, whereas Glasgow students tend to perceive a discontinuity with regard to Gaelic (for them there is a gap between language and place) and to view it more instrumentally, as providing career- and experience-enhancing opportunities. Two interesting quotations from Glasgow and Skye show the further reaches of the Gaelic-speaking 'community', emphasising the social changes that are occurring and how Gaelic is developing disparate contexts, representing a wider world of diversity to some, yet to others a more localised identity:

> If you go on the e-mail, or whatever, today you can start speaking Gaelic to someone in Canada, America and if you've got relatives in Canada, or whatever, they'll all speak Gaelic. Aye, it's been good. (Male, fluent Gaelic speaker, Glasgow)

> I don't think education is really the key because it's people being taught it at home, and speaking at home all the time, and speaking at home amongst all the people in their communities . . . And the crofting life's dying anyway, so there's not a lot of chance that people are going to stay at home anymore. (Male, fluent Gaelic speaker, Skye)

These statements inform us of the way social interaction is changing and how notions of community are changing; but also how communication in Gaelic is changing, as modernity replaces tradition. Linguist David Crystal suggests that 'an endangered language will progress if its speakers can make use of electronic technology' (Crystal,

2000, p. 141), contingent on other factors, of course. This is an important aspect of Gaelic's current situation. Clearly Gaelic is still part of today's society, with its virtual and ephemeral 'communities'. According to Miller and Slater (2000), the Internet introduces a new scale to social relations, what they call 'expansive realisation'. With the Internet, a person can become what or who they think they are; they can explore their 'expansive potential'. This is good for individuals who have no regular face-to-face contact with other Gaelic speakers (excluding school), as it helps them feel included in a 'community'. However, in itself, that is not enough to strengthen or help establish socially cohesive communities of the kind that endangered languages need.[5]

> Languages need communities in order to live. So, only a community can save an endangered language. This point is fundamental (Crystal, 2000, p. 154).

> The community, and only the community, can preserve a living language. If the community surrenders its responsibility to outsiders, or even to a few persons within the community (such as school teachers), the language will die. Language preservation efforts must involve the total community, and not just part of it (Valiquette, 1998, p. 107).

What the 'community' exactly represents is part of the problematic (cf. Glaser, this volume). In some respects this seemingly essential ingredient is also restricted by bounded notions it can flag up; however, there is a danger that if a language does not have a strong foundation in a community or communities then other developments such as a Language Act will be hollow, no more than symbols of inclusion and prestige. This means that the reversal of language shift is a shared social and cultural responsibility, dependent on patterns of social and cultural behaviour. Gaelic needs contexts to be used habitually, on an everyday basis, and this can equally be in a crofting community, an urban Gaelic network, or through the Internet. It requires the un-bounding of the imagination to see Gaelic as equally dependent on the traditional and on modern social and cultural contexts. Efforts have to be focused on stabilising or promoting such contexts, because, on a cultural level, Gaelic is not considered essential to being Scottish (cf. MacNeil and Stradling, 2000). But that does not justify exclusive (sometimes reactionary) notions of Gaelic being bounded by the Highlands and Islands, excluding some 45% of the Gaelic-speaking 'community'. To borrow from public policy rhetoric, language policies need to create joined-up services and communities that are also person-centred. All Gaelic speakers, therefore, have a part to play in revitalising and normalising the language, which will mean different things in different areas. It is a reimagining of culture and social practices, which are essentially dynamic, that is necessary to increase the potential of intergenerational transmission.

From my research it appears that a Gaelic-speaking identity is not particularly strong or pervasive amongst many young Gaelic speakers. Gaelic does inform their identities, in different ways, depending on their subjective, social contexts. In Skye there is some evidence of a quasi-ethnic attitude towards Gaelic and Gaelic identities, but the emphasis is on shared heritage, culture and place, rather than blood. In Glasgow, a contrasting social context, there is much more evidence of a Gaelic identity centring on language *per se*, with Gaelic representing a key to economic and professional opportunities. This is not a fixed division between contexts but an indication of a tension in the Gaelic world that extends beyond the classroom, between the old and the new, between notions and experiences of *Gemeinschaft* and *Gesellschaft* and what they signify. Gaelic is located in all these places, as it should be, but rather uncomfortably for now. This is arguably a fundamental process of cultural change and a potentially positive sign; after all, cultures do not survive by remaining static. The process of modernisation and normalisation requires new thinking, cultural relocations and reimaginings. An attempt to negotiate the tensions (perhaps more forced than necessary) is reflected in a recent essay in which a leading 'New Gael' wrote: 'the Gael is dead; long live the Gaelic' (Morgan, 2000, p. 126). This can be interpreted as a challenge to outdated perceptions of Gaelic, and its associated identities and cultures, by applying a more instrumental, *Gesellschaft* understanding of cultural membership to the revitalising of Gaelic-speaking community in modern complex society.

Conclusion

So, where is Gaelic? The aim of this paper is not to prescribe a fixed answer to this question; rather, my goal is to highlight the breadth and depth of the question. In other words, it is necessary to be able to negotiate and give meaning to a Gaelic future in both traditional and modern contexts. It is not a pointless question because, as a tool for dialogue, it can provoke a more open debate about Gaelic revitalisation and the promotion of minority cultures more generally.

One cautionary note, given the new Gaelic Language Act, is that there is still a danger that the relevance of the language will be reduced to *existence* value only. That is, it might become purely symbolic, with 'value that does *not* hinge on its use as a tool for communication' (Sproull, 1996, p. 115). Sproull suggests that there is a growing 'Gaelic economy' that cannot be 'meaningfully defined in terms of the language of transaction' (Sproull, 1996, p. 99). Therefore, the fact that Gaelic is *there*, that is, 'in the economy', is perhaps enough to boost a locale and the language's status without necessitating or precipitating increased language use. Just as the Gaelic Language Act will further improve the prestige of Gaelic nationally, it might also make it more banal (Billig, 1995) and taken for granted. So even though Gaelic will become symbolically 'normalised' by legislation within Scotland, that does not mean people will feel Gaelic or become Gaelic speakers/users. This is particularly significant for negotiations of cultural or linguistic identities where any resultant social behaviour is embedded in the assumed boundedness of Gaelic. This dynamic can be seen in the traditional, crofting-related *Gemeinschaft* associations of some or in the modern classroom, instrumental *Gesellschaft* associations held by others. It is more complicated than that. Identities are social phenomena (Jenkins, 1996), and therefore dynamic, contingent and full of potential. By reifying Gaelic as symbolic of a closed cultural context, traditional or modern, its cultural vitality and dynamic disappears. It is this assumption of boundedness that the question 'where is Gaelic?' challenges.

Endnotes

[1] This chapter further develops ideas that emerged in Oliver (2005), which focused more on the nature of Gaelic identities, and with which this article may be read in conjunction.

[2] To preserve anonymity I have only provided details of gender, language classification and location.

[3] There is a sensitive issue here; the distinction between the 'native' speaker and the 'fluent' is often formally frowned upon. 'Native' suggests an authenticity where the fluent speaker is never fluent enough, or never Gaelic enough, especially if they lack other 'markers' of a Gaelic identity (cf. Oliver 2005).

[4] This would appear to be true for young speakers. However, older (late) learners are often those with the greatest attachment to Gaelic, having used their own initiative and motivation to learn the language (MacKinnon, 1990a, p. 86).

[5] The Internet also reinforces the hegemony of the English language. In 2000, UNESCO found that 81% of web pages were in English. The next largest portion was German at 4%. Spanish, the fourth most widespread language in the world after Chinese, English and Hindi, accounted for 1% of web pages (www.unesco.org/courier/2000_04/uk/doss22.htm [accessed 8 July 2005]). However, as non-English-speaking countries become more Internet-capable and literate the proportion of English is decreasing.

9   Reimagining the Gaelic community: ethnicity, hybridity, politics and communication

Konstanze Glaser

1. Political and theoretical context

Like virtually all ethnic labels, the term 'Gael' cannot, or can no longer, be defined in universally accepted terms. An adequate understanding of the concept would have to take into account practical changes that have eroded or transformed traditional markers of 'Gaelicness' (see, e.g., Thomson, 1994; Newton, 2000), tensions between essentialists and relativists[1] and, more generally, the extent to which meaning is determined by context. There are also valid political reasons to be wary about attempts to categorise people in ethnic or ethno-cultural terms. Strongly felt in-group identities often entail negative stereotypes of out-groups, and ethnicism and nationalism have resulted in denigration and persecution. Wherever inequality in status and economic opportunity is shown to coincide with ethno-cultural difference, the potential for nationalist mobilisation cannot be underestimated. Even in the absence of a power differential along ethnic lines, cultural boundaries matter to people and tend to result in the essentialisation of heritages and groups (cf. Grillo, 2003). Indeed, the recognition of ethnic and ethnolinguistic minorities by states and international organisations tends to be premised on the maintenance of tangible cultural differences and the homogenisation of differing viewpoints into clearly defined collective interests (Toivanen, 2001, 2002). A further reason behind a continuing commitment to cultural difference and diversity in Europe at sub-state levels is the appreciation of minority identities as communal havens from experiences of alienation and individualisation, with minority languages emerging as one of the most durable symbols and effective boundary markers. As Manuel Castells (1997, p. 52) has stated in relation to Catalonia:

> ... if nationalism is, most often, a reaction against a threatened autonomous identity, then, in a world submitted to cultural homogenisation by the

ideology of modernization and the power of global media, language, as a direct expression of culture, becomes the trench of cultural resistance, the last bastion of self-control, the refuge of identifiable meaning.

Given that 'community solidarities' (Prattis, 1990) have long been considered an important element of Gaelic culture (Glaser, forthcoming) and that a 'decline of community' has been identified as a major source of decreasing language vitality (Taskforce on the Public Funding of Gaelic, 2000), this article engages with the question whether Gaelic language activism is serving the objective identified by Castells and what kinds of 'communities' are being (re)produced. There is no intention to pigeonhole people or groups of people; nor will this brief analysis take account of the role of Gaelic language ability in conceptualisations of selfhood. What follows is an outline of the many ways in which 'the Gaelic community' is currently imagined, reinvented and reified. It is based on the assumption that individuals belong to more than one social category and that discourses need not coincide with genuine beliefs, let alone behaviour. I will argue that the reluctance of Gaelic speakers to assert 'Gaelic' identities in formal contexts such as the 1994 Euromosaic survey (MacKinnon, 1994b, 1998a; Nelde, Strubell and Williams, 1996) tells us little about the extent to which people feel and act 'Gaelic' in specific everyday contexts, and that three decades of Gaelic language campaigning have worked to develop a spectrum of overlapping identities that make it difficult to speak of a single Gaelic community.

2. Ethnic perspectives

Minority language maintenance is often promoted with reference to human rights and cultural diversity (Skutnabb-Kangas and Phillipson, 1994; Maffi, 1999; Skutnabb-Kangas, 1999), and while the ideology upon which such discourses are based tends to be a pluralist international one, the premises of such rights can in part be traced back to nineteenth-century ideas about nationhood. Gaelic Scotland never produced a linguistic nationalism that resembled the 'organic' nationalisms of Central Europe (cf. Barbour and Carmichael, 2002), but the Gàidhealtachd is still imagined and defended as a distinct cultural space. Indeed, the eminent Gaelic scholar John MacInnes argued three decades ago that the Gaels have traditionally maintained a 'national' identity:

> The Gaels in Scotland for most of our history have been a nation . . .
> I know of no more adequate term to express the particular sense of identity
> possessed by the Gaels through the vicissitudes of Scottish history. . . .
> During the last two and a half centuries the processes of decline have
> produced what can only be regarded now as the detritus of a nation (1975,
> p. 1).

The following extract from a tourism brochure entitled *Fàilte*, issued in 2004 by Comunn na Gàidhlig, Sabhal Mòr Ostaig and Cànan, suggests that traditional Gaelic speakers continue to be presented as an ethnoculturally distinct collectivity:

> We, the Gaelic speaking people of Scotland today welcome you. Ours is a land of dramatic contrasts and serene tranquility, home of the eagle, the wild deer, and courteous, hospitable people. Our mountains, moors, lochs and islands have been celebrated for over a thousand years in Gaelic song. We are a people of ancient lineage, and we are custodians of part of Europe's rich Celtic heritage . . .

Ancestral connections to a specific territory, the linguistic boundary and values that amount to a distinct culture are also highlighted on the official tourism website for the Western Isles, where the community aspect of 'Gaelicness' features as a major selling point:

> The Hebrides is the home of an unique spiritual, civilised culture, the true heartland of the Gaels and the Gaelic language. Hebridean communities are close knit, friendly and safe: more in tune with nature and relaxed and contented with the rhythm of life. People will go out of their way to help you and have the time to be genuinely interested in what you have to say . . . (http://www.culturehebrides.com/index.php, accessed 20 July 2005)

Reality is, of course, considerably more complex. As James Oliver (2005 and this volume) has shown with reference to teenagers in the Isle of Skye and Glasgow, Gaelic identity patterns in the Gaelic heartland are often an extension of local or regional ones, whereas Gaelic identities produced by Gaelic-medium education in the Central Belt have more to do with the language *per se* and the practical implications of Gaelic language abilities. Such findings not only conform to data reported by Sharon Macdonald (1997) and researchers of minority and regional identities in other parts of Europe (Macdonald, 1993), they also demonstrate that it requires elite-led campaigns to convert 'little' but 'authentic' traditions into 'great' national heritages (Fishman, 1989; Giesen, 1993; May, 2001). To the extent that it can be discerned, a traditionally oriented Gàidhealtachd-wide identity would appear to be dominated by elements such as historical awareness, perspective, feelings and access to a distinct linguistic heritage. The prominent Gaelic scholar Donald Meek, for example, noted of himself and other Tiree natives of his generation:

> Our identity was rooted in the language; it was Gaelic in terms of the perspectives with which we had viewed the past, the present, and the future (1997, p. 14).

The Lewis poet and academic Anne Frater emphasised associational and emotional dimensions when she was asked on a radio programme[2] to explain the difference between a Gael (her primary identity) and a Scot (her secondary identity):

> I have an extra language for a start. It's an attitude as well. It's not just to do with the language. It has to do with the way of life, the community, the sense of history. My angle on history is very different from the angle of Lowlanders . . . Gaelic society had its own culture and its own literature and its own arts and that is [being] ignored.

Considering how important the oral tradition has been for ordinary Gaels as a source of historical knowledge (Thomson, 1983; Meek, 1997; Newton, 2000), Gaelic language maintenance is widely deemed indispensible to collective ethnocultural survival, but it would be wrong to infer from such statements that a high degree of personal language loyalty is a prerequisite of individual belonging. As has been shown for various other minority languages, a person can be accepted as a member of a local speaker community with little more than adequate passive language skills and an ability to 'trot out formulaic expressions on suitable occasions' (Fillimore, 1979, p. 92). Nancy Dorian acknowledged the latter phenomenon in her study of East Sutherland Gaelic, stating that 'knowing how to say relatively *few* things appropriately' tended to be 'more important than knowing how to say very many things without sure knowledge of their appropriateness' (Dorian, 1981, p. 31 (emphasis in original)).

Arthur Cormack, a Gaelic singer in whose family Gaelic is confined to the paternal side, explained on Radio Scotland that he had 'always felt' that he was a Gael even though he could not speak much Gaelic until his later school years. He proposed that you 'can be a Gael without actually speaking Gaelic to a certain extent' because being Gaelic 'is . . . about your whole background, where you came from . . . your history'.[3] Another Highlander, Norman Shaw, seemed even less convinced that personal Gaelic language competence was a necessary condition of belonging:

> I write as a true gael [*sic*], born and brought up in the Highlands with gaelic-speaking parents from Lewis. The Highland culture I know intimately and engage with is exactly the same as my gaelic speaking friends, and always has been, even though I speak hardly a word. This lack of gaelic has never troubled me.[4]

It is elites who struggle over divisions of the social world at more abstract levels, who imagine the Gaelic community at a national and global level, and who predict that the continued decline of the Gaelic language will spell the demise of Gaeldom. The following quotation from Donald Macleod's column in the *West Highland Free Press* (19 December 2003) is a good illustration of those perspectives:

Can a people lose their language and keep their identity? Originally 'Highlander' translated 'Gaidheal': the two were synonymous. They are no longer so. Modern Highlanders are seldom Gaidheals. Worse, we have no sense of loss. What kind of people does that make us: a race who can no longer read the poetry of their people or sing their songs; who have to enjoy their environment through the eyes of place-names they cannot understand; whose history is that of another people, because our own was too primitive for text-books; who see an iolair, the glory of our very own skies, and have to call it an 'eagle'; a race whose great-grandmothers were aliens from another world.

Contrary to its opening sentence, this passage does not really deal with the continued viability of a Gaelic identity *per se*. The absence of a 'sense of loss' suggests that language shift need not undermine a primordial belief in being different. In fact, the same author has argued elsewhere (2000) that it is cruel to suggest that diaspora Gaels who had missed out on the language no longer belong to their native community.

Such folk describe themselves as being hit by a double whammy. First, they found themselves deprived of their Gaelic language and culture; and then they found themselves despised by 'true Gaels' . . . People whose forbears were discriminated against for speaking Gaelic find themselves discriminated against because they don't; as if it were their fault that they were cut from their roots.

Discourses along these lines are important because they engage with the cultural repertoire by which 'Gaelicness' could and should be reified at a national level, and because the latest Census results and a recent survey by the Western Isles Language Project (see NicAoidh, this volume) suggest that Gaelic continues to decline even within the Gaelic heartland. Some commentators attribute the erosion of Gaelic and other cultural changes throughout the Gàidhealtachd to rising proportions of incomers who 'have no intention of belonging, but merely want cheap land for housing' (D. Macleod, 2004) and tend to accelerate (deliberately or inadvertently) the 'insidious installation of southern and mainland manners' (J. Macleod, 2005). While the growing presence of individuals with little or no ability in the language is likely to be a strong factor in decreasing language use, a recent survey conducted in Castlebay (Barra), Laxdale (Lewis), and Ullapool (Stockdale *et al.*, 2003) suggested that many popular stereotypes of incomers, including indifference or hostility towards Gaelic, are largely unfounded. In-migration from England was, in fact, a variable that made it more likely for children to be enrolled in Gaelic-medium education, while non-Gaelic-speakers with established links to the area appeared to be among the least enthusiastic.

This takes us to the identity implications of the scenario opposite to the one discussed above: language ability without cultural immersion. The acquisition of Gaelic language skills without substantial traditional backup in the home and local community is primarily associated with 'learners' in Lowland Scotland and abroad, but as Ailean Caimbeul (1998–2000, p. 306) has noted with reference to his native township of Glendale (Skye), a discernible cultural gap between native speakers of his generation and younger Gaelic language users is also evident in the traditional heartland:

> Dh'fhàs mise suas le dualchas làidir mo choimhearsnachd daonnan na mo chluais is fo m'aire. Ach am bheil an seòrsa dualchais sin beò fhathast . . . an urrainn dhan Ghàidhlig a bhith beò agus cho beartach as aonais freumhan an dualchais sin? Tha Gàidheil ùra a' fàs suas an-diugh – feadhainn aig am bheil freumhan ann an iomadh cèarnaidh den t-saoghal ach a tha an-diugh air Ghàidhealtachd agus a' bruidhinn na Gàidhlige, agus nach math gum bheil iad ann! Ach dè an aithne a th' aca air dualchas a' chànain agus na tìre sam bheil an dachaidh – agus dè tha sinne a' dèanamh gus an cuideachadh?

> (I grew up with the powerful heritage of my community in my ears and consciousness. But is this kind of heritage still alive . . . can Gaelic be as vibrant and rich without the roots of that heritage? There are new Gaels growing up today . . . some who have roots in different corners of the world, but who are now in the Gàidhealtachd and speak Gaelic, and isn't it good that they are here! But how aware are they of the heritage of the language and the land where they now live – and what are we doing to help them?)[5]

Gaelic is considered a valuable element of a particular heritage and a 'key' or 'window' to that culture (e.g. Comunn na Gàidhlig, 1997, p. 4), but statements along these lines do not imply that Gaelic might *in itself* spread that culture to individuals who learn the language in non-traditional environments. Gaelic-speaking interviewees from Lewis and Tiree remarked that an ability or interest in the language on the part of incomers would 'generally' be 'welcome' and 'ease their path' but would 'not create an immediate bond'. One woman insisted that 'learners' would 'never develop the same feelings for the language as native speakers', while another informant simply replied 'good luck to them, but they will never be real Gaels' (fieldwork data, 1997–8).

The writer and journalist Aonghas Pàdraig Caimbeul acknowledged this phenomenon and the ethical challenges it raises in his latest novel, *Là a' Dèanamh Sgèil do Là* (Caimbeul, 2004), in which a young incomer couple remain somewhat marginalised in spite of their extraordinary dedication to Gaelic language and culture:

Cha bhuineamaid, mar sin, dhan Ghàidhealtachd, fiù 's ged a chaidh Caitrìona a thogail, gu aois a seachd co-dhiù, air Eilean Shòthaigh. Cha robh fuil no dualchas no dùthchas Gàidhealach aicese neo agamsa, ach a dh'aindeoin sin, anns an latha bh' ann bha sinn a' faireachdainn a cheart cho Gàidhealach le neach sam bith eile, agus a cheart cho airidh air còraichean dùthchasach 's a bha bodach sam bith a rugadh 's a thogadh o chionn ochd ginealaichean deug ann an Stafain no ann an Staoinebrig.

Oir nach robh sinn air an rud a bu phrìseile buileach a dhèanamh? An cànan fhèin ionnsachadh gu fileanta, aig àm agus ann an àite – anns an Eilean Sgitheanach 's an Loch Àillse – nuair bha na Gàidheil fhèin, a thaobh fala co-dhiù, a' cur an cùl glan rithe? Oir dè b' fhiach fuil co-dhiù, ma bha do chridhe 's do theanga a' dol buileach glan às àicheadh an rud a bha iad ag ràdh a bha ruith tro do chuislean?

(So we did not belong to the Gàidhealtachd, even though Caitrìona had been raised, at least until the age of seven, on the Isle of Soay. Neither she nor I had Gaelic blood, a Gaelic heritage or a Gaelic tradition, but despite this, at that time we felt just as Gaelic as anyone else and as just as deserving of traditional entitlements as any old man who represented the latest of eighteen generations of his family who had been born and raised in Staffin or Stoneybridge.

For hadn't we done something that was immensely more precious? Learning the language itself to fluency at a time and in a place, Skye and Lochalsh, where the Gaels themselves, [Gaels] by blood at least, were totally turning their back on it? For what value is there to blood if your heart and your tongue were totally denying that which they said was running through your veins?)

As Caimbeul's fictional presentation and a number of ethnographic descriptions of such scenarios confirm, it is often impossible to decide whether a refusal to grant incomers equal status in Gaelic-related contexts is a matter of negotiating the borders of 'the Gaelic community' or an aspect of local power relations (cf. Macdonald, 1997; Munro, 2003a). It would in fact be quite unwise to analyse one without the other, especially in traditional Gàidhealtachd settings, where the link between language and place has remained quite strong (Oliver, 2005).

Increasing numbers of non-traditional learners of Gaelic on the one hand, and the contraction of Gaelic language use across large parts of the Gàidhealtachd on the other, may have weakened the potential of Gaelic to demarcate local and ethnic belonging, but linguistic behaviour and other lifestyle choices are crucial when it comes to identity politics at the national level. As the remainder of this article will illustrate, the promotion of Gaelic as an end in itself has not only extended the boundaries of its use to transnational and even virtual contexts, it has also given rise to new types of Gaelic identities and communities.

3. Behavioural perspectives: hybridity and politics

As explained above, the Gaelic elite cares a great deal about the range of actions by which people present themselves and expect to be recognised as members of 'the Gaelic community'. However, the decline of traditional Gàidhealtachd lifestyles has led to a situation where many individuals from traditional Gaelic backgrounds experience their everyday lives as a blend of two cultures. They talk about 'living in two worlds' or 'looking at the world through two windows' (fieldwork data, 1997–8). By far the most-often cited reason for the erosion of the 'Gaelic' element is the replacement of indigenous forms of entertainment and debate (the *cèilidh* tradition) by mainstream media, and associated language shift. Commenting on this issue in relation to the young, journalist John Macleod (1997) writes with reference to the Isle of Harris:

> In the days of the Lordship of the Isles . . . Gaelic princes signed international treaties and received ambassadors from London. No music moves as powerfully as Gaelic song. The late Sorley Maclean . . . would have been a worthy successor to Iain Lom of Keppoch, who was poet laureate to King Charles II. Now, just like everywhere else, so many descendants of this remarkable race, these Gaels, watch MTV and slurp Coca-Cola . . . Most teenagers here . . . I never hear speaking Gaelic. A good many more have it than care to admit. It is stigmatised in such a community as ours as a tongue of the old. English is cool and English – if you're soaked daily in TV, rock music, cheap magazines – comes more readily to mind and to the lips. If you wanna name your favourite Spice Girl, you're not in the same mental groove you'd ride when helping the old boys at the sheep or the peats, or taking fresh baking over to granny.

More recently, the Glasgow-based Gaelic educationalist Chrissie Dick (2004) presented a long-standing fascination with genealogy as a valuable feature of her community's culture. Overhearing fellow funeral attendants identify their exact relationship as fifth cousins, a Lowland woman (*bana-Ghall*) caught her attention by dismissing the discussion as 'very strange', prompting the author to reflect on her life as a hybrid experience:

> Agus a-mach leatha. Se an dualchas prìseil seo a tha cho cudromach dha na Gaidhil agus iad aig an aon àm a' gluasad gu h-ealanta air adhart dhan

Ghlobal Village . . . Tha na h-eisimpleirean cho pailt far a bheil sinn beò anns an dà shaoghal.

(And off she went. This precious heritage is so important to the Gaels and at the same time, they are skilfully moving forward into the Global Village . . . There are so many examples of our living in two worlds.)

The examples mentioned in the remainder of the article include overseas travel and the enjoyment of traditional Gaelic stories and music through the use of modern electronic equipment (digital receivers, computers and so on).

The experience of 'Gaelicness' as hybridity is not confined to inhabitants of Scotland's *Gàidhealtachdan Ùra* (Gaelic-related networks in the Lowlands), but it is arguably more intense within these circles, and this has engendered scepticism about the ethnocultural worth of so-called Gaelic 'energy centres' that are located outside the heartland. Almost half of Scotland's Gaelic speakers live outwith the Highlands and Islands, and Lowland Scotland has deliberately been used as a backdrop of Gaelic music, Gaelic children's programmes, the multi-media Gaelic language course *Speaking Our Language* (1993–5) and Gaelic drama (Cormack, 1994), and individuals based outwith the Gaelic heartland contributed disproportionately to the public consultation exercise for the Scottish Executive's Gaelic Bill. Yet it is not clear whether the sense of self-division and betrayal amongst those who 'make it' in the Lowlands that pervades the writings of Iain Crichton Smith has entirely been overcome. A media-related interviewee (fieldwork data, 1997–8) said of Gaelic television producers in Glasgow that they find themselves 'between the devil and the deep blue sea' because 'the Lowlanders are envious that Gaelic gets £8 million',[6] while 'back home they are thought of as snooty' and 'cut off from their roots'. Attitudes of the latter kind may also have played a part in the decision by the Scottish Executive's Taskforce on the Public Funding of Gaelic to recommend that 'the management of Gaelic activities' be 'concentrate[d] . . . in the Gaelic heartland, with appropriate distribution to accommodate the "energy centres" and the language's national disposition' (2000, p. 17; cf. MacCaluim with McLeod, 2001, for a critical response).

Elsewhere, hybridity has been embraced as advantageous. Gaelic-medium education has long been advertised with reference to the positive spin-offs of early bilinguality (Comunn na Gàidhlig, 1995, 1997a). Some also hope that the maintenance of minority languages will make their speakers more reflective and critical in relation to (post)modernity (cf. Newton, n.d. [2004], Glyn *et al.*, 2005), which allows for the promotion of Gaelicness as an identity of resistance:

With Gaelic, we can look obliquely at consumer culture [and] tend not to believe every word we hear in English-language adverts. We may participate in consumer culture but at other times we can stand back from it all and make a more detached and rational judgment . . . We are not quite so likely to listen to every message issuing from commercial interests (Stiùbhart, 2000).

Conversely, the incorporation of 'foreign' culture into contemporary expressions of 'Gaelicness' culture is occasionally presented as a natural choice:

> Between *Mill a h-Uile Rud* and *Armachdan Leir Sgriosal* [*sic*], the Gaelic heavy metal band which is based in Scotland, we now have a growing choice of musical styles . . . Maybe there is [] something in punk which touches the soul of the Gael. In the past 250 years we have been a thorn in the side of a system which wanted to wipe us out. We were set against an order in society which ruled that we all had to speak the same, worship the same, and think the same way. Now we have a bright new age in which we are allowed to be different if we want to be, but some in authority are still unhappy that we are still here despite all the efforts. Much of punk music was moved by anger, and there are plenty of things in the Highlands and Islands to cause anger, between the Clearances, lack of jobs, the stance of the churches, the situation of the language. Enough to keep them going (MacLèoid, 2004a).

Postmodern approaches to 'Gaelic' culture and the reimagination of the Gaelic community in those terms have been rendered more plausible in the context of post-devolution Scotland, where Gaelic is promoted as an asset of the entire country, or, in the phrase of the MacPherson Report, 'neamhnuid nàiseanta' ('a national pearl/asset') (Taskforce on the Public Funding of Gaelic, 2000). The Gaelic journalist Murchadh MacLeòid (2004b) has welcomed that the fact that 'Protestants, Catholics, and Muslims, Labour supporters, Scottish Nationalists, Liberals, Greens and Socialists all contain groups of Gaelic speakers', while the head teacher at Glasgow's Gaelic-medium primary school, Donalda McComb, presented demand for Gaelic-medium education from beyond the traditional Gaelic community as a success story:

> I think a lot of people perceive us to be very cliquey and possibly for professional people but that's not the case. I have parents from every sort of spectrum, every walk of life in the city of Glasgow and I think that's very important for the community aspect of the school because Gaelic doesn't just belong to one body of people. It belongs to anybody who wants to access it. [7]

The latter trend is in line with the Ministerial Advisory Group on Gaelic's (2002, p. 31) call for '[a] comprehensive awareness-raising campaign . . . to give the wider Scottish population ownership of Gaelic'.

Another indication of a willingness to 'normalise' Gaelic as an element of Scotland's multiculturalism and expand definitions of 'the Gaelic community' accordingly are the tributes Gaelic journalists paid to the late Ali Abassi, a broadcaster for Radio Scotland and successful adult learner of Gaelic:

> He personified much of what we want to see more of in our country. He was of Asian background but made himself at home in Scotland. He was comfortable with both his Scottish and his Asian heritage and also wanted a place given to Scotland's indigenous culture . . . He mattered in the Gaelic world because he showed that people who had no family connection with the Highlands could take a real interest in the language. His presence in Gaeldom gave a spur to the often-lonely learners of the language who could feel that they were part of something ensuring that more and more Scots could have a more tangible connection to a country full of Gaelic place names and the relics of the Gaelic heritage (MacLeòid, 2004c).

> Muslim, Glaswegian, an adopted Gael and a walking broom cupboard of bad jokes, Ali Abbasi's multi-faceted character somehow struck a chord with modern Scotland . . . Inadvertently, Ali Abbasi provided a glimpse of what a multicultural Scotland might look like – accommodating, comfortable with himself and in any company, and always ready with a self-deprecating joke (Crichton, 2004).

One eminent Gaelic campaigner even suggested that involvement in a Gaelic choir and the ability to conduct a basic conversation in the language had made the author of this article 'a Gael of some sort' (fieldwork data, 1997–8), and Aonghas Pàdraig Caimbeul's (2003) tribute to the late Roy Wentworth shows that an adult learner from a non-Scottish background can even earn him- or herself the honorary title of *sàr Ghàidheal* (an outstanding Gael).

4. Gaeldom as a community of communication

Communication networks are a now a major paradigm in academic and popular discourses. With more than 500 internet sites (including BBC Scotland's Radio nan Gaidheal and a US-based podcasting site), Gaelic has an impressive presence in the 'global village' and is promoted as a language that is 'nàiseanta, Eòrpach, agus eadar-nàiseanta' ('national, European and international').[8] Gaelic radio and television services have contributed to a more modern, complex and youthful image of Gaelic culture and strengthened a Gaelic identity that relates both to the Gaelic heartland and the Gaelic diaspora (Cormack, 1994; Dunbar, 2004). As the following extract from the Gaelic Broadcasting Task Force's report (2000, p. 7) shows, the revitalisation of Gaeldom as a community of (electronic) communication represents a fairly radical break from traditional experiences of belonging. It defined the target audience of Gaelic services as

> the 65,000 Gaelic speakers in Scotland, the substantially larger number who have some familiarity with the language including learners, and the much greater number who are interested in the culture associated with the language.

While this may be a realistic assessment of the consumption of subtitled television, it is not applicable to Gaelic radio services, which evidently cannot be fully enjoyed by individuals with a very limited understanding of the language. To a lesser extent, the latter is also true for Gaelic-only columns in the Scottish press, certain Gaelic arts projects and Gaelic postings to websites. Gaelic-only discourses are an example of what Castells (1997, p. 9) described as 'the exclusion of the excluders by the excluded', but they also exclude Gaels with inadequate language skills (cf. above).

At the same time, we have seen the rise of a virtual Gàidhealtachd, which exists 'nowhere but everywhere' (Morgan, 2000, p. 131). A key element of the revitalisation of 'the Gaelic community' as a transnational network, the virtual Gàidhealtachd is made up of internet users who share a common interest, but not necessarily a national or regional culture. People can join and debate Gaelic affairs irrespective of where they live, and can even conceal their true name and location.[9] In other words, it could hardly be more different from the kind of community associated with the traditional *baile* (township, village), where intimate interpersonal ties, mutual aid and a stable moral framework generated an enduring sense of belonging. However, it would be wrong to dismiss the virtual Gàidhealtachd as insignificant. It includes a considerable number of individuals who also regularly communicate face-to-face. In other words, it contributes to the viability and strength of 'real' Gaelic-related networks. More importantly, it offers Gaelic learners from disparate, non-traditional backgrounds an opportunity to communicate in Gaelic and to develop a sense of belonging. Determined to 'maintain Gaelic as a vibrant language' rather than 'a heritage on oxygen', the Gaelic learners' organisation *Clì Gàidhlig* (Clì, 2000–01a) has even argued that the diversity of today's Gaelic learners should be reflected in the ways the language continues to evolve:

> If Gaelic is to grow again, if it is to be a language with a truly national outlook once more, it requires many cultures. Interpret your home culture and experience your own lifestyle through Gaelic. Cut the leash on the language!

It remains to be seen whether such attitudes will undermine the native speaker as a model and impact upon the work of educators and corpus planners, but there is little doubt that fewer and fewer supporters of Gaelic think of the language as mysterious and elusive. A German researcher of Gaelic, Kurt Duwe, for example, said about his motivation for learning the language as an adult in a posting to the on-line discussion forum SaveGaelic.Org (10 January 2005):

> Why I am learning Gàidhlig in Hamburg? Carson nach eil [Why not]?
> We have a very nice US-American professor who studies Lower German
> and Frisian – he is far better than some of us 'natives'. In this global
> village . . . anyone is allowed to learn any language whether on purpose
> or simply as a matter of fun.

Today's networks of international communication in and about Gaelic confirm that Gaelic language use has not merely helped to reinforce ethnic, regional and Scottish identities. It is widely accepted that Gaelic learners from non-traditional backgrounds can, and should be allowed to, make valuable contributions to its development. Increasing numbers of speakers and learners have found a home in political activist circles and in global subcultural communities. Their contribution to how 'the Gaels' are perceived by wider society should not be underestimated.

5. Looking ahead

It is generally assumed (see, e.g., McLeod, 2004, p. 27) that approximately 90% of the 58,650 individuals who identified themselves as Gaelic speakers in the 2001 census fit Donald MacAulay's definition of a Gael as 'duine aig a bheil Gàidhlig bho dhùthchas' ('a person who has Gaelic by inherited tradition') (1994, p. 43). A further 34,313 individuals confirmed passive abilities (i. e. oral comprehension and/or reading knowledge): people who grew up in Gaelic-speaking environments as well as a disparate group of 'new Gaels' who may not even have a recent family link to the Gàidhealtachd. Non-traditional Gaelic speakers are now playing a role in virtually all Gaelic institutions and organisations and are, to differing degrees, trusted to represent the interests of 'the Gaelic community' at large. Thirty years of what is commonly referred to as 'the Gaelic Renaissance' have led to a situation where Gaelic language use is a manifestation, as well as a self-contained source, of 'Gaelic' identities, where it is now possible to belong to 'the Gaelic world' in many different ways. Would it thus be wise to approach today's 'Gaelic community' as a new social movement, rather than a cultural nationalist project (cf. Johnston, 1994)?

Gaelic Scotland may no longer be imagined as an essentialist utopia (promising security in an age of many moral choices and uncertainties), but much was made during the campaign for the Gaelic Language (Scotland) Act of the role Gaelic played for centuries as a feature of a distinct ethnocultural region, and the revitalisation of the Gaelic language and Gaelic culture is presented as a strategy for protecting not just the Gàidhealtachd, but Scotland as a whole from the homogenising forces of capitalist globalisation.

At the same time, the Gaelic community is described in ways that are compatible with multiple belongings and with freedoms that are unimaginable within the rigid structures that provide cohesion in traditional communities. Grassroots efforts to halt the decline of Gaelic language skills and Gaelic language use have given rise to an increasingly professionalised campaign, in which negotiations over cultural faultlines and identities within Scotland are marginalised and even ignored in pursuit of one basic objective: the revitalisation of Gaelic in terms of speaker numbers and actual use across as many domains as possible. It is an expression of this philosophy that the definition of 'Gaelic culture' in the Gaelic Language Act (Scotland) 2005 is explicitly language-derived: 'the traditions, ideas, customs, heritage and identity of those who speak or understand the Gaelic language' (section 10(1)).[10] Non-linguistic aspects of traditional 'Gaelicness' have also been deliberately disregarded in earlier government decisions with regard to Gaelic-speaking Scotland. In the late 1990s, the UK Government rejected an appeal from Comunn na Gàidhlig to recognise Scotland's Gaels as a 'national minority' within the Council of Europe's Framework Convention for the Protection of National Minorities (1995) (CnaG, 1997b, p. v).[11] 'Gaelic' was not offered as a 'ethnic' or 'cultural' category in the 2001 Census form (GROS 2001, section 15), and Scotland's Gaelic heritage did not feature in the Scottish Executive's *One Scotland, Many Cultures* initiative (2002). Vagueness and inclusivity on such a scale are a sign of respect for current standards of 'political correctness' and encourage an understanding of 'the Gaelic community' that centres on commitment and action (most importantly Gaelic language use), rather than on an 'original' and 'eternal' ethnic essence.

On the other hand, there is widespread agreement amongst language planners that languages need tangible communities in order to survive as an everyday medium of communication. The Scottish Executive's Taskforce on the Public Funding of Gaelic stated accordingly that it would like 'Gaelic culture' to be 'at the heart of confident and thriving communities' (2000, p. 14). Bòrd na Gàidhlig's current *Operational Plan* (2004) lists as a primary aim the 'strengthen[ing of] Gaelic as a family and community language' and identifies as 'areas of action' the home, community and work. To make progress in these respects it is arguably more important to encourage positive local and regional identities for which Gaelic can remain a powerful symbol and resource than to reinvent the Gaelic community as a fluid network of individuals who identify with Gaelic in the spirit of expressive individualism.

The data presented in this article suggest that experiences of postmodernity, the prioritisation of Gaelic language revitalisation over other 'Gaelic' interests in public discourses and the opportunities for Gaelic language development available within Scotland's current political framework have led to a situation where culturally nationalist values (in relation to the traditional Gàidhealtachd as well as Scotland at large) are expressed through organisational structures, agendas and strategies that are typical of new social movements and, in the case of Bòrd na Gàidhlig, part of the political establishment. Indeed, the survival of Gaelic as an everyday medium of communication appears to depend on the extent to which the entire Gaelic community imagines itself as a product of self-conscious action. Given that all Gaelic speakers now have very high proficiency in English and that English is dominant, by default or otherwise, in almost all locations and domains, the use of Gaelic and the expression of a 'Gaelic' or 'Gaelic speaker' identity is effectively a matter of choice, even for native speakers (cf. Cormack, 2005, p. 119). As the Ministerial Advisory Group on Gaelic noted quite rightly in their final report (2002, p. 33), the Gaelic community must thus be recognised 'in terms of both demography, and interest groups'.

Endnotes

[1] Essentialism and relativism (or social constructivism) refer to fundamentally different theoretical paradigms within the social and political sciences. Rooted in a positivist, scientist model of society, essentialist analyses of social reality treat concepts and related social categories (like ethnicity and nation) as objective. The assumption that social identities have an intrinsic content or 'essence' gives rise to purist attitudes in relation to particular practices, including linguistic behaviour. Relativist (or constructivist) perspectives acknowledge social and cultural categories as constructed and therefore fluid, negotiable and inherently incomplete. They analyse identity as a result of boundary maintenance, expose the degree to which marginality and liminality exist within social categories and generally stress the role of agency. For further discussion see Rutherford, 1990, and, with reference to the Gaelic context, Glaser, 2002.

[2] *Lesley Riddoch*, BBC Radio Scotland, 16 March 2000.

[3] *Iain Anderson*, BBC Radio Scotland, 12 November 1999; *Lesley Riddoch*, BBC Radio Scotland, 13 July 2000.

[4] Quoted by Ray Burnett on the Highland Research Forum (www.jiscmail.ac.uk/lists/highlands.html), 30 November 2000.

[5] Translations of quotations in Gaelic by the author unless indicated otherwise.

[6] This is a reference to the annual funding of Comataidh Telebhisein Gàidhlig/the Gaelic Television Committee in the wake of the Broadcasting Act of 1990.

[7] 'The Language of the Garden of Eden', presented by Isabel Fraser, BBC Radio Scotland, 9 September 2003.

[8] Speech by Alasdair Morrison MSP, Scottish Parliament Official Report, 2 March 2000, columns 383 and 388.

[9] The web-based discussion forum SaveGaelic.org is a good example. Of the 571 individuals who were registered as members on 22 October 2005, only 68 identified themselves as resident in Scotland. 125 did not wish be associated with any location, but even the aggregate of those two categories would amount to only a third of the total membership. It is also noteworthy that a large proportion of the forum members do not reveal their real names.

[10] Interestingly, this section was amended slightly, and with no fanfare, during the legislative

process; this text originally referred to 'the shared traditions, attitudes, ideas and identity of those who speak or understand the Gaelic language'.

[11] The Framework Convention does not contain a definition of the term 'national minority', and the UK Government's approach is 'based on the definition of racial group as set out in the Race Relations Act 1976', so as to 'include . . . ethnic minority communities (or visible minorities) and the Scots, Irish and Welsh, who are defined as a racial group by virtue of their national origins' (UK Government, 1999). The 'Scots' category is not further differentiated. For a discussion of the position of Gaels under the Race Relations Act 1976, see McLeod, 1998.

10   Air iomall an iomaill?
Luchd-ionnsachaidh na Gàidhlig
ann an ath-thilleadh gluasad cànain

Alasdair MacCaluim

Ro-ràdh

Anns a' phàipear seo, bheir mi cunntas air rannsachadh a rinn mi air luchd-ionnsachaidh na Gàidhlig, a' coimhead air an àite aca ann an ath-thilleadh gluasad cànain (no *reversing language shift* [RLS]) agus air mar a tha cùisean air gluasad air adhart bhon a chrìochnaich mi an tràchdas PhD agam (MacCaluim, 2002; see MacCaluim, 2006). Gu sònraichte, bidh mi a' coimhead air:

1. *Luchd-ionnsachaidh aig cridhe RLS*: mar a tha luchd-ionnsachaidh cudromach a rèir teòiridh RLS.
2. *Luchd-ionnsachaidh air an iomall*: an t-àite a tha aig luchd-ionnsachaidh ann an RLS aig an àm seo an da-rìribh.
3. *A' cur luchd-ionnsachaidh ann an teas-meadhan RLS*: molaidhean don àm ri teachd.

Luchd-ionnsachaidh aig cridhe RLS

Ma bheir sinn sùil air na figearan airson na Gàidhlig bhon chunntas-shluaigh mu dheireadh agus air rannsachadh sgoilearach, tha e furasta fhaicinn carson a tha luchd-ionnsachaidh a dhìth. Tha an àireamh de luchd-labhairt Gàidhlig air a dhol sìos gu nàiseanta bho 65,978 ann an 1991 gu 58,750 ann an 2001 (ìsleachadh de 11%). Tha seo a' ciallachadh gu bheilear a' call mu 750 neach-labhairt gach bliadhna. A bharrachd air an dealbh nàiseanta, tha an àireamh de luchd-labhairt Gàidhlig air a dhol sìos gu mòr air a' Ghàidhealtachd: sìos cha mhòr 15% ann an sgìre Comhairle na Gàidhealtachd, sìos 18% ann an Earra Ghàidheal agus Bòid agus sìos cha mhòr 20% anns na h-Eileanan Siar.

Tha rannsachadh le Coinneach MacFhionghain anns na beagan bhliadhnaichean a dh'fhalbh air sealltainn dhuinn gu bheil ìre tar-chuir na cànain aig ìre gu math ìosal (MacKinnon, 1997, 2000, 2004a). Tha cunntas-sluaigh 2001 a' sealltainn gu bheil cùisean a' dol am miosad agus gu bheil an ìre tar-chuir anns na h-Eileanan Siar a-nis air leth ìosal agus gur e glè, glè bheag de chlann a tha air an togail le Gàidhlig bho thùs (MacKinnon, 2004a; Duwe, 2004a-d, 2004g-h). Tha rannsachadh cuideachd air sealltainn dhuinn gu bheil cleachdadh na Gàidhlig a' crìonadh am measg dhaoine a tha fileanta – gu bheil i ga cleachdadh ann an nas lugha de shuidheachaidhean (NicAoidh, anns an leabhar seo).

Tha an earrann a leanas à saothar Choinnich MhicFhionghain a' toirt seachad deagh gheàrr-chunntas air suidheachadh na Gàidhlig ann an coimhearsnachdan Gàidhlig:

Community surveys in Gaelic-speaking areas over the past thirty years have indicated rapid weakening of the language both intergenerationally and in the present generation of speakers in family, community and work situations. There are thus substantial problems both of declining abilities to speak Gaelic, and also of actual extent of use of the language made by its speakers (MacKinnon, 1998b, td. 1).

Fiù 's nuair a tha luchd-iomairt cànain is buidhnean Gàidhlig is comhairlean is eile a' feuchainn ri piseach a thoirt air an t-suidheachadh seo tro fhoghlam is tro obair leasachaidh cànain, tha duilgheadas eile romhpa. Is e sin cho doirbh 's a tha e luchd-obrach fhaighinn aig a bheil Gàidhlig airson obair leasachaidh cànain, a' gabhail a-steach luchd-craolaidh, luchd-teagaisg agus oifigearan leasachaidh Gàidhlig. Mar a mhìnich Iain Galloway, a rinn sgrùdadh air obraichean Gàidhlig agus RLS:

Most [Gaelic essential] posts . . . were concerned with teaching, broadcasting or otherwise promoting the language, and so their existence was, and is, linked to the level of public interest – to active demand for Gaelic. The extent to which this demand can be met – the degree of success in recruiting to Gaelic-essential posts – may well have a bearing on the language's future condition (Galloway, 1995, td. 56).

Tha fiosrachadh a' sealltainn dhuinn a-rèiste gu bheil an àireamh de luchd-labhairt na Gàidhlig a' crìonadh, gu bheil tar-chur na Gàidhlig a' crìonadh anns an teaghlach, gu bheil cleachdadh na Gàidhlig a' crìonadh agus gu bheil e doirbh dreuchdan Gàidhlig a lìonadh.

Tha e soilleir bho dhàta mar seo gu bheil àite cudromach aig luchd-ionnsachaidh ann a bhith a' toirt piseach air suidheachadh na Gàidhlig. Tha a' Ghàidhlig a-nis cho lag anns a' choimhearsnachd agus anns an teaghlach 's gu bheil e gu math follaiseach gu bheil feum air àireamh shusbainteach de luchd-ionnsachaidh inbheach a tha fileanta anns a' chànain ma tha ath-thilleadh gluasad cànain gu bhith ann. Tha feum orra gus àireamh luchd-labhairt na Gàidhlig a leudachadh, gus cur ri tar-chur na Gàidhlig agus gus dreuchdan Gàidhlig a lìonadh.

Àireamhan

Tha àireamhan an luchd-labhairt cudromach oir tha luchd dèanamh poileasaidh, na meadhanan, luchd-poileataigs agus an sluagh anns an fharsaingeachd gan cleachdadh mar slat-tomhais air cor na cànain agus air cho soirbheachail agus a tha oidhirpean RLS agus air cho èifeachdach 's a tha airgead poblach a tha ga chosg air a' chànain ga chur gu feum. Tha co-dhiù 750 neach-labhairt Gàidhlig ùr a dhìth òirnn gach bliadhna gus na h-àireamhan a chumail aig an ìre far a bheil iad an-dràsta. Feumaidh an luchd-labhairt ùr seo a thighinn bho luchd-ionnsachaidh agus chan ann bho na coimhearsnachdan Gàidhlig traidiseanta oir tha na h-àireamhan de luchd-labhairt Gàidhlig agus an ìre tar-chuir ro ìosal a-nis.

Chan eil e coltach gun tig an luchd-labhairt ùr a tha a dhìth bho fhoghlam tro mheadhan na Gàidhlig nas motha – co-dhiù anns a' gheàrr- no anns a' mheadhan-ùine – a chionn 's gu bheil an àireamh de sgoilearan ann am foghlam tro mheadhan na Gàidhlig air mullach no *plateau* a ruigsinn anns na beagan bhliadhnaichean a dh'aom. Thathar an dùil is an dòchas gun atharraich an suidheachadh seo anns an àm ri teachd, ach an-dràsta, chan eil gu leòr sgoilearan ann am foghlam tro mheadhan na Gàidhlig gus àireamh luchd-labhairt na Gàidhlig a chumail aig an aon ìre. Mar eisimpleir, cha deach ach 328 sgoilear a-steach gu foghlam tro mheadhan na Gàidhlig ann am Prìomh 1 anns a' bhliadhna sgoile mu dheireadh (2004-05).

A bharrachd air àireamhan anns a' chunntas-shluaigh, is urrainn do luchd-ionnsachaidh na Gàidhlig cuideachd a chur ris an àireamh de dhaoine a tha a' cleachdadh na Gàidhlig gu cunbhalach, ris an àireimh de dhaoine a tha ag iarraidh sheirbhisean tron Ghàidhlig agus ris an àireimh de luchd-iomairt cànain. Agus ged a tha mi a' bruidhinn an seo air luchd-ionnsachaidh a ruigeas fileantachd, is urrainn do luchd-ionnsachaidh nach eil fileanta fhathast – no nach ruig fileantachd gu bràth – a chur ris an iarrtas airson seirbhisean is stuthan Gàidhlig agus ris an àireimh de luchd-taice cànain.

Tar-chur cànain

Ged a tha àireamh an luchd-labhairt cudromach anns na dòighean a dh'ainmich mi gu h-àrd, tha tar-chur bho ghinealach gu ginealach nas cudromaiche buileach mar slat-tomhais air cor na cànain oir tha tar-chur ceangailte nas dlùithe ri fèin-sheasmhachd na cànain agus ri ìre cleachdaidh na cànain.

Chunnaic sinn mar-thà gu bheil an ìre tar-chuir gu math ìosal am measg dhaoine aig a bheil Gàidhlig bho thùs. A rèir sàr-eòlaiche nam mion-chànainean, Joshua Fishman, bu chòir do luchd-ionnsachaidh inbheach a bhith aig fior-chridhe ath-thilleadh gluasad cànain airson chànainean mar a' Ghàidhlig far a bheil tar-chur na cànain aig ìre fior ìosal agus far a bheil àireamh an luchd-labhairt a' crìonadh gu luath. Anns a' mhodal aig Fishman, bu chòir do dh'inbhich a' chànain ionnsachadh an toiseach agus an uair sin clann a bhith aca aig a bheil a' chànain bho thùs agus an uair sin bu chòir dhaibh an cuid cloinne a chur tro fhoghlam tro mheadhan na cànain. Feumaidh rudan tachairt anns an òrdugh sin:

> School must be preceded by adult language learning of the threatened language as a second language, by instruction in parenting via Xish, and then by substantial child acquisition of it as a first language even before the pupils-to-be show up at school (Fishman, 2001, td. 15).

Tha e cudromach a ràdh aig an ìre seo gu bheil luchd-ionnsachaidh inbheach nas cudromaiche agus nas èifeachdaiche na clann ann am foghlam tro mheadhan na Gàidhlig ann a bhith ag ath-thilleadh gluasad cànain. Ged a tha tòrr dhaoine ann an saoghal na Gàidhlig fhathast den bheachd gun tèid gluasad cànain a ath-thilleadh tron sgoil a-mhàin, cha dòcha idir gun tachair seo, ged a tha foghlam tro mheadhan na Gàidhlig air leth cudromach dhan Ghàidhlig. Tha foghlam tro mheadhan na Gàidhlig a' cur ri àireamh luchd-labhairt na Gàidhlig agus a' cruthachadh 'Gàidheil ùra' ach chan eil e air a bhith idir cho èifeachdach ann a bhith a' cur ri cleachdadh na Gàidhlig taobh a-muigh na sgoile no taobh a-staigh an teaghlaich (faic Müller; Morrison; agus Oliver anns an leabhar seo). A rèir Wilson McLeod, 'Gaelic-medium education tends to mean simply teaching Gaelic to primary school children; it does not serve as the fuse to any kind of linguistic chain reaction' (McLeod, 1999b, td. 6).

Tha an teachdaireachd soilleir: ma tha sinn airson a' chànain a fhaighinn air ais dhan taigh agus dhan teaghlach, agus ma tha sinn airson tar-chur ath-stèidheachadh, feumaidh sinn tòiseachadh le luchd-ionnsachaidh inbheach.

A' lìonadh dhreuchdan Gàidhlig

Tha àite cudromach aig luchd-ionnsachaidh ri ghabhail ann an saoghal na h-obrach Gàidhlig cuideachd. Mar a bhios fios aig duine sam bith a tha ag obair ann am foghlam no obair leasachaidh Gàidhlig no ann an craoladh no eile, chan eil e idir furasta luchd-obrach le Gàidhlig fhaighinn. Mar a dhearbh John Galloway anns an rannsachadh aige air obraichean Gàidhlig (Galloway, 1995), tha an gainnead de luchd-obrach aig a bheil Gàidhlig a' cur bacadh air leasachadh na cànain. Tha seo soilleir gu h-àraidh ann an saoghal an fhoghlaim. Tha luchd-teagaisg na Gàidhlig a-nis cho gann agus nach eil mòran aonadan Gàidhlig ùra a' fosgladh aig ìre bun-sgoile no àrd-sgoile, agus chan fhacas àrdachadh mòr anns an àireimh de sgoilearan ann am foghlam tro mheadhan na Gàidhlig bho dheireadh nan 1990an air adhart mar thoradh air gainnead an luchd-theagaisg. Seo bacadh mòr dha-rìribh air leasachadh na Gàidhlig.

A-rithist, tha pàirt air leth cudromach aig luchd-ionnsachaidh ri ghabhail ann an lìonadh obraichean Gàidhlig. Aig an àm seo, tha cor lag na Gàidhlig mar chànain coimhearsnachd a' ciallachadh nach eil gu leòr dhaoine ann aig a bheil Gàidhlig bho thùs a lìonas na dreuchdan Gàidhlig. Agus ged a bhios foghlam tro mheadhan na Gàidhlig cudromach anns a' mheadhan-ùine agus anns an ùine fhada, chan eil àireamhan gu leòr a' tighinn tron t-siostam an-dràsta gus dèanamh cinnteach gun tèid na dreuchdan uile a lìonadh.

Feumar a ràdh cuideachd gu bheil luchd-ionnsachaidh inbheach nas èifeachdaiche na sgoilearan a thig à foghlam tro mheadhan na Gàidhlig mar dhòigh air dreuchdan Gàidhlig a lìonadh. Mar eisimpleir, tha e a' toirt mu ochd bliadhna deug uile gu lèir tidsear no neach-craolaidh Gàidhlig a chruthachadh tro fhoghlam tro mheadhan na Gàidhlig – bun-sgoil, àrd-sgoil agus oilthigh – agus tha e doirbh fios a bhith againn cia mheud sgoilear Gàidhlig aig am bi ùidh ann an teagasg no ann an craoladh aig a' cheann thall. Ach is urrainn do dh'inbheach Gàidhlig ionnsachadh taobh a-staigh dhà no trì bliadhna agus nas cudromaiche na sin, is urrainn do dhaoine a tha nan luchd-teagaisg no nan luchd-craolaidh mar-thà Gàidhlig a ionnsachadh agus na sgilean aca a chleachdadh ann an obair Ghàidhlig. Anns an dòigh seo, is urrainn do luchd-ionnsachaidh inbheach na sgilean a tha aca mar-thà a thoirt do shaoghal na Gàidhlig.

Luchd-ionnsachaidh air an iomall

Airson nan adhbharan seo uile, tar-chur na Gàidhlig, àireamhan luchd-labhairt na Gàidhlig, cleachdadh na Gàidhlig, lìonadh obraichean Gàidhlig is eile, tha e gu math follaiseach gum bu chòir luchd-ionnsachaidh a bhith aig teas-meadhan ath-thilleadh gluasad cànain. Ach a bheil luchd-ionnsachaidh aig teas-meadhan ath-thilleadh gluasad cànain an da-rìribh aig an àm seo?

Anns an tràchdas agam, rinn mi rannsachadh air saoghal luchd-ionnsachaidh na Gàidhlig gus faighinn a-mach an robh iad a' cur ri ath-thilleadh gluasad cànain ann an dòigh shusbainteach no an robh iad air iomall a' ghnothaich. Mar phàirt den obair seo, rinn mi sgrùdadh mionaideach air a' bhunstructar ionnsachaidh airson na Gàidhlig agus rinn mi suirbhidh de luchd-ionnsachaidh.

Chaidh bunstructar ionnsachaidh na Gàidhlig a sgrùdadh ann an grunn phàipearan rannsachaidh rè nan naochadan. Thug Luchd-sgrùdaidh nan Sgoiltean sùil air solarachadh airson luchd-ionnsachaidh mar phàirt den rannsachadh aca air foghlam Gàidhlig ann an Alba (Scottish Office Education Department, 1994). Rinn Lèirsinn sgrùdadh air telebhisean agus luchd-ionnsachaidh (MacNeil agus MacDonald, 1997), agus rinn Gordon Wells sgrùdadh air sampall riochdachail de luchd-ionnsachaidh, a' coimhead air an adhartas a rinn iad ann a bhith ag ionnsachadh na Gàidhlig thairis air trì bliadhna (Wells, 1997). Chaidh aithisg mhòr mhionaideach fhoillseachadh ann an

1992 le Comunn na Gàidhlig is le CLI air luchd-ionnsachaidh, *Feumalachdan Luchd-Ionnsachaidh/Provision for Gaelic Learners* (Comunn na Gàidhlig/CLI 1992). Anns an tràchdas agam, thug mi sùil air bunstructar an luchd-ionnsachaidh mar a bha e deich bliadhna an dèidh foillseachadh *Feumalachdan Luchd-Ionnsachaidh* gus coimeas a dhèanamh eadar saoghal an luchd-ionnsachaidh aig toiseach nan naochadan agus aig toiseach a' mhillennium ùir.

Cha robh toraidhean nan aithisgean sin ro dhòchasach a thaobh buaidh an luchd-ionnsachaidh:

> Provision for adult Gaelic learners is fragmented, lacks co-ordination and needs a more structured approach (CnaG/CLI, 1992, td. 65).

> There is a clear need for collaboration among Gaelic organisations, education authorities and institutions of further and higher education to ensure more effective and co-ordinated provision for adult learners . . . creation of a basic infrastructure is vital (Scottish Office Education Department, 1994, td. 27).

> For adult learners wishing to break free of their English monolingualism the picture is bleak if the chosen route is via traditional methods of learning, for example night classes, or even short weekend or week-long courses. Clearly the status quo is untenable if a significant growth in the number of successful adult learners is to be achieved (Wells, 1997, td. 25).

A rèir an rannsachaidh seo uile, bha tòrr laigsean agus bheàrnan anns a' bhunstructar don luchd-ionnsachaidh, laigsean a bha a' ciallachadh nach robh ach glè, glè bheag den luchd-ionnsachaidh a' ruigsinn fileantachd. Bheir sinn sùil air na laigsean seo, a' coimhead air mar a tha iad air atharrachadh anns na deich bliadhna a dh'fhalbh.

Carson nach eil luchd-ionnsachaidh a' fàs fileanta?

A rèir *Feumalachdan Luchd-ionnsachaidh* agus an rannsachaidh eile air bunstructair ionnsachaidh na Gàidhlig anns na naochadan, bha iomadh laigse bunaiteach ann. Is iad sin (1) cus cuideim air clasaichean oidhche; (2) dìth dian-chùrsaichean; (3) dìth trèanaidh do luchd-oide; agus (4) dìth roi-innleachd is co-òrdanachaidh (Comunn na Gàidhlig/CLI 1992).

Aig toiseach nan 90an, b' e clasaichean oidhche an dòigh ionnsachaidh Gàidhlig a bu chumanta ann an Alba, an dà chuid tro cholaistean agus tro roinnean foghlaim coimhearsnachd. Chan eil clasaichean oidhche traidiseanta de dhà uair a thìde gach seachdain airson beagan a bharrachd air an dàrna leth den bhliadhna idir èifeachdach mar dòigh gus cànain a theagasg. Chan eil iad dian gu leòr, tha e a' toirt ùine mhòr fileantachd a ruigsinn agus tha ìre thuiteam-a-mach gu math àrd ann. Chan eil clasaichean oidhche freagarrach airson a h-uile duine nas motha oir tha uallaichean obrach agus teaghlaich a' ciallachadh nach urrainn dhan a h-uile duine a dhol gu clas aig an aon àm gach seachdain (Comunn na Gàidhlig/CLI, 1992; MacCaluim, 2002).

A bharrachd air na laigsean seo ann an clasaichean oidhche, chan eil e daonnan furasta clasaichean a lorg anns a' chiad dol a-mach. Mar as trice, feumaidh mu 20 no 25 duine a bhith ann mus ruith colaistean no roinnean foghlaim coimhearsnachd clasaichean Gàidhlig. A chionn 's nach eil e furasta an uimhir seo de luchd-ionnsachaidh a lorg airson clas, tha tòrr àiteachan ann an Alba far nach eil clasaichean Gàidhlig rim faighinn idir. Fiù 's ann an sgìrean far a bheil tòrr luchd-ionnsachaidh ann, mar as adhartaiche a tha an neach-ionnsachaidh, 's ann as dorra a tha e clas a lorg. A chionn 's gu bheil an ìre thuiteam-a-mach cho àrd, tha e doirbh gu leòr dhaoine fhaighinn airson clas eadar-mheadhanaich agus tha e cha mhòr do-dhèanta daoine gu leòr fhaighinn airson clas do luchd-ionnsachaidh adhartach (Comunn na Gàidhlig/CLI, 1992; MacCaluim, 2002).

A chionn 's gu bheil na h-uireasbhaidhean seo aig clasaichean oidhche, cho-dhùin *Feumalachdan Luchd-ionnsachaidh* gu robh cruaidh-fheum air dian-chùrsaichean gus luchd-labhairt ùra a chruthachadh gu h-èifeachdach agus gu luath. Mhol *Feumalachdan Luchd-ionnsachaidh* gum bu chòir cùrsaichean bogaidh làn-ùine a bhith ann gus daoine a thoirt gu fileantachd ann an dòigh na bu luaithe agus na b' èifeachdaiche agus mhol iad dian-chùrsaichean sùbailte tro fhoghlam air astar airson an fheadhainn a bha airson a bhith fileanta gu luath aig nach biodh an cothrom a dhol air cùrsa làn-ùine (Comunn na Gàidhlig/CLI, 1992). Cha robh cùrsaichean bogaidh Gàidhlig idir ann nuair a chaidh an aithisg fhoillseachadh ann an 1992.

Ge b' e dè an dòigh anns a bheil Gàidhlig ga teagasg, ge-tà, tha feum air luchd-oide agus tha clasaichean oidhche Gàidhlig agus bha cùrsaichean Gàidhlig anns an fharsaingeachd a' fulang bho ghainnead luchd-oide agus dìth trèanaidh dhaibh. Cha robh sgeama trèanaidh no teisteanas ann do luchd-oide ann a bhith a' teagasg Gàidhlig do dh'inbhich. Air sgàth nan trioblaidean seo cha robh gu leòr oidean ann agus chan eil na h-oidean a tha a' teagasg Gàidhlig uile freagarrach. Bha seo a' cur bacadh air leudachadh ann an cùrsaichean Gàidhlig agus air an àireamh de dhaoine a dh'fhàsas fileanta anns a' chànain.

B' e prìomh laigse eile ann am bunstructair ionnsachaidh na Gàidhlig an cion co-òrdanachaidh agus planaidh roi-innleachdail. Bha an siostam *ad hoc* gu ìre mhòr. Bha dìth co-òrdanachaidh ann eadar colaistean, roinnean foghlaim coimhearsnachd agus buidhnean eile a bha a' toirt seachad cothroman ionnsachaidh Gàidhlig agus cha robh targaidean no roi-innleachd ann aig an ìre nàiseanta airson luchd-ionnsachaidh inbheach. Bha seo a' ciallachadh gu robh beàrnan mòra agus neo-chunbhalachd anns an t-solar do luchd-ionnsachaidh.

Sin mar a bha an suidheachadh ann an 1992. Ciamar a bha cùisean ann an 2002? Is e an fhreagairt dhuilich nach robh rudan air atharrachadh gu mòr. B' e sin co-dhùnadh mo chuid rannsachaidh (MacCaluim, 2002). Fhuair mi a-mach gu bheil cus cuideim fhathast ga chur air clasaichean oidhche agus gu bheil clasaichean oidhche fhathast aig cridhe saoghal ionnsachaidh na Gàidhlig. Tha gainnead de luchd-oide ann fhathast agus chan eil trèanadh ann dhaibh fhathast. (Tha *Community Education Review Group for Gaelic* agus a' bhuidheann a thàinig as a dèidh, *Community Learning and Development Group for Gaelic*, air beagan chùrsaichean goirid a chur air dòigh do luchd-oide, ach ged a tha sin feumail, is e cùrsa tòrr nas fhaide le teisteanas a tha a dhìth). Chan eil ro-innleachd nàiseanta ann airson ionnsachadh na Gàidhlig fhathast agus chan eil structar co-òrdanachaidh ann airson ionnsachadh na Gàidhlig nas motha.

Chan e seo idir ri ràdh nach eil adhartas sam bith air a bhith ann, ge-tà. Chunnacas leudachadh ann an craoladh – barrachd telebhisein is rèidio – cuid de na rudan air an cruthachadh gu sònraichte do luchd-ionnsachaidh. Tha faclairean agus leabhraichean-teagaisg do luchd-ionnsachaidh a-nis tòrr nas fheàrr na bha iad ann an 1992, le *Teach Yourself Gaelic*, *Scottish Gaelic in Three Months*, *Colloquial Scottish Gaelic*, faclairean ùra aig Angus Watson, Iain MacDhòmhnaill is Boyd Robertson, agus Colin Mark 7rl.

Agus ged a tha clasaichean oidhche fhathast aig bunait an t-structair ionnsachaidh, tha dà atharrachadh air leth cudromach air a bhith ann. Is e a' chiad atharrachadh gun deach dian-chùrsaichean Gàidhlig a stèidheachadh – cùrsaichean làn-ùine tro mheadhan na Gàidhlig airson luchd-ionnsachaidh, no 'cùrsaichean bogaidh'. Thòisich an iomairt seo aig Sabhal Mòr Ostaig ann an 1994 leis a' Chùrsa Conaltraidh aig ìre HNC. Ann an 2004, tha prògram de chùrsaichean ceum Gàidhlig, a' gabhail a-staigh dian-chùrsaichean Gàidhlig do luchd-ionnsachaidh, ri fhaighinn ann an Institiùd OGE nam Mìle Bliadhna anns an Eilean Sgitheanach, ann an Leòdhas agus ann an Inbhir Nis. Tha grunn chùrsaichean bogaidh eile ann cuideachd ann an Glaschu, Cille Mheàrnaig agus àiteachan eile (cf. Robertson, 2001).

Is e an dàrna atharrachadh cudromach gun deach cùrsa ùr foghlaim air astar a chur air dòigh le Sabhal Mòr Ostaig: An Cùrsa Inntrigidh. Tha an cùrsa sùbailte seo stèidhichte air CD-ROMan, còmhraidhean fòn, clasaichean deireadh-sheachdain agus buidhnean-taice ionadail. Tha an cùrsa seo eadar-dhealaichte bho sheann chùrsaichean foghlaim air astar – tha e nas dèine agus nas èifeachdaiche, agus tha na h-oileanaich a' ruigsinn ìre gu math àrd de Ghàidhlig ann an ùine ghoirid.

Gun teagamh sam bith tha adhartas air a bhith ann – ach ann an suidheachadh gun structar is co-òrdanachadh is planadh aig an ìre nàiseanta. Tha barrachd luchd-ionnsachaidh a-nis a' fàs fileanta na bha aig toiseach nan naochadan mar thoradh air na dian-chùrsaichean. Ach feumar a ràdh gu bheil na h-àireamhan fhathast gu math ìosal agus gur e àireamh gu math beag anns a' cheud den luchd-ionnsachaidh a tha a' ruigsinn fileantachd aig a' cheann thall. Chanainn-sa gu bheil eadar 100 agus 200 a' fàs fileanta gach bliadhna aig a' char as motha. Agus fiù 's leis na cùrsaichean èifeachdach ùra a dh'ainmich mi gu h-àrd, tha bacaidhean is duilgheadasan air a bhith ann. Tha duilgheadasan le maoineachadh air bacadh mòr a dhèanamh air leasachadh cùrsaichean bogaidh agus air sgàth sin chan eil an àireamh dhiubh no an àireamh de dh'oileanaich air a dhol am meud mar a bhiomaid an dòchas. Nas cudromaiche na sin, feumaidh daoine bliadhna a chur seachad anns a' cholaiste ma tha iad airson a bhith fileanta anns a' Ghàidhlig. Agus a chionn 's gu bheil na cùrsaichean as motha ann an SMO is Colaisde a' Chaisteil, bidh aig a' mhòr-chuid ri dhol a dh'fhuireach air falbh bhon dachaigh aca. Tha sinn a' ciallachadh nach eil na cùrsaichean seo freagarrach, mar as trice, do dhaoine aig a bheil teaghlach no obair làn-ùine. Agus ged a tha an Cùrsa Inntrigidh – an dian-chùrsa foghlaim air astar – freagarrach do dhaoine a tha airson Gàidhlig a ionnsachadh aig an taigh, tha cosgais a' chùrsa na bhacadh do chuid oir tha e a' cosg cha mhòr £700 uile gu lèir.

Gus faighinn a-mach cia mheud neach-ionnsachaidh a tha a' fàs fileanta anns a' Ghàidhlig, rinn mi suirbhidh ceisteachain de luchd-ionnsachaidh riochdachail ann an 1998-99. Anns a' cheisteachan, dh'fhaighnich mi ceistean mun ìre de Ghàidhlig a bha aca agus mun adhartas a rinn iad anns a' chànain (faic MacCaluim, 2002).

Cha robh a' mhòr-chùid den luchd-fhreagairt air mòran adhartais a dhèanamh anns a' Ghàidhlig. Bha tòrr dhaoine air a bhith ag ionnsachadh na Gàidhlig fad greis mhòr gun a bhith a' fàs fileanta. Bha ìre thuiteam-a-mach gu math àrd ann cuideachd, agus barrachd luchd-thòiseachaidh ann na luchd-ionnsachaidh eadar-mheadhanach agus barrachd luchd-ionnsachaidh eadar-mheadhanach na adhartaich. Gu ìre mhòr, is e seo an aon dealbh a nochd bhon rannsachadh air luchd-ionnsachaidh a rinn Lèirsinn, CnaG agus Gordon Wells.

Nochd an rannsachadh agam agus na rannsachaidhean eile seo laigse chudromach eile anns a' bhunstructar ionnsachaidh airson na Gàidhlig cuideachd. Is e sin nach eil am bunstructar mar a tha e aig an àm seo idir èifeachdach ann a bhith a' tarraing luchd-ionnsachaidh òga, a rèir coltais. Tha aois an luchd-ionnsachaidh gu math àrd anns an fharsaingeachd (MacCaluim 2002). Tha seo a' ciallachadh nach biodh mòran den luchd-ionnsachaidh a' cur ri tar-chur fiù 's nam fàsadh iad fileanta.

Chan eil luchd-ionnsachaidh a' cur gu mòr ri RLS aig an àm seo a chionn 's nach eil mòran a' fàs fileanta. Tha iad air iomall RLS anns an t-seagh seo. Ach chanainn-sa gu bheil iad air iomall RLS ann an dòigh chudromach eile. Is e sin nach eil buidhnean Gàidhlig, luchd dèanamh poileasaidh no fiu 's luchd-iomairt cànain air mòran cuideim a chur air luchd-ionnsachaidh mar dòigh gus gluasad cànain ath-thilleadh gu ruige seo. Gu ìre mhòr, tha an deasbad mu leasachadh na Gàidhlig gu ruige seo a' cur a' chuideim air dìreach dà chuspair: a' leudachadh foghlam tro mheadhan na Gàidhlig agus craoladh Gàidhlig. Agus a-mach às an airgead a thathas a' cosg air leasachadh na Gàidhlig, is e glè bheag dheth a tha air a chur mu choinneimh luchd-ionnsachaidh. Gu tric, thathar a' coimhead air luchd-ionnsachaidh mar *optional extra*, no mar rud a tha snog, ach nach eil na phrìomhachas an coimeas ri foghlam tro mheadhan na Gàidhlig. Feumaidh seo atharrachadh ma tha ath-thilleadh gluasad cànain gu bhith ann.

Molaidhean

Sin na duilgheadasan a thaobh bunstructar na Gàidhlig a-rèiste. Tha gu leòr dhiubh ann gun teagamh sam bith. Ach gabhaidh am fuasgladh. Agus tha na duilgheadasan ann an saoghal an luchd-ionnsachaidh tòrr nas fhasa a chur ceart na na dùbhlanan a tha romhainn anns na h-Eileanan Siar (faic an aiste aig NicAoidh anns an leabhar seo). Seo beagan mholaidhean airson na slighe air adhart:

1. Anns a' chiad dol a-mach, tha feum againn air *ro-innleachd nàiseanta* airson luchd-ionnsachaidh na Gàidhlig. Feumaidh seo a bhith againn gus targaidean a chur air dòigh agus airson dèanamh cinnteach gum bi co-òrdanachadh anns an t-solar do luchd-ionnsachaidh. Anns a' Chuimrigh, tha ro-innleachd 'Welsh for Adults' ann agus buidhnean co-òrdanachaidh ionadail is nàiseanta airson 'Cuimris do dh'Inbhich' (Morris, 2000). Tha seo na dheagh mhodal do dh'Alba.

2. Tha feum air cùrsa do luchd-oide Gàidhlig – cùrsa ceart le teisteanas agus le cuideam air teòiridh mu na dòighean as èifeachdaiche gus cànainean a theagasg 7rl. Cha chuireamaid tidsear gun trèanadh air beulaibh clas Ghàidhlig anns an sgoil agus cha bu chòir dhuinn a leithid a dhèanamh airson luchd-ionnsachaidh inbheach na bu mhotha!

3. Tha feum air atharrachaidhean anns an t-siostam maoineachaidh airson cùrsaichean foghlaim adhartaich is àrd-ìre gus dèanamh cinnteach gum bi leudachadh ann an cùrsaichean bogaidh. Mar eisimpleir, b' urrainnear sgeama Tabhartasan Sònraichte mar an sgeama airson foghlaim sgoile anns a' Ghàidhlig a chur air dòigh. B' urrainnear cuideam maoineachaidh (*weighting*) nas àirde a thoirt dhan Ghàidhlig cuideachd anns an taic-airgid do cholaistean agus b' urrainnear na riaghailtean air taic-airgid do dh'oileanaich atharrachadh los gum faigh iad taic-airgid fiù 's ged a bhiodh iad air cùrsa foghlam làn-ùine a dhèanamh mar-thà.

4. Luchd-ionnsachaidh nas òige a tharraing. Tha rannsachadh a dhìth air dòighean gus seo a dhèanamh. Bhiodh e air leth feumail cuideachd nam biodh Gàidhlig mar chuspair ri fhaighinn ann an tòrr a bharrachd àrd-sgoiltean agus nam biodh beagan eòlais mu dheidhinn na Gàidhlig ga teagasg anns a h-uile bun-sgoil ann an Alba – gu bheil a' chànain ann, eachdraidh na cànain, agus is dòcha beagan fhaclan.

5. Tha feum air barrachd rannsachaidh sgoilearaich. Tha tòrr cheistean inntinneach ann: cia mheud duine a tha ag ionnsachadh na Gàidhlig? Cia mheud duine a tha air Gàidhlig ionnsachadh? Cia mheud duine aig am biodh ùidh ann a bhith ag ionnsachadh na Gàidhlig? Is e glè bheag de rannsachadh a chaidh a dhèanamh air na ceistean seo (m.e. Market Research UK, 2003), ach gus poileasaidhean èifeachdach a dhèanamh, feumaidh fios a bhith againn air na cuspairean seo anns an àm ri teachd.

6. Ach is e a' phuing as cudromaiche, gu bheil e air leth cudromach gun aithnich na buidhnean Gàidhlig agus luchd dèanamh poileasaidh gu bheil luchd-ionnsachaidh inbheach air leth cudromach do RLS. Mura tachair seo, cha tèid dèiligeadh ris na duilgheadasan a dh'ainmich mi gu h-àrd agus cha bhi àrdachadh anns an àireimh de luchd-ionnsachaidh fileanta gu bràth.

Co-dhùnadh

Tha pàirt cudromach aig luchd-ionnsachaidh ri ghabhail ann an ath-thilleadh gluasad cànain agus cha tèid Gàidhlig a ath-bheothachadh ann an dòigh shusbainteach às aonais tòrr luchd-ionnsachaidh a ruigeas fileantachd agus a chuireas ri tar-chur na cànain.

Ach aig an àm seo, chan eil ach glè bheag de luchd-ionnsachaidh a' fàs fileanta agus chan eil iad a' cur ri àireamh luchd-labhairt na Gàidhlig no ri tar-chur na Gàidhlig gu ìre mhòr sam bith. Chunnaic sinn gu bheil feum againn air mu 750 Gàidheal ùr gach bliadhna gus àireamhan luchd-labhairt na Gàidhlig a chumail far a bheil iad. Aig an àm seo, chan eil faisg air 750 duine a' fàs fileanta anns a' Ghàidhlig gach bliadhna. Gu dearbh, is e an tuairmse a tha agamsa nach eil fiù 's 750 duine ann uile gu lèir a tha air Gàidhlig ionnsachadh gu fileantachd mar inbhich.

Is e an co-dhùnadh duilich a tha agam an seo nach eil luchd-ionnsachaidh ann an teas-meadhan ath-bheothachadh na Gàidhlig idir – ged a tha iad airson a bhith, agus ged a dh'fheumas iad a bhith ann airson gluasad cànain a ath-thilleadh – oir aig an àm seo chan eil bunstructar againn gus mòran luchd-ionnsachaidh a thoirt gu fileantachd no gus luchd-ionnsachaidh nas òige a thàladh dhan chànain. Is ann a tha luchd-ionnsachaidh air an iomall.

Ach tha dòchas ann. Tha Bòrd na Gàidhlig againn a-nis, stèidhichte, mar a mhol Aithisg Mheek (Ministerial Advisory Group on Gaelic, 2002), air feallsanachd planaidh cànain ro-innleachdail. Tha Bòrd na Gàidhlig a-nis a' dealbhadh Plana-cànain Nàiseanta Gàidhlig agus tha seo na shàr-chothrom luchd-ionnsachaidh a chur aig teas-meadhan RLS far am bu chòir dhaibh a bhith.

Summary

Adult learners of Gaelic can play a crucial role in reversing language shift (RLS) for a number of reasons. First, they are necessary to sustain the number of Gaelic speakers. Census data has shown that there is a net loss of around 750 Gaelic speakers each year. Second, research has demonstrated that the level of intergenerational transmission is very low. In the light of these facts, the number of Gaelic speakers cannot be sustained and expanded by existing native speakers alone. It is also unlikely that the figures can be made up through Gaelic-medium education (GME) in the immediate future, as far fewer than 750 children are currently entering GME each year (only 328 in 2004-5, for example).

While GME has an important part to play in language development through contributing to the number of Gaelic speakers, it is important not to overstate its importance, as it is unlikely to lead to substantial use of the language outwith the school setting or to intergenerational transmission. Adult learners have more potential to expand the use of Gaelic in a range of situations and to build Gaelic-speaking families.

Learners also have an important role to play in filling Gaelic-related employment opportunities. Difficulties in filling Gaelic-related posts are commonplace and create very serious problems for the language, given that these posts are normally linked to the promotion of the language through teaching, broadcasting and language development work. Adult learners can also add to the demand for Gaelic goods and services and to those lobbying for the language.

While adult learners are at the heart of RLS in theory, however, they are often peripheral to language development efforts in practice. Research on the infrastructure for learning Gaelic has identified a range of weaknesses which result in very few learners reaching fluency. Some problems relate to supply, including a lack of Gaelic tutors, a lack of Gaelic classes at appropriate levels in many areas and the insistence of education providers on unrealistically large numbers in order to justify classes. Others relate to the nature of provision. While the traditional two hour per week evening class is still dominant in Gaelic learning, very few learners are likely to reach fluency by this non-intensive and inflexible means alone, and the modern lifestyle means that fewer people are able to commit to such classes. An additional difficulty is that the overall age of Gaelic learners tends to be high, meaning that the potential for intergenerational transmission is limited amongst current Gaelic learners.

Underlying these weaknesses is the fact that there is no local or national co-ordination or strategic planning for the adult learners sector, which consists of largely ad hoc initiatives by a range of colleges, universities, community learning departments, Gaelic organisations and others.

There have been some valuable initiatives to tackle these problems in the past decade, however. Full-time Gaelic intensive/immersion FE/HE courses have been developed since 1994 and are now available at several colleges of the UHI Millennium Institute and at colleges in Falkirk, Glasgow and Kilmarnock. An intensive and innovative ICT-aided distance learning course has also been established. Sabhal Mòr Ostaig's Cùrsa Inntrigidh (Gaelic Access Course) takes learners to an advanced level of Gaelic in a year through CD-ROMs, telephone tutorials, weekend courses and local support groups, and is connected to various progression routes.

While this flexible course and the full-time intensive courses have increased the number of learners reaching fluency, the fact remains that this number is very small and that only a small proportion of learners actually become fluent. Funding difficulties facing immersion courses have prevented their rapid expansion and many learners are unable to commit to a year-long full time course in any case. Even the successful Cùrsa Inntrigidh has the drawback that it costs around £700 to complete.

Far from 750 new Gaelic speakers being produced per annum, it is unlikely that the total number of individuals who have learned Gaelic to fluency as adults is as high as 750. To greatly increase the number of Gaelic learners reaching fluency, a range of measures might be suggested:

- a national strategy for adult learners of Gaelic to set targets and increase coordination;
- a certificated training programme for Gaelic tutors;
- changes to the system of financing Gaelic FE courses and of student finance to ensure an expansion in immersion courses;
- research on ways to attract younger Gaelic learners;
- research into the numbers of current and potential Gaelic learners to inform policy;
- recognition of the importance of Gaelic learners to RLS in language policy and planning.

11 Cruthachadh is cleachdadh: ceistean mu phlanadh cànain agus na h-ealain Ghàidhlig

Alison Lang

Anns a' phàipear seo, bidh mi a' togail cheistean mun àite a tha aig na h-ealain Ghàidhlig ann am planadh cànain agus oidhirpean a chum ath-thilleadh gluasad cànain (*reversing language shift*, no RLS). Aig an aon àm 's a tha pròiseactan àrd-chliùiteach mar *Leabhar Mòr na Gàidhlig* agus am Mòd Nàiseanta Rìoghail, agus iomairtean farsaing mar na Fèisean, air am moladh le cuid a dhaoine airson a bhith a' togail ìomhaigh a' chànain, tha daoine eile ann – ris an can mi an seo, mar fharainm, 'na Fishmanaich' – nach eil idir riaraichte leis an uiread de Ghàidhlig 's a tha ga cleachdadh annta. Ged a thèid ìomhaigh na Gàidhlig a thogail air an sàillibh, bhiodh na Fishmanaich a' cumail a-mach gu bheil dìth cleachdadh na Gàidhlig anns na pròiseactan seo a' ciallachadh nach eil mòran luach annta, no nach eil iad cho feumail 's a dh'fhaodadh iad a bhith, mar oidhirpean RLS.

Le planadh cànain Fishmanach, tha mi a' ciallachadh oidhirpean RLS mar na poileasaidhean a tha gan cur an gnìomh le Bwrdd yr Iaith Gymraeg (Bòrd na Cuimris) anns a' Chuimrigh agus le bùird cànain ann an dùthchannan eile air feadh an t-saoghail. Chaidh poileasaidhean den t-seòrsa a mholadh anns an aithisg aig Buidheann Comhairleachaidh an Riaghaltais air Gàidhlig, *Cothrom Ùr don Ghàidhlig* (Ministerial Advisory Group on Gaelic, 2002) agus a tha fo phrosbaig anns an obair air poileasaidh cànain le Joshua Fishman fhèin, François Grin, Colin Williams agus Wilson McLeod (Fishman, 1991, 2001; Grin agus Moring, 2002; Grin, 2003; Williams, 2000; McLeod, 1999b, 2002). Feumaidh mi aideachadh gu bheil ceistean eile ann a thaobh mar a thèid feallsanachd planadh cànain a choileanadh idir ann an suidheachaidhean pragtaigeach agus poilitigeach, ach chan eil e nam ruigheachd dèiligeadh riutha an seo. Leis 'na Fishmanaich' (na *pro-RLSers*, mar a bha aig Fishman fhèin orra), tha mi cuideachd a' ciallachadh bhuidhnean leasachaidh agus iomairt a tha a' measadh oidhirpean ath-bheothachaidh a rèir an sgeama a bha aig Fishman anns an leabhar chudromach aige *Reversing Language Shift* (Fishman, 1991) agus a tha a' creidsinn gu bheil cleachdadh a' chànain, agus cruthachadh raointean cleachdaidh anns am bi a' Ghàidhlig ga bruidhinn, riatanach ma tha RLS gu bhith ann. Bhiodh Fishman fhèin a' measadh cleachdadh cànain sam bith a rèir mar a bhrosnaicheas e tar-chur dhan ath ghinealach (Fishman, 1991, tdd. 398–99).

Dh'aithnich an aithisg *Cothrom Ùr don Ghàidhlig* ceithir seòrsaichean planaidh ann am planadh cànain sa Chuimrigh, planadh buannachd (*acquisition planning*), planadh cleachdaidh (*usage planning*), planadh inbhe (*status planning*) agus prìomh phlanadh no planadh corpais (*corpus planning*). A rèir na h-aithisg seo, bhiodh planadh mar seo na dhòigh èifeachdach airson RLS a chur an gnìomh ann an Alba. Gu ruige seo, às aonais plana nàiseanta don chànan, chaidh pròiseactan Gàidhlig a mhaoineachadh agus a chur an gnìomh ann an dòigh *ad hoc*, às aonais roi-innleachd airson dearbhadh ciamar a chuidicheadh pròiseact sònraichte le bhith a' brosnachadh a' chànain.

Tha gach pròiseact cultarach ga stiùireadh a rèir nan amasan sònraichte aige fhèin – eadar teagasg ceòl traidiseanta do chlann, foillseachadh leabhraichean bàrdachd, craoladh phrògraman telebhisein agus measadh sheinneadairean seann-nòis – agus ged a tha an cànan fhèin mar phàirt de phròiseact cultarach sam bith ris an abrar 'Gàidhlig', mar as trice tha a' Bheurla ann cuideachd. Tha fo-thiotalan an cois mòran phrògraman telebhisein, tha Beurla ri taobh na Gàidhlig ann am foillseachaidhean agus is tric a bhios cuirmean-ciùil agus co-fharpaisean seinn gan cumail tro mheadhan na Beurla.

Is e seo a tha a' fàgail nam Fishmanach mì-riaraichte le cho beag 's cho cuingealaichte 's a tha cleachdadh na Gàidhlig fhèin ann an tachartasan agus pròiseactan Gàidhlig. Mar a thuirt Joshua Fishman, bu chòir àite a chruthachadh don Ghàidhlig fhèin, '[a] concentrated space where Xish[1] can be on its own turf, predominant and unharassed' (Fishman, 1991, td. 58).

Tha mòran Beurla ga cleachdadh ann am pròiseactan ealain Gàidhlig gus am bi 'cultar na Gàidhlig' ri fhaighinn do dhaoine aig nach eil Gàidhlig. Ach ged a bhios pròiseactan nan ealan Ghàidhlig a' cur am follais don mhòr-shluagh gu bheil a' Ghàidhlig ann agus gu bheil cultar cruthachail beothail aice, tha barrachd na seo a dhìth airson amasan planadh inbhe a choileanadh. Agus chan eil a' mhòr-chuid de phròiseactan ealain a' toirt amasan planadh cànain gu buil idir a thaobh planadh corpais, planadh buannachd no planadh cleachdaidh.

Tha deagh fhios aig na Fishmanaich nach bi a h-uile oidhirp a' coileanadh gach amais, ach is ann a thaobh cleachdadh na Gàidhlig a bhiodh iad a' càineadh luchd-stiùiridh nam pròiseactan seo. Bho shealladh nam Fishmanach, tha sinn gar cuartachadh ann an saoghal nan ealan Gàidhlig le pròiseactan anns a bheil cothroman airson cleachdadh a' chànain gan call. Cha chanadh iad nach bu chòir don Bheurla a bhith nan lùib idir, oir tha iad a' tuigsinn gu bheil ùidh aig luchd na Beurla agus aig luchd-ionnsachaidh na Gàidhlig anns na tachartasan seo, agus cuideachd aig luchd na Gàidhlig aig nach eil comas leughaidh nan cànan fhèin.

Tha mòran eisimpleirean de phròiseactan nan ealan Gàidhlig far nach eil cleachdadh na Gàidhlig 'predominant', no fiù 's co-ionnan ris a' Bheurla. Ann an *Leabhar Mòr na Gàidhlig* (MacLean agus Dorgan, 2002), tha an ro-ràdh agus na h-aistidhean mìneachail anns a' Bheurla a-mhàin, agus is i a' Bheurla a bha 'predominant' anns na stuthan-sanasachd a chaidh fhoillseachadh airson Fèis an Leabhair Mhòir ann an Dùn Èideann ann an 2003. Aig mòdan ionadail agus fiù 's aig a' Mhòd Nàiseanta Rìoghail, bidh breitheamhan aig a bheil Gàidhlig a' bruidhinn anns a' Bheurla agus bidh daoine gun Ghàidhlig ann nam breitheamhan ciùil. Agus aig Fèisean, bidh clann ag ionnsachadh sgilean ann an ceòl Gàidhlig, ach chan eil a' chuid as motha den teagasg ga dèanamh tro mheadhan na Gàidhlig.

Tha na Fishmanaich a' faicinn cunnart anns an teachdaireachd seo gu bheil Gàidhlig ceart gu leòr na h-àite fhèin, ann am bàrdachd is ceòl, ach gur i Beurla a bhios daoine a' bruidhinn agus a' sgrìobhadh gu h-àbhaisteach. Agus sin cnag na cùise – airson nam Fishmanach, co-dhiù. Às aonais cleachdadh a' chànain, cha tig àbhaisteachadh, ann an raointean cultarach is ealain no raointean cleachdaidh sam bith eile. Is e àbhaisteachadh a tha fa-near do na Fishmanaich, ach is dòcha nach e cleachdadh no àbhaisteachadh a tha fa-near do luchd-stiùiridh nam pròiseactan.

Luchd-ealain

Am bu chòir don luchd-ealain a bhith ag amas air cinn-uidhe den t-seòrsa, no am bu chòir do na Fishmanaich sealltainn a-rithist air na h-amasan a tha aig an luchd-ealain fhèin? A bheil na Fishmanaich den bheachd nach eil na h-ealain Ghàidhlig cho Gàidhlig 's a bu chòir dhaibh a bhith a chionn 's gu bheil dùil aca ri barrachd na bha fa-near do luchd-stiùiridh nam pròiseactan ealain anns a' chiad dol-a-mach?

Anns an ro-ràdh don *Leabhar Mhòr*, tha Calum MacIlleathain, stiùiriche Phròiseact nan Ealan, ag ràdh:

> Language death is now of global significance and sustaining language diversity will be one of the paramount cultural challenges of the 21st century. If more artists recognise this acceleration in language death as an appropriate subject for literature, drama, music, visual art and as yet uncategorised artforms, then the issue will come alive in the minds of the general public. The *Leabhar Mòr* is a modest, but significant and optimistic, step in that direction (MacLean agus Dorgan, 2002, td. 3).

A rèir an Leathanaich, ma-thà, is e an t-uallach a tha air sgrìobhadairean agus luchd-ealain gu bhith a' dèiligeadh ri bàs cànain mar chuspair ealain no litreachais, gus aire a' phobaill a thoirt don chùis agus inntinn a' phobaill fhosgladh, ach chan eil dleastanas air an sgrìobhadair no air an neach-ealain a bhith ag amas ri suidheachadh a' chànain atharrachadh. Ma thig crìoch air dleastanas luchd-ealain agus sgrìobhadairean nuair a bhios iad air cunnart an t-suidheachaidh a chlàradh, a bheil e an uair sin an urra ri feadhainn eile – luchd-planaidh agus luchd-leasachaidh – fuasgladh a lorg gus stad a chur air crìonadh a' chànain agus ath-bheothachadh a chur an gnìomh, no a bheil uallach air an neach-ealain a bhith an sàs anns an obair seo cuideachd?

Tha MacIlleathain air amasan an *Leabhair Mhòir* a mhìneachadh. Thuirt e gun togadh e ìomhaigh na Gàidhlig, agus sin na rinn e. Feumaidh sinn faighneachd an e sin an aon dleastanas a tha aig na h-ealain – gu bhith a' dèanamh na tha fa-near dhaibh fhèin agus gu bhith onarach mu dheidhinn an cuid amasan agus mothachail air crìochan an comais – agus a bheil e deatamach gum bi piseach airson suidheachadh a' chànain a' tighinn às na h-ealain, no a bheil e dìreach fortanach ma tha seo a' tachairt?

Ged a tha an *Leabhar Mòr* agus pròiseactan mòra eile a' cur an cuimhne a' phobaill gu bheil an cànan a' crìonadh, feumaidh sinn cuimhneachadh gur e mothachadh a tha seo, agus nach e fuasgladh. Ma tha luchd-poileataigs, buill a' phobaill agus fiù 's buidhnean leasachaidh na Gàidhlig a' dèanamh dheth gun dèan pròiseactan ealain fuasgladh, cha tig adhartas asta a thaobh nan amasan sònraichte RLS a tha fa-near do na Fishmanaich. Agus is d'fhiach a chuimhneachadh gun tuirt Fishman fhèin: 'Song concerts, theatrical performances, poetry readings, lectures, publications and prizes are RLS-means, not RLS-ends in themselves' (Fishman, 1991, td. 91).

Tuigse an luchd-phoileataigs

Nuair a tha luchd-poileataigs – a tha a' toirt seachad a h-uile sgillinn ruadh a thèid a chosg air planadh-cànain, agus a' mhòr-chuid den airgead a thèid a chosg air na h-ealain Ghàidhlig – a' moladh phròiseactan Gàidhlig, an ann mar oidhirpean RLS a tha iad gam moladh no mar rudeigin eile? Mas ann mar oidhirpean RLS a tha iad gam beannachadh, is fheudar nach eil an aon tuigse air na h-oidhirpean seo aig na Fishmanaich agus aig an luchd-phoileataigs. Agus mas ann mar rudeigin eile a tha iad ga dhèanamh, dè an rud seo agus ciamar a tha e ceangailte ri amasan nam Fishmanach?

A rèir na tha luchd-poileataigs ag ràdh, shaoilte gu robh iad a' moladh phròiseactan Gàidhlig chan ann airson na gheibh a' Ghàidhlig no a' choimhearsnachd Ghàidhlig asta a thaobh slàinte a' chànain fhèin, ach a chionn 's gu bheil iad math airson ìomhaigh eadar-nàiseanta na h-Alba, beatha chultarail na dùthcha agus an eaconamaidh. Dh'aithnich Mike Watson, a bha uair na mhinistear le uallach airson na Gàidhlig: 'It would be a mistake to view culture only as a tool to achieve other objects – however desirable those may be' (Scottish Executive, 2002a).

Ach tha e follaiseach bho eisimpleirean eile de bheachdan poilitigeach gu bheil cuid anns an t-saoghal phoilitigeach a tha a' faicinn nan ealan Gàidhlig mar inneal airson amasan eile a thoirt gu buil. Seo ceithir eisimpleirean dhiubh seo (is leamsa an cudrom):

> At the Gallery of Modern Art in Glasgow, [First Minister] Jack McConnell
> said . . . I am particularly impressed that the book will form a major

touring exhibition which **will showcase Gaelic culture internationally and help promote the best that Scotland has to offer to the world** . . . Mike Watson, Minister for Tourism and Culture with responsibility for Gaelic, said . . . This gives rise to opportunities which include a film, radio series, education pack, website, a touring exhibition and of course the book itself. By these means, the works, pictures and songs of *An Leabhor Mor* [*sic*] **will become travelling ambassadors for the Gaelic language and for Scotland**. (Scottish Executive, 2002b)

Opening the Edinburgh exhibition of the Great Book of Gaelic, Mr McAveety praised the strength and vitality of the Gaelic contribution to Scotland's cultural life . . . Mr McAveety said: 'Gaelic **makes us more aware of our cultural diversity** in Scotland and **enables Scotland to develop international links** with other minority language communities.' (Scottish Executive, 2003b)

I want to emphasise my support for a thriving Gaelic language **contributing to the economy, culture and communities of Scotland** – and for the place of Gaelic in our one Scotland with many cultures. (Òraid leis a' Phrìomh Ministear, Jack McConnell, aig tachartas fosglaidh a' Cheudamh Mhòid, an t-Òban, 10 Damhair 2003)

My best book of 2002 is *The Great Book of Gaelic*. This collection of 100 Gaelic verses, now accompanied by an illustration in each case, **will take the great cultural history of Scotland and Ireland all over the world**. And the book is more than a souvenir – it is a wonderful collection which celebrates our rich cultural past and the artistic talent that exists in Scotland and Ireland today. For reference, for pleasure – I would recommend it. (Jack McConnell, ann an 'Who has been reading what this year?, *Scotland on Sunday*, 15 Dùbhlachd 2002)

Mas ann airson 's gun tig rudeigin math asta a thaobh amasan poilitigeach eile a bhios luchd-poileataigs a' maoineachadh phròiseactan ealain Ghàidhlig, is fheudar nach e RLS am prìomhachas poileasaidh aca. A thaobh phròiseactan Gàidhlig agus airgead poblach, chan eil sinn a' cluinntinn aig an ìre-sa mòran a bharrachd air a' bheachd shìmplidh gur e 'rud math' a tha anns a' chànan, agus chan ann airson a' chànain fhèin ach airson adhbharan eile.

Buidhnean Comhairleachaidh

Ann an 2000, dh'aithnich Aithisg Mhic a' Phearsain, *Ag Ath-Bheothachadh Gàidhlig: Neamhnuid Nàiseanta* (Taskforce on the Public Funding of Gaelic, 2000) na h-ealain, cultar agus dualchas mar raon-obrach airson leasachadh na Gàidhlig, ach cha tug an aithisg ud sùil air a' chuspair gu mionaideach. Anns an sgrùdadh a rinn iad air Aithisg Mhic a' Phearsain, thuirt Alasdair MacCaluim agus Wilson McLeod na leanas:

> The [Macpherson] report hints that different Gaelic organisations may have differing agendas and visions for the development of the language ([Taskforce on the Public Funding of Gaelic] 2000, td. 10). To what extent this is the case, however, and to what extent such diversity might be beneficial or detrimental are not investigated. Similarly ignored is the basic definitional question as to which entities constitute 'Gaelic' groups and which public funding constitutes 'public funding of Gaelic'. This is a question of substantial importance given that a range of groups and projects receive public funding to support 'Gaelic culture' or 'the Gaelic arts' but actually make minimal use of Gaelic in their work or cater for largely monolingual English-speaking audiences. The issue of the relationship between Gaelic cultural projects and the development of the Gaelic language is simply not addressed (MacCaluim le McLeod, 2001, td. 9).

Còig bliadhna air adhart, tha a' cheist bhunaiteach seo fhathast ann. Thuirt Buidheann Comhairleachaidh an Riaghaltais air Gàidhlig, a thaobh ealain agus cultair:

> Cha bu chòir dhan phoileasaidh a bhith òrdachail, ach sùbailte, comasach air freagairt ri feuman agus miannan coimhearsnachd na Gàidhlig ge b' e àite bheil i. Feumaidh am freagairt a bhith air a bhrosnachadh leis a' 'choimhearsnachd' a tha ionadail, nàiseanta agus eadar-nàiseanta (Ministerial Advisory Group on Gaelic, 2002, td. 31).

Ach chan eil sin a' toirt freagairt dhuinn nas motha. Agus a rèir a h-uile coltais, chan eil deasbad a' gabhail àite air na ceistean a tha ag èirigh às an sgaradh eadar na tha luchd-ealain airson dèanamh, na tha na Fishmanaich a' creidsinn gum bu chòir dhaibh a bhith a' dèanamh agus na tha luchd-poileataigs deònach a bhrosnachadh le poileasaidhean is airgead poblach, agus carson.

Buidhnean Poblach

Ged a tha a' cheist seo fhathast gun fhreagairt, chan eil na h-ealain Ghàidhlig buileach anns an fhàsach a thaobh poileasaidh. Chaidh Pròiseact nan Ealan a stèidheachadh ann an 1987 agus dh'fhoillsich Comhairle Ealain na h-Alba poileasaidh Gàidhlig ann an 2003 (Scottish Arts Council, 2003). A rèir làrach-lìn Phròiseact nan Ealan (http://www.gaelic-arts.com/html/more.htm), 'the arts are central to a successful language regeneration strategy and relevant across all sectors of Gaelic development'. Bhiodh

Fishmanach sam bith a' dol leis a' bheachd seo, ach leis an rabhadh gum feum cudrom a chur air cleachdadh a' chànain agus air cruthachadh raointean cleachdaidh anns am bi cothrom do luchd na Gàidhlig an cànan fhaicinn, a chluinntinn agus a bhruidhinn. Tha Pròiseact nan Ealan cuideachd ag ràdh:

> the primary purpose of the arts is social and cultural. Gaelic song, music, dance and poetry express the passions of a people. The arts reflect, and reconcile, continuity and change and have sustained the social cohesion of the Gaelic community for generations (Pròiseact nan Ealan, ibid.).

Agus sin cnag na cùise airson an luchd-ealain, a bhiodh airson aintighearnas an luchd-phlanaidh a sheachnadh a cheart cho math ri aintighearnas an luchd-phoileataigs no duine sam bith a bha airson na h-amasan acasan a sparradh air an obair-ealain aca. Tha luchd-ealain ag iarraidh saorsa inntleachdail ma tha iad airson obair ùr a cruthachadh, is iad fhèin a' cumail smachd air mar a nì iad an cuid obrach anns a' cho-theagsa chultarail agus shòisealta anns a bheil iad ag obair. Ach tha prìomh amas nam Fishmanach – àbhaisteachadh a' chànain – cuideachd sòisealta agus cultarail. Ciamar, co-dhiù, a nithear aithris air 'the passions of a people' às aonais a' chànain a tha na chomharra air cò an sluagh iad? Nach biodh an luchd-planaidh agus an luchd-ealain ag aideachadh le chèile gur e leasachadh na Gàidhlig, mar chànan coimhearsnachd, a tha fa-near dhaibh, a bharrachd air amasan eile an dà thaobh?

Tha Comhairle Ealain na h-Alba a' toirt a' mhìneachaidh a leanas don abairt 'na h-ealain Ghàidhlig':

> obair ealain gu h-iomlan fiosraichte le cultar na Gàidhlig agus/no air a taisbeanadh tro mheadhan na Gàidhlig (*inclusive arts activity informed by Gaelic culture and/or presented through the medium of the Gaelic language*) (Scottish Arts Council, 2003, td. 3).

Is e mìneachadh farsaing a tha an seo, leis an abairt 'agus/no' ga dhèanamh ro fharsaing, is dòcha, airson cuid, agus an abairt 'cultar na Gàidhlig' fhathast gun mhìneachadh.

Seo eisimpleir inntinneach: ann an 2002, chuir Galaraidhean Nàiseanta na h-Alba taisbeanadh air dòigh le Calum Colvin, *Oisein: Bloighean de sheann bhàrdachd* – taisbeanadh a bha dha-rìribh 'informed by Gaelic culture'.

'S e ag aithneachadh nan co-cholasan seo –

[gu robh e fhèin agus MacMhuirich [.i. Seumas Mac a' Phearsain] a' cruinneachadh bhloighean gus obair-ealain ùr a chruthachadh]

– thagh Colvin sgeulachd an 'Oisein' aig MacMhuirich mar chosmhalachd don iomairt chruthachail aige fhèin gu sònraichte, agus mar shamhla do chuiltear na h-Alba san fharsaingeachd. 'S e nì cudromach a th'ann nach e stòiridh 'Oisein' MhicMhuirich an stòiridh a dh'innseas na laoidhean 's na sgeulachdan annta fhèin idir ach fionnsgeul tarraingeach mu mhiann cuiltearach, mu cheist na h-ùghdarrasachd mar a bhuineas i ri ealain, agus mu nàdar sleamhnachail an 'dualchais' nàiseanta Albannaich (Normand, 2002).

Bha clàr an taisbeanaidh agus na pannalan mìneachaidh uile san dà chànan, ged nach eil Gàidhlig aig Colvin agus ged nach robh faclan Gàidhlig anns na dealbhan fhèin. Ma tha rudan ceangailte ris an taisbeanadh dà-chànanach, chan eil sin ri ràdh gu bheil Colvin na neach-ealain Gàidhlig. No a bheil? Nach neònach gu bheil Seumas 'Oisein' Mac a' Phearsain, feall-dealbhaiche mòr na bàrdachd Ghàidhlig, fhathast a' cur bun os cionn mar a tha sinn a' sealltainn air saoghal nan ealan. Agus nach neònach gu bheil obair Cholvin a' togail cheistean air cleachdadh cànain agus air fèin-aithne nan Gàidheal a tha luchd na Gàidhlig fhèin uaireannan a' seachnadh.

Cha deigheadh na Fishmanaich idir an aghaidh saorsa nan ealan – agus gu dearbh, bhiodh iad a' moladh taisbeanadh Cholvin mar eisimpleir de dheagh chleachdadh a thaobh ghnothaichean rianachd nan ealan – ach tha ceistean aca mu dheidhinn 'ionracas' nan ealan Gàidhlig nach eil a' faighinn fhreagairtean, agus feumaidh muinntir saoghal nan ealan Gàidhlig am freagairt. An urrainn do neach-ealain gun Ghàidhlig, mar Chalum Colvin, obair-ealain Ghàidhlig a chruthachadh? Dè tha 'Gàidhlig' mu dheidhinn dealbh no ìomhaigh no pìos ciùil às aonais fhaclan? Dè cho 'Gàidhlig' 's a tha seinneadair Gàidhlig aig nach eil comas labhairt anns a' chànan? Agus ciamar agus carson a nì duine 'ealain Ghàidhlig' an àite dìreach ealain?

Eaconamaidh

Ann an aiste air an eaconamaidh Ghàidhlig, thog Wilson McLeod an teagamh nach e ach 'bailtean Potemkin' a bha ann an cuid de na rudan air a bheil an comharra 'Gàidhlig', le coltas snasail orra ach gun mòran susbaint annta a thaobh cleachdadh cànain:

> Much closer attention must be paid to the question of Gaelic use within the Gaelic "sector" itself. It can by no means be assumed that Gaelic is used as the working language within entities or projects that receive public funding for the purpose of Gaelic development. For example, Gaelic television production has become notorious as a sort of 'Potemkin village' in which most behind-the-scenes personnel operate entirely through the medium of English. Such a linguistic dynamic is not only unacceptable on its face when public funding is dedicated to the purpose of Gaelic development, but also risks breeding cynicism towards the language (McLeod, 2002, td. 68).

Carson a bhiodh stiùiriche pròiseict ealain a' togail baile Potemkin an àite pròiseict 'fhìor-Ghàidhlig', a bhiodh fosgailte agus so-ruigsinneach dhan mhòr-shluagh ach a bhiodh cuideachd a' sàsachadh nam Fishmanach? A rèir McLeod, 'the dominant view, one that reflects the dominant "outward orientation", is that the target audience for Gaelic marketing is the general population – which has little or no knowledge of Gaelic' (McLeod, 2002, td. 61).

Thuirt Raghnall MacIlledhuibh na aiste anns an *Leabhar Mhòr*, 'the market for Gaelic was now [deireadh nan 1970an] mainly outside Gaelic society' (Black, 2002, td. 24). Còrr is fichead bliadhna an dèidh sin, tha a' choimhearsnachd nas lugha na bha i ach tha a' mhargaid airson ceòl, bàrdachd agus tachartasan cultarail air fàs gu mòr. Ma tha a' mhargaid cho farsaing agus a' choimhearsnachd Ghàidhlig cho beag, chan eil e follaiseach gum bi prìomhachas aig 'feuman agus miannan coimhearsnachd na Gàidhlig', mar a mhol Aithisg Mheek. Ach ma tha luchd-ealain airson beòshlaint a dhèanamh, bidh iadsan ag iarraidh mìneachadh farsaing air 'coimhearsnachd na Gàidhlig', a' gabhail a-steach a h-uile duine a tha airson rudan Gàidhlig a cheannach.

Dh'aithnich Douglas Chalmers agus Alan Sproull dè cho math 's a tha raon beothail nan ealan Gàidhlig airson turasachd, an eaconamaidh agus ìomhaigh na Gàidhlig.

> There is widespread recognition of the contribution the Gaelic arts and cultural industry is making to employment, tourism enhancement and positive attitudinal change (Sproull agus Chalmers, 1998, td. vi).

Ach feumaidh sinn na ceistean a chuir McLeod anns an àireamh a thaobh an eaconamaidh Ghàidhlig san fharsaingeachd a thogail a thaobh nan ealan Gàidhlig gu sònraichte. Tha obraichean an lùib nan ealan Gàidhlig ceart gu leòr, ach a bheil Gàidhlig aig an luchd-obrach sin? Tha dà mhìle duine a' gabhail pàirt anns a' Mhòd, ach a bheil iad fileanta anns a' Ghàidhlig agus, ma tha, a bheil iad a' bruidhinn ri an cuid cloinne innte? Is urrainn dhuinn na ceistean seo a chur, ach chan eil e idir cinnteach co às a thig na freagairtean. Mar a dh'aidicheadh Douglas Chalmers, a tha air rannsachadh mionaideach a dhèanamh air luchd-ceannaich stuthan Gàidhlig, agus François Grin, a tha air mòran rannsachaidh a dhèanamh air mar a tha dùthchannan na Roinn Eòrpa a' lìbhrigeadh phoileasaidhean air mion-chànanan, chan urrainn dhuinn measadh ach na rudan a ghabhas measadh, agus chan eil dòighean no dàta againn airson buaidh leabhair bàrdachd no CD de cheòl Gàidhlig a mheasadh ach a thaobh airgead. Cha ghabh an reic a mheasadh a thaobh tar-chur dhan ath-ghinealach, cleachdadh cànain no misneachd na coimhearsnachd:

> The sphere of culture, as well as projects in this 'domain', are characterised by a pronounced absence of hard data, making any kind of cost-benefit evaluation impossible. For example, audience figures for EU-supported RML [regional or minority language] productions

are not available. However, it is important to remember that the effect of cultural support (particularly given the very small amounts usually involved) is intended as a very roundabout one (operating e.g. through people's representations of the relevance of RMLs as vectors of a lively culture), thereby reducing the relevance of cost-effectiveness evaluation (Grin agus Moring, 2002, tdd. 6–7).

Rannsachadh air beachdan a' phobaill

Tha an rannsachadh aig Chalmers air mòran fiosrachaidh a lorg air luchd-reic stuthan Gàidhlig agus air beachdan nan daoine a tha an sàs ann an gnothaichean nan ealan Gàidhlig a thaobh cleachdadh cànain agus a thaobh oidhirpean agus amasan RLS anns na raointean aca:

> For some respondents, there was an inadequate sense of urgency, Scottish Television believing for instance that we needed to promote the cause of [Gaelic language, arts and culture] as part of an urgent 'language rescue plan' (Chalmers, 2003: caibidil 5.2.11).

> Comments from the book sector and from within the media establishments, suggested a shift towards a 'popularisation' of the language and away from a more 'classical' approach (or one requiring a 'thorough knowledge of the language'), although this was not necessarily seen by all respondents as a positive development (Chalmers, 2003, ibid.).

Tha an rannsachadh aig Chalmers cuideachd a' coimhead air beachdan an luchd-cheannaich a thaobh dè cho buailteach 's a tha iad a bhith a' ceannach agus a' cleachdadh stuthan Gàidhlig agus dè cho tric 's a bhios iad a' frithealadh thachartasan Gàidhlig. Ach chan eil rannsachadh ga dhèanamh air beachdan an t-sluaigh a thaobh cleachdadh cànain anns na h-ealain Gàidhlig, air buaidh nan ealan air coimhearsnachd na Gàidhlig no air dè cho sàsaichte 's a tha daoine le tachartasan cultarail. Tha na Fishmanaich an-fhoiseil mu dheidhinn prìomhachas na Beurla ann am pròiseactan ris an canar 'Gàidhlig', ach ma tha luchd na Gàidhlig anns an fharsaingeachd toilichte gu leòr leis na pròiseactan seo mar a tha iad, bidh seo a' togail cheistean eile a thaobh adhbhar nan ealan agus mar a thèid an cleachdadh airson amasan sòisealta a choileanadh.

Feumaidh rannsachadh air a' chuspair seo a bhith mothachail air comasan Gàidhlig nan daoine a tha a' gabhail pàirt agus air na h-amasan a tha aca a thaobh a' chànain. Bidh feuman agus miannan eadar-dhealaichte aig fileantaich, aig luchd-ionnsachaidh, aig pàrantan le clann ann am foghlam tro mheadhan na Gàidhlig agus aig daoine aig nach eil ùidh idir ann an cleachdadh a' chànain – a' mhòr-chuid, is dòcha, den mhargaid. Ach ma tha RLS gu bhith ann, feumaidh cudrom a bhith air a' Ghàidhlig mar chànan seach mar chomharra airson coileanadh amasan eile.

Co-dhùnadh

Chan ann don deasbad phoilitigeach a-mhàin, no do ghnothaichean planadh-cànain no saoghal nan ealan a-mhàin a bhuineas ceistean air na h-ealain Ghàidhlig agus RLS, ach is ann a tha iad ag èirigh far a bheil na rudan seo a' tighinn còmhla. Chan eil RLS a' farpais le amasan eile a bhiodh aig luchd na Gàidhlig. Faodaidh amasan RLS a bhith fillte a-staigh ann am pròiseactan nan ealan Gàidhlig, ach cha tachair sin gu nàdarra, oir chan eil e a' tachairt an-dràsta. Feumaidh an luchd-planaidh a bhith mothachail air mar a nì iad cinnteach gum bi luchd-ealain deònach gabhail ri oidhirpean RLS, agus feumaidh an dà thaobh sealltainn gu mionaideach air na duilgheadasan a tha againn agus air na cothroman a dh'èireas à deasbad fosgailte. Thuirt Fishman fhèin gu bheil 'good problems' ann an RLS agus gun tig adhartas às am fuasgladh (Fishman, 1991, td. 6). Ciamar, ma-thà, a chuidicheas na h-ealain RLS airson na Gàidhlig? Deagh cheist!

Summary

This paper addresses questions about the role of the Gaelic arts in reversing language shift (RLS) from Gaelic to English. Gaelic arts projects are increasingly popular and well-funded and are lauded in many quarters for their positive impact, but those who take a 'Fishmanist' approach to language planning question the effectiveness of projects that are not conducted through the medium of Gaelic, do not create domains of usage for the language and therefore do not foster normalisation of Gaelic language use or promote the intergenerational transmission of Gaelic. According to Joshua Fishman's 'Graded Intergenerational Disruption Scale' (Fishman, 1991, pp. 87-109), intergenerational transmission is essential for a successful language regeneration strategy and the success of all other RLS efforts should be judged against this benchmark.

Cothrom Ùr Don Ghàidhlig (Ministerial Advisory Group on Gaelic, 2002) recognised the Welsh Language Board's language planning model as a suitable blueprint for Gaelic language planning, identifying four areas of language planning: acquisition planning, usage planning, status planning and corpus planning. Many Gaelic arts projects can be seen as effective exercises in status planning, raising the profile of the language, but they do little to fulfil the aims of the other types of planning. In particular, their main weakness is in their lack of emphasis on use of Gaelic itself.

Arts organisations and government advisory bodies have highlighted the role that the arts can play in language regeneration strategies. However, in addition to general questions about the purpose of art, the expectations of artists, funders and audiences, and the appropriateness of using the arts as a vehicle for other social or political objectives, the Gaelic arts also raise questions about what constitutes Gaelic art, who is a Gaelic artist and whether it is appropriate, or indeed possible, to use the Gaelic arts as a means to reverse language shift. These questions have remained largely unasked and unanswered.

Some Gaelic arts projects use 'Gaelic culture' – a concept that still lacks a satisfactory definition – as inspirational subject matter for artwork that does not involve the use of Gaelic, from visual art created by non-Gaelic speakers to writing in English about Gaelic music, the history of the Highlands or other Gaelic-related topics. Some other arts projects feature Gaelic songs or poetry but present them through the medium of English, so that although discrete elements of the project are undoubtedly Gaelic the medium through which they are created or delivered by the artists, and experienced by the audience, is English.

The Scottish Arts Council's current definition of the Gaelic arts is wide enough to include projects that do not require a knowledge of the language from either the artist or the audience, and which would therefore fail any Fishmanist test of RLS effectiveness. Economic considerations and a desire to be 'socially inclusive' tend to militate against Gaelic-only projects but, even so, truly bilingual Gaelic and English projects are not the norm. Rather, English tends to predominate in promotional and interpretive materials and is often the medium through which nominally bilingual events are conducted, even when the majority of participants are Gaelic speakers.

Research on the economic viability of Gaelic arts events and cultural products has involved asking consumers and participants about their level of fluency in Gaelic and the likelihood of their buying more products and attending more events. However, no research has been carried out into consumers' views on the 'Gaelicness' of these events or products, their satisfaction or dissatisfaction with how, and how much, Gaelic or English is used, or their expectations with regard to language use in the Gaelic arts domain, which will differ according to people's level of fluency and literacy and their attitude to Gaelic. Such research needs to be carried out if the Gaelic arts are to be used more effectively in reversing language shift.

The aim of reversing language shift does not stand in opposition to the aims that individual artists have in presenting their work, nor should making the Gaelic arts a more effective means of reversing language shift detract from people's enjoyment of and participation in the arts. By placing greater emphasis on using Gaelic, the Gaelic arts could create domains of language use that would promote RLS more successfully. However, such efforts must be carefully planned to avoid the 'natural' tendency to switch to English for the sake of ease, economy and inclusion. How this is to be done is the sort of challenge that Fishman described (1991, p. 6) as one of the 'good problems' of RLS.

Endnote

[1]   Tha Fishman a' cleachdadh an ainm 'Xish' airson cànan (leithid Gàidhlig) a tha a' crìonadh air sgàth gluasad cànain.

12   The media, language maintenance and Gaelic

Mike Cormack

The media are usually seen as essential bulwarks for minority languages such as Gaelic, although the question of exactly how they might support and encourage the speaking of a language is not so clear. Watching a Gaelic television programme is one thing, but using the language more, as a consequence of the viewing experience (whether directly or indirectly), is something quite different. The use of the media as an aid to language maintenance is common to many minority language situations but the precise way in which this link might operate stands in need of research. This article examines this issue, noting the problems concerning how the media's role in this area might be assessed, and suggesting a research agenda which might throw light on such matters.

There are, of course, other general arguments in favour of the provision of media services in minority languages. These include arguments from economics (since minority languages are usually sited in less developed regions, investment in minority language media can be an effective way of stimulating the economy in such areas (see Chalmers and Danson, this volume), human rights (documents such as the European Charter for Regional or Minority Languages and the Universal Declaration of Linguistic Rights attest to the growing acceptance not just of minority languages but also the importance of media provision in such languages), and what has been termed the argument from cultural ecology (the argument that loss of any language is damaging to humans in general since it reduces overall linguistic and cultural resources). (For further development and discussion of these arguments, see Cormack, 2005). In the United Kingdom there is also the nature of public service broadcasting to be considered, the principles of which would seem to indicate a rather better media provision for Gaelic than exists currently. It is not difficult to argue that the BBC's public service role suggests that a fuller Gaelic service should be a higher priority than the development of new digital channels which are mostly just giving audiences more of what they are already getting. In this article, however, the concern is only with the issue of language maintenance and how the media might help most directly the survival of Gaelic.

It will be clear what makes this question vital – finance. In the Scottish context the question is how the limited finance available for the Gaelic media should be used, if the aim of Gaelic media is to support the language (rather than simply to entertain Gaels, or to act as a medium for Gaelic culture, for example). In a world in which adequate financial resources were available for Gaelic, the question of how the media support the language would not be quite so critical. But in the real world, in which a very limited amount of money is available, how that sum is divided up between areas such as education, community support and the media becomes vital.

Arguments in support of the media's role in language maintenance

The standard view about the use of the media for Gaelic was well-expressed by Donalda MacKinnon (at the time she was Head of Gaelic at BBC Scotland): 'Every minority language community in the world recognises that [a] mature broadcasting service is a key component of language renewal and survival' (*The Herald*, 10 June 2004). The arguments in support of this view are fairly well-known. Seven arguments in particular are often cited.

First, the media can provide an economic boost, as well as providing attractive careers in the creative and cultural industries. This is one of the more general arguments referred to earlier and was used by campaigners for Gaelic television in the late 1980s. The experience of S4C in Wales provided evidence of how a minority language economy can benefit. In the Gaelic context it is particularly important, given the paucity of careers using the language outside of education.

Second, the media, and especially television, are at the centre of contemporary life, both politically and socially. To put it another way, the media provide the basis of what has been referred to as 'the public sphere' (Habermas, 1989; Dahlgren, 1995), an area in which informed debate on public issues can take place. Clearly provision of news and current affairs will play a major role in this argument. It suggests that for any community to take part fully in contemporary life, the media provide an essential basis. This is true even for a bilingual community. If the media do not provide a space for Gaels to discuss public issues in Gaelic (particularly those issues which most directly affect the Gaelic community), then the dependence on English is merely heightened.

Third, the media function as a sign of the culture's ability to participate in contemporary life. This is a variation of the previous point but concerns culture rather than politics. Given the traditional stereotypes of Gaelic speakers as an aged and rural population (stereotypes which are shared with many other minority languages), this can be important in keeping younger people involved with the language. As noted elsewhere, Gaelic television has frequently emphasised a more modern view of the Gael. (Cormack (1994) discusses this in relation to Gaelic television in the early years of Comataidh Telebhisein Gàidhlig/the Gaelic Television Committee.) There are of course dangers attached to this. Robert Dunbar makes the point that it is usually the majority language culture which defines what is 'sexy' or 'cool' in contemporary culture (Dunbar, 2003, p. 77).

Fourth, the media can have an important role to play in building and maintaining a sense of group identity. As Dunbar has written, 'broadcasting can, for example, play an important ideological role, by helping to define the minority language community's identity and by helping to define and reinforce its core values' (Dunbar, 2003, p. 77). This is particularly noticeable in Radio nan Gaidheal, with its strong sense of a relatively unified Gaelic audience. The importance of such a sense of identity should not be ignored. The stronger the sense of identity of Gaelic speakers, the more likely the language is to flourish.

Fifth, simply by putting a lot of the language in the public domain, much of it recorded or available for recording, the media provide an important basis for language maintenance efforts. The spoken word, as opposed to the written word in books, becomes available to all. This is encouraging for native speakers and helpful for learners.

The sixth point concerns the media's role in what linguists refer to as corpus planning, that is, the establishment of linguistic norms and standards. Radio nan Gaidheal has played an important part in this for many years. William Lamb's discussion of linguistic practices at Radio nan Gaidheal in past years makes this clear (Lamb, 1999).

The final point is that the mass media are, to varying degrees, language-based, and thus must be important in terms of encouraging language use, in both spoken and written forms. It is sometimes assumed that the presence of a Gaelic article in a newspaper or a Gaelic programme on television *must* somehow encourage the speaking of the language.

In Catherine Ann MacNeil's account of what the Gaelic audience currently expects from Gaelic broadcasting, a number of points are made which overlap with these arguments. She notes six elements which the Gaelic audience expects:

> They look to radio and television programmes to: act as a standard bearer for the language; uphold moral values, particularly within provision for children; provide language support in the home for all age groups and categories of learner; provide access to an authentic Gaelic speech community, particularly idiomatic Gaelic; extend the use of Gaelic outwith classroom situations; promote Gaelic culture – both traditional and contemporary (MacNeil, 2003, p. 62).

These points are, of course, expectations and hopes, not necessarily achievements.

Two comments are worth making about these seven arguments. The first is that none of them apart from the last is actually about directly encouraging language use. The others are all concerned with building an environment within which the language can flourish. The second point is that there is a distinct lack of evidence to support the link between these arguments and the success (or otherwise) of language maintenance efforts. This is not particularly surprising. Media reception is a complex process, involving a range of factors, such as the individual psychology of consumers, the immediate social context in which media consumption takes place and the broader national and regional contexts, as well as the many factors which operate through media producers to affect the media text itself. Similarly language maintenance is complex, with a wide range of relevant factors. Put these two processes together and the difficulty in making accurate pronouncements about the media and language maintenance will be obvious. This will also show how the seven points mentioned above are all suppositions rather than empirically supported arguments. Given the somewhat disappointing 2001 census returns (after almost a decade of an increased amount of Gaelic television, following the establishment of Comataidh Telebhisein Gàidhlig), the need for evidence becomes acute.

Doubts about the media's role

Less recognised, however, are the arguments against the media, particularly in relation to television, although Joshua Fishman's scepticism concerning the media's role in language maintenance is well-known (Fishman, 1991, p. 395; Fishman, 2001, p. 482). Four arguments can be noted here.

First, media economics pushes towards large audiences, particularly where television is concerned. (This is true of the BBC as well as for the commercial broadcasters since if their audiences fall too much, the maintenance of the licence fee will be in doubt.) There is always likely to be pressure to create programmes that will be aimed at as large an audience as possible, and the development of multichannel digital broadcasting merely makes this pressure all the greater, as the traditional broadcasters scramble to maintain the size of their piece of the broadcasting cake when it is being cut up into a steadily increasing number of slices. Angus Peter Campbell memorably expressed the danger inherent in this:

> During a recent conference in Inverness on Gaelic digital broadcasting, I realised about half-way through the morning that what I was actually attending was an idolatrous service of Baal worship, where we were all kneeling at the high altar of market economics (Campbell, 2002, p. 34).

Gaelic television will never be economic. How the broadcasters react to this can have an important impact on the role of television.

Second, the media take their own genres and formats with them, which may not be the most appropriate for minority language cultures, and which may not be appropriate for encouraging language use. Indeed it can be argued that many of the longest-lasting television formats, such as the quiz show, the game show, soap opera and situation comedy, have developed over the years precisely as international non-culturally specific formats which can be easily adapted from country to country. The current spate of 'reality television' and 'lifestyle' shows demonstrates even more clearly how popular formats develop and spread round the world, seeming to include content specific to particular cultures and countries, but actually varying very little. It is not at all clear how such formats might interact with a threatened minority linguistic culture, such as that of Gaelic, but at the very least they are likely to pull the audience towards majority-language culture. In some respects of course this is merely a development of the previous point about the economics of television, since adoption of such formats is driven by commercial factors.

Third, the presence of Gaelic in the media may not always encourage people to speak the language. This is particularly true of television, with its use of subtitles. If television is watched in situations which do not encourage the speaking of the language (for example in a home in which speaking Gaelic is not the norm), then the mere presence of Gaelic in a programme may not have much of an effect. The viewing context is critical. This merely emphasises, of course, the importance of the community into which the broadcasts are beamed. As far as the internet is concerned, Julie Adair of BBC Scotland has noted the extensive use of English in Gaelic chatrooms (Cormack, 2004, p. 38).

Finally, in these days of multichannel television it seems increasingly likely that television now fragments the audience, rather than bringing it together. Traditionally, the main public service television channels were seen as uniting the national audience, particularly at times of celebration or crisis. Television was seen as a means of maintaining identity (and the argument concerning Gaelic broadcasting and community identity has already been referred to). However, as more and more people have more and more channels to choose from, many of them specialist channels of one kind or another, and as the remote control invites channel-hopping, television's traditional role seems to be changing. By its very nature, digital broadcasting fragments the audience in any community.

Perhaps then the emphasis should be on the possibilities of small-scale media. These seem better able to interact with local communities and thus avoid some of the difficulties mentioned above. But there are problems here (quite apart from the general one that a large part of the Gaelic audience does not now live in the kind of Gaelic community which this model suggests, but is actually dispersed throughout Scotland, particularly in the cities). The history of such media is not encouraging. Forms such as community newspapers, local radio, video workshops, local access cable television stations, local broadcast television, and now the internet and other multimedia (such as CD-ROMs) have been developing over the last forty years. However, there have been relatively few successes of these when competing against large-scale media. They simply do not have the production values to which many people have become accustomed in the media. When they have been successful, they have usually been taken over by larger and more commercially oriented organisations. And there is another point: any technological development in media production or distribution, although it can be used to support minority languages, will also increase the amount of majority language media available. For example, video brought us video workshops but also brought many more Hollywood films into the home, local radio is dominated by international popular music, cable television (not, of course, an option in the Gàidhealtachd) brought access channels but also many other channels (and the local access channels were often the first to be cut when there were financial problems). Now digital broadcasting and the internet both give rise to new opportunities for small media audiences (not least small dispersed audiences) but also increase the amount of media content in English. New media systems can certainly be used to increase the amount of Gaelic available in the media, but, at the same time, as people get these new systems (such as digital television or the internet) they will inevitably get more of the English-language media. Despite a rise in the amount of Gaelic across the media, the overall percentage of Gaelic in the media will fall.

All of this suggests two unproven assumptions which seem to be made sometimes concerning Gaelic in the media. The first is the assumption that more media content (such as television and radio programmes) in Gaelic necessarily leads to more use of the language. This is certainly not clear with respect to television. Does it bring more people to the language? It is not usually the first reason that learners give. Nor is it clear if it makes people talk more to each other in Gaelic or keeps children in the language, particularly the crucial teens-to-twenties category. The second assumption is that a wider range of media (not just newspapers and conventional broadcasting, but also websites and digital broadcasting) must lead to more language use. Again, simply creating more Gaelic on the web is not in any clear way by itself likely to do much to maintain the numbers of Gaelic speakers. In fact, if different media are in effect in competition (scheduling clashes, for example, or providing the same content in different media), then again their effect may not be cumulative.

It should be noted at this point that this is not being set up as an argument against Gaelic using media in any way – merely signalling that there should not be naïve expectations of what Gaelic in the media can do to support the number of Gaelic speakers. There are other reasons for providing Gaelic media, and it may well be that the media *can* be used as an effective tool in language maintenance. But at the moment this stands in need of evidence.

Researching the audience

All this makes clear how important audience research is – research to try to determine how Gaelic in the media is related to the speaking of the language. However, there are general problems involved in researching these issues. Despite being historically the leading problem of media studies, the direct impact of media on audiences is still not fully understood (the reasons being the complexity of the process, as already noted). There are few results which have not been disputed. Simply counting heads or asking people straightforward questions concerning their likes and dislikes, while giving some useful, if limited, information, is not going to get at the kind of information that is needed to determine the impact on language maintenance. It is not just the number of viewers or even their attitudes to programmes that is important in this context, but rather how the programmes relate to speaking Gaelic. It is also important to note that asking media to encourage the speaking of a language is in fact asking them to do something they were not designed to do – it is a direct behavioural effect, as well as a long-term attitudinal one. The BBC's mantra of aims (as enshrined in its Royal Charter) – to inform, educate and entertain – is instructive here. None of these is aiming at such a clear behavioural effect, and of all research on media impact, that on direct, behavioural effects is the most controversial. (Although, of course, encouraging speaking of a language should be seen as both a direct effect – as individual programmes might stimulate immediate language use – but more importantly as a longer-term and less direct effect, as the cumulative effect of such programmes would be to encourage more general language use). The most talked-about programmes on television – and hence the ones which might be seen as most likely to encourage actual speaking – are the ones which create controversy, such as reality shows, talk shows and soap operas. But, as noted earlier, these are also usually the least culturally specific programmes. Even soap operas, for all that they are situated in very specific places, tend to use the same narrative devices, the same kinds of characters, and the same plot-lines, wherever they originate from. The local culture functions as little more than a bit of local colouring in an international format.

Within recent writing on audience research, one approach suggests interesting ways of looking at audiences by using the notion of 'media culture', that is, the ways in which the media fit into our lives, the ways in which we use them and talk about them, the ways in which media talk about other media (for example, in television reviews in newspapers or, less respectably, the popular press's obsession with television personalities). This approach has been part of an attempt to get beyond some of the more traditional ways of doing audience research, such as ethnographic studies and reception studies. Pertti Alasuutari (1999, p. 6) has emphasised the need to study such media culture, not just audience reactions:

The objective is to get a grasp of our contemporary "media culture", particularly as it can be seen in the role of the media in everyday life, both as a topic and as an activity structured by and structuring the discourses within which it is discussed.

It is this aspect – how media consumption is part of a larger linguistic environment – that is important. It can then be seen how media content is *used* by the audience. More recently Sonia Livingstone has argued as follows (2004, p. 79):

We know that not only does the social context in front of the screen frame the nature of the engagement with what is shown on the screen, but that in many ways which we can now elaborate, people are active in shaping their media culture.

In other words, such research looks not simply at reactions, but at the whole social context of media use, and how that context is created and developed by members of the audience.

This does, however, raise the issue of who the Gaelic media audience is. To contrast just three parts of it, those living in communities in which Gaelic is still spoken every day, such as Ness, Scalpay, Barra or Staffin, are in a very different situation from what might be called the emigré Gaelic audience living outwith the Gàidhealtachd, particularly in cities such as Glasgow, and both of these audiences are again distinct from the audience of Gaelic learners (a group increasingly seen as of importance if the numbers of speakers is to be not just stabilised but increased). The kind of research suggested by Alasuutari fits most easily into the kind of community which is represented by those places in the Highlands and Islands where Gaelic is still a community language, yet the other groups, and in particular learners, must not be forgotten. The notion of media culture also encourages us to be sensitive to the different contexts in which the media are used, and to consider the interaction between the different parts of the Gaelic media audience, such as viewers of *Eòrpa*, listeners to Coinneach MacÌomhair, readers of *An Gàidheal Ùr*. These different audiences no doubt overlap in complex and varying ways, and this overlap may well be a crucial factor.

A research agenda

All this suggests a way of studying media impact on Gaelic which is somewhat different from simply counting numbers of viewers and asking opinions about Gaelic programmes (although the traditional methods still have a role to play). It suggests research encompassing the following: looking at how people actually use the media to interact with each other; looking at the choices people make about what language and in what context they talk about Gaelic media; looking at the attitudes of

Gaelic speakers as to how the language is used in the media; looking at how people participate in Gaelic media, e.g. through phone-ins, letters to the editor and studio audiences; looking at how Gaelic speakers interact with non-Gaelic media (if the Gaelic media encourage Gaelic-speaking, do the English-language media do the same for English?); looking at how the Gaelic media make people feel about themselves *as* Gaelic-speakers (a point which goes back to the issues of identity and community mentioned earlier).

Methodologically, such research would involve in-depth interviews, both with groups and with individuals, along with questionnaires designed to elicit full and thoughtful answers, rather than just simple one-word or one-sentence answers. The kind of group discussion in the viewing context made famous by David Morley (1992) could clearly play a role here.

It also suggests different ways of looking at media content: research as to who uses Gaelic in the media; what registers and dialects of Gaelic are used; what aspects of Gaelic society do and do not appear in the media; which areas appear most often; how does Gaelic appear and how is it referred to in non-Gaelic media (e.g. films, newspapers, English-language television drama series). This last is important in terms of how the language is represented in the country at large, as well as reminding us that most consumers of the Gaelic media will also be consumers of English-language media.

The aim in all of this is to discover what kinds of media, what kinds of media content and what kinds of media context are most likely to encourage use of Gaelic. It cannot simply be assumed that more Gaelic television will automatically help the survival of the language. What is needed is media content that actually encourages language use with attention being paid both to the interaction of different media and to the variety within the audience (and remembering, of course, that if programmes are not popular in the first place, then there will not be much encouragement of any kind). Without the kind of information which such research would gather, it is difficult not to see media planning as guesswork, even if guesswork of a sophisticated kind. But given the present state of Gaelic and the limited resources available, such guesswork is a luxury which cannot (literally) be afforded.

Gàidhlig aig an Oir

Gillian Rothach

Chunnaic mi ròs a' fàs air stalla na h-eachdraidh,
's e deoghal sùgh ás a' chreig bho linn nan linn,
's a bhlàth cùbhraidh an cuimhne cràbhach dhaoine,
is ghabh mi iongnadh gum maireadh a' mheud seo mhaise
fo imlich saillte an t-sàil 's fo bheum a' chlaidheimh;
cha b' ann gun opàirn a ràinig mi eag an ròis seo,
's a thog mi a' chraobh, 's a chuir mi i 'n taobh a' ghàrraidh,
ach O! chan eil cùram ann a nì a caomhnadh,
no gath bho ghrèin an t-saoghail a-nis bheir blàth oirr.

Chunnaic mi ròs a' fàs: MacThòmais, 1982, td. 44

Tha do dhealbh ann an cùl m'inntinn
gun sgleò air,
daingeann, suidhichte
a-measg nan ìomhaighean briste,
a-measg a luasgain,
gun aois a' laigh air ach an aois a bhà thu,
clàr mòr an aodainn mar chloc air stad
air madainn Earraich,
gam chur ri uair a' bhaile
leis a' ghliocas sin
nach robh an eisimeil leabhraichean,
leis an àbhachdas, leis a' ghearradh-cainnt
a bha a' leum á cridhe a' chinnidh
mus deach a chéiseadh,
mus deach a valve ùr ann
a chumadh ag obair e anns an t-saoghal ùr.
Sud iuchair mo mhuseum,
an clàr air an cluich mi mo bhial-aithris,

an spaid-bheag leis an dùisg mi fonn
na linne a tha nise seachad
an ìomhaigh tha cumail smachd
air na h-ìomhaighean-brèige.

Cotrìona Mhòr, MacThòmais, 1982, td. 158

1. Ro-ràdh

Anns a' chiad phìos bàrdachd gu h-àrd, thathar a' faighinn ìomhaigh air a' Ghàidhlig mar chànan a' tighinn beò ged a tha an àrainneachd a tha timcheall oirre cruaidh. Tha i air a bhith aig iomall na creige – aig an oir, a thaobh beatha no bàs, agus a thaobh iomallachd bho mhòr-chultaran Bhreatainn agus na Roinn Eòrpa. Mar sin, tha beagan ìoranais ann gu bheil an cànan an dà chuid beò air sàilleabh iomallachd, agus fo bhinn a' bhàis mar thoradh air iomallachd. Tha an rud a bha ga dìon a-nis a' cur às dhi, mura dèanar barrachd ma dheidhinn. Mar sin, a bheil am bàrd ceart? Nach eil sìon ann a ghabhas dèanamh, a chumas a' Ghàidhlig beò, beò air 'a' chreig bho linn nan linn' no ''n taobh a' ghàrraidh'? Nach eil am valve ùr ag obair, agus ag ath-bheòthachadh na Gàidhlig?

Ann an iomadach sgìre le Gàidhlig, chan e dìreach an cànan a tha fo bhinn a' bhàis. Tha an eaconamaidh agus àireamh an t-sluaigh ann an iomadach àite Gàidhealach fo bhinn a' bhàis, agus tha cruaidh fheum air co-obrachadh eadar na buidhnean agus na coimhearsnachdan air gach roinn dhe am beatha airson freagairtean fhaighinn dha na duilgheadasan eaconamach, sòisealta agus cultarach. Ann an iomadach dòigh, cha deach planaichean leasachaidh air an iomall a cheangal gu daingeann ri planaichean, ri sealladh air, agus ri misneachd ann an cultar agus cànan nan Gaidheal.

Tha an aiste seo ma-thà a' faighneachd ciamar a tha a' Ghàidhlig ga faicinn an-diugh leis na coimhearsnachdan iomallach far a bheil Gàidhlig fhathast beò. Ciamar a thathar a' tuigsinn a' cheangail eadar iomallachd agus a' Ghàidhlig? A bheil iomallachd ga faicinn mar adhbhar beatha no adhbhar bàis dhan chànan, dhan chultar agus dhan choimhearsnachd? Agus dè cho cudromach 's as urrainn dhan Ghàidhlig a bhith ann an coimhearsnachdan iomallach, a tha a' strì gus tighinn beò, far a bheil an eaconamaidh ionadail cugallach dha-rìribh, agus far a bheil àireamh an t-sluaigh cho beag agus gu bheil a' choimhearsnachd an eisimeil air daoine a' gluasad a-staigh – daoine, mar as trice, gun Ghàidhlig? Ma thathar airson misneachd na coimhearsnachd a thogail agus structaran fèin-leasachaidh a stèidheachadh anns a' choimhearsnachd – gum bi a' choimhearsnachd ann idir anns an àm ri teachd – nach eil iomairt a tha a' feuchainn ri daoine a bhrosnachadh gu bhith a' bruidhinn na Gàidhlig a' dol a chruthachadh sgaraidhean eadar daoine? Dè an uiread de dh'aonta a dh'fheumas a bhith ann, mus obraich planaichean leasachaidh cànain anns na coimhearsnachdan?

Ged a tha duilgheadasan dha-rìribh ann a bhith a' moladh agus a' cur air adhart leasachadh a' chànain anns na sgìrean traidiseanta, bithear cuideachd ag argamaid gu bheilear a' faicinn an-diugh iomairtean agus ath-bheòthachadh ann an spiorad coimhearsnachd, agus tha co-obrachadh agus structaran fèin-riaghlaidh ùra a' tighinn am follais anns na sgìrean Gàidhealach. Bithear ag argamaid gu bheil leasanan rin ionnsachadh bhon seo a bhios feumail ann a bhith a' cur phlanaichean cànain air dòigh anns na sgìrean. Mar eisimpleir, tha iomairtean an fhearainn agus cumhachd na gaoithe air toirt air bailtean is sgìrean air a' Ghàidhealtachd planaichean leasachaidh a stèidheachadh gus smachd fhaighinn air an talamh agus stòrasan ionadail. Chaidh amasan agus structaran riaghlaidh anns na coimhearsnachdan a chruthachadh leis na coimhearsnachdan, agus tha iad air a bhith a' gabhail air bòrd a bhith a' stiùireadh leasachaidhean anns na coimhearsnachdan aca. Nach gabh seo a dhèanamh airson na Gàidhlig?

Sgrìobh Edward Said (1993) air cho bunaiteach agus cudromach agus a tha sealbh air an fhearann airson a bhith a' cur an aghaidh nam buillean as miosa air fèin-aithne a thig an lùib an dlùth-chruinneis (*globalisation*). Faodar gu leòr ionnsachadh mu phròiseasan leasachaidh coimhearsnachd bho na h-iomairtean seo. Thèid argamaid air fianais bho iomairt fearainn ann an sgìre Ùige ann an Leòdhas, gun gabh coimhearsnachdan, mar choimhearsnachdan Gàidhlig, an ath-chruthachadh agus ath-thogail, fiù 's ann an sgìrean iomallach le duilgheadasan eaconamach agus gainnead òigridh, ma tha am miann, an taic fhreagarrach agus an ro-innleachd cheart ann.

'S ann aig an oir a tha a' Ghàidhlig fhathast beò mar chànan conaltraidh anns na bailtean agus sgìrean – coimhearsnachdan Gàidhealach bho shean. Tha toraidhean a' chunntais-shluaigh 2001 a' dearbhadh nach eil a' Ghàidhlig beò tuilleadh mar chànan conaltraidh baile ach anns na sgìrean as iomallaiche, anns an iar-thuath de dh'Alba, agus gu h-àraidh anns na h-Eileanan Siar. Tha cunntasan-sluaigh cuideachd a' sealltainn, anns an linn mu dheireadh, gu bheil sgìrean Gàidhealach air gèilleadh beag air bheag dhan Bheurla. Thèid argamaid gu h-ìosal nach bi a' Ghàidhlig beò tuilleadh ann an Alba mar chànan conaltraidh aig dùthchasaich, mura cùmar Gàidhlig beò anns na sgìrean far a bheil tomhas math fhathast de fhileantaich – anns an Eilean Sgitheanach, agus gu h-àraidh anns na h-Eileanan Siar. 'S e cnag na cùise, mura bi Gàidheil a tha fileanta anns a' chànan ga chleachdadh bho latha gu latha, cha mhair an cànan beò. Mura dh'obraich na ro-innleachdan, poileasaidhean agus goireasan seo ann an coimhearsnachdan Gàidhlig, airson na Gàidhlig, chan obraich iad ann an àite sam bith: mar a sheall James Oliver (2002), gun 'authenticity' le cànan mar phàirt dhen eachdraidh, dhen chòd shòisealta, dhen mhodh, agus den chonaltradh anns a' choimhearsnachd, cha bhi adhbhar ann a bruidhinn ach mar chur-seachad agus baidse air fèin-aithne.

Thathar mar sin ag aontachadh le Coinneach MacFhionghain gu bheil ceist mhòr ann, an cùm an cànan a' dol mura bi e air a chleachdadh mar chànan conaltraidh ann an coimhearsnachdan, a bharrachd air a chleachdadh mar chànan an fhoghlaim agus anns na meadhanan (MacKinnon, 1991c, td. 185). Tha MacFhionghain ag aontachadh le Joshua Fishman (1991) air a' phuing seo mun phrìomhachas a tha aig an dachaigh agus an sgìre ann an leasachadh mion-chànain. 'S ann anns na dachaighean agus na sgìrean còmhla a dh'fheumas an oidhirp a bhith.

Bha na coimhearsnachdan seo gu tric mar choimhearsnachdan cànain no coimhearsnachdan air an sònrachadh le dualchainntean fa leth, co-chàirdeas agus co-obrachadh, am measg structaran sòisealta agus cultarach eile. Mar sin, bha a' Ghàidhlig stèidhichte air ceanglaichean anns a' choimhearsnachd, agus tha mòran dhe na h-adhbharan airson a bàis, agus mòran dhe na cothroman airson a cumail beò agus ath-dhùsgadh, anns na ceanglaichean seo. Mar a sgrìobh MacFhionghain (1991c, td.16), tha cùisean cànain dlùth-cheangailte ri pròiseasan sòisealta, agus feumar seo a thuigsinn le bhith a' sgrùdadh eachdraidh shòisealta agus sòisio-eòlas eachdraidheil air coimhearsnachdan cànain. Thathar ag argamaid an seo gu bheil seo gu dearbh fìor, agus cuideachd gu bheil feum air coimhead air leasachaidhean leis na coimhearsnachdan, leasachaidhean is dòcha nach eil ceangailte gu follaiseach ri cànan, mar iomairt an fhearainn. Agus chaidh iomairt an fhearainn a thogail air eòlas air leasachaidhean coimhearsnachd eile, mar tallaichean coimhearsnachd, na comainn eachdraidh, agus comataidhean ionaltraidh. Ionnsaichear mu mar a tha coimhearsnachdan a' tighinn ri chèile agus carson; agus gabhaidh molaidhean a dhèanamh a dh'fhaodadh a bhith feumail ann a bhith a' dealbh agus a' cur an gnìomh phlanaichean cànain anns na coimhearsnachdan Gàidhealach.

1.1 Ceistean agus leasanan bhon litreachas

A bharrachd air obair an t-sòisio-eòlaiche cànain Coinneach MacFhionghain air a' Ghàidhlig, tha sreath de dh'antroip-eòlaichean air sgrìobhadh air cànan agus cultar na Gàidhlig agus/no an eaconamaidh agus/no structaran sòisealta agus/no foghlam agus poileataigs a' chànain (e.g. Ennew, 1980; Macdonald, 1997; Oliver, 2002; McEwan-Fujita, 2003; Munro, 2003a, 2003b; agus Gossen, 2001). Tha an obair seo feumail ann a bhith a' tuigsinn ciamar a ghabhadh planaichean cànain coimhearsnachd a·chur an sàs gu h-èifeachdach leis na coimhearsnachdan fhèin a' gabhail suim, uaill agus smachd. Gun tuigsinn air pròiseasan agus modhan ionadail, bidh e doirbh planaichean leasachaidh cànain a chur an sàs anns na coimhearsnachdan a bhios soirbheachail. Mar sin, tha feum air tuilleadh rannsachaidh barailich anns na coimhearsnachdan air beachdan air a' chànan agus cleachdadh a' chànain, air an tèid plana cànain ionadail a stèidheachadh.

1.2 Mìneachadh air coimhearsnachd

'S ann dìreach air coimhearsnachdan a tha stèidhichte air talamh – bailtean agus sgìrean le eachdraidh shòisealta choitcheann – a bhios mi a' coimhead anns an aiste seo. Cha bhi mi a' coimhead ann an doimhneachd sam bith air coimhearsnachdan de sheòrsachan eile, mar 'coimhearsnachdan ùidh', 'coimhearsnachdan lìonraidh' no 'coimhearsnachdan poilitigeach' (Munro agus Hart, 2000), coimhearsnachdan nach eil ceangailte anns an aon dòigh ri talamh agus nàbachd. Tha e fìor gu bheil coimhearsnachdan-ùidh, -lìonraidh agus -poilitigeach cuideachd rin lorg sgapte ann an coimhearsnachdan stèidhichte air nàbachd, agus tha e fìor nach eil baile ann tuilleadh far a bheil Gàidhlig aig a h-uile duine, no Gàidhlig ga bruidhinn leis a h-uile duine.

Ach anns an fharsaingeachd, ann an rannsachadh agus planaichean leasachaidh, cha bhithear gu tric a' coimhead air bailtean agus sgìrean Gàidhealach stèidhichte air talamh agus air nàbachd mar ghoireas leasachaidh aig cridhe soirbheachadh na Gàidhlig (ach faic Macdonald, 1997; Oliver, 2002; NicAoidh, an leabhar seo; agus Plana Cànain nan Eilean Siar). Agus cha bhithear ann am planaichean leasachaidh gu tric a' coimhead air leasachadh na Gàidhlig aig an aon àm ri leasachadh eaconamach agus leasachadh trioblaidean anns an structar shòisealta anns na bailtean agus sgìrean seo. 'S e beàrn mhòr ann an smaoineachadh a tha an seo, a thathar an dòchas a chuidicheas Plana Nàiseanta na Gàidhlig, ann an co-bhonn le planaichean canain ionadail nach deach a dhealbh fhathast (ach anns na h-Eileanan Siar agus ann an Inbhir Nis agus Inbhir Narann). Bu chòir togail air feumalachdan eaconamach, sòisealta agus cànain, agus air structaran agus amasan nam bailtean agus nan sgìrean air a' Ghàidhealtachd – agus nan coimhearsnachdan de sheòrsachan eile.

A dh'aindeoin nan cothroman agus taghaidhean a tha aig daoine an-diugh air sgàth teicneòlais fiosrachaidh, agus air sgàth fosgladh mhargaidean agus thaghaidhean air ar dòigh beatha agus dòighean smaoineachaidh, chan eil an seòrsa coimhearsnachd seo, far a bheil nàbachd cudromach, marbh idir. Tha daoine fhathast, gu ìrean diofrach, ceangailte agus an eisimeil air a chèile ann an cuid a dhòighean, anns na bailtean agus sgìrean, airson, mar eisimpleir, càirdeas, seirbhisean bùtha, cùram cloinne, obair agus gu leòr eile (Munro, 2003b). Tha seo gu h-àraidh fìor mu àiteachan iomallach.

Tha e ro fhurasta anns an latha a tha ann a bhith ag ainmeachadh cho *ceangailte* 's a tha a h-uile duine anns gach pàirt den bheatha ri coimhearsnachdan taobh a-muigh an àite anns a bheilear a' fuireach agus ag obair. Ach tha nàbachd dhlùth anns a bheil daoine agus àiteachan faisg air làimh fhathast glè chudromach ann an sgìrean Gàidhealach, ged a tha na seòrsachan agus an uiread de na ceanglaichean seo air atharrachadh. Tha nàbaidhean nam pàirtean dhen structar shòisealta, dhen eaconamaidh agus dhen ìomhaigh phearsanta aig daoine air beartas nam beatha ann an sgìrean Gàidhealach, aig dùthchasaich agus aig in-imrichean (Munro, 2003b).

1.3 Dlùth-chruinneas agus ath-bheòthachadh ùidhe ann am mion-chànain

Canar 'calpachas' no dlùth-chruinneas ris a' phròiseas eadar-nàiseanta a tha air cùl carson a tha cuid de dh'àiteachan nas 'iomallaiche' na an còrr ann an eaconamachd an iar – iomallach agus glè thric, gann de dhaoine agus le eaconamaidh lag (Lechner agus

Boli, 2000; Held agus McGrew, 2000). 'S iad seo na h-adhbharan air cùl carson a tha diofaran ionadail, mar chànanan agus cleachdaidhean, a' dol à bith. Ach ma bhathar a' faicinn dlùth-chruinneas mar chumhachdan a bha a' cur às do mhion-chànanan agus do mhion-chultaran, an-diugh tha cuid ag ràdh gu bheil dlùth-chruinneas a' toirt chothroman do dhaoine a bhith a' cur suim agus spèis ann an diofaran ionadail, nam measg, mion-chànanan agus mion-chultaran. A rèir a' bheachd seo, chan fheumar taghadh a dhèanamh eadar mòr-chultaran agus mion-chultaran.

Tha Fishman (1999, td. 450) dhen aon bheachd ri Oliver nuair a chanas e gum faodar mion-chànan fhaicinn mar dhòigh air togail air freumhan, agus a tha a' toirt dachaigh dhan eanchainn ann an saoghal eadar-nàiseanta. Tha nàiseantachd anns an fhicheadamh linn 's dòcha na h-eisimpleir air seo cuideachd, le Èireannaich, Fàraich, Innis Tìlich, agus Nirribhich air taghadh a bhith a' cur cuideam air diofaran ionadail seach air eadar-nàiseantachd (m.e. Baldersheim agus Stahlberg, 1999; Tagil, 1995).

Tha an dòigh smaoineachaidh seo 's dòcha fìor nuair a bheachdaichear air toraidhean a' cheisteachain a chaidh gu in-imrichean anns na h-Eileanan Siar, agus trì cairteal dhiubh taiceil dhan Ghàidhlig, agus iad ga faicinn mar chànan luachmhor an teaghlaich agus na sgìre (NicAoidh, an leabhar seo). Tha rannsachadh eile a' sealltainn gu bheil in-imrichean nas buailtiche a bhith a' cur an cuid cloinne tro fhoghlam tro mheadhan na Gàidhlig na dùthchasaich, ann an cuid de shuidheachaidhean (Stockdale *et al.*, 2004). Tha feum, mar sin, air ro-innleachd, poileasaidh agus dòighean air taic nan in-imrichean a chur gu feum ann an ionnsachadh cànain.

Is dòcha nach robh daoine riamh cho mothachail 's a tha daoine an-diugh air na droch bhuaidhean aig dlùth-chruinneas agus air na mì-chothroman is ana-ceartas as urrainn a bhith na lùib. Chan iongnadh gum facas gluasad nàiseanta ann an Alba anns na deich bliadhnaichean air fhichead mu dheireadh airson togail inbhe agus taic structarail dhan Ghàidhlig (Macdonald, 1997), agus ùidh a' mhòr-shluaigh a bhith ga h-ionnsachadh (Gossen, 2001). Tha daoine an dùil ri 'taghadh' nan dòigh-beatha; agus tha beartas anns na mòr-bhailtean air toirt air gu leòr a bhith a' cur luach as ùr ann am fèin-aithne ionadail, 'eachdraidheil', eadar-dhealaichte, mar a' Ghàidhlig, cànan a bha stèidhichte air a' Ghàidhealtachd.

Ach tha e feumail smaoineachadh air a' phuing aig Macdonald (1997) mu na taghaidhean a tha na Gàidheil fhèin ag iarraidh – gun robhar a' smaoineachadh ann an 'Càrnan' nach robh ann am mion-chànan ach aon taghadh am measg thaghaidhean eile, agus nach eil an fhèin-aithne aca freumhaichte anns a' Ghàidhlig barrachd na ann an rudan cultarach eile. Tha seo gu h-àraidh fìor do Ghàidheil òga. Tha feum air dòighean air aire nan dùthchasach a tharraing le fiosrachadh air cho luachmhor agus adhartach agus a tha a' Ghàidhlig, agus cho furasta agus a tha e an cànan a chall, mura bithear ga thaghadh a dh'aona ghnothaich. Feumar a bhith misneachail agus pròiseil às a' Ghàidhlig, a' cleachdadh na Gàidhlig agus a' brosnachadh fèin-aithne mar choimhearsnachdan le Gàidhlig. Chan eil an seo ach beachdan pearsanta;

agus tha feum mòr air rannsachadh air beachdan nan dùthchasach air a' Ghàidhlig, oir fhathast, a bharrachd air an obair aig NicDhòmhnaill, chan eil fianais ann air na beachdan aca.

Tha dlùth-chruinneas air buaidh mhòr fhàgail air a' Ghàidhlig air a' Ghàidhealtachd. Tha sgrìobhadairean mar T. M. Devine (1994), Michael Hechter (1999), James Hunter (2000) agus Judith Ennew (1980) air diofar fhreagairtean a chur an cèill air a' bhuaidh a tha air a bhith aig calpachas, siostam eaconamach a tha an lùib an dlùth-chruinneis, air a' Ghàidhealtachd. An-diugh, tha bruidhinn na Beurla a' sìor leudachadh anns an sgìre, fhad 's a tha bruidhinn na Gàidhlig a' crìonadh. Tha diofaran eadar cleachdaidhean nan Gàidheal air a' Ghàidhealtachd agus cleachdaidhean/cultar ann an àiteachan eile ann am Breatainn 's eile a' sìor-chrìonadh cuideachd, chun an t-suidheachaidh gu bheil tòrr dhe na diofaran ionadail, agus mìneachaidhean air fèin-aithne, rim faicinn no tuigsinn, mar a mhìnich Anthony Cohen (1986), aig ìre nithean inntinne a-mhàin. Tha fios, aig deireadh an latha, gu bheil seo a' lagachadh fèin-mhisneachd agus creidsinn ann am fèin-aithne ionadail a tha diofrach bho chultaran eile, oir, ann an eachdraidh, bha an smachd air gach pàirt dhe am beatha mar bu trice ann an làmhan dhaoine a bhruidhneadh a' Bheurla: na h-uachdarain, na bàilidhean, na ministearan, na maighstirean sgoile – mar a tha fianais aig Coimisean Napier a' dearbhadh (Cameron, 1986). Mar sin, ciamar a bhiodh misneachd aca anns a' chànan, agus mòran dhiubh, gu h-àraidh an òigridh, nas fileanta anns a' Bheurla agus ag eadar-theangachadh ghnàthasan-cainnt Beurla gu Gàidhlig nas trice agus nas trice? Mura bithear faiceallach gus sgìrean Gàidhealach le Gàidhlig a chumail fallain ann an cànan na Gàidhlig, cha bhi a' bhrìgh a bha anns a' Ghàidhlig ann air bilean an t-sluaigh.

Tha an obair aig Oliver (2002) agus aig Macdonald (1997) air leth inntinneach airson cuid dhe na puingean a thogadh air dè tha a' Ghàidhlig a' ciallachadh do dh'òigridh le comasan anns a' Ghàidhlig (Oliver) agus dha sgìre Ghàidhealach (Macdonald). Sgrìobh Oliver gun do rinn òigridh ann an Glaschu agus anns an Eilean Sgitheanach ceangal eadar a' Ghàidhlig agus a' Ghàidhealtachd. Bha seo gu h-àraidh fìor airson nan Sgitheanach, a bha a' creidsinn gun robh barrachd ceangailte ris an fhacal 'Gàidhlig', agus ris a' choincheap 'Gàidheal', na dìreach comas cànain, mar mothachadh dhan àite, dha traidiseanan agus dhan dualchas (Oliver, 2002, td. 167; Oliver, an leabhar seo). Bha na Sgitheanaich a' faicinn na Gàidhlig mar chànan a bha ceangailte ri teaghlach agus ri sgìrean Gàidhealach, fhad 's a bha òigridh Ghlaschu ga faicinn mar chothrom air sgilean agus obraichean fhaighinn. Bha na Sgitheanaich òga fileanta na bu mhisneachaile mun Ghàidhlig, agus a' toirt barrachd cèill àiste, na bha òigridh Ghlaschu (td. 156). Air na h-adhbharan seo, tha e nas coltaiche gum bi a' Ghàidhlig beò anns na teaghlaichean agus sgìrean air a' Ghàidhealtachd seach ann an àiteachan air an taobh a-muigh dhi.

Sgrìobh Oliver agus Macdonald air a' cheist, dè tha ann an Gàidheal? A rèir toraidhean Oliver, b' e glè bheag dhen òigridh, anns an Eilean Sgitheanach no ann an

Glaschu, a smaoinich orra fhèin mar Ghàidheil; gu dearbh, cha robh cuid aca cinnteach à ciall an fhacail idir (Oliver, 2002, td. 115), ag adhbhrachadh cheistean dhaibh air dè cho fìor agus a bha an fhèin-aithne aca mar luchd-labhairt agus coimhearsnachd na Gàidhlig. Saoilidh mi gur ann an seo a tha aon dhe na dùbhlain agus ceistean as motha a tha ann ann an dealbhadh cànain: ciamar as urrainnear 'Gàidheal' (le Gàidhlig) a mhìneachadh: feumaidh daoine a bhith a' faireachdainn cofhurtail agus moiteil às an fhacal, agus gum bi am facal a' toirt a-steach iomadachd dhaoine, iomadachd obrach agus iomadachd dhòigh-beatha anns an latha an-diugh, ach aig an aon àm, a' tarraing air freumh na h-eachdraidh. Ma tha toraidhean Oliver fìor, agus ma tha e fìor gu bheil mì-chinnt mun fhèin-aithne a' lagachadh cinnt ann an cultar agus ann am fèin-aithne nan Gàidheal, tha feum air am facal seo a mhìneachadh agus a chur an sàs anns na coimhearsnachdan – agus tha e gu h-àraidh cudromach gun tèid seo a dhèanamh dhan òigridh. Tha feum air barrachd thachartasan tro mheadhan na Gàidhlig, cur-seachadan ùra mar eisimpleir, ach air an lìbhrigeadh tron Ghàidhlig, gun urrainnear a bhith air a chuairteachadh leis a' chànan anns a' chultar.

1.4 An cànan anns an teaghlach, anns an dachaigh agus anns an sgìre

Tha Fishman (1991, td. xii) air a ràdh gur e an ìre as cudromaiche ann am fallaineachd cànain sam bith an cànan a bhith ga bhruidhinn aig teaghlaichean anns na dachaighean agus anns an nàbachd, agus feumar seo cumail a' dol tro na ginealaichean. Tha MacFhionghain dhen aon bheachd (MacKinnon, 2000, 2004a). Tha Fishman a' mìneachadh carson a tha e cho cudromach mion-chànanan a bhrosnachadh. Tha e ag ràdh gu bheil e fhèin a' creidsinn ann an iomadachd chultarach, agus ann am fèin-riaghladh aig na buill air a' chultar aca (1991, td. xi). Tha e cuideachd ag ràdh gu bheil cànan a' riochdachadh agus ag adhartachadh fèin-aithne agus ceanglaichean gu eòlaichean anns a' choimhearsnachd (td. 6).

Chan eil e doirbh nas motha gach adhbhar a tha Fishman ag ainmeachadh (1991, tdd. 57–63) airson atharrachadh ann an cànan aithneachadh air a' Ghàidhlig: buaidh às-imrich no dìth-dhaoineachadh; laigse a thaobh an eaconamaidh agus an structair shòisealta, call smachd air cultar agus air fèin-riaghladh cultarach. Tha gach adhbhar seo ri fhaicinn fhathast, gu ìre mhòr, anns na sgìrean Gàidhlig as làidire, agus feumaidh luchd-leasachaidh a bhith ag obair air na laigsean seo còmhla ri amasan cànain. Bithear a' moladh dhòighean air a' Ghàidhlig a neartachadh anns na coimhearsnachdan anns a' phàirt mu dheireadh dhen aiste seo.

Tha an rannsachadh aig Macdonald (1997) a' togail an aon seòrsa cheistean, ach ann an co-theagsa beagan eadar-dhealaichte. Mhìnich i mar a bha a' Ghàidhlig ann an 'Càrnan' ga meas cudromach cha b' ann am poileataigs mun Ghàidhlig, ach mar chànan anns an robhar eòlach air agus a' dèiligeadh le daoine eile anns an sgìre (td. 239) – a' Ghàidhlig mar chànan na coimhearsnachd ionadail. Ach sgrìobh i cuideachd nach robh a' Ghàidhlig aig cridhe agus mar phrìomh chomharra air fèin-aithne phearsanta a h-uile duine anns an àite, agus cuideachd nach robh a' Ghàidhlig na cuspair a bheireadh na daoine anns an àite còmhla (td. 227). A thuilleadh air seo, sgrìobh i gun robh daoine anns an àite – agus gu h-àraidh an òigridh – a' tionndadh bho bhith a' faicinn na Gàidhlig mar chànan conaltraidh na coimhearsnachd, gu Gàidhlig mar shamhla air cultar agus air fèin-aithne a bhith agad (td. 241) – agus dh'fhaodadh an fhèin-aithne seo a bhith agad, gun a bhith a' cur a' chànain gu cleachdadh anns gach suidheachadh. Chunnaic i sgaradh eadar conaltradh is fèin-aithne anns a' choimhearsnachd, agus 'cultar' agus 'fèin-aithne' mar ghoireas poilitigeach (td. 241). Chuir Oliver (2002) taic ris na beachdan seo.

Tha an rannsachadh aig Andrew Gossen (2001) air Sabhal Mòr Ostaig a' toirt dhuinn na h-aon seòrsa thoraidhean air Gàidhlig am measg nan oileanach agus luchd-obrach, 's i ga faicinn nas trice mar ghoireas poileataigeach air fèin-aithne – ach cuideachd mar dòigh conaltraidh na Gàidhealtachd. Tha SMO is dòcha beagan diofrach bho choimhearsnachdan-sgìre na Gàidhealtachd, bhon a thathar a' feuchainn ris an dà chuid a cheangal còmhla, gum bi a' Ghàidhlig nas treasa – leis an valve ùr de Ghàidhlig, a tha an dà chuid mar chànan gnàthaichte anns a' choimhearsnachd (SMO, agus nas farsainge ann an saoghal an fhoghlaim agus leasachaidh na Gàidhlig) agus mar ghoireas poileataigeach. 'S e cnag na cùise, is dòcha, ann am feallsanachd an t-Sabhail Mhòir agus bhuidhnean Gàidhlig eile, gum faodar taghadh a dhèanamh a bhith a' bruidhinn na Gàidhlig, cho tric agus as urrainnear agus a thogar, gun a bhith a' call chothroman air obair, càirdeas, beatha shòisealta agus eile.

Ach ann an sgìrean Gàidhealach eile, chan eil an cànan ga mheas riatanach còmhla ri obraichean no cur-seachadan no eile, agus tha an t-àm ann seo atharrachadh, gu h-àraidh an lùib obraichean anns na coimhearsnachdan. Tha an dleastanas airson seo a chur an gnìomh aig na buidhnean carthannais, poblach agus prìobhaideach. Nuair nach eil Gàidhlig riatanach, nuair a tha i ga meas 'desirable', tha seo a' cur na Gàidhlig anns an dàrna àite, mar rud a bharrachd air na prìomh rudan a dh'fheumas a bhith ann. Tha e a' dèanamh ciall ann an obraichean anns na coimhearsnachdan gum bi Gàidhlig fhileanta aig an neach-obrach.

Aig deireadh an latha, a bheil na h-aon chothroman aig coimhearsnachdan Gàidhlig iomallach? Tha iad gu tric a' strì ri eaconamaidh lag agus gainnead dhaoine. A bheil na h-aon chothroman aca a bhith a' taghadh Gàidhlig a bhruidhinn agus a bhith a' cur cànan air thoiseach air cruadh-chas an eaconamaidh agus cion sluaigh? An gabh an làn tionndadh, gum bi coimhearsnachdan iad-fhèin ag iarraidh agus comasach air Gàidhlig a chleachdadh agus a neartachadh mar chànan coimhearsnachd agus teaghlaich, agus mar ghoireas a ghabhas cleachdadh ann an leasachadh an eaconamaidh agus nan structaran sòisealta?

2. Sgìre Ùige, Leòdhas

Anns a' phàirt seo dhen aiste, bithear a' cleachdadh nam beachdan gu h-àrd ann an co-bhonn ri obair rannsachaidh a rinneadh ann an sgìre Ùige ann an Leòdhas, eadar 2001 agus 2003. Bha an sgioba rannsachaidh ag obair le coimhearsnachdan a bha air, no a bha a' gabhail beachd air, talamh a cheannach bho uachdarain (MacKenzie *et al.*, 2001) às leth muinntir na sgìre. Bha an rannsachadh seo a' dol air adhart aig an aon àm agus a bha Bile Ath-leasachadh an Fhearainn a' dol tro Phàrlamaid na h-Alba, mar aon dhe na prìomh laghan ùra a bha a' comharrachadh linn ùr anns an dàimh eadar talamh, eaconamaidh agus muinntir na h-Alba. B' ann an Ùig, Leòdhas, a bha mi-fhìn ag obair, ag ionnsachadh mu carson agus ciamar a cheannaich Urras Bhaltois pìos fearainn anns an sgìre ann an 1999. Bha mi cuideachd a' faighneachd mu na buannachdan a bhathar an dùil a thigeadh às, agus co dha anns a' choimhearsnachd a bha na buannachdan seo gu bhith. Bhon uair sin, thathar air a' bhùth (le oifis a' phuist) agus pumpaichean peatrail na sgìre a cheannach dhan choimhearsnachd (2004); agus thathar cuideachd a' gabhail beachd air cothrom anns an lagh a bhith a' ceannachd a' chòrr dhen oighreachd bho na h-uachdarain, an aghaidh an toil. Tha e coltach, leis gach clach a tha a' dol air a' chàrn, gu bheil misneachd na coimhearsnachd a' fàs, agus dh'fhaodadh an aon rud a bhith fìor mu leasachaidhean airson na Gàidhlig.

Ann an dòigh, tha e doirbh a chreidsinn, ann an sgìre cho mòr agus sgapte, cho iomallach, gun ach timcheall air 400 duine a' fuireach ann, gun deach uiread a dhèanamh, airson talamh agus goireasan fhaighinn dhan choimhearsnachd, ann an ùine cho goirid. An urrainnear sìon ionnsachadh bho iomairt an fhearainn anns an sgìre a bhiodh feumail ann an iomairt Ghàidhlig anns an sgìre? Bithear anns an ath phàirt dhen aiste a' beachdachadh air cleachdadh a' chànain anns an sgìre, air beachdan dhaoine air Gàidhlig, agus an uair sin air leasanan bho iomairt an fhearainn anns an sgìre airson planaichean iomairt Ghàidhlig anns an sgìre.

2.1 An suidheachadh an-diugh

A rèir an sgrùdaidh a rinn Duwe (2004d) air figearan cunntais-shluaigh 2001, is e paraist Ùige an dàrna sgìre as làidire a thaobh chomasan anns a' Ghàidhlig ann an Alba (tha a' pharaist a' toirt a-staigh Ùig agus Breascleit) – ach feumar cuimhneachadh nach eil seo a' riochdachadh *cleachdadh* na Gàidhlig. A rèir a' chunntais-shluaigh, tha bruidhinn na Gàidhlig ann an Ùig làidir dha-rìribh ann am bailtean beaga na sgìre: ach chan eil ach aon sgìre ann far a bheil Gàidhlig aig os cionn 80% dhen t-sluagh. Nuair a choimheadar air na h-àireamhan, chan eil an dealbh cho math idir – chan eil ach trì fichead duine anns an sgìre seo.

Tha Gàidhlig ga cluinntinn ann an cuid de dhachaighean agus ann an suidheachaidhean neo-fhoirmeil eadar daoine; agus tha dà chròileagan anns an sgìre, ann an Ùig agus Beàrnaraigh. Cuideachd, tha ionad Gàidhlig ann am bunsgoil Ùige, ach chan eil ach àireamh shingilte de chlann a' faighinn foghlam tro mheadhan na Gàidhlig. Tha clas oidhche Gàidhlig ann, agus tha duine no dithis air cùrsa Gàidhlig a dhèanamh aig Colaisde a' Chaisteil ann an Steòrnabhagh. Tha ùidh aig cuid de dh'in-imrichean anns a' chànan, is dòcha gu h-àraidh aig pàrantan, ach chan eil cus structaran-taice ann dhaibh. Aig coinneamh leis a' bhuidhinn Plana Cànain nan Eilean Siar ann an 2005, dh'iarr luchd-ionnsachaidh barrachd chothroman bruidhinn ri agus taic fhaighinn bho fhileantaich (fiosrachadh bho PCES).

Tha dùthchasaich gu leòr ann le Gàidhlig bho thùs agus beartas ann an dualchainnt agus labhairt na Gàidhlig a tha mìorbhaileach. Mar seo, chanainn gu bheil stòras prìseil cànain ann, deagh bhun-stèidh agus goireas airson leasachaidhean. Tha e soilleir gu bheil misneachd anns a' choimhearsnachd Ghàidhlig ann an cuid de shuidheachaidhean – anns na cròileagain agus anns an ionad Ghàidhlig anns a' bhunsgoil. Ghabhadh togail air seo, nam biodh am miann agus an taic structarail ann.

2.2 Beachdan an t-sluaigh air a' Ghàidhlig

Thathar ag ràdh seo mu sgìre a tha làidir a thaobh fileantaich, ach a tha aig an aon àm iomallach, le cion obraichean anns an sgìre agus gainnead dhaoine; dh'fhàg seo Ùig mar aon dhe na ciad sgìrean anns a' phròiseact leasachaidh nàiseanta, Iomairt aig an Oir, a bha a' feuchainn ri buidhnean poblach agus muinntir nan coimhearsnachdan as laige ann an Alba a thoirt còmhla airson freagairtean ùra fhaighinn dha na duilgheadasan fìor èiginneach a thaobh eaconamaidh agus structar sòisealta. An robh a' Ghàidhlig ga faicinn mar stòras leasachaidh, no mar co-amas ann an leasachadh eaconamach no leasachadh anns an structar shòisealta? Cha robh. B' e aon dhe na duilgheadasan nach eil riaghailt ann a tha a' toirt air daoine aire a thoirt dhan Ghàidhlig ann an leasachadh sam bith. Agus far a bheil duilgheadasan eaconamach agus gainnead dhaoine, tha a' Ghàidhlig an-còmhnaidh a' dol a bhith anns an dàrna àite, an dèidh obraichean agus daoine ùra le no gun Ghàidhlig. Mar a chaidh a mhìneachadh dhomh, 'An toiseach, feumaidh tu tighinn beò. An uair sin, faodaidh tu taghadh cò thu'. Bidh ceistean cànain agus fèin-aithne stèidhichte air eachdraidh agus modhan na sgìre an còmhnaidh mar phrìomhachas den dàrna ìre, mar rud a bu mhath le daoine seach mar rud a tha bunaiteach agus riatanach ann an leasachadh sam bith – mura seas na daoine air a shon, agus mura tèid prionnsabal, riaghailt no structar a tha a' brosnachadh na Gàidhlig a stèidheachadh.

Feumar a ràdh nach eil an t-uabhas fianais ann gu bheil muinntir an àite airson Gàidhlig a bhrosnachadh, ach anns na h-oidhirpean a tha pàrantan a' dèanamh le an cuid chloinne. Tha seo a' togail cheistean air an do sgrìobh Macdonald (1997): a bheil muinntir an àite coma co-dhiù, no 'leam leat' mun Ghàidhlig? Chùm Plana Cànain nan Eilean Siar coinneamh anns an sgìre mun Ghàidhlig as t-earrach, 2005, agus cha do nochd aig a' choinneimh ach mu dhusan duine – a' mhòr-chuid dhiubh seo nan in-imrichean, a tha ag ionnsachadh na Gàidhlig (fiosrachadh bho PCES). B' e am beachd aig dithis air carson nach do nochd dùthchasaich le Gàidhlig aig a' choinneimh: nach eil daoine dèidheil air a bhith a' dol gu coinneamhan de sheòrsa sam bith (cf. Parman, 2004); nach eil iad cleachdte ri bhith a' seasamh aig coinneamhan airson plana Gàidhlig airson a h-uile duine; ma tha Gàidhlig agaibh nach eil feum air tuilleadh a dhèanamh; agus nach eilear air a bhith a' smaoineachadh air a' Ghàidhlig mar rud a ghabhas buachailleachd mar stòras agus mar bheartas a chruthaicheas obraichean agus bhuannachdan dhan sgìre. Ma tha seo a' dol a dh'atharrachadh, tha feum air dealbh ùr air dè bu chòir agus a ghabhas a dhèanamh airson coimhearsnachdan le Gàidhlig, agus tha feum mòr air misneachd agus ro-innleachd a tha a' dìon agus a' brosnachadh na Gàidhlig anns an dachaigh agus anns an sgìre le chèile. Thigeadh seo an dà chuid bho bhuidhnean nàiseanta agus iomairtean dhaoine anns na sgìrean.

Feumar a ràdh gun do rinn pàrantan anns an sgìre strì fad fichead bliadhna gus cùram cloinne Gàidhlig a chur air dòigh – iomairt a bha soirbheachail, oir stèidhicheadh dà chròileagan agus aonad anns a' bhunsgoil. Rinneadh strì cuideachd airson aonad Gàidhlig bunsgoile anns an sgìre, agus fhuaradh aonad, ged a tha na h-àireamhan a tha a' dol ann air a dhol sìos o chionn ghoirid. A bharrachd air seo, tha Comann Eachdraidh Ùige a tha air a bhith gu math beòthail, le taigh-tasgaidh anns an talla ùr. Bha pàipear-naidheachd ionadail aig a' chomann mun obair le pìosan anns a' Ghàidhlig. Mar sin, tha iomairtean ann a ghabhas neartachadh agus leudachadh.

Thog Marion Huffines (1991) a' cheist mu Ghearmailtis Phennsylvania, 'a bheil gaol aca air anns na cridhean aca?' Mhìnich Huffines gu bheil an fhreagairt a rèir dè cho cudromach dhaibh 's a tha an fhèin-aithne chultarach aca, agus a thuilleadh air sin, dè cho mòr 's a tha iad airson Gearmailtis Phennsylvania a chleachdadh airson sin a chur an cèill. B' e an fhreagairt aig Huffines gu bheil gràdh aig an fheadhainn a tha a' meas am fèin-aithne chultaraich prìseil agus a tha a' dèanamh oidhirp a bhith a' bruidhinn a' chànain; agus chan eil gràdh air an cànan aig an fheadhainn a tha a' cur aon phàirt dhe am fèin-aithne, an creideamh, air thoiseach air cànan, agus nach eil a' dèanamh gach oidhirp as urrainnear airson a' chànain. Tha e doirbh na h-aon cheistean fhaighneachd mun Ghàidhlig, a rèir dùthchasaich le Gàidhlig. Tha e soilleir gu bheil gràdh mòr aca air a' chànan, agus air a' chultar, mar rud a tha na dhìleab agus a tha mar cho-aithne aig mòran dhùthchasach. Ach a bheil an aon rud fìor mu Ùig agus a bha fìor mu 'Chàrnan' (faic gu h-àrd)? Agus an canadh dùthchasaich le Gàidhlig gun gabh an cultar a mhìneachadh a cheart cho math agus cho furasta anns a' Bheurla agus a bhiodh e anns a' Ghàidhlig? A rèir fiosrachadh beòil, tha cuid de dh'òigridh timcheall air fichead bliadhna a dh'aois ann an Leòdhas a' smaoineachadh gu bheil e nas fhasa (agus nas àbhaistiche) a bhith a' bruidhinn ann am Beurla na anns a' Ghàidhlig (fianais phearsanta; Co-labhairt PCNES, 2005); mar sin, dh'fheumadh an òigridh oidhirp mhòr a dhèanamh agus a bhith fosgailte agus 'poilitigeach' mu bhith a' bruidhinn na Gàidhlig, an aghaidh an t-sruith agus an aghaidh comasan pearsanta nas fheàrr anns a' Bheurla. Tha feum air taic air an son.

Nuair a chuir mi a' cheist mu dè cho cudromach dha muinntir na sgìre agus a bha a' Ghàidhlig, fhreagair aon duine a bha an sàs ann am foghlam tro mheadhan na Gàidhlig aig aon àm, 'uabhasach cudromach', ach gun robh cion misneachd aig daoine an dèidh mòran bhliadhnaichean de chur sìos air a' Ghàidhlig, agus gun robh daoine fhathast feumach air am brosnachadh. Gu tric, chualas daoine na bu shine a' bruidhinn air mar a chaidh iarraidh orra Beurla a bhruidhinn anns an sgoil. Canar an-diugh gu bheil feum air na stòraidhean seo a chleachdadh mar adhbhar a bhith a' cruthachadh dhòighean ùra air Gàidhlig a neartachadh ann an dòigh mhisneachail, seach mar adhbhar a bhith a' mìneachadh agus a' gabhail ris an t-suidheachadh.

Chualas adhbhar eile aig daoine eile, gun robh eagal air daoine gum bite a' brosnachadh na Gàidhlig agus a' dèanamh sgaraidhean eadar luchd-bruidhne na Gàidhlig, agus daoine gun Ghàidhlig idir. Chaidh a ràdh gun robh feum air tàlantan a h-uile duine, dùthchasach no in-imrich, anns an sgìre, gus am biodh a' choimhearsnachd seasmhach anns an àm ri teachd, agus gun dèanadh bruidhinn na Gàidhlig sgaradh eadar na comasaich agus na daoine nach robh comasach a bhith a' bruidhinn na Gàidhlig. Ann an còmhradh eile, chaidh a mhìneachadh gun robhar a' creidsinn ann an seòrsa de 'mafia' Gàidhlig, agus gun robh am mafia seo a' cruthachadh obraichean agus cumhachd dhaibh fhèin. Fìor no fallsa, tha feum air na beachdan seo a dheasbad. Feumaidh Gàidhlig a bhith ga faicinn mar chànan air an tèid drochaidean conaltraidh a thogail anns na coimhearsnachdan agus mar pròiseact anns an urrainn misneachd nan coimhearsnachdan a thogail. Tha feum air taic-airgid airson goireasan eadar-theangachaidh, a tha freagarrach airson an cleachdadh aig coinneamhan ann an tallachan baile agus eile. Agus, tha feum air tòrr taic-airgid agus structaran foghlaim gus an ionnsaich daoine an cànan anns a' choimhearsnachd. Feumaidh a' Ghàidhlig a bhith air a faicinn mar cànan a chuireas fàilte air a h-uile duine agus nach bi a' cur cus cuideim air fuil bho theaghlaichean ionadail: seo mar a sgaoil Catalan mar phrìomh chànan Chatalunya (Woolard, 1991).

Dè eile a ghabhas dèanamh airson cànan a neartachadh anns an t-suidheachadh seo? Bhuail e orm nuair a bha mi ann an Ùig gun robhar a' faicinn co-obrachadh, 'coimhearsnachd' agus misneachd coimhearsnachd gan ath-chruthachadh le bhith a' ceannach fearann, ged nach robh a' Ghàidhlig na cuspair deasbaid gu ìre mhòr sam bith, an dàrna cuid ann am planaichean leasachaidh an urrais no anns an iomairt (Iomairt aig an Oir) anns an sgìre, no ann an còmhraidhean prìobhaideach air rudan rin leasachadh. Le bhith a' cur Gàidhlig anns an dàrna àite, an dèidh seasmhachd an eaconamaidh 's an structair shòisealta, is dòcha nach eil Ùig an-dràsta eadar-dhealaichte idir bho sgìre Ghàidhealach sam bith eile ann an Alba.

Ach, tro iomairt an fhearainn agus an iomairt a bhith a' togail talla coimhearsnachd ùr ann an Uig, thathar air eòlas fhaighinn air pròiseactan leasachaidh, air togail mhisneachd, obair chomataidhean, agus air ciamar a gheibhear aontachadh anns a' choimhearsnachd. Cha robh an slighe an-còmhnaidh furasta. Nuair a nochd cothrom air talamh agus goireasan obrach a cheannach anns na h-ochdadan agus chailleadh e, dh'ionnsaich a' choimhearsnachd nach bithear soirbheachail a h-uile turas anns a' chiad dol a-mach, ach gur fhiach cumail a' dol agus feuchainn a-rithist: an dàrna turas a bha cothrom aig daoine talamh a cheannach, rinn iad an gnothach, agus le barrachd co-obrachaidh agus aonta eatarra. Tha feum fhathast air feallsanachd an damhain-allaidh anns an uaimh le Raibeart Brus!

Tha mòran a-nis eòlach air a bhith ag obair le buidhnean na stàite, agus tha fios aca gu bheil na buidhnean seo aig ìre nàiseanta agus ionadail, taiceil dha-rìribh – mar Urras Fearainn na h-Alba agus an oifigearan leasachaidh, Riaghaltas na h-Alba/Achd Ath-Leasachadh an Fhearainn 2003, Comhairle nan Eilean Siar, Iomairt nan Eilean Siar, agus Dualchas Nàdarra na h-Alba, a thug airgead seachad gus pròiseactan a chur an sàs aig Urras Bhaltois cho luath agus a chaidh an talamh a cheannach. Nam biodh na h-aon structaran, an aon chomhairle bho oifigearan leasachaidh, agus an aon seòrsa taic-airgid ann airson na Gàidhlig aig ìre nan coimhearsnachdan, 's dòcha gum biodh de mhisneachd aig daoine a bhith a' feuchainn, le taic.

'S e na rudan agus pròiseasan as cudromaiche ann an iomairt Gàidhlig sam bith ann an Ùig no sgìre eile, gum feum planaichean tòiseachadh le daoine earbsach anns a' choimhearsnachd, aig a bheil deagh chliù a bhith a' brosnachadh agus a' cuideachadh dhaoine eile; agus gum feum smachd a bhith aig a' choimhearsnachd air co-dhùnaidhean air planaichean agus iomairtean leasachaidh. Bha seo fìor mu Bhaltos. Chaidh triùir no ceathrar a bha a' fuireach anns a' choimhearsnachd mun cuairt a bhruidhinn ri daoine anns a' choimhearsnachd a bha eòlach orra mar-thà mar dhaoine a bha taiceil, agus dheasbad iad an cuspair ro choinneamh sam bith, agus mus deach fiosrachadh sam bith a-mach dha na pàipearan-nàidheachd; mar seo, bha cothrom aig daoine a bhith a' smaoineachadh agus a bhith a' cruthachadh bheachdan anns na coinneamhan coimhearsnachd. Bha an triùir no ceathrar eòlach ro choinneamhan poblach air taic-airgid agus comhairle, agus mar sin bha freagairtean aca dha ceistean duilich mu chothroman ùra agus dùbhlain mar airgead leasachaidh.

Cuideachd, chaidh rannsachadh a dhèanamh air goireasan agus cothroman leasachaidh anns an sgìre, gus an robh dealbh fìor aig na h-urrasairean agus aig a' choimhearsnachd, air an stèidhicheadh iad planaichean leasachaidh. Mar seo, rinn an t-Urras pròiseactan leasachaidh soirbheachail cho luath agus a b' urrainn nuair a chaidh an talamh a cheannach; thog seo misneachd dhaoine. Bhiodh na h-aon rudan riatanach airson planaichean leasachaidh na Gàidhlig: eòlaichean le deagh chliù anns a' choimhearsnachd; cothrom aig daoine a bhith a' deasbad gu prìobhaideach agus aig coinneamhan prìobhaideach leis a' choimhearsnachd; smachd air na meadhanan gus am biodh co-dhùnadh air a ruigsinn leis a' choimhearsnachd; agus rannsachadh air an t-suidheachadh mar thoiseach tòiseachaidh airson planaichean leasachaidh.

Ged nach deach ach pìos beag dhe sgìre Ùige a cheannach dhan choimhearsnachd, b' e toiseach tòiseachaidh a bh' ann, le sealladh aig daoine air carson agus ciamar a dhèanadh iad e. Ged nach deach bruidhinn anns na pàipearan-nàidheachd aig an àm ach air cothroman leasachaidh a bharrachd dha na coimhearsnachdan nach robh aig uachdarain phrìobhaideach, dh'aithnich daoine ann an còmhraidhean prìobhaideach gun robh eachdraidh air a' chùl, agus gun robhar a' faighinn air ais rud nach bu chòir a bhith air a chall – talamh, agus cothroman air leasachaidhean stèidhichte air talamh. Tha fios gum b' urrainnear an aon seòrsa seallaidh a chruthachadh air a' Ghàidhlig, a' tarraing air cànan mar ghoireas leasachaidh, mar ghoireas misneachd, mar ghoireas aig coimhearsnachdan sean agus ùra, agus mar dìleab luachmhor dhan a h-uile duine a tha ga h-iarraidh.

Co-dhùnadh

Gus o chionn beagan bhliadhnaichean, cha robh bile, taic-airgid no fiù 's an smuain ann gum biodh coimhearsnachdan a' ceannachd talamh airson leasachaidhean a thoirt air adhart anns na sgìrean aca. Tha feum air riaghailtean, poileasaidhean agus taic-airgid dhan Ghàidhlig mar ghoireas anns na coimhearsnachdan, air modal, is dòcha, Achd Ath-leasachadh an Fhearainn agus na h-iomairtean eile na cois. Bu chòir a bhith a' coimhead air a' Ghàidhlig mar ghoireas nach mair gu bràth, mar ghoireas a tha againn ann am pailteas fhathast ann an cuid de sgìrean, agus a tha a' tighinn beò le freumhan domhainn anns a' chreig ann an coimhearsnachdan air a' Ghàidhealtachd. Tha feum air mòran sgrùdaidhean ionadail air cleachdadh na Gàidhlig – air suidheachaidhean agus air adhbharan air carson a tha/nach eil i ga cleachdadh – gus am bi planaichean leasachaidh anns an àm ri teachd stèidhichte air an t-suidheachadh a tha ann, agus gum bi iad nas èifeachdaiche anns na sgìrean Gàidhealach seo. 'S e an aon eisimpleir a tha againn ann an Alba air plana stèidhichte air rannsachadh air cleachdadh na Gàidhlig ann an sgìrean Gàidhealach, Plana Cànain nan Eilean Siar. Tha feum aig luchd-rannsachaidh, luchd-dealbhachaidh agus luchd-leasachaidh air an t-seòrsa fiosrachaidh seo bho sgrùdaidhean, agus tha cruaidh fheum aig na coimhearsnachdan fhèin air, oir aig deireadh an latha, feumaidh a' choimhearsnachd an t-amas a bhith a' bruidhinn na Gàidhlig a ghabhail os làimh le pailteas misneachd, le mìneachadh agus deasbad air dè tha ann an cultar na Gàidhlig, le fiosrachadh mionaideach air an t-suidheachadh anns na coimhearsnachdan sgìreil, le eòlas aig daoine le deagh chliù anns na coimhearsnachdan air leasachadh misneachd agus cànain, agus le modalan leasachaidh airson a' chànain anns an eaconamaidh, anns an structar shòisealta agus anns na modalan agus taghaidhean cultarach a nì na daoine dhaibh fhèin.

Summary

This essay considers the promotion of Gaelic in Gaelic-speaking communities, arguing that the future of the language as a vibrant language in daily use depends mainly upon the support of Gaelic in communities where it is still spoken or known passively. Without this, questions of authenticity and utility will undermine the future survival of the language as anything other than a hobby pursuit. Where the language has been and remains a community language in daily use between neighbours, friends and family, Gaelic survives often in the most remote areas. This remoteness has helped the language survive, but it now threatens to destroy the language because these remote communities frequently suffer from economic difficulties, a declining population and low community confidence. This leads to the commonly encountered argument that economic development and increasing local populations are more important than helping Gaelic survive as a community language; this is because of the view that insisting on Gaelic would divide people into those who have Gaelic and those who have not, and would thereby exclude people who are essential to building community resources such as facilities and local clubs.

The essay then asks what can be learnt from research on how Gaelic is seen in communities where it is still spoken. This literature raises important questions and difficulties that any community-based language initiative must tackle: difficulties such as when the language is seen as a language that is used mainly in the context of local relationships and historical ties, but that is not transferable to other contexts or that will not survive alongside the community adoption of another common language.

The essay then discusses new initiatives, some of them taking place in the most remote and strongest Gaelic-speaking communities, which show that communities can rally and recreate their own futures, when the necessary community motivation and financial and advisory support are available. The main initiative considered is the community purchase of land, as a basis for future economic and social development. Particular attention is given to the case of Bhaltos Community Trust, which purchased a piece of Uig (Lewis) in 1999, with the discussion highlighting some of the key actions that led to the community buyout and subsequent development plans.

Finally, some of these key actions are set in the context of the necessary support required from agencies and from the Gaelic communities themselves. Some of the main conclusions are that there needs to be greater debate on terminology such as 'Gael' and 'Gaelic culture', and that these terms need to be used in a more inclusive way; national supports such as a Gaelic Language Fund should be established, along with a system for providing community advice and funding of community language projects; local, active, well-respected, popular individuals need to be identified to be animateurs, working with the communities confidentially to assess what assets there are and what language developments and local steering committee structures would be possible. These developments would need to be accompanied by greater insistence that agencies make Gaelic essential, not just 'desirable', in local employment in Gaelic areas, and by strengthened facilities for learners and fluent speakers wishing to acquire Gaelic or improve their command of the language.

14   Language and economic development – complementary or antagonistic?

Douglas Chalmers and Mike Danson

1. Introduction

Faced with endemic depopulation, ageing communities and isolation, economic development in remote and peripheral areas has been subject to a number of strategic policy interventions. These have ranged from designation under the former Objectives 5a and 6 of the European Union's Structural Funds and *Iomairt aig an Oir* (*Initiative on the Edge*) to broader support through regional development agencies (RDAs) such as Highlands and Islands Enterprise and the Development Board for Rural Wales. Underpinning such approaches have been varying and often contradictory economic theories. In the 1960s, growth poles were promoted, with heavy capital investments in specific locations in the Celtic periphery. Failures of such interventions and the market-oriented changes of the late 1970s and early 1980s led to a focus on encouraging small and medium-sized enterprises (SMEs) and entrepreneurship as the way to modernise and restructure such regions. In peripheral areas this approach was often supplemented with community development activities, sponsored by the RDAs, local authorities and EU LEADER programmes. This approach was in keeping with the stress on institutions, institutional capacity and institutional 'thickness' within a region as necessary components of development. Interest in the Third Italy,[1] industrial districts and clusters led to theory, policy and good practice suggesting that successful societies were coherent and cohesive, with high levels of social capital needed to raise and sustain development.

In particular areas strategic support increasingly has been oriented towards activities based in local culture, arts and, in certain circumstances, minority languages. A dominant theme in most economic development strategies at whatever jurisdiction level concerns investment in human capital. In the case of the Gàidhealtachd in Scotland, the social and cultural policies have been complemented by education and training programmes, including the establishment of an embryonic higher education institution – the University of the Highlands and Islands. Developing local human capital through a network of existing colleges and commercialising projects from these institutions are key elements of current strategies in rural Scotland as much as anywhere, but with the added challenges of geographical distance. Also significant locally, land reform has been introduced *inter alia* to assist indigenous enterprise.

While there have been specific evaluations of many of these strategies and programmes – enterprise, cultural, human capital and land reform – there have been relatively few attempts to address the synergies and potential generated by the cultural policies of the last twenty years from an economic development perspective. In most instances, the immediate job, turnover and income impacts are studied alone. This paper therefore analyses the regeneration strategies within a framework of social capital and endogenous growth theories to determine whether sustainable and holistic development is being promoted, as the theory and good practice would prescribe. It draws on original research undertaken to explore the role of the Gaelic language, arts and culture in economic development, as well as dedicated evaluations of employment and enterprise.

Section 2 of this paper describes the economic background to the Highlands and Islands, considering depopulation, ageing and isolation. Section 3 looks at the literature underpinning strategic interventions before exploring economic development practices in Scotland since the 1950s. Insights offered by more recent theories of social capital and endogenous development and explanations of uneven development in the periphery are introduced in section 4. The main evidence testing the hypotheses generated from this literature is presented in section 5. This examines the supply and demand for the products of the Gaelic language, arts and culture within the peripheral heartlands of the language in the Western Isles, Skye and Lochalsh, and identifies the main barriers and market failures in the sector. Key criticisms of aspects of economic development are also addressed in this section. Taken together, this allows the synergies and potential of culturally based policies to be addressed with an analysis of their contribution to sustainable economic development. Concluding comments and areas for further research are made in the final section.

2. Economic and social background

Traditionally, the problems of peripherality have manifested themselves in high, endemic unemployment and underemployment with strong seasonality in the labour market. Rural poverty and low wages have been a significant characteristic of such regions (Chapman *et al.*, 1998; Shucksmith *et al.*, 1996; Scottish Poverty Information Unit, 1998), leading to high levels of out-migration and depopulation.

The Highlands and Islands is one of the most sparsely populated parts of the EU (density 9 persons per square kilometre compared with an average of 116); 30% of the population live on more than ninety inhabited islands, 61% in rural areas or settlements of fewer than 5000 inhabitants and the only concentration of economic activity is around the inner Moray Firth which accommodates approximately 70,000 people, or less than 20% of the regional population. This low density and history of decline mean additional costs facing businesses.[2]

In common with most EU countries, Scotland faces a falling and ageing population but with relatively low levels of immigration and only a small ethnic minority population (Bailey *et al.*, 1997; Commission of the European Communities, 2004). While the demographic changes facing Scotland to the middle of this century are typical of the challenges confronting the nations and regions of the EU-25 (Commission of the European Communities, 2004), within Scotland but especially within the Highlands and Islands it is forecast that these changes will not be evenly distributed but will reflect the existing settlement patterns. Typical of the more distressed communities, between 1991 and 2001 the population of the Western Isles (Comhairle nan Eilean Siar area) substantially decreased (by 10.5%); it is also notably older than the Scottish and UK averages and is projected to fall by another 16% by 2018. The more peripheral and landward areas, generally, are projected to continue to decline while those parts which have grown in recent times are expected to stabilise or expand further (General Register Office for Scotland, 2004a). Critically, the former are the traditional heartlands of the Gaelic language in modern times and yet the Western Isles lost 19.6% of its Gaelic speakers between 1991 and 2001; indeed, all areas in the Gàidhealtachd were seeing both the numbers and the proportions of speakers of the language decreasing (MacKinnon, 2004a). These declines have been contrasted (MacKinnon, 2003) with the position of Welsh; the growth in the number of Welsh speakers is driven by strong increases amongst young people and the rapid intergenerational decline of Gaelic could not be more different from the experiences in Wales.[3] The longer-term implications of such failures to reverse language shift are clear in the light of the speaker population declines outlined above. As MacKinnon contends, with two-thirds of Gaelic speakers living outside the 'heartlands', policies need to be 'appropriate nationally and locally' and 'new attitudes, philosophies, images and policies [are] long overdue' (MacKinnon, 2004a, p. 28).

3. Strategic interventions in the Highlands and Islands

Since the mid-1960s, solutions applied in the Highlands and Islands have mirrored shifts and fashions in regional economic development theory and practice (Grassie, 1983; Turnock, 1974; Hunter, 1991). Many of the initiatives and developments have been funded through Scottish Office and other UK departmental support, with much being infrastructure investment though traditional regional policy instruments contributed also. European programmes under Objective 1, Objective 6 and Transitional Objective 1 (ERDF, ESF, etc.) have been significant since the 1980s, complemented by other EU, Scottish and UK (trans-national) initiatives for peripheral and other areas.

3.1 From Perroux to enterprise development

From its establishment in 1965, the Highlands and Islands Development Board accepted the Rostow linear stages of growth approach to solving the 'Highland problem' (Chalmers, 2003). So, identifying a need to industrialise the region, the HIDB embarked on a strategy of creating growth poles (à la Perroux),[4] based on inward investment, although the region effectively had leapfrogged the industrial phase and was well positioned for the post-industrial/post-modern. The early growth poles policy can now be seen to have entirely failed – as seen in Invergordon (aluminium smelter), Corpach (pulp and paper mill) and Caithness (fast breeder reactor), while the proposed petrochemical complex never happened. Significantly, the landward (peripheral rural) areas were neglected in this industrial and capital investment, encouraging further vicious cycles of decline (cf. Myrdal, 1957).

The new panacea in the 1970s – despite the looming failure of the growth poles and their sectors – was to be North Sea oil. But within a few years, outwith the Northern Isles, the promise was appearing illusory or already waning as oil rig yards declined and failed. The apparently ongoing attempts to (re)generate the economies of the Highlands and Islands through such boom and bust sectors continued the traditions of the past two centuries (see McGrath, 1981; Hechter, 1999; Prattis, 1977).

The 1980s and 1990s saw a significant movement everywhere towards supporting enterprise and privatisation (Smallbone et al., 2002; Turner, 2003; Danson et al., 1989, pp. 13–17). At the same time, there was a reduction in regional policy coverage and support, and a growth in the absolute and relative importance of EU Structural Funds. Together these had mixed impacts on the Highlands and Islands: infrastructure was generally improved but many of the premises of enterprise support were lacking or operating differentially in such remote rural areas. As such, business networks necessarily still extended outwith the region leading to higher costs, poorer quality and competitive disadvantage (Smallbone et al., 2002).

Much strategic policy in recent years has been focused on institutional capacity and thickness (MacLeod, 1998; Kafkalas and Thoidou, 2000; Storper, 1995). Scotland in particular has been at the forefront of creating a partnership-based business development infrastructure, with institutions established to promote development and enterprise (Danson et al., 1999) to the extent that there may be overlap and duplication (Enterprise and Lifelong Learning Committee, 2000).

Similarly, clusters also became a key and characteristic part of economic strategy in Scotland, and so would have been expected to support communities in the Highlands and Islands (Scottish Food and Drink, 1999a). However, what has been argued in analysing these approaches to business and enterprise development is that, in this peripheral context, the narrow industrial base, distance from the rest of the cluster and markets and truncated supply chains mean that rural economies are unable to benefit from cluster strategies (Danson and Burnett, 2004; Danson and Whittam, 2001). Most of the strategies lack a spatial awareness or simply fail to recognise the importance of location to the operations of an enterprise, while at the worst they are antagonistic to SMEs (Scottish Food and Drink, 1999b).

Finally, as a general form of intervention in the Scottish economy, and as elsewhere, human capital formation has been promoted. As with the other new paradigms and approaches in the last quarter-century and more, much has been anticipated of the moves to create a university in the region, to invest in accredited training and learning. Establishing a university has been much slower than planned, while there has still been outmigration of the most well-qualified and able, with few opportunities for returnees, un(der)employment for many of those who come back and frustration and feelings of failure and underachievement of those who never leave. It has been argued (Chalmers, 2003) that until the establishment of the University of the Highlands and Islands, which is very much aimed at improving indigenous growth and development, the necessity of young people from the islands to move away to the mainland to receive higher education was very much a case of developing 'education for export'.

Often seen as critical to success in the labour market are self-confidence and self-esteem (see Danson, 2003a, 2003b). There can be complex interactions between factors in the social and economic environment and the skills, experience and other attributes of the individual: briefly, success breeds success. However, the career ladder may take those who are progressing out of their community, with limited options to return or attain such advance at home. The endogenous nature of these relationships within the marketplace obviously affects and is affected by developments in the wider community, with transmission mechanisms for spreading growth and prosperity benefiting some areas, but disadvantaging others.

4. Social capital and endogenous development

Some common threads, usually grounded in endogenous growth theory, underpin most of these strategies and the supporting theoretical literature. This literature stresses the importance of the local and the regional environment in realising the benefits of tacit knowledge, learning, trust and cooperation (Krugman, 1991; Morgenroth, 2002). Networks, norms, habits and customs underpin the characterisation of the local and regional milieu in much of the literature (Moulaert and Sekia, 2003) and generate unique advantages and potential in localities or regions. Understanding the definitions of localities and regions needs to be based on wider criteria than geography alone, therefore, and it follows that the behaviour of entrepreneurs and other stakeholders similarly depends on a more thorough assessment of their locational context (Danson and Burnett, 2004).

New firm formation and small firm development according to this theory and experience requires networks; but, crucially, these are truncated in rural areas (Smallbone *et al.*, 2002) and especially in the Highlands and Islands, so constraining growth and development. Further, such effective networks are based in social networks (Atterton, 2001; Zanatos and Anderson, 2003; Turner, 2003), but again these tend to be truncated in this region. At the end of this chain of argument, it is claimed that social capital is crucial to (re)creating an environment that will lead to the ongoing generation of entrepreneurship, growth and development (Putnam, 1992). However, social capital is created by embedding social networks in the region (Putnam, 1992; Krugman, 1991) and the capacity to do this in the Highlands and Islands is restricted.

So, the modern paradigm stresses institutions, enterprise development, networking and embeddedness, and the strategic policy objective in the rural periphery of Scotland becomes the provision of an economic environment which underpins sustainable regional economic development. By their nature, these policies are based in the application of skills and human capital, and the appropriate networks, norms, habits, customs and culture of the community. These critically depend on trust and cooperation within this community (Oughton and Whittam, 1997).

The logic of the literature and experience reviewed here therefore suggests that policy and strategy should be planned and implemented close to the community. Endogenous growth factors and drivers, allied to land reform and heightened interest in diversity and creative industries (Graham and Hart, 1999), may offer opportunities for sustainable development which challenge the projected inexorable declines in population of the periphery, and of the language. The following section asks what a 'community-focused' endogenous approach would suggest to economic theorists and policy practitioners with specific relation to the 'Gaelic Economy'.

5. Gaelic within the economy

The Western Isles and Skye, together with parts of Lochalsh on the mainland, offer the opportunity to investigate the nature and extent of Gaelic language, arts and culture (GLAC)-economy links on a sub-regional basis.[5] This investigation provided partial evidence on whether an increased importance given to the social and cultural in economic development was justified in terms of the framework of endogenous growth.

Within the Gaelic economy itself (essentially the Western Isles, Skye and parts of Lochalsh),[6] the existence of Input–Output tables for the Western Isles allowed an estimation to be made of the indirect and induced effects of direct job creation through GLAC-related activities, in particular the media industries. Similarly, multiplier estimates calculated by two previous studies of Skye and Lochalsh (Sproull and

Ashcroft, 1993; EKOS Ltd, 2000) covered similar sub-sectors to this research, and over a comparable period, allowing a reasonably accurate estimation to be made of the impact of GLAC within Skye and Lochalsh.

At the time of the surveys (1995–6), the Gaelic Television Committee/Gaelic Broadcasting Committee (CTG/CCG) was by far the main source of funding and employment within the GLAC-related sub-sector of the Gaelic economy (Chalmers, 2003). Depending on the Skye/Lochalsh multiplier adopted, non-CCG linked activity during the same period was responsible for the creation of some 82.29 to 98.24 jobs (FTE). Aggregating the CGT/CCC and non-CGT/CCC impacts suggested that in total between 214 and 230 FTEs were supported. In fact, this was in all likelihood an under-estimate, given some of the recognised gaps in the information which it had been possible to access, yet was still very significant in the peripheral communities being examined.[7]

5.1 Delving deeper into the figures – some possible criticisms of economic development in the Gaelic Economy

Whilst these figures accorded with the earlier study by Sproull and Ashcroft (Sproull and Ashcroft, 1993), which had found that in a previous period the 'Gaelic Industry'[8] had (with multipliers) added £41m (at 1992 prices) to the output of the economy, and created almost 1000 FTEs, these findings, based on Chalmers' study of the Gaelic economy (Chalmers, 2003) had also suggested that the arts and cultural sub-sector alone had a particular role to play as a motor of economic development within the Gàidhealtachd.

Here, however, it is necessary to consider some important criticisms of the approaches adopted by these researchers (Sproull and Ashcroft, 1993; Sproull and Chalmers, 1998; Chalmers, 2003; Chalmers and Danson, 2004). Perhaps the most succinct example of this critical voice is illustrated in the work of Wilson McLeod (McLeod, 2001b, 2002), who takes issue with the approach from several angles.

While acknowledging the Irish formula 'no jobs no people, no people, no Gaeltacht' (Williams, 1988, p. 279), McLeod criticises any tendency to see economic development as a substitute for a robust language policy. He points out the possible negative effects of increased jobs leading to a decrease in Gaelic speakers and the lessening of intergenerational transmission of the language – the key to language regeneration (Fishman, 1990). In this he echoes cautions raised years earlier by Keane and Griffith, amongst others, who drew attention to the 'uneasy relationship between culture and economic development' (Keane *et al.*, 1993, p. 399; see MacKinnon, 1992a, p. 12; MacKinnon, 1998a, p. 58). Although a well-known study by Prattis (Prattis, 1983) instanced the case of increased oil fabrication in Lewis as bringing about a return of Gaelic speakers, the lack of similar, well-known studies may suggest that this important example is the exception rather than the rule.

In addition, McLeod sees the most fundamental problem with what he refers to as the 'rhetoric of the Gaelic economy' (McLeod, 2002, p. 63) as being that it creates the expectation of direct pay-offs in the form of employment opportunities and is judged primarily on this outcome and only secondarily on its linguistic impact. This view is backed up by Tormod Caimbeul, who fears that what was once a family culture may soon become only 'a career option or a marketing tool' (Caimbeul, 2000, p. 65). In a critical view of 'the Gaelic arts', Alison Lang (this volume) points out that the majority of arts projects do not fulfil any language planning aims with regard to corpus, acquisition, or usage planning. She also questions the concept of Gaelic art if created by non-Gaelic speakers, irrespective of subsequent marketing. Elsewhere, MacCaluim and McLeod (2001, p. 5), state their belief that the issue of the relationship between Gaelic cultural projects and the development of the Gaelic language is simply not addressed by some policy-makers. Essentially McLeod and others are arguing that, unless economic development programmes and strategies are designed with an explicit language planning component, there is a real risk of undermining the language community traditionally marginalised from economic activity – in this case the Gaelic-speaking community. Artificial 'Potemkin villages' may even be created where a Gaelic façade may hide an English-speaking heart.

As economists, rather than language strategists, the authors take these points to heart. However, while accepting the proposition of Fishman and the agreed consensus within the Gaelic-speaking communities that a robust language plan must be the key to language regeneration, the arguments and evidence presented in section 4 indicate that the appropriate type of economic development – notably based around arts and culture – can help create the optimum background environment for such language regeneration to take root. They also suggest an affinity with the view put forward in the preface to the *Leabhar Mòr* (Maclean and Durgan, 2002) and commented on by Lang in this volume, that 'the market for Gaelic is now mainly outside Gaelic society'.

5.2 The wider impact of Gaelic-related economic activity

In his original study, Sproull had been the first to suggest that in addition to any direct job creation by investment in the Gaelic economy, it was in the longer term that the greatest positive impact might possibly be found, through the knock-on effect of this investment on a whole series of intermediate variables leading to greater community confidence (amongst other factors).[9]

In his study of the specific impact of the arts and culturally related sub-sector, Chalmers (2003) gathered a substantial amount of data on the perceived effect of such activity on a whole range of the *intermediate* variables which would impact on the long-term health of the communities concerned. These included issues from population retention and tourism, to community confidence and possible business start-ups. Details of perceived trends plus factors promoting or constraining such activity were also sought. Importantly, the effect of attendance, and involvement with such activities, or purchase of the goods supplied were shown to have a significant, positive impact on attitudes towards the language, and indeed on the *likelihood* of its use.

The view of the practitioners/suppliers interviewed (which were later to be confirmed by a very large-scale survey of consumer demand and business demand) were overall very positive about impacts as outlined in Table 1. They were also consistent with the requirements of greater endogenous growth.

Table 1: Issues on which GLAC-related activity impacted positively

Issue	Specific manifestation	Additional comments
Cultural distinctiveness/ self confidence	Communities appeared more self-confident	This was seen to have reversed a trend of declining confidence in the past
Building a 'dynamic relationship'	Economic/cultural investment seen to lead to 'community response'. Creation of greater level of self-sustaining organisations in communities	Attitudes in '2nd generation' parents notably impacted positively
Full capacity working	Some support organisations working at full capacity	Knock on demand for further investment
Employment	Jobs continued to be seen as 'paramount' in rebuilding communities	Initial involvement in community culture led to openings in larger media organisations
Desirability of residence in Gaelic speaking areas	Majority of organisations perceived a positive enhancement to residence	Some organisations noted difficulty of quantification. Long-term factor seen as key
Migration	Some reports of positive impact. Feeling of more work needing done on this	Acquisition of GLAC-related skills could lead to greater mobility and thus migration
Tourism	Similar perception to that regarding migration. Feeling of much more work needing done.	

Clearly these factors above are positive complements to any well thought-out language plan. On an additional positive note, trends within the sector appeared to be those of increasing demand and popularisation of the language, arts and culture (illustrated in Table 2).

Again, these trends are also positive in their effect with regard to development of the language and culture. An interesting picture was also outlined of factors promoting or constraining development (Table 3).

Some of the complexity involved in the growth of the sub-sector is thus illustrated. Clearly progress within the area does not necessarily operate in a linear or continuous manner, and thus necessitates a nuanced approach from policy makers. Some of the difficulties (such as dispersed communities), mirror those facing language planners.

The outcomes on the supply side of the economy revealed by this research, therefore, suggest that the specific promotion of GLAC activities are enhancing the sustainable development of both the local economy and the language.

Table 2: Changing trends in sector

Observation	Specific manifestation	Additional linked issues
Generally increasing growth in demand	Growth across sector, organisation and individuals	Increasing awareness of importance of maintaining Gaelic culture within Scottish society
Popularisation of Gaelic/ Increased targeting of learning	Shift away from 'classical' approach to Gaelic learning	Shift towards young people/ learners. Targeting of specific age ranges.
Maturity and profession-alisation	More confident use of language within the media industries; shift to 'stand-alone' enterprises.	'Overall impact greater than the sum of the individual parts' (CnaG)

Table 3: Factors promoting or constraining development

Category of factor	Promoter	Constraint
General factors:	Increase in demand/ongoing revival of language and culture	Short-sightedness of develop-ers
	Growing support and media exposure	
	Positive changes in attitude	
	Dynamic interactions	
Governmental support:	Funding support from local authorities; Funding support from the GTC/CCG	Funding (not enough of it!)
		Inadequate co-ordination amongst agencies
Market structure:		Dispersed nature of Gaelic community
		Size of sector
		Structure of sector (especially TV)
		Marketing problems
Training and skill provision:	Skills	Skills (not enough)
	Provision of quality product	Provision of quality product (not enough)

6. Demand for Gaelic-related goods and services

Having investigated the supply-side framework, evidence of demand for GLAC-related goods was sought through a very detailed questionnaire, mailed to approximately every fourth individual on the electoral register of the area, with a consequent substantial 2028 completed replies (response rate 25%), equivalent to 6 per cent of the resident population. Respondents' characteristics were checked against the latest census data and indicated a very close correlation, demonstrating that the sample was representative of the local population as a whole.

Similar to the supply-side questionnaire, this survey sought information on trends in demand for a whole range of artistic and cultural products and services and the perceived impacts of such consumption.

Investigation of the data by the use of chi square analysis identified a series of characteristics which apparently lay behind the demand for such products. The extent and richness of the data then allowed the construction of a series of log-linear (logit) models in order to capture multi-collinear effects (i.e. to understand the relative significance of variables that are themselves highly correlated) and identify more accurately the odds of consumption in relation to such characteristics.

From this, it could be ascertained that, interestingly, fluency in Gaelic was only one of a series of factors influencing demand for GLAC-related products and services, the others being location, income, gender, and age. At the risk of some simplification: the higher the likelihood of consumption, the more rural the location, the higher the income and the gender of the respondent being female. Age also exhibited distinct patterns but none amenable to easy generalisation.

In terms of constraints to consumption, only availability and to a much lesser extent price were found to be significant. This finding is of importance to language planners, showing that the potential support for Gaelic related products and services goes well beyond the (diminishing) core of fluent native speakers. On a political level, this may also indicate potential for wide support for possible language regeneration measures.

In terms of perceived impacts of consumption, these were extremely favourable in the consumer survey as shown by Table 4 overleaf, illustrating responses to questions 26 and 27 of the survey. This reveals a clear link between the number of instances ('units') of consumption of GLAC-related goods and services in the survey year, and the perception of a positive impact on key aspects of local communities, many of which had a clear business impact.

These results are of great significance, supporting the view that the more consumption takes place, the more positive should be the impact on the issues considered under question 26 of the survey questionnaire – all key variables which have an indirect impact on the Gaelic economy and which will positively complement the direct impact of jobs created.

In order to test for bias in these responses caused by Gaelic fluency or other factors, a further analysis was made of attitudes, with the 2028 respondents filtered according to linguistic ability and consumption pattern.

In short, consumers and Gaelic speakers tended to mirror the same characteristics as the general sample in terms of location, gender and income, with some differences

Table 4: Effects of total consumption

Question 26:	'Units' of Consumption						
Percentage of respondents who believe the consumption of GLAC has 'greatly increased' / 'slightly increased' the following:	Nil	1 or more	2 or more	3 or more	4 or more	5 or more	6
The regularity with which Gaelic is used in the local community	30%	55%	58%	61%	64%	66%	69%
The regularity with which Gaelic is used in local families	23%	49%	53%	56%	58%	61%	62%
The attractiveness of the area to tourists	40%	64%	65%	68%	69%	70%	71%
The attachment of local people to their community	23%	49%	51%	53%	56%	57%	58%
The level of confidence within your local community	23%	45%	47%	49%	52%	54%	55%
The preference of individuals within your community to choose/ purchase Gaelic services/ products where possible	26%	54%	56%	58%	61%	63%	65%
	'Units' of Consumption						
Question 27:	Nil	1 or more	2 or more	3 or more	4 or more	5 or more	6
Percentage of respondents who 'strongly agree/agree' with the following:							
The regeneration of the Gaelic language, art and culture is essential for the future social development of your own area/ island group	37%	72%	76%	78%	81%	82%	87%
The regeneration of the Gaelic language, art and culture is essential for the future economic development of your own area/ island group	29%	63%	66%	69%	71%	73%	77%
The development of Gaelic language art and culture is making an important contribution to the level of self confidence in your own area/ island group	33%	62%	65%	68%	72%	74%	79%
The development of the Gaelic language, art and culture is increasing the attractiveness of your area to tourists	36%	68%	71%	73%	75%	76%	79%
The development of the Gaelic language, art and culture is increasing the desire of young people to live and work in their home area	24%	49%	51%	53%	56%	57%	61%
The development of the Gaelic language art and culture is broadening the range of employment opportunities which exist for people locally	38%	70%	73%	76%	79%	80%	83%
Taking local and national factors into account, I am optimistic about the future health and development of the Gaelic language	39%	67%	69%	71%	73%	76%	76%

within age categories. However, non-consumers tended to differ, often markedly, from the above categories in several respects – more male; more urban; higher income etc.

Amongst the implications of this finding is the apparent general acceptance of GLAC by the vast majority of the population, with the characteristics of the minority of non-consumers clearly distinguishable from those of the average population. Again, one possible implication of this is that the spread of Gaelic artistic and cultural production, and the greater exposure to it, can be shown to produce the most positive attitudes towards it within the general Gaelic and non Gaelic-speaking community. This would be a useful complement to a robust language regeneration policy.

Among the non-consumers, most interesting were the Gaelic speakers, where age (oldest category) and income are markedly different from all other categories. This may well be, amongst the indigenous population, a legacy of low confidence and self-esteem and past policies of 'Gaelic-not', and potentially hostility amongst incomers, though very few of these would speak Gaelic.

Further investigation of the data also indicated that attitudes become consistently more positive as progression takes place from non-Gaelic non-consumers through Gaelic non-consumers to non-Gaelic consumers and finally Gaelic consumers. The significance of this is the illustration that it is not language alone which determines attitude – rather it is a combination of language and consumption, with consumption impacting positively for all linguistic sub-sections, Gaelic-speaking and non Gaelic-speaking. This is of considerable importance in generalising the positive effect of such consumption and removing any notion that the benefits of GLAC-related production are restricted to a linguistic sub-set of the population.

Linked with the observation noted above, that the main perceived consumer constraint is availability, this finding suggests that measures to boost availability are key to unlocking the potential of the GLAC sub-section of the Gaelic economy. This potential, of course should be understood not solely in relation to job creation, but also in relation to attitudes towards the relevance of the language and culture for the future – a key issue in taking language development forward from formal lip service to positive involvement.

7. Business promotion activities

In addition to evaluating consumer demand, a further area for investigation was the extent to which existing businesses within the area of the Gaelic economy sought to use GLAC-related goods in furtherance of their own activities. Working with available details held by the Local Enterprise Companies and cross-checking against Yellow Pages and local trades directories, a random sample of 85 businesses employing 10 or more people within the geographical area was chosen and surveyed regarding this question.

In particular, information was sought from respondents on two topics: first, details of how they used (or chose not to use) GLAC-related products as an aid to their own business activities, especially whether businesses used GLAC resources in product differentiation or to gain a comparative advantage; and second, their views on the relevance of GLAC for business development was also sought.

Of the 85 firms surveyed, 28 (33%) used GLAC-related goods and services in one of five ways: the deliberate hiring of Gaelic-speaking staff; the use of Gaelic signs; bilingual documents, letters, menus etc; the use of Gaelic or bilingual advertisements to promote their establishment or products; the use of Gaelic music as main entertainment or to create a background ambience; the sponsorship of Gaelic events.

Those who used such goods and services reported doing so for the following reasons:

Table 5: Reasons for business use of GLAC-related goods and services

Method of use	Number of establishments doing so	Reasons stated
The hiring of Gaelic-speaking staff	12	Impact on trade – 1 report of 'substantial' impact, 11 of 'moderate' impact
The use of Gaelic signs, bilingual documents, letters, menus etc.	16	Customer preference; substantial impact noted in 40% of establishments using this
The use of Gaelic or bilingual advertisements to promote their establishment or products	4	Part of larger strategy to attract those fluent in or sympathetic to the language
The use of Gaelic music as main entertainment or to create a background ambience	10	Specific citing of attempts to gain comparative advantage: 40% doing so reported substantial impact on trade
The sponsorship of Gaelic events	4	Aiming to raise the profile of establishment and reinforce 'local credentials' of firm

Those who reported the possibility of using GLAC-related goods but declined to, cited the following:

Table 6: Reasons for non-use of GLAC by 40 firms which could use it

Business-related reason	% of non-users
Perception of no demand for use from customers	27
Belief of lack of cost-effectiveness of satisfying perceived demand	6
No authority to use GLAC – authority lying higher up in chain of command	12

Attitudinal or linguistic based reasons	% of non-users
Own (lack of) competence would be a problem	40
Never thought of adopting such a position	9
Hostility to the language	6

Interestingly, 80% of the non-using firms reported that clear evidence of demand from customers or potential customers would be necessary before they would consider such a change. Of further interest to policy practitioners is that the vast majority (80%) of the 40 firms who believed they could use GLAC-related products in future were in the hotel and catering sector of the Gaelic economy.

This observation critically suggests a clear mismatch between evidence of growing consumer demand and the perception of insufficient demand by businesses who are not yet taking up the possibilities afforded them by GLAC-related products. This finding therefore has further implications for policy makers, in particular the local enterprise companies who may be in a position to bring this to firms' attention. It also illustrates clearly some of the problems identified elsewhere by McLeod in his study of the use of Gaelic in business.[10]

An important further area on which to analyse views was that of the business community in relation to GLAC and its implications for economic development. Views of the general public have been reported already in the previous section. However, the views of the business community are clearly informed by a greater exposure to and involvement with the pressures impacting on local economic development than is the case for many of the consumer survey respondents.

There were three areas upon which information was sought: the impact on the local economy; the impact on the local labour market; the impact on indirect economic variables.

Apart from one company's negative views on indirect impacts, it is important to note that no negative responses were received on the perceived local economic impacts of GLAC (Table 7). With the exception of the issue of regional image, businesses were generally positive or very positive.

Table 7: General impact of GLAC on issues affecting the local economy

	Very positive effect	Positive effect	No effect	Negative effect	Very negative effect
The regional image of the area for business	–	25%	74%	–	–
The attractiveness of the area for tourists	9%	59%	32%	–	–
The ability of local businesses to market products as 'unique' or distinct	12%	39%	50%	–	–
The range of business opportunities available in your area	3%	44%	53%	–	–
The ability of local businesses to sustain themselves	3%	43%	55%	–	–

Regarding labour market impacts and locational/linguistic perceptions, there was again an overall very positive view on a wide range of issues affecting local jobs, jobs for Gaelic and non-Gaelic speakers, together with perceived impacts on the crucial long-term issue of young people returning to the islands. Favourable perceptions range from 77% in the case of employment for Gaelic speakers to 46% perceiving similar advantages for non-Gaelic speakers.

Table 8: General impact of GLAC on issues affecting the labour market

	Very positive effect	**Positive effect**	**No effect**	**Negative effect**	**Very negative effect**
Local job opportunities for the young	10%	59%	31%	–	–
Local job opportunities for Gaelic speakers	20%	59%	22%	–	–
Local job opportunities for non-Gaelic speakers	–	46%	54%	–	–
The number of people now willing to return to your community to seek employment	5%	44%	51%	–	–
The quality of the jobs now available in your community	19%	37%	44%	–	–

A very favourable response was offered to the perceived impact of GLAC on the indirect, and possibly more long-term, issues facing the local community, such as the level of self-confidence and the attachment of local people to their community. These cultural factors are highlighted in the literature as being significant in sustainable development (UNESCO, 2001) and confirm the wider benefits of GLAC activities.

Table 9: General impact of GLAC on indirect economic issues

	Very positive effect	**Positive effect**	**No effect**	**Negative effect**	**Very negative effect**
The willingness of people to start up businesses	–	26%	74%	–	–
The desire of people to live and work within their local community	5%	63%	32%	–	–
The attractiveness of the area to incomers	4%	62%	33%	1%	–
The attachment of local people to their community	8%	60%	33%	–	–
The level of self-confidence within your local community	11%	56%	32%	1%	–

In every case, except that of people's willingness to start up new businesses, the favourable response is around two-thirds, but even here, no respondent saw GLAC as a negative factor, and one quarter saw it as having a positive effect. Interestingly, regarding the latter result, evidence was also shown of differing sub-regional assessments or impact, with a much higher proportion of Skye-based respondents positive (54%) compared to Western Isles respondents (19%). It may be the case that, given the higher prevalence of Gaelic in the Western Isles, it is not perceived as affording a particularly strong comparative advantage, whereas this may be more the case in Skye.

8. Conclusion

This paper has sought to contextualise the use of locally based diversity, in this case artistic and cultural activity related to the Gaelic language, as a motor for economic development, within the framework of a more endogenous approach to sub-regional economic development. It has been demonstrated that the Highlands and Islands have been promoting indigenous development through higher value-added new, small and medium enterprises based on a better-skilled labour force linked into the regional economy. This approach is consistent with the theoretical literature and good practice recognising the importance of networks, social capital and embeddedness and effectively has forsaken an analysis grounded in Rostow's stages of growth framework and a consequent Perroux growth pole strategy based on inward investment and mass production.

A consistent and robust economic case has been made for the support of Gaelic arts and cultural activities. Further, whilst understandably popular within Gaelic-speaking communities themselves, the positive impacts of this strategy extend into the non Gaelic-speaking community within the Gàidhealtachd. Importantly, while not claiming that this can in any way be a *substitute* for a well-planned language regeneration strategy, understood and applied correctly this approach may help provide the best possible background for such a strategy.

By the mid-1990s, GLAC investment and activities was generating between 215 and 230 jobs (FTE) and some £5.8 million direct expenditure and further multiplier effects though the economy. Moreover, and perhaps more importantly, GLAC has been underpinning sustainable development through increased confidence and self-esteem of individuals, communities and the region: expanding opportunities for new firm formation and economic activity, and embedding social networks to enhance social capital. The institutional capacity and thickness required to promote this strategic investment and support have contributed to these positive impacts. They also offer further development and networking advantages and compensations for distance and cost penalties on the periphery.

Compared with the cluster and SME strategies based in and on metropolitan environments, GLAC is proving particularly appropriate for the needs and characteristics of the Gàidhealtachd. Coupled with the further and higher education advances within the area and land reform, there is the promise of ongoing improvement in prospects for the economy and community. This can be contrasted with the series of 'boom and bust' panaceas of the past, such as sheep, kelp, deer, industry and oil. Finally, as well as sustaining development in the area through tourism and other activities, there is the possibility of internationalisation of goods and services through the networks of the Gaelic diaspora, recognising that the impacts are wider than the simple commodification of the language and culture alone.

Endnotes

[1] A term coined to differentiate production in north central and northeastern Italy, which is of a different orientation than the developed north and underdeveloped south of the country.

[2] For a fuller overview, see the HIE website (www.hie.co.uk), and in particular Highlands and Islands Enterprise, 2005c.

[3] Significantly, however, the language continues to weaken in rural, 'heartland' areas of Wales (Aitchison and Carter, 2004).

[4] Although there have been many debates about the precise definition of 'growth pole' and the consequent strategic interventions, the basic concept is that growth trends to polarise and so policy interventions can be undertaken to encourage the growth process within an area (see Darwent, 1969).

[5] This area had been the subject of a previous study delineating the overall impact of all Gaelic-related economic activities (Sproull and Ashcroft, 1993). Choosing the same framework allowed comparisons with the earlier study where appropriate. While other areas (Tiree, Islay etc.) also exhibited similar Gaelic-related activity, unfortunately less comparative data existed at the time of this study.

[6] As previously indicated, the use of this area allowed the quantification of the impact of GLAC-related and economic activities and, where appropriate, comparison with the larger earlier study by Sproull and Ashcroft (1993).

[7] A constant theme which emerged from respondents' information was that 'jobs were paramount' in keeping these communities alive.

[8] Defined as 'the spatial area which stands to gain measurable economic benefits from the further development of the language'.

[9] An important point which McLeod, in his critique of Sproull, arguably failed to give due credit to.

[10] According to McLeod (2001b, pp. ii–iii), 'Gaelic remains excluded from the mainstream and has made only limited inroads into the strategic thinking of employers . . . crucially, it is almost completely excluded from the core: the private, for profit, commercial sector'.

15 Language and socio-economic development: experiences from the Scottish Gàidhealtachd and the Irish Gaeltacht

John Walsh

1. Introduction

The purpose of this paper is to review and assess approaches to language and socio-economic development in the Irish Gaeltacht and Scottish Gàidhealtachd, the remaining traditional heartlands of the Irish and Gaelic languages. Both areas have histories of underdevelopment and severe out-migration; higher than average unemployment rates, poor employment skills and inadequate infrastructure have been the norm. Both are also undergoing sustained language shift towards English, particularly in recent years, a trend linked repeatedly to industrialisation strategies which have tended to ignore or marginalise the dominant community language.

Historically, language maintenance strategies and socio-economic development strategies have tended to operate in isolation from each other in both countries. However, the perilous state of Irish and Gaelic as community languages has prompted stakeholder organisations to pay increased attention to the links between reversing language shift and socio-economic development. This paper assesses the policies of stakeholder organisations in both countries and investigates the extent to which they have integrated language planning and socio-economic development approaches in their work.

2. Terminology

The 'Gaeltacht' in Ireland refers to areas in seven counties (Donegal, Mayo, Galway, Kerry, Cork, Waterford and Meath) which have been designated as officially Irish-speaking by various Acts of the Oireachtas (the Irish Parliament). The Gaeltacht was originally defined by a government commission established in 1925 to map the Irish-speaking areas for the first time (Walsh, 2002). Various revisions since then have resulted in small, isolated pockets in seven counties where Irish is deemed to be the community language.

In Scotland, the term 'Gàidhealtachd' is commonly used in Gaelic to refer to the area known as 'the Highlands' in English (McLeod, 1999, p. 14). However, the areas where Gaelic remains the community language have never been geographically defined in law and there is not a direct fit between Gaelic-speaking areas and what is commonly referred to as the Gàidhealtachd. This study focuses on two core parts of the Gàidhealtachd, the Western Isles and Skye, while acknowledging that these are not the only areas of Scotland where Gaelic remains a vernacular language.

3. The Scottish Gàidhealtachd

3.1 Linguistic and socio-economic context

As other contributors to this volume have examined in depth both the linguistic and socio-economic profiles of the Gàidhealtachd, that information will not be repeated here (see MacKinnon and NicAoidh for information on Gaelic; Chalmers & Danson for information on socio-economic background).

3.2 Stakeholder organisations

The following organisations were identified as stakeholders in the debate about language and socio-economic development in Scotland. The list is not exhaustive: because of the broad nature of the concept of socio-economic development, many more could have been included, for instance, the regional health authorities.

Although its role is marginal, the Department of Arts and Culture in the Scottish Executive is the government department responsible for co-ordinating Gaelic policy. At regional level, the Highland Council has responsibility for Skye and Comhairle nan Eilean Siar[1] is the council responsible for the Western Isles. Highlands and Islands Enterprise (HIE) is the regional structure responsible for socio-economic development. It is sub-divided into a series of Local Enterprise Companies (LECs), of which Western Isles Enterprise and Skye and Lochalsh Enterprise are relevant for the present study. Gaelic organisations with a remit in socio-economic development are also considered. The national co-ordinating Gaelic development agency, Comunn na Gàidhlig, is based in Inverness. Bòrd na Gàidhlig, a non-departmental public body also based in Inverness, is accountable to the Scottish Executive and responsible for Gaelic development throughout Scotland, including the Gàidhealtachd. There are further stakeholders with responsibility for elements of socio-economic development at a more local level: Pròiseact nan Ealan (the National Gaelic Arts Agency); Seirbheis nam Meadhanan Gàidhlig (the Gaelic Media Service); and the higher education colleges Lews Castle College, Stornoway and Sabhal Mòr Ostaig, the Gaelic college in Skye, both part of the UHI Millennium Institute structure.

Table 1: Stakeholders in language and socio-economic development in Western Isles and Skye

National government department	Department of Arts & Culture, Scottish Executive
Local government	Comhairle nan Eilean Siar (Western Isles)
	Highland Council (Skye)
Language development agencies	Bòrd na Gàidhlig
	Comunn na Gàidhlig
Socio-economic development agencies	Highlands and Islands Enterprise
	• Skye and Lochalsh Enterprise
	• Western Isles Enterprise
Arts	Pròiseact nan Ealan (National Gaelic Arts Agency)
Higher education	UHI Millennium Institute
	• Sabhal Mòr Ostaig (Skye)
	• Lews Castle College (Stornoway)
Broadcast media	Seirbheis nam Meadhanan Gàidhlig (Gaelic Media Service)

3.3 Gaelic and socio-economic development: background

All stakeholder organisations contacted in connection with this study identified the publication in 1982 of the seminal report *Cor na Gàidhlig: Language, Community and Development* as a turning point in the debate on language and socio-economic development. The study was the outcome of a Gaelic Report Group (GRG) established by the Highlands and Islands Development Board (now Highlands and Islands Enterprise) and examined in detail the ways in which Gaelic could be linked to the socio-economic development of its heartlands. The Group was in no doubt about the challenge it faced:

> The main reason why so few Gaelic activities are economically viable is obvious. The potential market is a small, peripheral, sparsely scattered, largely seaboard and island community with an extended diaspora; unit production costs are inevitably high, economies of scale impossible to practise, communications accentuated by the fact that the cultural and linguistic infrastructure has been neglected for centuries, or sometimes actively discouraged from developing. Thus Gaelic, as a small peripheral culture, has not been able to develop its own network of interactive support systems and institutions (Gaelic Report Group, 1982, p. 62).

The report warned against the dominant approach which holds that 'the most effective way agencies with greater or lesser responsibilities for development can help the Gaelic language is by providing employment and industry to retain the community in its native area. This argument has an obvious basis of truth but is on its own too simplistic and, as experience has shown, if allowed to rest there can lead to the further erosion of the community' (p. 69). Arguing instead for a 'wider concept of development in the Highlands to an extent that gives greater consideration to its linguistic and cultural dimensions' (p. 72), the report called for a 'conscious appreciation, on the part of developers, of the interdependence of the social, cultural and economic domains in community life' (p. 34). The report's main recommendation was the establishment of a national development agency for Gaelic. This led to the establishment in 1984 of Comunn na Gàidhlig, a national co-ordinating Gaelic development agency with charitable status and a board of directors comprising representatives from HIDB, the local authorities and other Gaelic organisations (see below). However, the report also recommended that HIDB itself should give far greater consideration to language in its own policies (p. 9).

Another important contribution to the debate on Gaelic and development was the report *The Dynamics of Gaelic Development*, published in 1993 by an employee of Highlands and Islands Enterprise (HIE), the new agency which had replaced HIDB two years previously. The report noted that the 1980s 'marked the beginning of a new impetus towards the development of Gaelic' (Pedersen, 1993, p. 1) and that 'Gaelic language and culture is now seen as a powerful motor for economic development if harnessed in the right way' (7). The report identified the media, the adult learner industry, cultural tourism and 'services and other opportunities' as areas of potential (10).

The other main contribution of the 1990s was the series of papers and reports led by economist Alan Sproull of Glasgow Caledonian University. One such report, *The Demand for Gaelic Artistic and Cultural Products and Services: Patterns and Impacts*, was commissioned by HIE and published in 1998. It found that Gaelic arts and culture may influence economic development in direct and indirect ways. The direct linkages included labour market impacts such as job creation or creation of new career paths, boosting tourism which creates employment and creating business opportunities. The indirect linkages identified by the report included

> increasing the attachment of the people to their home area, increasing the desire of the young to continue to live and work in their home area, enhancing individual and community confidence, and increasing the attractiveness of the area to incomers. These changes may reduce out-migration, encourage returners to the area, encourage in-migration and enhance entrepreneurial behaviour. 60 percent of individuals surveyed, and 67 percent of the business community believed that the Gaelic arts boosts levels of confidence in local communities (Sproull & Chalmers, 1998, pp. iii–iv).

Both authors believe that these indirect linkages are very important and warrant further research (interviews with Sproull and Chalmers, 2004).

Wilson McLeod has questioned aspects of the 'Gaelic economy' as formulated in recent years by researchers such as Pedersen and Sproull. He is concerned that the development of such an economy 'has not taken place as part of a broad-based initiative to widen the role of Gaelic in the general economic life of the Gaelic-speaking areas, but rather as an adjunct to regional development strategies that see the market for Gaelic-related goods and services as a potential growth area or "sector"' (McLeod, 2002, p. 52). McLeod also points out conceptual problems with the notion of such an economy, 'that gives limited attention to linguistic matters, or treats the question of language use as secondary or even coincidental' (57). In response, Sproull and Chalmers point out that their report was never intended to be used on its own, and that it would need to be 'subordinated' to a language planning strategy (interviews with Sproull and Chalmers, 2004). They were asked to investigate a specific area under a clearly defined remit which did not include language planning, they argue. However, McLeod does raise valid questions about the nature of the 'Gaelic economy' and its relationship with language planning, particularly the intergenerational transmission of Gaelic which is severely threatened, according to the latest Census statistics.

Impending legislation on Gaelic is another important element of the context in which language and socio-economic development in Scotland should be considered. In 2003, the Scottish Executive established Bòrd na Gàidhlig as a non-departmental public body. It is intended that the Gaelic Language Act, enacted in 2005, will oblige public bodies to increase their level of bilingual service, particularly in the Gàidhealtachd (Scottish Executive, 2003a). This will go some way towards integrating Gaelic more closely with public service providers in its heartland (see below).

3.4 Approaches to language and development in the Western Isles and Skye

It is not feasible within the scope of this article to examine the approaches of all stakeholders in detail. Therefore, it is proposed to examine only the work of the development agency, Highlands and Islands Enterprise (and its sub-divisions in the Western Isles and Skye), and of the principal language agencies, Bòrd na Gàidhlig and Comunn na Gàidhlig.

3.5 Socio-economic development agencies

(a) Highlands and Islands Enterprise

Highlands and Islands Enterprise (HIE) was established in 1991 and replaced the existing Highlands and Islands Development Board. HIDB, through the *Cor na Gàidhlig* report, had demonstrated some commitment to the language, and an officer with responsibility for Gaelic matters, Roy Pedersen, had been appointed. Pedersen contributed significantly to the growing debate on Gaelic and the economy through the

1980s and 1990s, and continues to advise HIE and other agencies on Gaelic matters (interview with Pedersen, 2004). Established under a Conservative government led by Margaret Thatcher, the HIE structure was less community-oriented in its focus than its predecessor (interview with MacKay, 2004). Given this more hostile climate, it was unsurprising that Gaelic matters became sidelined in the organisation's priorities. Ten regional Local Enterprise Companies (LECs) were established through the Highlands and Islands region, two of which are relevant to this study: Western Isles Enterprise and Skye and Lochalsh Enterprise (see below). The change in terminology was significant: 'development', with its Labour Party connotations, was replaced with 'enterprise', reflecting a new ideology of government (interview with Chalmers, 2004).

Dr Jim Hunter, chairman of HIE between 1998 and 2004, has been a well-known expert on Highland issues since his ground-breaking book, *The Making of the Crofting Community*, was first published in 1976. This work, reprinted repeatedly and published in a second edition in 2000, challenges the received wisdom that the Highland Clearances were economically prudent and historically inevitable. Hunter, though not himself a Gaelic speaker, has proved himself to be an ardent proponent of Gaelic through, for instance, his support for the Gaelic college, Sabhal Mòr Ostaig, in Skye. His presence on the board of HIE from its inception in 1991 ensured that the language was not eclipsed entirely during the reorganisation of the early 1990s.

HIE has a division dealing specifically with language and culture, and a formal policy on Gaelic, the main aim of which is to underline the organisation's 'commitment to the importance of Gaelic as a generator of economic activity and sustainable social development within the HIE area' (HIE, 2005a). So far, however, most of the HIE website, with the exception of the section on Gaelic policy, is in English only and it could not be argued that the organisation provides a comprehensive Gaelic service to the public (HIE, 2005b). In fact, in light of the formation of Bòrd na Gàidhlig in 2004, the organisation is currently undertaking a root-and-branch review of its policies in relation to Gaelic and it remains to be seen what will emerge from this process (interview with Smillie, 2004).

Despite this, some interesting and innovative work on Gaelic is being conducted by HIE's cultural division. It is funding a project to explore the possibilities for language acquisition by infants, in an attempt to . . .

> plug the gap caused by the massive reduction in Gaelic-speaking mothers who are prepared to pass on Gaelic as mother tongue to their babies. Many parents in the indigenous Gaelic-speaking community seem to have an inferiority complex with regard to the language and regard English as being more likely to advance their children economically. So they speak to their children in English ... So what we might be looking for long-term would be the (re-)creation of a population whose language of preference would be Gaelic (communication with Smillie, 2005).

This is a significant project from a language planning point of view as it attempts to influence one of the key elements of language planning: intergenerational transmission of language. HIE's language and culture division also intends to fund research into attitudes towards Gaelic among native speakers, in co-operation with Bòrd na Gàidhlig (communication with Smillie, 2005). Despite the limitations of HIE's policy, it is stronger than that of the two LECs relevant to this study: Western Isles Enterprise and Skye and Lochalsh Enterprise.

(b) Western Isles Enterprise

Western Isles Enterprise was established in 1991 as part of the HIE structure. It has its main offices in Stornoway and serves the Western Isles, which was 60% Gaelic-speaking according to the 2001 census. According to its website, WIE's aim is 'to oversee a local economy which has a diversified base and encourages a greater rate of new business formation and survival' (WIE, 2004). Despite its location in what is the last remaining Gaelic heartland in the world, WIE has no formal policy on Gaelic and no member of staff has responsibility for the language (communication with Mackenzie, 2005). Instead, it believes that its duties in relation to the language are fulfilled by contracting out Gaelic projects to Comunn na Gàidhlig through the 'Gaelic in the Community' scheme (interview with Mackenzie, 2004). WIE also has a representative on the Western Isles Language Plan Steering Group (see below). WIE uses a Gaelic version of its name, 'Iomairt nan Eilean Siar', and there is some bilingual signage in its headquarters. However, its website is entirely in English and it has no plans to change this due to 'insufficient demand' (interview with Mackenzie, 2004).

WIE is one of the most important socio-economic stakeholder in the islands. As well as backing industrial and commercial enterprise, it invests in community infrastructure, crofting, and community and environmental projects. Due to its pivotal position in Western Isles society, WIE as an organisation has a potentially powerful role in relation to Gaelic, but it seems to accept little responsibility in this regard.

(c) Skye and Lochalsh Enterprise

After WIE, Skye and Lochalsh Enterprise (SALE) is the second most important local enterprise company for Gaelic, as 37 percent of Skye residents returned themselves as Gaelic speakers in the 2001 census. SALE describes its mission as follows: 'to develop the economy, skills and community strengths of Skye and Lochalsh, always considering the environment, culture and unique attributes of the area' (SALE, 2004a). It refers to Gaelic on its website as 'an essential element in what it is that makes Skye and Lochalsh a very special place' but its Gaelic policy does not appear to go any further than this (SALE, 2004b). However, it should be pointed out that SALE has made a considerable investment in the Gaelic college, Sabhal Mòr Ostaig.

Although HIE has proved its credentials in the past regarding Gaelic, has a formal Gaelic policy and is funding some innovative research on the language at present, it is a matter of concern that its Local Enterprise Companies in the Western Isles and Skye have no formal policy on Gaelic and do not appear to have any active interest in it. Most people in the Western Isles or in Skye will have little regular contact with the headquarters of HIE in Inverness; the language policies of their own LEC will have far more influence on their lives. The failure to develop such a policy on the ground in Skye and the Western Isles is a significant obstacle to the normalisation of Gaelic as a language of economic activity in the region. Although Gaelic-related projects have been contracted out to Comunn na Gàidhlig, it would be appropriate for both WIE and SALE to recognise their linguistic responsibilities as major socio-economic stakeholders in the remaining Gaelic-speaking areas. Both LECs, as important public organisations and key employers in the Western Isles and Skye, have a role to play themselves in relation to Gaelic, rather than contracting out this responsibility to another agency. A step towards recognising this obligation would be the formulation of a formal Gaelic policy leading to bilingual communications with the public, such as websites, and including Gaelic as a requirement for key community-based jobs. It should also involve strategies to increase the number of Gaelic-related businesses. This would ensure that statements such as 'always considering the culture of the area' would become meaningful.

3.5.1 Language development bodies and language planning initiatives

(a) Comunn na Gàidhlig

As outlined in section 3.3 above, Comunn na Gàidhlig (CnaG) was established as a co-ordinating Gaelic development agency in 1984 with the support of the Scottish Office. CnaG is today involved in a number of projects with a socio-economic dimension, particularly the 'Gaelic in the Community' scheme. The purpose of this scheme is to develop language-centred community-based projects in conjunction with other socio-economic stakeholders, such as the local authorities, HIE or WIE. CnaG describes the scheme as a grassroots approach to development:

> A main feature of the Scheme is to provide assistance for 'Gaelic Energy Centres' where Gaelic related business or activities could be undertaken. These activities could include Gaelic-medium child care facilities, provision for Gaelic learners and literacy courses, relevant training skills for employed/unemployed, and for unemployed women returners (Comunn na Gàidhlig, 2004a).

European funding for 'Gaelic in the Community' runs out in 2005, but CnaG hopes to continue the scheme through funding generated locally. It also manages a 'Graduate Placement Scheme' in the Western Isles which has seen the appointment of six Gaelic-speaking graduates in a wide range of jobs with employers in the Western Isles, and a parallel summer internship scheme, 'Greis Gnìomhachais' (Student Work Experience programme), which is Scotland-wide, although most of the placements were in the Western Isles (communication with Martin, 2005). Another flagship scheme in the socio-economic realm is the 'Fàilte' cultural tourism initiative (CnaG, 2004b). CnaG has also played a pivotal role in the Western Isles Language Plan and the Inverness and Nairn Language Plan (interview with Martin, 2004; see below).

(b) Bòrd na Gàidhlig

A report on the revitalisation of Gaelic commissioned by the Scottish Executive in 2002 suggested the establishment of a 'Gaelic Development Agency' which would produce a national plan for Gaelic dealing with four main areas: education and learning; arts, culture and heritage; economic and social development; and language planning and development (Ministerial Advisory Group on Gaelic, 2002, pp. 16–19). Bòrd na Gàidhlig was established in 2003 as a non-departmental public body responsible to the Executive. The same year, the Executive published its consultation paper and draft Gaelic Language Bill. The Gaelic Language (Scotland) Bill was introduced into the Scottish Parliament in September 2004; among other things, this bill establishes the Bòrd as a statutory body and sets out the range of its authority and responsibility. One of Bòrd na Gàidhlig's main responsibilities is to prepare and administer a national plan for Gaelic. The organisation, though national, also has responsibility for the Gàidhealtachd. The Bòrd is a rare example of an organisation which combines both language planning and socio-economic perspectives: the Chief Executive, Allan Campbell, is committed to ensuring a strong socio-economic element in the national plan for Gaelic, and a Language Planning Officer has also been appointed (Bòrd na Gàidhlig, 2004; interviews with Campbell, MacLeod, M., 2004).

3.6 Language planning in the Gàidhealtachd

Language planning in the Gàidhealtachd is being conducted in the context of national Gaelic policy. In Scotland, language planning has moved onto a more sophisticated plane, with greater attention being paid to international theoretical models. In addition, considerable progress has been made towards developing a regional language plan for the Western Isles, as outlined elsewhere in this volume by NicAoidh. Details of the workings of the language plan will not be repeated here, but its relationship with socio-economic development will be considered.

The Western Isles Language Plan has its origins in an initiative by John Angus MacKay, the Director of Seirbheis nam Meadhanan Gàidhlig (Gaelic Media Service). MacKay's experience in the Gaelic media industry – itself an integral part of the area's socio-economic development – and his background in the Highlands and Islands

Development Board and Comunn na Gàidhlig ensured that he was particularly well-placed to develop such a project. A document produced by the Ad Hoc Group on Language Planning established by MacKay is noteworthy for its synthesis of language planning and socio-economic approaches. The document outlines the importance of involving all stakeholders in the language planning process, including the socio-economic (Ad Hoc Language Planning Group, 2002; interview with MacKay, 2004). Another local language plan has been developed for the Inverness and Nairn region of the Highlands, an area once strongly Gaelic-speaking but which has experienced sustained language shift to English. However, given the role of Inverness as the Highlands' main urban centre, and the presence in the area of many Gaelic speakers who have moved from the islands in search of work, it is appropriate to prioritise the plan for this area. The plan is based on the economic concept of clustering, where groups of related enterprises will concentrate in the same area, thereby creating synergies and dynamism. In this case the clusters are to be of cultural bodies and industries based on Gaelic (Pedersen Consulting & Hecla Consulting, 2004).

3.7 Conclusion

There is a good deal of activity in Scotland at present in relation to language planning, aided by the progress through the Scottish Parliament of the Gaelic Language Bill. The Bill, now enacted, should oblige public bodies to enhance their level of service in Gaelic, including the agencies studied in this paper. However, the legislation will not address the relationship between language and socio-economic development agencies: that is the job of the national plan for Gaelic. Good progress has been made to date on local plans which are supposed to feed into the national plan. While it is important that all relevant stakeholders on both the language and development sides are aware of what each is doing, it is equally vital that they pursue distinct roles and avoid duplication of work. For instance, the roles of Bòrd na Gàidhlig and Comunn na Gàidhlig must be defined precisely so that each organisation has a clear job to do. Furthermore, the work of HIE on Gaelic should extend to its sub-branches in the Gàidhealtachd.

4. The Irish Gaeltacht

The Gaeltacht in Ireland refers to areas in seven counties (Donegal, Mayo, Galway, Kerry, Cork, Waterford and Meath) which have been designated by legislation as officially Irish-speaking. However, linguistic analyses, based on Census returns and government schemes to support the speaking of Irish reveal that in much of the official Gaeltacht, English is now the dominant language of everyday communication.

Although national policy on Irish is flawed, it is important to point out that the Gaeltacht exists in a far more positive framework to that of Gaelic: despite relatively low levels of active use of Irish, most Irish people have some knowledge of the language and are well-disposed towards it. The same cannot be said of Gaelic.

4.1 Linguistic and socio-economic context

(a) Linguistic vitality

According to the Census of 2002, almost three-quarters – 72.6 percent – of the Gaeltacht population of 86,517 people returned themselves as 'Irish speakers'. However, only 39 percent of them (33,789 people) said that they spoke Irish on a daily basis. Of particular concern is the fact that transmission of Irish to infants and young children appears to be in a state of collapse (Central Statistics Office, 2004a). These latter Census statistics are borne out by the other principal source of information on language use, Scéim Labhairt na Gaeilge ('Scheme for Speaking of Irish'). The scheme offers a grant to parents in the Gaeltacht for each school-going child who can demonstrate fluency in Irish. According to an analysis of the scheme for the school year 2001–02, over 10,000 people live in Gaeltacht areas where not a single family receives the grant. Only 20,000 people, or one-quarter of the full population of areas officially designated as Gaeltacht, live in areas where more than 70 percent of families receive the grant, predominantly around Gaoth Dobhair in north-west Donegal, Cois Fharraige and west Conamara in Galway and a small pocket in Corca Dhuibhne, Co. Kerry (Ó hÉallaithe, 2003, pp. 8–9).

(b) Socio-economic profile

In general economic terms, the Gaeltacht is less developed that the rest of the country. An analysis of the 2002 Census reveals that it has lower than average percentages of higher and lower professionals and considerably higher than average percentages of semi-skilled and unskilled manual workers (GAMMA, 2004). Although the Gaeltacht experienced a 24 percent decrease in unemployment between 1996 and 2002, the unemployment rate is still well above the national average. Of the six worst unemployment black spots in the country, five are located in the Gaeltacht (Central Statistics Office, 2004b). Some parts of the Gaeltacht are over-reliant on traditional manufacturing industry or agriculture, both of which are in rapid decline nationally (GAMMA, 2004).

4.2 Stakeholder organisations

In Ireland, the government Department for Community, Rural and Gaeltacht Affairs has direct responsibility for the Gaeltacht and for the Irish language nationally. A total of seven Irish county councils and one city council include Gaeltacht areas (Donegal,

Mayo, Galway, Galway City, Kerry, Cork, Waterford and Meath). In contrast to the HIE structure in Scotland, only one state agency, Údarás na Gaeltachta (the Gaeltacht development agency), has responsibility for the socio-economic development of the Irish Gaeltacht. Údarás has established a subsidiary, Ealaín na Gaeltachta ('Gaeltacht Arts') to promote the traditional arts. The Irish language media industry is concentrated in the Gaeltacht, where the television service, TG4, and radio station, RTÉ Raidió na Gaeltachta, have their headquarters. The National University of Ireland, Galway, is developing outreach centres for third-level education in the Gaeltacht through its Acadamh na hOllscolaíochta Gaeilge ('Academy for University Education in Irish'). In contrast to Bòrd na Gàidhlig in Scotland, the national (cross-border) agency for the Irish language, Foras na Gaeilge, has no specific responsibility for the Gaeltacht.

Figure 2: Stakeholders in language planning and socio-economic development in the Irish Gaeltacht

National government department	Department of Community, Rural and Gaeltacht Affairs
Local government	Eight local authorities: Counties Donegal, Mayo, Galway, Kerry, Cork, Waterford, Meath and Galway City
Language development agencies	None with specific responsibility for Gaeltacht
Socio-economic development agencies	Údarás na Gaeltachta
Arts	Ealaín na Gaeltachta (branch of ÚnaG)
Higher education	Acadamh na hOllscolaíochta Gaeilge, National University of Ireland, Galway
Broadcast media	• TG4 (television) • RTÉ Raidió na Gaeltachta

4.3 Irish and socio-economic development: background

A good deal has been published on the socio-economic development of the Irish Gaeltacht, particularly since key policy shifts in the 1950s. This reflects the fact that, although marginal compared to other national issues, Irish has been a subject of state policy for eighty years, and is far less marginal than Gaelic in Scotland. It is beyond the scope of this report to review this extensive Irish literature in detail; this section will instead confine itself to a discussion of some of the key documents.

There has been a strong historical association between Irish and underdevelopment, as illustrated by the first Gaeltacht Commission report in 1926:

> [W]ithout effectively dealing with the very congested Irish Speaking populations, all hope of relieving the congestion in those areas will have vanished, and no future can be open to the traditional Irish Speakers

affected but one of continued poverty and degradation in his native surroundings, involving dependence on American money, old age pensions, migratory labour in Britain or elsewhere, and Government relief; or emigration, with the consequent loss to the living language position (Gaeltacht Commission Report, 14.7.1926, see also Walsh, 2002).

Despite the rhetoric about the importance of Irish to the new state, however, no government department with direct responsibility for the Gaeltacht was established at this time. It took the government another thirty years to do so. In 1956, the establishment of the Department of the Gaeltacht coincided with a review of the boundaries. Ironically, just as it got its own dedicated department, the extent of the Gaeltacht was reduced drastically. The new department's role was defined as follows:

> to promote the cultural, social and economic welfare of the Gaeltacht; to encourage the preservation and extension of the use of Irish as a vernacular language, and to such extent as may be necessary or appropriate, to consult and advise with other Departments of State in respect of services administered by such Departments which effect the cultural, social or economical welfare of the Gaeltacht or which concern the national aim of restoring the Irish language (Article 3(1), Ministers and Secretaries (Amendment) Act, 1956).

The work of what is now known as the Department of Community, Rural and Gaeltacht Affairs is discussed in further detail below.

In 1957, a Gaeltacht economic development agency, Gaeltarra Éireann, was established under the Gaeltacht Industries Act. Gaeltarra's primary responsibility was the administration and development of existing Gaeltacht industries, which included weaving, knitting, fish processing and seaweed processing. A secondary aim related to the language: 'It shall be the duty of the Board to encourage the preservation and extension of the use of Irish as a vernacular language in the Gaeltacht' (Article 4(2), Gaeltacht Industries Act, 1957).

The establishment of Gaeltarra coincided with one of the most profound changes in Irish industrial policy in the 20th century, from (in developmental terms), import-substituting industrialisation (ISI) to export-led industrialisation (ELI). The impact of the government's *Programme for Economic Expansion* (1958–63) was felt throughout the country, including the Gaeltacht. By 1965, Gaeltarra had expanded beyond the indigenous industry sector and was actively seeking investors from abroad to locate in the Gaeltacht, reflecting the new national industrialisation approach. The strategy was to create high employment through manufacturing industry, particularly through the development of industrial estates. This strategy appeared to have scant regard for the Irish language and concerns grew that the strategy was flawed:

> The importing of foreign capital and expertise in management, marketing and skills to the Gaeltacht, which Gaeltarra Éireann has achieved, should be welcomed just now, but if it continues to be the main form of Gaeltacht economic development there is a danger that it contains within itself the seeds of eventual Gaeltacht cultural and linguistic decay (Johnson, M., 1979, p. 70).

Inspired by civil rights movements in Northern Ireland and elsewhere, the 1970s was a period of considerable agitation in the Gaeltacht for a more holistic developmental strategy, broader than job creation alone, and more cognisant of the language itself. This led to the establishment in 1972 of the Gaeltacht radio service, Raidió na Gaeltachta, various Gaeltacht co-operatives and, in 1979, a new Gaeltacht development authority, Údarás na Gaeltachta. The principal function of the Údarás was clearly linguistic, as outlined by the founding legislation:

> An tÚdarás shall encourage the preservation and extension of the use of the Irish language as the principal medium of communication in the Gaeltacht and shall ensure that Irish is used to the greatest extent possible in the performance by it and on its behalf of its functions (Article 8(1), Údarás na Gaeltachta Act, 1979).

The second function of Údarás was to control and manage 'the industries and productive schemes of employment carried on, controlled or managed, directly or indirectly, by Gaeltarra Éireann' (Article 8(2)). The legislation gave the impression that language was now of paramount importance in Gaeltacht socio-economic development. The new body also appeared to be more democratic because some board members were to be elected directly by Gaeltacht residents. It was hoped that this strategy would empower Gaeltacht people and allow them to take an active role in their area's socio-economic development (Johnson, N., 1997, p. 186). However, concerns continued throughout the 1980s about the linguistic effects of the industrialisation strategy:

> Little attention was devoted to the potentially deleterious effects of industrialization on the use of Gaelic. It is now becoming increasingly apparent that the economic development of these communities does not necessarily overcome linguistic decline, and in certain circumstances may even be responsible for its acceleration (Ó Cinnéide et al., 1985, p. 5).

Throughout the second half of the 1990s, unprecedented national economic growth prompted the return to Ireland of many of the Gaeltacht emigrants who had left during the poverty of the 1970s and 1980s. The children of emigrants tend to be English-speaking only, creating major problems for Gaeltacht schools and, eventually, the workplace (Walsh, 2002, p. 29). In 2000, the government appointed a Commission to investigate the decline of the Gaeltacht and to propose solutions. When published in 2002, the Commission's findings painted a bleak picture of sustained language shift to English:

> Of the 154 district electoral divisions contained in the Gaeltacht, there are only 18 which have 75% or more who are daily speakers of Irish. 12 of these are in County Galway, 4 are in County Donegal and 2 are in County Kerry (Coimisiún na Gaeltachta, 2002, p. 10).

The report called for a review of the roles and responsibilities of Údarás. At the time of writing, the Minister for Community, Rural and Gaeltacht Affairs, Éamon Ó Cuív, has sought submissions from the public on this review (see below).

4.4 Approaches to language and socio-economic development in the Gaeltacht

As with Scotland, this paper will concentrate only on the principal bodies operating in the Gaeltacht: the Department of Community, Rural and Gaeltacht Affairs and Údarás na Gaeltachta. Unlike Scotland, no statutory national language body has responsibility for the Gaeltacht.

4.4.1 Department of Community, Rural and Gaeltacht Affairs

The Department of Community, Rural and Gaeltacht Affairs has a far more direct influence on the Gaeltacht than the Department of Arts and Culture in the Scottish Executive. It is responsible, in conjunction with other government departments, for investment in many aspects of infrastructure such as housing, roads, quays and community centres. It also administers schemes related directly to the maintenance of Irish, such as the grants scheme for children fluent in Irish ('Scéim Labhairt na Gaeilge', mentioned above) and support for Gaeltacht residents who provide accommodation to schoolchildren from elsewhere in Ireland on summer immersion courses ('Scéim na bhFoghlaimeoirí Gaeilge'). Given the dire state of infrastructure in the Gaeltacht historically, it is clear that the Department played an important role in bringing standards up to those of more affluent parts of the country (Ó Gadhra, 1989, p. 19). The Department also has overall responsibility for Údarás na Gaeltachta (see below).

Gaeltacht issues are not the sole concern of the Department. It also has responsibility for aspects of Irish language policy nationally and for subjects as disparate as community, rural and local development, strategies to tackle drug abuse and the islands (DCRGA, 2003b, pp. 40–2). This is one of the difficulties with the organisation of the Department at present. Given the scale of sustained language shift towards English in the Gaeltacht, the very distinctive linguistic requirements of Gaeltacht communities and the national status of Irish, it is a matter of concern that there is no full government department for the Gaeltacht and for language policy generally.

Another difficulty has been that despite considerable investment in infrastructure (itself a crucial part of the Gaeltacht's development), it appears that the public makes no connection between this expenditure and expenditure on Irish itself (Ó Cinnéide *et al.*, 2001, p. 146). Another more serious difficulty relates to the Department's language planning functions. A key recent document on language policy is the report prepared for the Gaeltacht Commission by a group of researchers led by geographer Prof. Micheál Ó Cinnéide at the National University of Ireland, Galway. The report is extremely critical of what it perceived as a total lack of co-ordination on language planning:

> An chéad mhórdheacracht a thagann chun solais nuair a dhéantar anailís ar ról na Roinne sa chomhthéacs thuas [pleanáil teanga], ná nach bhfuil an próiseas pleanála sa Ghaeltacht, sa mhéid gurb ann dó ar chor ar bith, faoi stiúir iomlán na Roinne ná faoi stiúir aon eagraíocht eile ach chomh beag.

> [The first major difficulty which comes to light when the Department is analysed in the above context [language planning], is that the planning process in the Gaeltacht, to the extent that it exists at all, is not under the full control of the Department or of any other organisation either] (Ó Cinnéide *et al.*, 2001, p. 141; my translation).

The report also criticised the department for failing to extend the functions of Údarás na Gaeltachta to deal with social, cultural and, particularly, linguistic issues:

> Ní léir go bhfuil aon fhonn ar an Roinn cur le feidhmeanna reachtúla an Údaráis ar mhaithe le cur ar a gcumas freastal ar éilimh atá ag teacht ón bpobal go nglacfadh an tÚdarás ról níos cuimsithí i bhforbairt saol sóisialta, cultúrtha agus teanga na Gaeltachta.

> (It is not apparent that the Department has any desire to add to the statutory functions of Údarás in order to enable it to meet the demands of the public that Údarás be given a more comprehensive role in the development of the social life and of the culture and language of the Gaeltacht) (Ó Cinnéide *et al.*, 2001, p. 141; my translation).

The Department was also criticised for failing to initiate research on language behaviour in the Gaeltacht and for failing to influence the policies of other state bodies dealing with the Gaeltacht (145). Steps taken by the Department to deal with the criticisms of the report are discussed in detail below. One of the main recommendations of the main Gaeltacht Commission report was the enactment of legislation to give expression to the constitutional protection enjoyed by Irish since the foundation of the state. The Department is to be commended for pursuing the enactment in 2003 of the Official Languages Act which obliges 650 public bodies to enhance the level of service in Irish. This has important positive implications for the communication between state bodies and the Gaeltacht communities (DCRGA, 2003a; An Coimisinéir Teanga, 2004).

4.4.2 Údarás na Gaeltachta

Údarás na Gaeltachta is a significant player in Gaeltacht economic development. Of the Gaeltacht workforce of 38,433 people, 7,346 (19.1%) are full-time employees in companies assisted by the Údarás. A further 4,220 people are employed on a part-time or seasonal basis in such companies (Údarás na Gaeltachta, 2004, p. 24). Employment in Údarás-assisted companies reached a peak of over 8,000 in 2000 but has been falling since then. Manufacturing industries represent by far the greatest percentage of employment in Údarás-assisted companies, with a combined total of 60% of employees working in food, textiles, mechanical engineering, rubber and plastics and other kinds of manufacturing. Services represent 27% of the workforce (Údarás na Gaeltachta, 2004, p. 11). These statistics are an inversion of the national trend, where roughly two-thirds of the population are employed in service industries (O'Hagan, 2000, p. 159). Údarás has recognised the strategic weakness of the manufacturing sector and has attempted to shift the balance: 39% of grants paid in 2002 were to service industries. 40% of new jobs created that year were in services (Údarás na Gaeltachta, 2004, p. 11).

Despite the obvious success of Údarás in creating jobs, concerns persist that economic development of this type, which does not consider linguistic factors, is insufficient for the Gaeltacht's distinct needs. According to Ó Cinnéide *et al.*, the industrialisation strategies of Údarás cannot be considered in isolation from linguistic factors, because of the clear preference given to language in the legislation. They argue that Údarás has failed to achieve its basic aim, i.e. to strengthen Irish, and has in fact led to increased anglicisation of the Gaeltacht (2001, p. 148). Although it is somewhat unfair to blame anglicisation on Údarás when it is part of a process which has been occurring for hundreds of years, even a cursory glance at the Údarás annual reports reveals that most of the companies supported have nothing to do with the Irish language and had in fact been attracted in from elsewhere in Ireland or abroad. There was harsh criticism of this industrialisation strategy late in 2004 when Údarás succeeded in attracting a Scottish company to set up call centres in the Kerry and Donegal Gaeltachtaí, where the employees would speak English on the telephone throughout the working day (interview with Mac Gearailt, 2004). It is difficult to see how this decision is related to the 'preservation and extension of the use of the Irish language as the principal medium of communication in the Gaeltacht', as the legislation states, or indeed why this task could not have been undertaken by the national development agency for overseas firms, IDA Ireland.

The Ó Cinnéide report states that although Údarás has supported certain aspects of the social and cultural life of the Gaeltacht (as opposed to the economic/industrial), this support was extremely limited because the budget had to come from the surplus of current expenditure, rather than any specific fund set up for this purpose (Ó Cinnéide *et al.*, 2001, p. 147). The report also revealed that less than 1% of the budget of Údarás na Gaeltachta was being spent on the Culture and Language Division of the organisation:

> [I]s deacair a shamhlú go bhféadfadh an fhoireann atá i gceist mórán tionchair a imirt leis na hacmhainní suaracha atá ar fáil di. Is deacair a shamhlú, freisin, go bhfeicfidh na comhlachtaí ná an pobal go ginearálta go bhfuil bunú agus buanú iompar Gaeilge i gcomhlachtaí mar thosaíocht ag an Údarás i bhfianaise an leibhéil infheistíochta atá á dhéanamh acu sa réimse (Ó Cinnéide *et al.*, 2001, p. 149).

> (It is difficult to imagine that the staff in question could exert much influence given the mean resources allocated to it. It is also difficult to imagine that companies or the public in general will accept that the establishment and maintenance of Irish language behaviour in companies is a priority of Údarás given the level of investment which they are making in this area) (Ó Cinnéide *et al.*, 2001, p. 149; my translation).

Following this criticism, Údarás now spends 20% of its capital budget on language-related activities, but the majority of its expenditure is still on industrial development. Údarás claims that calls for its social, cultural or linguistic roles to be enhanced are fraught with dangers, because the legislation under which it was established views it primarily as an industrial development agency (interview with Ó hAoláin, 2004). To its credit, the agency's new strategy statement for 2005–9 stresses the need to develop social and culturally based industries in the Gaeltacht, and emphasises the primary importance of the Irish language itself to the operations and existence of Údarás na Gaeltachta. In 2005, the agency announced that it was to appoint a language planner, arguably the single most important decision in terms of language promotion in the Gaeltacht since Údarás was established. It is clear that if a radical change of policy does not come about, the areas in which Irish has any degree of dominance will cease to exist, undermining entirely the rationale for the continued existence of Údarás na Gaeltachta. At the time of writing, the Minister for Community, Rural and Gaeltacht Affairs has sought submissions from the public on amending the legislation to change the roles and functions of Údarás. There are a number of possibilities, one of which relates to the planning system for permitting housing developments. This is a major bone of contention, particularly around Galway City, and even the chairman of Údarás has called for the agency to be given planning powers. Another possible direction is a far more focused and strategic emphasis on developing what is loosely known as 'earnáil na Gaeilge' ('the Irish language sector'), an ill-defined concept related to the provision of goods and services which rely on the Irish language itself (the same difficulties with definition exist in Scotland in relation to the 'Gaelic economy'). It is clear that Údarás faces challenging times ahead, and the next year will be critical in deciding its future strategic direction.

4.5 Language planning in the Gaeltacht

There is no language plan for the Gaeltacht or for Irish nationally. However, the concept of language planning, based on international theoretical models, has been accepted belatedly by government as part of policy. In fact, the current period is marked by an intense amount of activity in the language planning field, both at local and national level in Ireland. This change in approach follows the main report of the Gaeltacht Commission in 2002, which recommended 'the development and implementation of a National Plan for Irish containing clearly defined targets and illustrating the role of the Gaeltacht in the national effort'. It added that 'every aspect of the development and life of the Gaeltacht [should] be supportive of a language policy/plan' (Coimisiún na Gaeltachta, 2002, p. 17).

In 2004, the Department of Community, Rural and Gaeltacht Affairs agreed a Joint Language Planning Strategy in co-operation with Údarás na Gaeltachta. As part of this strategy, the Department in 2004 invited local organisations in the Gaeltacht to submit their own proposals for micro-level language plans (DCRGA, 2004c). Projects have been awarded funding totalling €1.56 million over three years. Each area is to employ a Language Planning Officer to oversee the development of the local plan (DCRGA, 2004a). The Department says that it has a strategy to develop plans at three levels: at local level in the Gaeltacht, regionally in the Gaeltacht as a unit, and nationally, but it has not costed such plans nor defined a timetable for their implementation (personal communication with Seán Mac Eoin, 2004).

The call for tenders of local language planning projects builds on the work carried out at micro level in recent years by Gaeltacht organisations, sometimes in co-operation with language planning experts. For instance, the National University of Ireland Galway has prepared a language plan for a marginal Gaeltacht area in north Galway (Mac Donnacha *et al.*, 2004, p. 56) and for the relatively strong Gaeltacht of south Conamara (Comharchumann Forbartha Shailearna, 2003). These reports are ground-breaking in their approach to language planning at a micro level in Ireland and are noteworthy for their attention to international theoretical developments in language planning (Mac Donnacha, 2000). It is hoped that this model will shape government policy and that it can be exported successfully to other Gaeltacht areas.

Also in 2004, the Department and Údarás jointly sponsored a television advertising campaign aimed at encouraging young families of native speakers to pass on Irish to their children (DCRGA, 2004b). Taken in conjunction with the imminent appointment of a language planner in Údarás na Gaeltachta, it is hoped that such measures will herald the beginning of a more co-ordinated and focused strategy of language planning at local level in the Gaeltacht.

4.6 Conclusion

There has been little co-ordination between language planning and socio-economic development objectives in the Gaeltacht but this may be about to change. 2005 was a crucial year for Údarás na Gaeltachta, with a new chief executive, Pádraig Ó hAoláin, taking office and a major review of the agency's powers underway. These changes will set out the future direction for the relationship between the Irish language and socio-economic development, and there are indications that language planning will be more important than in the past for the work of the organisation. Whatever the result of the review, it is essential that the Department and Údarás are clearly differentiated in terms of their functions in order to avoid inefficiency and duplication of work (this also applies to the cross-border language body, Foras na Gaeilge, which is beyond the scope of this paper). It is also essential that the Department of Community, Rural and Gaeltacht Affairs continues to implement the recommendations of the Gaeltacht Commission. Of particular urgency is the lack of scientific research on the Irish language. The Department should take urgent action to ensure that a research centre is established, as recommmended by the Commission. Another severe obstacle to progress is the lack of a national planning framework for Irish. Without this fundamental research and planning base, it is hard to imagine that future policy on Irish will have any chance of success.

5. Conclusions and recommendations

Despite recent forays at very local level into a more sophisticated level of language planning, Ireland still lags behind Scotland considerably in this realm. Regional language planning in the Western Isles is at a far more advanced stage than Ireland. Nowhere in Ireland has such a significant number of stakeholders (language agencies, local authority, health board, socio-economic development agencies, local arts and media projects) bought into a process of language planning for the entire Gaeltacht as in the case with the Western Isles Language Plan. From the point of view of this study, it is important that key socio-economic players are among these stakeholders. It remains to be seen in what form the Western Isles Language Plan will emerge, and certainly some stakeholders are far more committed and informed than others, but the model is highly significant and should be advanced in Ireland.

It would seem also that there is a better fit in Scotland between micro planning, regional planning and the national plan for Gaelic. For instances, the local and national plans appear to be working to the same schedule and, in the Western Isles at least, there is a large degree of co-operation between all key public bodies on the language plan. However, a major challenge faces all stakeholder organisations in Scotland: the extreme weakness of Gaelic itself as a community language. The very low level of vitality at which the language finds itself is a monumental challenge for all. In Ireland, although the language is in a far stronger position nationally (in that most Irish people have some knowledge of it and are well-disposed towards it), the future of Irish as a community language in the Gaeltacht is seriously threatened. Ireland urgently needs a national plan for Irish, with particular emphasis on the Gaeltacht, and this plan needs to be based on sound foundations of both language planning and socio-economic development.

Acknowledgements

I would like to thank Iomairt Cholm Cille/The Columba Initiative for awarding me a travel grant to carry out much of this research. Thanks also to the following people for their assistance in the preparation of this paper: Joe Mac Donnacha, National University of Ireland, Galway; Seán Mac Eoin, Department of Community, Rural and Gaeltacht Affairs; Iain Mac an Tàilleir, Sabhal Mòr Ostaig; and Dr Wilson McLeod, University of Edinburgh.

Interviews and personal communications

Campbell, Allan, 2004. Interview with Allan Campbell, Chief Executive, Bòrd na Gàidhlig. Inverness, 11 May 2004.

Chalmers, Douglas, 2004. Interview with Dr Douglas Chalmers, lecturer, Caledonian Business School, Glasgow Caledonian University. Glasgow, 10 May 2004.

MacKay, John Angus, 2004. Interview with John Angus Mackay, Director, Seirbheis nam Meadhanan Gàidhlig. Stornoway, 5 May 2004.

Mac Eoin, Seán, 2004. Telephone communication with Seán Mac Eoin, Department of Community, Rural and Gaeltacht Affairs, 26 May 2004.

Mac Gearailt, Tomás, 2004. Interview with Tomás Mac Gearailt, Managing Director, Bard na nGleann (Gaeltacht company specialising in technical writing and language services), Béal Átha an Ghaorthaidh, Co. Cork, 23 November 2004.

Mackenzie, Lewis, 2004. Interview with Lewis Mackenzie, Economic Planning Officer, Western Isles Enterprise. Stornoway, 7 May 2004.

Mackenzie, Lewis, 2005. Email communication with Lewis Mackenzie, 7 January 2005.

Maclean, Malcolm, 2004. Interview with Malcolm Maclean, Director, Pròiseact nan Ealan. Stornoway, 5 May 2004.

MacLeod, Alasdair, 2004. Interview with Alasdair MacLeod, Gaelic Officer, Comhairle nan Eilean Siar. Stornoway, 7 May 2004.

MacLeod, Alasdair, 2004b. Interview with Alasdair MacLeod, Department of Community, Culture and Transport, Highlands and Islands Enterprise, Inverness, 11 May 2004.

Macleod, Michelle, 2004. Interview with Dr Michelle Macleod, Language Development Manager, Bòrd na Gàidhlig. Inverness, 11 May 2004.

Martin, Donald, 2004. Interview with Donald Martin, Chief Executive, Comunn na Gàidhlig. Stornoway, 7 May 2004.

Martin, Donald, 2005. Email communication with Donald Martin, 7 January 2005.

Munro, Gillian, 2004. Interview with Dr Gillian Munro, lecturer, Sabhal Mòr Ostaig. Sleat, Isle of Skye, 5 May 2004.

Ó hAoláin, Pádraig, 2004. Interview with Pádraig Ó hAoláin, Deputy Chief Executive, Údarás na Gaeltachta. Na Forbacha, 27 May 2004.

Pedersen, Roy, 2004. Interview with Roy Pedersen, language and economic consultant. Inverness, 11 May 2004.

Rennie, Frank, 2004. Interview with Dr Frank Rennie, lecturer, Lews Castle College. Stornoway, 5 May 2004.

Smillie, David, 2004. Interview with David Smillie, Head of Community, Culture and Transport, Highlands and Islands Enterprise. Inverness, 11 May 2004.

Smillie, David, 2005. Email communication with David Smillie, 7 January 2005.

Sproull, Alan, 2004. Interview with Prof. Alan Sproull, Associate Dean, Research and Knowledge Transfer, Caledonian Business School, Glasgow Caledonian University. Glasgow, 10 May 2004.

Endnote

[1] 'Comhairle nan Eilean Siar' is the only legal name for the body, although it is referred to frequently in English as 'Western Isles Council'.

16   'Gaelic Doomed as Speakers Die Out'? The public discourse of Gaelic language death in Scotland

Emily McEwan-Fujita

This paper situates public discourse about Gaelic in Scotland within the context of the wider Anglophone discourse about 'minority languages' in general. Such discourse often invokes the views of linguists as scientific or expert knowledge. The construction of scientific knowledge is already itself the subject of scrutiny, in the academic field called 'history and philosophy of science'. More recently, the scope of this field has been extended to cover the science of linguistics (e.g., Crowley, 1990). Some linguistic anthropologists have argued that critical analyses of the science of linguistics need to be further extended to include critical analysis of the study of language shift and language obsolescence (see Gal, 1989, and others in Dorian, 1989; also see Moore, 1998 and Hill, 2002), and that is the purpose of this paper.

I use the technical terms 'language shift' and 'language obsolescence' in this paper, rather than the more widely known term 'language death', which will itself be an object of scrutiny in the following section. 'Language shift' can be defined as the 'habitual use of one language . . . being replaced by the habitual use of another' within a given community (Gal, 1979, p. 1). 'Language obsolescence' has been defined in much the same way (Hoenigswald, 1989, p. 347), but linguists often use this term to focus attention on the structural changes in languages undergoing shift, and the theoretical implications of these changes for knowledge about linguistic structure, rather than the social aspects of the process of language shift (e.g., Dorian, 1989).[1]

I argue that the study of processes of language shift and revitalisation within social science should also include a reflexive study of the *academic discourses* about these processes, the discourses that social scientists themselves bring to bear on particular languages. It should also include a study of how those discourses are disseminated into the wider public sphere. This paper presents such a study, focusing on the diffusion of academic discourses about language death into the media discourses about Gaelic in Scotland.

The discourse of language death has become a familiar one in the media in recent years, spurred by the growing discussion about globalisation and the effects of increased worldwide communication on smaller language communities. For the past decade or so, some concerned U.S. linguists have been using print media to issue dire warnings about the rapid loss of small languages worldwide (e.g., Raymond, 1998).

Similar articles have appeared in the British press, some of which are similarly generalised in their outlook. However, this paper focuses on a group of Scottish and other British newspaper articles from the year 2000 in which British journalists systematically distorted linguists' warnings, transforming them into supposed scientific proof of the imminent death of Gaelic.[2]

In these articles, I identify two different kinds of discourses of language death, which I define as particular ways of writing about the future of Gaelic and other minority languages. I call these two kinds of discourses 'death' discourses and 'scientistic' discourses. The death discourses posit Gaelic as a living – or rather dying – organism. While the death metaphor is compelling, it serves to objectify Gaelic and obscure the actual mechanisms of language shift. The scientistic discourses purport to be based on scientific research and claim to predict the future of Gaelic with absolute certainty, but in fact are based on distorted understandings of linguistics, filtered through pre-existing prejudices against Gaelic.

I will begin with a discussion of the way that death discourses are used to describe Gaelic, before turning to the main focus of this paper: the scientistic discourses which misrepresent scientific knowledge in such a way as to assert that it proves the certain and imminent death of Gaelic.

The death discourse of language shift and obsolescence

What follows is a short discussion of the anthropomorphizing metaphor of 'language death', commonly used to describe processes of language shift and obsolescence. The idea of 'language death' is perhaps the most noticeable element of linguists' discourse about language shift that journalists have borrowed to describe Gaelic. This romanticising and biologising metaphor is based on the premise that language is a living organism (see Hoenigswald, 1989, p. 347). This implies that a language has the life cycle of a living organism, and is an animate object, rather than a learnable human behaviour.

The use of this discourse demonstrates the continued effect of the 'pastoral' convention in the understanding of language shift, as pointed out by linguistic anthropologist Susan Gal (1989, p. 316). This convention is predicated on a romantic notion of the 'vanishing primitive', always dying but never quite dead (Clifford, 1986, pp. 112–14). This metaphor has been widely applied to Celtic languages; for example, Sarah McKibben (1997; 2000) has analysed its pervasive use in describing the situation of Irish. And in the 1930s, warnings of the impending death of Gaelic had already been being issued for such a long time that one commentator apparently expressed frustration with the convention. In his *Introduction to Gaelic Scotland*, published in 1934, Alexander McKechnie described how

> Lord MacKay, one of the judges of the Court of Session, recently stated that he had heard enough of Gaelic being a condemned language for centuries and having to apologise, like Charles I . . . for being 'an unconscionable time of dying' (1934, p. 11).

Despite these shortcomings, the death metaphor is almost impossible to avoid when discussing language shift. This may be because the very conceptual system of human beings is metaphorical in nature (Lakoff and Johnson, 1980, p. 3). According to Lakoff and Johnson, metaphors actually structure daily human existence, behaviour, and actions, but they do so in ways which are largely unconscious (1980, p. 3). Thus, for example, many native English speakers find their everyday attitudes and activities to be pervasively shaped by the metaphorical premise that 'time is money' (Lakoff and Johnson, 1980, p. 7).

We can see the compelling nature of the metaphor in linguists' focus on the 'last speaker' as a convention for discussing language obsolescence. For example, *Vanishing Voices*, a book about language shift aimed at the educated general public and co-authored by anthropologist Daniel Nettle and linguist Suzanne Romaine, features an arresting black and white photograph of Ishi on the cover. Ishi (1861/2–1916), made famous in anthropological circles through the work of anthropologist Alfred Kroeber and his wife Theodora Kroeber, was a California Native American 'discovered' in 1911 who was the 'last of his tribe' (Kroeber, 1981 [1964]) and also the last native speaker of his language, Yahi. The book also contains a section with photographs of the 'last speakers' of Manx, Eyak, Catawba Sioux, Wappo and Ubykh, and a photograph of the gravestone of the 'last speaker' of Cornish.

However, the focus on speaker death as the mechanism and key point of language death, while certainly dramatic and intuitively logical, is unrealistic. It draws attention away from the main problem in language shift, which is the cessation of intergenerational language transmission. Moreover, as linguist Nick Evans has noted (2001), the 'last speaker' is considered a prized find by linguists documenting lesser-used languages for posterity, but it can be defined in so many different ways that searching for one can resemble an attempt to reach the vanishing point on the horizon. For example, Evans describes a case where the 'last speaker' of an Australian aboriginal language died, only for new 'last speakers' to come forward after the funeral; they hadn't wanted to usurp his claim to linguistic and cultural authority during his lifetime. Thus the search for the single last speaker of a language often results in the ongoing discovery of a series of 'last speakers'; as Evans puts it in the title of his article, 'The last speaker is dead – long live the last speaker!'

Nonetheless, analyses of minority language situations in the academic literature have built easily on the metaphor of language as a living organism, giving us theories not only of language 'death', but also of language 'suicide', language 'murder' (cited in Crystal, 2000, p. 87; Edwards, 1985, pp. 51–3), and so on. Nancy Dorian gave us the memorable – and linguistically instructive – image of the East Sutherland Gaelic dialect 'dying with its morphological boots on'.[3] The cover of linguist David Crystal's 2000 book *Language Death* takes the metaphor in a medicalised direction, depicting a flatlining EKG superimposed over a giant pair of lips tinted blue.

Many linguists, if not their book cover designers, have recognised the problems and the limits of the death metaphor, and have tried to substitute the terms 'language shift' and 'language obsolescence', at least in their professional accounts. However, the death metaphor has continued to find ready acceptance in the media, in ever more lurid medicalised versions. For example, in one newspaper we find the idea that Gaelic is 'on life support' (Johnson and Associated Press, 1997), and according to *The Economist*, Gaelic 'has just been admitted to the [Endangered Language Fund's] intensive care unit' (anonymous, 1998). The question of whether Gaelic deserves state support even takes the form of a debate over 'Do Not Resuscitate' orders; as the host of 'Newsnight Scotland' put it, 'Now, Gaelic appears to be dying, but is it worth resuscitating the patient?' (2000).

Unfortunately, the death metaphor and its underlying premise, that languages are living organisms, shift attention away from the actual speakers as human beings. As we all know when we stop to think about it, a *language* is not a living organism; its *speakers* are living organisms who use the language in various ways. However, even this point can be misused in the service of the death metaphor: a 1989 article in *The Independent* described children in a Gaelic-medium unit in Skye as 'the last of a dying breed' (Dalrymple, 1989, p. 34), a metaphorical description which is another variation on the romantic pastoral. The figure of speech reintroduces the Victorian-era idea of Gaelic speakers as a separate race – a Celtic race which most Victorians thought of as inferior to the Anglo-Saxon race. But not only are these Gaelic speakers not a separate race, but seventeen years later in 2006, the oldest of those children may already be having children themselves, whom they could also be raising as Gaelic speakers.

The scientistic discourse of language shift

Now we move on to the main focus of my paper, what I call the scientistic discourse of language death. I define this discourse as a particular way of representing linguistic research on endangered languages, with the outcome and even deliberate aim of promoting the idea that there is scientific proof that Gaelic is dying. Obviously, the death metaphors I have just discussed underpin this discourse, but it also relies on people's general understanding of categories of 'scientific knowledge' and 'expert knowledge' as the most accurate and truthful representations of reality.

I will focus on one major theme of this scientistic discourse of language death: the '100,000 speakers' concept, or the idea that a language needs 100,000 speakers to be viable in today's world. This idea has been represented as a scientific research finding in recent public discussions about Gaelic. However, if we trace this idea to its origin, we find that it was a speculation rather than the result of a scientific study.

US linguist Michael Krauss originally proposed this concept in a 1992 article that appeared in a special issue of the journal *Language*, the flagship journal of the Linguistic Society of America. The issue was devoted to the theme of endangered languages, edited by the linguist Ken Hale, and featured contributions from many linguists and sociolinguists on the situation of threatened languages around the world. Krauss's idea was based on a number of informed suppositions and guesstimates. In the following passage, Krauss was attempting to determine how many 'safe languages' there are in the world today, that is, languages which are neither endangered nor moribund. His goal was to subtract that 'safe' number from the estimated total number of languages in the world, in order to assess how many languages in the world today could soon be lost:

> Let us instead take the approach of calculating the number of languages that are neither 'moribund' nor 'endangered', but belong to a third category, which I shall term 'safe'.
>
> For this third category we may identify two obvious positive factors: official state support and very large numbers of speakers. The first does not presently account for much, as there are, as of 1990, only about 170 sovereign states, and the, or an, official language of the majority of these is English (45 cases), French (30), Spanish or Arabic (20 each), or Portuguese (6), leaving only about 50 others. . . . Considering now sheer numbers of speakers, there are 200 to 250 languages spoken by a million or more, but these of course greatly overlap with the official languages category. By including languages with down to half a million we might raise the total by 50, and by going down to 100,000 as a safety-in-numbers limit, we might perhaps double the total to 600 'safe' languages. Remember, though, the case of Breton, with perhaps a million speakers in living memory but now with very few children speakers, or Navajo, with well over 100,000 speakers a generation ago but now also with an uncertain future. . . . Bear in mind, moreover, that the median number of speakers for the languages of the world is nowhere near 100,000, but rather 5,000 or 6,000. Therefore, I consider it a plausible calculation that – at the rate things are going – the coming century will see either the death or the doom of 90% of mankind's languages (1992, p. 7).

One element of Krauss's calculation involved his idea of 'safety in numbers'. After proposing the potential criteria of having over a half a million or a million speakers to be safe, he settled on 100,000 as an arbitrary 'safety-in-numbers limit' for the number of speakers that a 'safe' language might be thought to have. Based on this, he estimated a total of about 600 'safe' languages in the world, or 10% of the 6,000 to 7,000 total languages he estimated to exist. That is where we get the figure of '90% of mankind's languages' being endangered, as stated in the last sentence quoted above.

But along with these estimates, Krauss also offered a caveat, reminding us that both Breton and Navajo had had over 100,000 speakers in recent history, which still did not protect them from rapid decline. Thus Krauss was aware of the shortcomings inherent in his attempt to estimate the number of endangered languages based solely on such a factor as the number of speakers. Moreover, Krauss also included a second element in his speculation, the idea that official state support was also needed to categorise a language as 'safe', which has been omitted from many linguists' and journalists' restatement of the '100,000 speakers' idea.

It is important to bear in mind that the accuracy of Krauss's estimate is fundamentally unknowable, for a number of reasons. First, in order to count something one must first define what is being counted, yet defining what exactly is a language (versus a dialect, for example) is a difficult and ultimately arbitrary task dependent on social as well as linguistic factors (Haugen, 1966; Hymes, 1984 [1968]). Then there is the problem of determining when a language is actually 'dead', as discussed above with reference to the work of Evans. There is also the problem of defining a state of endangerment more generally. Linguist Nikolai Vakhtin notes that assessments of the circumstances of languages are ultimately based on three sources of data: claims by speakers themselves; direct observations, intuitions and guesses by scholars; and 'an intermediary option when scholars are themselves speakers, or former speakers' (Vakhtin, 2002, pp. 240–1). Vakhtin notes the pitfalls and limitations inherent in each of these sources of data (2002, pp. 241–7) and concludes that 'prognostications made on the basis of the data the inadequacy of whose sources has been described in this paper are far from trustworthy' (2002, pp. 248). As an example he notes that predictions of the imminent death of languages in Northern Russia, based on these types of data, have been ongoing for over one hundred years, and yet the languages are still viable.

Setting this issue aside, we turn to the next step in the transformation of this well-meaning estimate into a statement about the imminent death of Gaelic. A 1998 article by Ken Hale utilised Krauss's concept without direct attribution:

> During the coming century, according to some informed estimates, 3,000
> of the existing 6,000 languages will perish and another 2,400 will come
> near to extinction. This leaves just 600 languages in the 'safe' category,

assuming that category to be languages having 100,000 speakers or more (1998, p. 192).

As can be seen, Hale's formulation omitted Krauss's extended explanation and qualifiers. He transformed Krauss's *plausible calculation* of the number of languages not under threat in the world, based on an admittedly *arbitrary* figure of 100,000 speakers, into a statement of *informed estimates* based on an unquestioned *assumption*. Hale also omitted the idea that state support was necessary to ensure the continued 'safety' of a language, which Krauss had proposed, as did many later commentators (although that idea did not escape the notice of every journalist, as will be seen).

By the year 2000, Anglophone linguists who worked on smaller languages were well aware of the '100,000 speakers' idea. On 16 May 2000, *Science* magazine published two articles side by side, both by the same author, each describing the relationship of 'endangered languages' to linguistic research. The longer of the two articles, entitled 'Learning the World's Languages – Before They Vanish', described how the study of less-widely spoken languages could contribute to research on whether grammar is innate or learned, and how speech influences thought (Wuethrich, 2000a). The article quoted the linguists Nick Evans, Ken Hale, Stephen Levinson, Marianne Mithun and several others about the problem of language endangerment, and the importance of preserving endangered languages to provide data for future research on linguistic structure. As one example of this, the author described a study by Levinson and another researcher in the Language and Cognition Group at the Max Planck Institute for Psycholinguistics in Nijmegen, the Netherlands, on 'how unwritten, often endangered languages express spatial concepts' (Wuethrich, 2000a, p. 1158).

The article started with the estimate that there were 6000 to 7000 languages in the world today, and the assertion that 90% of the world's languages were in danger:

> The world's 6 billion people speak approximately 6000 to 7000 languages, and most experts expect that at least half – and perhaps up to 90% – will disappear in the 21st century (Wuethrich, 2000a, p. 1156).

Thus the author made indirect use of Krauss's estimate which was based on the figure of 100,000 speakers as an arbitrary 'safety-in-numbers limit'. Given that the journalist attributed the idea to 'most experts' rather than to Krauss himself, she most likely obtained this concept not from Krauss himself, but from the several linguists she interviewed for the piece. This attribution may also demonstrate how widely accepted Krauss's estimate had become among linguists by this time, reaching the status of received wisdom.

The shorter article by the same author was a sidebar to the main one. The sidebar article, titled 'Peering into the Past, with Words', described studies that would 'offer new insights into the identity of mysterious ancient peoples' by studying, respectively,

Nakh-Daghestanian languages of the Caucasus and Celtic languages. The study on Celtic languages was actually a comparison of grammatical features in Celtic and Afro-Asiatic languages, by Orin Gensler of the Max Planck Institute for Evolutionary Anthropology in Leipzig:

> Orin Gensler of the Max Planck Institute for Evolutionary Anthropology in Leipzig, Germany, analyzed Celtic languages, including Irish Gaelic, Scottish Gaelic, Welsh, and Breton. Once prevalent throughout Europe, these languages are now spoken only in the British Isles and Brittany in France. . . . In a forthcoming monograph, Gensler studied 20 grammatical features found in both Celtic and Afro-Asiatic languages. . . . Overall, Gensler found that about half the shared features are rare elsewhere [in 85 other unrelated languages from around the world] (Wuethrich, 2000b, p. 1158).

This study does not appear to be directly relevant to the idea that a particular number of speakers might be needed to safeguard the future of a language, but it does happen to mention Scottish Gaelic, and presumably because of this, both of these *Science* magazine articles were utilised by other journalists to convey the '100,000 speakers' concept to the Scottish and wider British public, as discussed below.

Moving to the British press, the next article I discuss begins to show how journalists frequently quote or paraphrase linguists' estimates to construct an 'expert knowledge' about language death. They present Krauss's original estimates as neutral facts, further increasing the appearance of precision in the generation of 'known facts' from the ultimately unknowable and uncountable.

On 30 May 2000, *The Independent* newspaper published an article based loosely on the organising theme of the first of the *Science* articles, entitled 'Most of the world's languages "will vanish by 2100"'. The article began:

> Most of the world's 6,000-plus languages will have died out by the end of the century, experts predicted yesterday. Linguists issued fresh warnings about the perilous position of the thousands of languages spoken mainly by adults but increasingly rarely by their children and grandchildren . . . 'Ninety per cent of languages today are spoken by less than 100,000 people. With most languages being spoken by a small number of individuals, that makes them very vulnerable,' said Steve Levinson, of the Max Planck Institute for psycholinguists [*sic*] at Nijmegen, in the Netherlands (Connor, 2000).

For this article, the *Independent*'s science editor may have obtained a new interview with linguist Stephen Levinson at the Max Planck Institute for Psycholinguistics (not 'for psycholinguists'), or he may have simply quoted the interview from *Science* magazine. In any case, the article quoted Levinson referencing Krauss's '100,000 speakers' concept, just as Wuethrich had in her *Science* article about Levinson's research. The article also featured the phrases 'experts predict', 'scientists estimate' and 'linguists estimate', framing subsequent discussion of these figures – and the futures of minority languages that they purported to predict – as knowledge of a very particular type: scientific expert knowledge.

On 31 May 2000, the day after the *Independent* article appeared, *The Scotsman* newspaper published a story titled 'Death of Gaelic forecast by end of century' (Gray, 2000) drawing on the first of the two *Science* articles (Gray, personal communication), and also possibly on the *Independent* article from the previous day. The major difference between this new article and the previous ones was that this journalist applied the ideas described in the two previous articles directly to Gaelic, in the process actually *creating* a new story.

The *Scotsman* article began, 'Gaelic could die out by the end of the century if more children are not encouraged to learn the language, a leading linguist warned yesterday'. The '100,000 speakers' idea also made its appearance, again as the speech of 'experts':

> Experts believe that the only way for a threatened language to survive is to have at least 100,000 speakers and receive full support from the nation state. But just under 70,000 people in Scotland speak Gaelic and, despite unprecedented levels of funding in recent years, Gaelic speakers believe that educational programmes in particular need a huge injection of funding (Gray, 2000).

By juxtaposing these two statements, that a language must have at least 100,000 speakers and that just under 70,000 people in Scotland speak Gaelic, the journalist implies that Gaelic cannot survive.[4]

The article furthermore implied that Levinson, in his capacity as a 'leading linguist', had made a public statement specifically about the future of Scottish Gaelic:

> Steve Levinson, a linguist based at the Max Planck Institute for psycholinguists [*sic*] at Nijmegen in the Netherlands, believes that Irish will survive into the next century, but Gaelic is in serious danger of extinction. Mr Levinson believes that most of the world's 6,000-plus languages will have died out by the end of the century.

However, if one reads the article carefully, one sees that the journalist did not in fact directly quote Levinson about the future of Irish and of Scottish Gaelic; she merely described his beliefs, which she may have extrapolated from his stated position that languages spoken by less than 100,000 people are 'very vulnerable'.

The idea that this journalist was in fact recycling Levinson's statements from the

Independent in order to create *her own* news story is supported by the fact that her article also repeated the identical *Independent* quote from Levinson – 'Ninety per cent of languages today are spoken by less than 100,000 people. With most languages being spoken by a small number of individuals, that makes them very vulnerable'.[5] However, the article seems to have utilised the 'leading linguist' Levinson's 'expert knowledge' to support a statement about the future of Gaelic without his knowledge, and despite the fact that Levinson specialises in studying the Mayan language Tzeltal, not Gaelic.

One and a half months later, on 16 July 2000, *The Independent on Sunday* published an article entitled 'Gaelic doomed as speakers die out' (Mendick, 2000), which was similar to *The Scotsman* article and also drew on both *The Independent* article and the *Science* articles already described. As well as utilising the discourse of death, this reporter creatively combined the '100,000 speakers' concept as expressed by Levinson at the Max Planck Institute for Psycholinguistics in Nijmegen, the Netherlands, as described in the *Scotsman* article and the first *Science* article, with a *different* Max Planck Institute study described in the second *Science* article: Orin Gensler's study at the MPI for Evolutionary Anthropology in Leipzig, Germany, on grammatical features in Celtic and Afro-Asiatic languages. The reporter seems to have erroneously reconstituted these two separate elements as a single, but fictitious, study conducted in Nijmegen supposedly 'proving' that Gaelic was doomed:

> Researchers at Max Planck Institute in Holland, who have conducted a comprehensive survey of Europe's minor languages, have found that none can survive with fewer than 100,000 speakers. Gaelic has only half that number.

No such study was conducted at any branch of the Max Planck Institute.

In addition to creating the fictitious 'comprehensive survey of Europe's minor languages' with the fictitious finding 'that none can survive with fewer than 100,000 speakers', the journalist also tried to lend credence to this finding by quoting the British linguist Nigel Duffield, who was a guest researcher at the Max Planck Institute at the time. Duffield had already been quoted in the previous *Scotsman* article on the rapid rate of language loss in general and the need for people to be concerned. However, he was quoted quite differently in this *Independent on Sunday* article.

Duffield recalled to me that at the time, several reporters had been trying to reach Stephen Levinson for interviews. One day he was not available, so the secretary of the Language and Cognition Group at MPI gave Duffield's name to reporters instead. At the time of the interview, Duffield was specialising in the theoretical syntax of modern Irish. Presumably because of this focus on Irish, the *Independent on Sunday* reporter called Duffield a 'Gaelic expert' and in quoting him, implied that he was qualified to pronounce on the future of modern Scottish Gaelic: '"It is reasonable to think within

100 years Gaelic won't be around", said Dr Nigel Duffield, a Gaelic expert at the Institute'. Duffield later said in an interview with me that he did *not* claim to the reporter to be an expert on Scottish Gaelic, since he was not knowledgeable about the particular situation of Scottish Gaelic. Nor had he participated in any study such as the one described in the article. Nonetheless, Duffield observed that the reporter prodded him to apply his general observations on endangered languages specifically to Scottish Gaelic, and took his answers out of context and reframed them, as said, as confirmation 'that [Gaelic] was doomed' (personal communication, 2002).

One week after this *Independent on Sunday* article, the London-based freelance journalist Gwynne Dyer picked up the story and wrote a syndicated opinion column about it entitled 'As Languages Fall Silent'. Dyer restated the 100,000 speakers concept, following the *Independent on Sunday* in attributing it to the Max Planck Institute for Psycholinguistics as the finding of a scientific study:

> What enables some minority languages to survive and thrive, while others wither? Numbers, says the Max Planck Institute for Psycholinguistics at Nijmegen in the Netherlands: No language with fewer than 100,000 speakers can hope to survive (Dyer, 2000).

Dyer did not question the overall validity of the 100,000 speakers concept, but the point of his column was that 'numbers' alone would not guarantee the safety of a language. Ironically, he was apparently unaware that Krauss had included the importance of state support in his concept, but Dyer also proposed that political will was also needed to keep a language alive. However, he decided that such political will was missing in Scotland, and thus, he proclaimed, Gaelic was doomed: 'Scots Gaelic has not been the majority speech in Scotland for 1,000 years. It could still be revived in theory, but it would take more than just money, and the political will and emotional commitment are probably just not there'.

He did not feel that this was a bad thing; taking the opposite position of linguistic conservationists, he claimed that the disappearance of languages worldwide is really just about a reasonable, harmless 'consolidation' of human diversity, a view that is a variation of social Darwinism. Referencing Monty Python's 'The Meaning of Life', Dyer wrote:

> As nature provides us with endless variations on a genetic theme, so the evolution of language as human beings expanded around the globe has given us endless variations on a linguistic theme. But not every sperm is sacred (Dyer, 2000).

Dyer's column was syndicated in approximately 175 newspapers in 45 countries, including the US, Russia, Argentina, Saudi Arabia, and Japan; it was not only published in English, but also translated into less widespread languages like Czech,

Finnish, Afrikaans, and Malayalam (personal communication, 2002). Thus the idea that a scientific study had been conducted proving that no language – including Gaelic – could survive with less than 100,000 speakers was disseminated worldwide.

Anthropology Today, the newsletter of the Royal Anthropological Institute of Great Britain, was the final whisperer in this high-stakes game of 'Telephone'.[6] The relevant item in the 'News' column of the October 2000 issue of *Anthropology Today* is quoted in full here:

> What is the financial value of a living language? Around £12.5 million a year, if you consider how much is spent subsidising the Scottish branch of Gaelic, and apparently to little positive effect. A seemingly terminal decline is in progress, with the number of speakers (mostly in the Western Isles and parts of the western mainland) falling from 79,000 in 1981 to just over 50,000 today. It is estimated that for every child born into a Gaelic-speaking family, four speakers of the language die. And if the findings of the Max Planck Institute in Holland are anything to go by, the future looks bleak. 'It is reasonable to think within 100 years Gaelic won't be around,' stated Dr Nigel Duffield, an expert on the language at the Institute, in the Independent on Sunday (16.08.00) [*sic*]. A pessimistic outlook that perhaps will not be shared by Scottish nationalists and liberal supporters in London, who want more money spent on saving the language.

Anthropology Today closed the circle in a sense, by recycling the story about a scientific study proving that a language needs 100,000 speakers to survive back into the academic sphere, where the 100,000 speakers concept originated. Unfortunately this news item may have encouraged British anthropologists to view Gaelic not as part of an indigenous language-culture complex – the orthodox anthropological view – but as an expensive and hopeless cause that is the preserve of special interest groups, reproducing a view that is frequently expressed by popular critics of Gaelic in the Scottish press. The article demonstrates a fundamental misunderstanding of the base of support for Gaelic; it attributes support mainly to 'Scottish nationalists and liberal supporters in London', but Scottish nationalists as a group have never given strong support to Gaelic language maintenance or government funding for it (McEwan-Fujita, 2003, p. 224), and liberals in London are not generally supportive of Gaelic language maintenance efforts either (when they are even aware of the existence of Gaelic).[7] The article also omits to mention that government support for Gaelic is favoured by the overlapping groups of (1) some Gaelic speakers who live in Scotland, and (2) parents with children in Gaelic-medium education in Scotland. Among other things, this representation of Gaelic illustrates the problems that some (but by no means all) British anthropologists have had with understanding the value of the anthropological study of British cultures.

The compiler of this item cribbed the first paragraph from the *Independent on Sunday* article already discussed, with a few changes. The compiler further transformed Duffield from a 'Gaelic expert' into an expert on *Scottish* Gaelic, further enhancing his authority to pronounce on the future of the language. He or she kept the idea that the 100,000 speakers concept was a scientific finding of the Max Planck Institute. An 'apparently terminal decline' in *The Independent on Sunday* became a 'seemingly terminal decline' here, and the ostensibly census-based figures of 79,000 speakers in 1981 and just over 50,000 speakers 'today' from *The Independent on Sunday* were repeated, together with the reminder that they were 'falling'.[8] The constant repetition of the statistics in these and other news stories about Gaelic, together with the descriptors quoted here ('a seemingly terminal decline', 'falling', 'bleak', and 'pessimistic'), constitutes a *poetics of statistics* that actually intensifies the message in the name of neutral reportage (McEwan-Fujita, 2003, pp. 212–3). The overall effect of the constant recycling of these discourses is to give the impression to anyone who pays attention to the media in Scotland that Gaelic is moribund. This erases, among many other things, the important fact that there are still more than 50,000 living people 'out there' speaking Gaelic to one another on a more or less regular basis.

Conclusion

Unfortunately, this dynamic of story generation can be typical of the modern media. My goal here has been to show how this dynamic could impact Gaelic in particular. Linguists' original well-meaning warnings about languages in peril were transformed into part of a larger overall pattern of denigration of Gaelic in the Scottish national public sphere. Two sets of preconceptions were involved in this transformation. First is the idea that the purpose of science in general is to generate predictive theories. If this were true, then it would be no surprise for linguistics, as a science, to be expected to generate predictive theories. And if the general public had the idea that this were the case, then it would be no surprise if they assumed linguists' pronouncements to have both scientific validity and predictive value. The second set of preconceptions involves the long-standing prejudice against Gaelic that has been expressed in the Scottish public sphere for the last several centuries and continues today (Durkacz, 1983; McEwan-Fujita, 2003; MacKinnon, 1974; Withers, 1988).

The death discourse about Gaelic can have a number of possible effects on Gaelic speakers and the future of the Gaelic language. First, over-use of this death discourse obscures the fact that 'Gaelic' is not in fact a living thing, or an object, but a pattern of learned behaviour and a means of communication between living human beings. Thinking about Gaelic as an object makes it much easier to perpetuate the racist attitudes against Gaelic speakers that have been expressed and enacted for centuries already. The death discourse also obscures the fact that language shift does not take place at the point of speaker death, a key point that must be kept in mind not only when assessing language shift, but also when planning language revitalisation activities. Finally, through repeated exposure to the idea that 'Gaelic is dying', there is always the possibility that Gaelic speakers themselves will become more fatalistic about the future of Gaelic, and will enact a self-fulfilling prophecy by failing to transmit the language to the next generation, since 'it is dying anyway'.

The scientistic discourse about Gaelic may also have its own set of effects on the future of the language. Public officials could use 'scientific research results' as justification for their own pre-existing prejudice against Gaelic. Moreover, and most importantly, if public officials believe that linguists have scientifically proven 'Gaelic is doomed', then they might feel that public spending on Gaelic revitalisation is a waste of money, and attempt to cut off or block funding for Gaelic. Since no linguist possesses the tools or insight to accurately and scientifically predict the future of Gaelic language use in Scotland, we must take precautions not to create self-fulfilling prophecies about its 'imminent demise'.

In conclusion, the examples discussed here illustrate the important role of constructions of 'scientific expert knowledge' by linguists and journalists in public discourses about language shift. We need to keep an eye on the death discourse and the scientistic discourse about Gaelic, and debunk them when necessary, because the replication of these discourses has the potential to become a self-fulfilling prophecy. In other words, discourses of language death have the potential to become a causal factor in the very language shift they purport to describe and predict.

Endnotes and Acknowledgements

The author thanks Nancy Dorian (Professor Emerita, Bryn Mawr College) and the Loyola University Chicago Department of Anthropology for their generous support of this project. The National Science Foundation, the Social Science Research Council and American Council of Learned Societies also supported the research in Scotland.

Endnotes

[1] It must be noted that even linguists who use the term 'language obsolescence' cannot always escape reference to the concept or metaphor of death (e.g., Hoenigswald, 1989, p. 347; Jones, 1998, p. 5).

[2] I thank the following people for assistance in identifying these sources: Ms Keira Ballantyne (Department of Linguistics, University of Hawai'i at Manoa), Dr Nigel Duffield (Department of Linguistics, McGill University), Ms Edith Sjoerdsma (Secretary, Language and Cognition Group, Max Planck Institute for Psycholinguistics), Dr Doug Whalen (President, Endangered Languages Fund, Haskins Laboratories, Yale University), and Mr Ben Zimmer (Department of Anthropology, University of Chicago). I especially thank Dr James Oliver (Institute of Governance, University of Edinburgh), who alerted me to the existence of the

articles mentioning the Max Planck Institute in *The Scotsman*, the *Independent on Sunday*, and *Anthropology Today*, and their factual errors, thus providing the inspiration for this paper.

3 Ironically, although Dorian's studies of Gaelic (e.g., Dorian, 1981), have played a major role in scholars' formulation of theoretical models of language shift (Sasse, 1992), the Scottish national media seem not to have picked up on this idea. This is perhaps fortunate, given that media sources could conceivably attempt to utilise her work to further argue for the justification of 'letting Gaelic die' in Scotland, although Dorian has never proposed this idea in her own work and instead has argued in favour of Gaelic language maintenance efforts (1987).

4 I analyse the way in which state financial support for Gaelic is described by the Scottish press elsewhere (McEwan-Fujita, 2003).

5 The article also repeated the mistaken labelling of the Max Planck Institute for Psycholinguistics as the Max Planck Institute 'for psycholinguists', as seen in the passage quoted previously.

6 Or 'Chinese whispers' as the children's game is known in the UK. Unfortunately this name could be interpreted as denigrating to Chinese languages and their speakers.

7 For example, *Guardian* columnist Polly Toynbee, arguably London's most prominent liberal journalist, has described efforts to promote the autochthonous languages of Britain and Ireland as 'imposing dead languages on wretched children who should be learning live ones' (Toynbee, 2000). Similarly, another *Guardian* journalist (Walker, 1999) has expressed the view that such initiatives have 'a clammy, nativist feel'.

8 I must regretfully omit any discussion of the problematic nature of census statistics. However, I briefly note here that reliance solely on census statistics can raise epistemological problems relating to issues of state power (Hacking, 1991), the determination of linguistic and ethnic boundaries (Friedman, 1997), and the reliability of self-reporting language behaviour.

Bibliography

Ad Hoc Language Planning Group (2002) 'Gàidhlig gu bràth? Plana Cànain nan Eilean Siar/ Western Isles Language Plan' (draft discussion document).

Aitchison, John, and Carter, Harold (2004) *Spreading the Word: The Welsh Language 2001*, Talybont: Y Lolfa.

Alasuutari, Pertti (ed.) (1999) *Rethinking the Media Audience: The New Agenda*, London: Sage.

Anonymous (1998) 'Dying languages: English kills', *The Economist* [U.S. Edition], 6 June, p. 83.

Anonymous (2000) 'News', *Anthropology Today*, Vol. 16, No. 5, p. 31.

Atterton, Jane (2001) *The Role of Civil Society and the Business Community in Rural Restructuring*, Edinburgh: Scottish Executive Central Research Unit.

Auer, Peter (1991) 'Bilingualism in/as social action: a sequential approach to code-switching', in *Papers for the Symposium on Code-switching in Bilingual Studies: Theory, Significance and Perspectives*, Strasbourg: European Science Foundation.

Bailey, Nick, Bowes, Alison and Sim, Duncan (1997) 'The demography of ethnic minority groups in Scotland', in Bowes, Alison, and Sim, Duncan (eds) (1997) *Perspectives on Welfare: The experience of ethnic minority groups in Scotland*, Aldershot: Ashgate, pp. 16–34.

Baldersheim, Harald, and Stahlberg, Krister (1999) *Nordic Region-Building in a European Perspective*, Aldershot: Ashgate.

Barbour, Stephen, and Carmichael, Cathy (eds) (2000) *Language and Nationalism in Europe*, Oxford: Oxford University Press.

Billig, Michael (1995) *Banal Nationalism*, London: Sage.

Black, Ronald (2002) 'Twentieth-Century Scottish Gaelic Poetry', in MacLean and Dorgan (eds) (2002), pp. 21–25.

Bòrd na Gàidhlig (2004a) *Strategy for Gaelic Development*, Inverness: Bòrd na Gàidhlig. Available from URL: www.bord-na-gaidhlig.org.uk/english/strategy.html (accessed 15 July 2005).

Bòrd na Gàidhlig (2004b) *Plana Gnìomh / Operational Plan*, Inverness: Bòrd na Gàidhlig. Available from URL: www.bord-na-gaidhlig.org.uk/source/downloads/OperationalPlan05-07(E).pdf (accessed 15 July 2005).

Bòrd na Gàidhlig (2004c) *Aithisg Bhliadhnail 2003–2004 / Annual Report 2003–2004*, Inverness: Bòrd na Gàidhlig. Available from URL: www.bord-na-gaidhlig.org.uk/source/downloads/ annrep04(E).pdf (accessed 24 July 2005).

Bradley, David and Maya (eds) (2002) *Language Endangerment and Language Maintenance*, London: RoutledgeCurzon.

Caimbeul, Ailean (1998–2000) 'Gillean Ghleanndail', *Transactions of the Gaelic Society of Inverness*, Vol. 61, pp. 306–12.

Caimbeul, Aonghas Pàdraig (2000) 'Cà'l a' Ghàidhlig am Fèisean nan Gaidheal?', *The Scotsman*, 20 September.

Caimbeul, Aonghas Pàdraig (2003) 'Chaill sinne 's Geàrrloch sàr Ghaidheal', *The Scotsman*, 29 October.

Caimbeul, Aonghas Pàdraig (2004) *Là a' Dèanamh Sgèil do Là*, Inverness: CLÀR/Ur-Sgeul [see also Campbell, Angus Peter].

Caimbeul, Tormod (2000) 'The politics of Gaelic development in Scotland', in McCoy with Scott (eds) (2000), pp. 53–66.

Cameron, A. D. (1986) *Go Listen to the Crofters: The Napier Commission and Crofting a Century Ago*, Stornoway: Acair.

Campbell, Angus Peter (2002) 'Shoeless', *The Scottish Review*, Vol. 2, No. 5, pp. 34–46 [see also Caimbeul, Aonghas Pàdraig].

Campbell, John Lorne (1945) *Gaelic in Scottish Education and Life: Past, Present and Future*, Edinburgh: Saltire Society.

Castells, Manuel (1997) *The Information Age*, Vol. 2, *The Power of Identity*, Oxford: Blackwell.

Cenoz, Jasone, and Perales, Josu (1997) 'Minority Language Learning in the Administration: Data from the Basque Country', *Journal of Multilingual and Multicultural Development*, Vol. 18, No. 4, pp. 261–70.

Central Statistics Office (2004a) *Census 2002: The Irish Language*, Cork: Central Statistics Office. Available from URL: www.cso.ie/census/documents/vol11_entire.pdf (accessed 15 July 2005).

Central Statistics Office (2004b) *Census 2002: Principal Socio-Economic Results*, Cork: Central Statistics Office. Available from URL: www.cso.ie/census/PrincipalSocioEcomomicResults. htm [*sic*] (accessed 15 July 2005).

Chalmers, Douglas (2003) 'The Economic Impact of Gaelic Arts and Culture', unpublished PhD thesis, Glasgow Caledonian University. Available from URL: www.cbs.gcal.ac.uk/content/ eae/dch/03Introduction_Ch1.pdf (accessed 15 July 2005).

Chalmers, Douglas and Danson, Mike (2004). 'Sustainable Development: Building Social Capital in Gaelic Language Communities'. Paper presented at the Scottish Economists Conference, Perth.

Chapman, Malcolm (1978) *The Gaelic Vision in Scottish Culture*, Montreal: McGill-Queen's University Press.

Chapman, Polly et al. (1998) *Poverty and Exclusion in Rural Britain: The Dynamics of Low Income and Exclusion*, York: York Publishing.

Cheesman, Tom (2001) '"Old" and "New" Lesser-Used Languages of Europe: Common Cause?', in O'Reilly, Camille C. (ed.) *Language, Ethnicity and the State, Volume 1: Minority Languages in the European Union*, Basingstoke: Palgrave, pp.147–68.

Churchill, Stacy (1989) *Policy Development for Education in Multicultural Societies*, Paris, CERI/OECD.

City of Edinburgh Council (2005) Letter from Mike Peterson, Head of Revenues and Benefits, to Wilson McLeod, 13 July.

Clì (2000–01a) 'San Dol Seachad', *Cothrom*, 26, Geamhradh [Winter], p. 9.

Clì (2000–01b) 'Iomairt is Impidh', *Cothrom*, 26, Geamhradh [Winter], p. 42.

Clifford, James (1986) 'On Ethnographic Allegory', in Clifford, James, and Marcus, George E. (eds.) (1986) *Writing Culture: The Poetics and Politics of Ethnography*, Berkeley: University of California Press, pp. 98–121.

Cohen, A.P. (ed.) 1986 *Symbolising Boundaries: Identity and Diversity in British Cultures*, Manchester: Manchester University Press.

An Coimisinéir Teanga (2004) *An Coimisinéir Teanga: Ag Cosaint Cearta Teanga*. Available from URL: www.coimisineir.ie/downloads/Tuarascail_Tionscnaimh_2004.pdf (accessed 15 July 2005).

Coimisiún na Gaeltachta (2002) *Tuarascáil/Report*, Dublin: Department of Arts, Heritage, Gaeltacht and the Islands.

Comhairle nan Eilean Siar (2004) *Poileasaidh Gàidhlig / Gaelic Policy*. Available from URL: www.w-isles.gov.uk/corporate/sgioba/gaelicpolicyintro.htm (accessed 21 July 2005).

Comharchumann Forbartha Shailearna (2003) 'Staidpháipéar: Ionad Tacaíochta Teaghlaigh do Cheantar Chois Fharraige' (unpublished report).

Commission of the European Communities (2004) *A New Partnership for Cohesion, Convergence, Competitiveness and Co-operation: Third Report on Economic and Social Cohesion*, Luxembourg: Office for Official Publications of the European Communities.

Comunn na Gàidhlig (1995) *Thig a Theagasg*, Inverness: Comunn na Gàidhlig.

Comunn na Gàidhlig (1997a) *Fios is Freagairt*, Inverness: Comunn na Gàidhlig.

Comunn na Gàidhlig (1997b) *Inbhe Thèarainte dhan Ghàidhlig: Tagradh as leth Coimhearsnachd na Gàidhlig/Secure Status for Gaelic: A Submission on Behalf of the Gaelic Community*, Inverness: Comunn na Gàidhlig.

Comunn na Gàidhlig (1997c) *Innleachd airson Adhartais: Poileasaidh Nàiseanta airson Foghlaim Gàidhlig/Framework for growth: A national policy for Gaelic education*, Inverness: Comunn na Gàidhlig.

Comunn na Gàidhlig (1999) *Dreach Iùil airson Achd Ghàidhlig/A Draft Brief for a Gaelic Language Act*, Inverness: Comunn na Gàidhlig.

Comunn na Gàidhlig (2004a) *Sgeama Gàidhlig sa Choimhearsnachd/Gaelic in the Community*, Inverness: Comunn na Gàidhlig. Available from URL: www.cnag.org.uk/comm.htm (accessed 15 July 2005).

Comunn na Gàidhlig (2004b) *Fàilte: Gàidhlig ann an Alba – Eòladair/A guide to Gaelic Scotland*, Inverness: Comunn na Gàidhlig. Available from URL: www.smo.uhi.ac.uk/cnag/failte (accessed 30 July 2005).

Comunn na Gàidhlig/CLI (1992) *Feumalachdan Luchd-Ionnsachaidh – Rannsachadh Nàiseanta/Provision for Gaelic Learners – A National Survey*, Inverness: Comunn na Gàidhlig.

Connor, Steve (2000) 'Most of the world's languages "will vanish by 2100"', *The Independent*, 30 May. Available from URL: www.independent.co.uk/story.jsp?story=3024 (accessed 15 July 2005).

Cormack, Mike (1994) 'Programming for Cultural Defence: The Expansion of Gaelic Television', *Scottish Affairs*, No. 6, pp. 114–31.

Cormack, Mike (2004) 'Gaelic in the Media', *Scottish Affairs*, No. 46, pp. 23–43.

Cormack, Mike (2005) 'The Cultural Politics of Minority Language Media', *International Journal of Media and Cultural Politics*, Vol.1, No. 1, pp. 107–22.

Council of Europe (1992) *European Charter for Regional or Minority Languages*, Strasbourg: Council of Europe. Available from URL: conventions.coe.int/treaty/en/Treaties/Html/148.htm (accessed 26 July 2005).

Council of Europe (1995) *Framework Convention for the Protection of National Minorities*, Strasbourg: Council of Europe. Available from URL: conventions.coe.int/Treaty/EN/Treaties/Html/157.htm (accessed 26 July 2005).

Council of Europe (2003) *Application of the Charter in the United Kingdom*, Strasbourg: Council of Europe. Available from URL: www.coe.int/T/E/Legal_Affairs/Local_and_regional_Democracy/Regional_or_Minority_languages/2_Monitoring/2.3_Committee_of_Experts_Reports/UK_1st_report.pdf (accessed 23 July 2005).

Council of Europe (2004) *Recommendation RecChL(2004)1 of the Committee of Ministers on the Application of the European Charter for Regional or Minority Languages by the United Kingdom*, Strasbourg: Council of Europe. Available from URL: http://assembly.coe.int/Documents/WorkingDocs/Doc05/EDOC10659.htm (accessed 8 October 2005).

Cox, Richard A.V. (1998) 'Tokenism in Gaelic: The Language of Appeasement', *Scottish Language*, No. 17, pp. 70–81.

Crichton, Torcuil (2004) 'Poignant farewell to radio star Ali Abassi', *Sunday Herald*, 1 August.

Crowley, Tony (1990) 'That Obscure Object of Desire: A Science of Language', in Joseph, John E., and Taylor, Talbot J. (eds.) (1990) *Ideologies of Language*, New York: Routledge, pp. 27–50.

Crystal, David (2000) *Language Death*, Cambridge: Cambridge University Press.

Curtice, John, et al. (eds) (2002) *New Scotland, New Society?* Edinburgh: Polygon.

Dafis, Llinos (ed.) (1992) *Economic Development and Lesser Used Languages: Partnerships for Action*, Llanbedr Pont Steffan: Iaith Cyf.

Dahlgren, Peter (1995) *Television and the Public Sphere: Citizenship, Democracy and the Media*, London: Sage.

Dalrymple, William (1989) 'The Last of the Gaels', *The Independent*, 14 October, magazine, pp. 34–7.

Danson, Mike, Lloyd, M.G., and Newlands, David (1989) 'Rural Scotland: the rise of Scottish Enterprise', *Planning Practice and Research*, Vo. 4, No. 3, pp. 1–17.

Danson, Mike, *et al.* (1999) 'The European Structural Fund Partnerships in Scotland: New Forms of Governance for Regional Development?', *Scottish Affairs*, No. 27, pp. 23–40.

Danson, Mike, and Whittam, Geoff (2001) 'Power and the spirit of clustering', *European Planning Studies*, Vol. 9, pp. 949–63.

Danson, Mike (2003a) *Strategy for Volunteer Development: Review of Literature and Research*, Stirling, Volunteer Development Scotland.

Danson, Mike (2003b) *Towards a Young People Volunteering Strategy: Analysis of Related Research and Evaluation within the Field*, Stirling, Volunteer Development Scotland.

Danson, Mike, and Burnett, Kathryn (2004) 'Adding or subtracting value? Constructions of rurality and Scottish quality food promotion', *International Journal of Entrepreneurial Behaviour Research*, Vol. 10, pp. 384–403.

Darwent, David (1969) 'Growth poles and growth centers in regional planning – a review', *Environment and Planning*, Vol. 1, pp. 5–32.

Delanty, Gerard (2003) *Community*, London: Routledge.

Department of Community, Rural and Gaeltacht Affairs (2003a) 'Acht na dTeangacha Oifigiúla 2003: Osradharc/Official Languages Act 2003: Overview' (information leaflet), Dublin: DCRGA.

Department of Community, Rural and Gaeltacht Affairs (2003b) *Many communities – a common focus: Strategy Statement 2003–2005 / Mórán pobal – fócas coiteann: Ráiteas Straitéise 2003–2005*, Dublin: DCRGA.

Department of Community, Rural and Gaeltacht Affairs (2004a) 'Ciste gur fiú €1.56m thar trí bliana fógraithe ag Ó Cuív le haghaidh pleanála teanga sa Ghaeltacht'. Press release, 27 February 2004. Available from URL: www.pobail.ie/ie/Preaseisiuinti/2004/Feabhra/ htmltext,4053,ie.html (accessed 7 July 2005).

Department of Community, Rural and Gaeltacht Affairs (2004b). 'Is fearrde thú an Gaeilge [*sic*]!: Impíonn Ó Cuív ar thuismitheoirí a bhfuil Gaeilge acu an teanga labhairt lena bpáistí'. Press release, 10 September 2004. Available from URL: www.pobail.ie/ie/ PressReleases/2004/MeanFomhair/d7760.ie.v1.0.t4.html (accessed 5 January 2005).

Department of Community, Rural and Gaeltacht Affairs/Údarás na Gaeltachta (2004c). 'Tionscnamh Pleanála Teanga sa Ghaeltacht: Cáipéis Eolais' (information sheet).

Devine, T. M. (1994) *Clanship to Crofters' War,* Manchester: Manchester University Press.

Dick, Criosaidh (2004) 'Tha sinn ann an dà shaoghal', *The Scotsman*, 20 February.

Dorian, Nancy C. (1981) *Language Death: The Life Cycle of a Scottish Gaelic Dialect*, Philadelphia: University of Pennsylvania Press.

Dorian, Nancy C. (1987) 'The Value of Language-Maintenance Efforts Which Are Unlikely to Succeed', *International Journal of the Sociology of Language*, Vol. 68, pp. 57–67.

Dorian, Nancy C. (ed.) (1989) *Investigating Obsolescence: Studies in Language Contraction and Death*, New York: Cambridge University Press.

Dorian, Nancy C. (1999) 'Linguistic and Ethnographic Fieldwork', in Fishman (ed.) (1999), pp. 25–41.

Dow, James R. (ed.) (1991) *Language and Ethnicity: Focusschrift in Honour of Joshua A.*

Fishman, Amsterdam: John Benjamins.

Dressler, Wolfgang U. (1988) 'Language death', in Newmeyer, F. J. (ed.) (1988) *Linguistics: The Cambridge Survey*, Cambridge: Cambridge University Press, vol. IV, pp. 184–92.

Dumfries and Galloway Council (2004). Gaelic Language Bill: Response from Dumfries and Galloway. Available from URL: www.scotland.gov.uk/Topics/Arts-Culture/gaelic/17912/19283 (accessed 17 October 2005).

Dunbar, Robert (2000) 'Implications of the European Charter for Regional or Minority Languages for British Linguistic Minorities', *European Law Review, Human Rights Survey 2000*, Vol. 25, pp. 46–69.

Dunbar, Robert (2001) 'Minority Language Rights Regimes: An Analytical Framework, Scotland, and Emerging European Norms', in Kirk, John M., and Ó Baoill, Dónall (eds) *Linguistic Politics: Language Policies for Northern Ireland, the Republic of Ireland, and Scotland*, Belfast: Cló Ollscoil na Banríona, pp. 231–54.

Dunbar, Robert (2003a) 'Gaelic-medium Broadcasting: Reflections on the Legal Framework from a Sociolinguistic Perspective', in Kirk and Ó Baoill (2003), pp. 73–82.

Dunbar, Robert (2003b) 'The Role of the Committee of Experts under the European Charter for Regional or Minority Languages', paper delivered at the Ninth International Conference on Minority Languages, Kiruna, Sweden, 6–7 June.

Dunbar, Robert (2003c) *The Ratification by the United Kingdom of the European Charter for Regional or Minority Languages* (Mercator-Legislation Working Paper 10), Barcelona: Mercator/CIEMEN. Available from URL: www.ciemen.org/mercator/pdf/WP10-def-ang.pdf (accessed 4 August 2005).

Dunbar, Robert (2004) 'The BBC, Charter Review and Gaelic', in *The Future of the BBC: Perspectives on Public Service Broadcasting in Scotland*, Glasgow: BBC, pp. 14–19.

Dunn, Seamus, Morgan, Valerie, and Dawson, Helen (2001) *Establishing the Demand for Services and Activities in the Irish Language in Northern Ireland*, Policy Evaluation and Research Unit Research Report No. 1, Belfast: Northern Ireland Statistics and Research Agency.

Durkacz, Victor E. (1983) *The Decline of the Celtic Languages: A Study of Linguistic and Cultural Conflict in Scotland, Wales and Ireland from the Reformation to the Twentieth Century*, Edinburgh: John Donald.

Duwe, Kurt, *Gàidhlig (Scottish Gaelic) Local Studies*, Wedel, Germany: Hydromod. Available from URL: www.linguae-celticae.org/GLS_english.htm (accessed 15 July 2005):.

(2003a) *Vol 02: Eilean Bharraigh (Isle of Barra)*.

(2003b) *Vol 03: Uibhist a Deas agus Beinn a' Bhaoghla (South Uist & Benbecula)*.

(2004a) *Vol 05: Uibhist a Tuath (North Uist)*.

(2004b) *Vol 06: Na Hearadh (Harris)*.

(2004c) *Vol 07: Eilean Leòdhais: Na Lochan (Isle of Lewis: Lochs)*.

(2004d) *Vol 08: Eilean Leòdhais: Uig & Carlabhagh (Isle of Lewis: Uig & Carloway)*.

(2004e) *Vol 11: An t-Eilean Sgitheanach: Tròndairnis, Diùranais & Minginis (Isle of Skye: Trotternish, Diurinish & Minginish)*.

(2004f) *Vol 12: An t-Eilean Sgitheanach: Port Rìgh, an Srath & Slèite (Isle of Skye: Portree, Strath & Sleat)*.

(2004g) *Vol 13: Eilean Leòdhais: An Taobh Siar agus Nis (Isle of Lewis: Westside and Ness)*.

(2004h) *Vol 15: Eilean Leòdhais: Steòrnabhagh (Isle of Lewis: Stornoway)*.

Dyer, Gwynne (2000) 'As Languages Fall Silent', *Star Tribune* (Minneapolis, Minnesota, USA), July 23, p. 23A.

Edwards, John (1985) *Language, Society and Identity*, Oxford: Blackwell.

EKOS Ltd (2000) *Economic Impacts of Enhanced Funding for Gaelic Broadcasting*, Inverness: Highlands and Islands Enterprise.

Ennew, Judith (1980) *The Western Isles Today*, Cambridge: Cambridge University Press.

Enninger, Werner (1991) 'Linguistic Markers of Anabaptist Ethnicity through Four Centuries', in Dow (ed.) (1991), pp. 23–60.

Enterprise and Lifelong Learning Committee (2000) *Inquiry into the Delivery of Local Economic Development Services in Scotland, Final Report*, Edinburgh: The Scottish Parliament.

Euromosaic (1995) *Gaelic language use survey*, Bangor: Research Centre Wales. Available from URL: www.uoc.es/euromosaic/web/document/gaelic/an/e1/e1.html (accessed 26 July 2005).

European Bureau for Lesser-used Languages (1995) *Feeling at Home in Your Language*, Brussels: EBLUL.

Evans, A. C. (1982) 'The Use of Gaelic in Court Proceedings', *1982 Scots Law Times*, pp. 286–7.

Evans, Nicholas (2001) 'The Last Speaker is Dead – Long Live the Last Speaker!', in Newman, Paul, and Ratliff, Martha (eds.) (2001) *Linguistic Fieldwork*, Cambridge: Cambridge University Press, pp. 250–81.

Fillimore, Charles (1979) 'On fluency', in Fillimore, Charles J., Kempler, Daniel, and Wang, William S. Y. (eds) (1979) *Individual Differences in Language Ability and Language Behavior*, New York: Academic Press, pp. 85–101.

Fishman, Joshua A. (1964) 'Language maintenance and language shift as a field of inquiry: a definition of the field and suggestions for its further development', *Linguistics*, Vol. 9, pp. 32–70.

Fishman, Joshua A. (1965). 'Who speaks what language to whom and when?' *La Linguistique*, Vol. 2, pp. 67–88.

Fishman, Joshua A. (1989) 'Language and Nationalism: Two Integrative Essays – Part I: The Nature of Nationalism', in *Language and Ethnicity in Minority Sociolinguistic Perspective*, Clevedon: Multilingual Matters, pp. 105–75.

Fishman, Joshua A. (1990) 'What is reversing language shift (RLS) and how can it succeed?', *Journal of Multilingual and Multicultural Development*, Vol. 11, Nos. 1 and 2, pp 5–35.

Fishman, Joshua A. (1991) *Reversing Language Shift: Theoretical and Empirical Foundations of Assistance to Threatened Languages*, Clevedon: Multilingual Matters.

Fishman, Joshua A. (1997) 'Language and ethnicity: the view from within', in Coulmas, Florian (ed.) (1997) *Handbook of Sociolinguistics*, Oxford, Blackwell, pp. 327–43.

Fishman, Joshua A. (ed.) (1999) *Handbook of Language and Ethnic Identity*, New York: Oxford University Press.

Fishman, Joshua A. (ed.) (2001) *Can Threatened Languages be Saved? Reversing Language Shift, Revisited – A 21st Century Perspective*, Clevedon: Multilingual Matters.

Foucault, Michel (1979) *The History of Sexuality, Vol. 1: An Introduction*, London: Allen Lane.

Fraser, Anne [Anne Lorne Gillies] (1989) 'Gaelic in primary education: a study of the development of Gaelic bilingual education in urban contexts', unpublished PhD thesis, University of Glasgow.

Fraser, Neil (1998). 'A Review of Aspects of Gaelic Broadcasting', report by Fraser Production and Consultancy for the Scottish Office Education and Industry Department, Arts and Cultural Heritage Division.

Friedman, Victor (1997) 'Observing the Observers: Language, Ethnicity and Power in 1994 Macdonian Census and Beyond', in Rubin, Barnett (ed.) *Toward Comprehensive Peace in Southeastern Europe*, New York: Council on Foreign Relations, pp.81–105 and 119–26.

Gaelic Broadcasting Task Force (2000) *Gaelic Broadcasting Task Force Report*, Edinburgh: The Scottish Executive. Available from URL: www.scotland.gov.uk/library3/heritage/gbtf-00.asp (accessed 15 July 2005).

Gaelic Language (Scotland) Act 2005. London: HMSO. Available from URL: www.opsi.gov.uk/legislation/scotland/acts2005/20050007.htm (accessed 22 July 2005).

Gaelic Report Group (1982) *Cor na Gàidhlig: Language, Community and Development: The Gaelic Situation*, report for Highlands and Islands Development Board.

Gal, Susan (1989) *Language Shift: Social Determinants of Linguistic Change in Bilingual Austria*, New York: Academic Press.

Gal, Susan (1989) 'Lexical Innovation and Loss: The Use and Value of Restricted Hungarian', in Dorian (ed.) (1989), pp. 313–31.

Galloway, John (1995) 'The Role of Employment in Gaelic Language Maintenance and Development', unpublished PhD thesis, University of Edinburgh.

GAMMA (2004) 'Gaeltacht: Baseline Data Report – 2002', report prepared by GAMMA for Area Development Management Limited (unpublished).

General Register Office for Scotland (2004), projected Population for Scotland (2002-based). Edinburgh: General Register Office for Scotland.

General Register Office for Scotland (2005) *Cunntas-Sluaigh na h-Alba 2001: Aithisg Ghàidhlig/Scotland's Census 2001: Gaelic Report*, Edinburgh: General Register Office for Scotland.

General Teaching Council for Scotland/Comhairle Choitcheann Luchd-teagaisg na h-Alba (1999) *Teagasg ann am Foghlam tro Mheadhan na Gàidhlig: Molaidhean Leasachaidh/Teaching in Gaelic-Medium Education: Recommendations for Change*, Edinburgh: General Teaching Council for Scotland.

Giesen, Bernhard (1993) *Die Intellektuellen und die Nation*, Frankfurt am Main: Suhrkamp.

Gillies, William (ed.) (1989) *Gaelic and Scotland/Alba agus a' Ghàidhlig*, Edinburgh: Edinburgh University Press.

Glaser, Konstanze (2002) 'Essentialism and Relativism in Gaelic and Sorbian Language Revival Discourses', paper presented at the University of Edinburgh, 30 January 2002. Available from URL: www.arts.ed.ac.uk/celtic/poileasaidh/seminarwebversion2.html (accessed 15 July 2005).

Glaser, Konstanze (2004) 'Ethno-Cultural Continuity through Language: The Case of Scots Gaelic', in Kockel, Ullrich, and Nic Craith, Máiréad (eds) (2004) *Communicating Cultures*, Münster: Lit Verlag, pp. 176–98.

Glaser, Konstanze (forthcoming) *Minority Languages and European Cultural Diversity: Gaelic and Sorbian Perspectives*, Clevedon, Multilingual Matters.

Glyn, Richard, Jones, Aran and MacCreamhain, Scot (2005) Contributions to 'Minority Languages – Antidote to Globalisation' workshop, 'G8 Alternatives' conference, Edinburgh, 3 July.

Gorter, Durk *et al.* (eds) (1990), *Fourth International Conference on Minority Languages, Vol. II: Western and Eastern European Papers, Fourth International Conference on Minority Languages*, Clevedon: Multilingual Matters.

Gossen, Andrew (2001) 'Agents of a Modern Gaelic Scotland: Curriculum, Change and Challenge at Sabhal Mòr Ostaig, the Scottish Gaelic College of Scotland', unpublished PhD thesis, Harvard University.

Government of Ireland (1926) *Gaeltacht Commission: Report*, Dublin: Stationery Office.

Graham, Brian and Mark Hart (1999) 'Cohesion and Diversity in the European Union: irreconcilable forces?', *Regional Studies*, Vol. 33, pp. 259–68.

Grant, Nigel (1983) *Report to the Gaelic Language Promotion Trust on the Feasibility of Gaelic-English Bilingual Schools on the Mainland of Scotland*, Inverness: Gaelic Language Promotion Trust.

Grassie, James (1983) *Highland Experiment: The Story of the Highlands and Islands Development Board*, Aberdeen: Aberdeen University Press.

Gray, Alison (2000) 'Death of Gaelic forecast by end of century', *The Scotsman*, 31 May.

Grillo, R. D. (1989) *Dominant Languages: Language and Hierarchy in Britain and France*, Cambridge: Cambridge University Press.

Grillo, R. D. (2003) 'Cultural Essentialism and Cultural Anxiety', *Anthropological Theory*, Vol. 3, pp. 157–73.

Grin, François (1992) 'Minority Language Promotion: On the Practical Usefulness of Economic Theory', in Dafis (ed.) (1992), pp. 24–49.

Grin, François (1999) 'Economics', in Fishman (1999), pp. 9–24.

Grin, François (2000). *Evaluating Policy Measure for Minority Languages in Europe: Towards Effective, Cost-Effective and Democratic Implementation.* Flensburg: European Centre for Minority Issues.

Grin, François (2003) *Language Policy Evaluation and the European Charter for Regional or Minority Languages,* Basingstoke: Palgrave Macmillan.

Grin, François, and Moring, Tom (2002) *Final Report: Support for Minority Languages in Europe,* Brussels: European Bureau for Lesser Used Languages/European Centre for Minority Issues. Available from URL: europa.eu.int/comm/education/policies/lang/langmin/support.pdf (accessed 15 July 2005).

Grin, François, and Vaillancourt, François (1999) *The cost-effectiveness evaluation of minority language policies: Case studies on Wales, Ireland and the Basque Country,* Flensburg: European Centre for Minority Issues.

Grin, François, and Vaillancourt, François (2000) 'On the Financing of Language Policies and Distributive Justice', in Phillipson, Robert (ed.) *Rights to Language: Equity, Power, and Education,* Mahwah, NJ: Lawrence Erlbaum Associates, pp. 102–10.

Gunther, Wilf (1990) 'Language Conservancy or: Can the Anciently Established British Minority Languages Survive?', in Gorter *et al.* (eds) (1990), pp. 53–67.

Gupta, Anthea Fraser (2002) 'Privileging Indigeneity', in Kirk, John M., and Ó Baoill, Dónall (eds) *Language Planning and Education: Linguistic Issues in Northern Ireland, the Republic of Ireland, and Scotland,* Belfast: Cló Ollscoil na Banríona, pp. 290–99.

Habermas, Jürgen (1989) *The Structural Transformation of the Public Sphere,* Cambridge: Polity Press.

Hacking, Ian (1991) 'How Should We Do the History of Statistics?', in Burchell, Graham, Gordon, Colin, and Miller, Peter (eds) *The Foucault Effect: Stuides in Governmentality: with Two Lectures by, and an interview with, Michel Foucault,* Chicago: University of Chicago Press, pp. 181–195.

Hale, Ken (1992a) 'Language Endangerment and the Human Value of Linguistic Diversity', *Language,* Vol. 68, No. 1, pp. 35–42.

Hale, Ken (1992b) 'On Endangered Languages and the Safeguarding of Diversity', *Language,* Vol. 68, No. 1, pp. 1–3.

Hale, Ken (1998) 'On Endangered Languages and the Importance of Linguistic Diversity', in Grenoble, Lenore A., and Whaley, Lindsay J. (eds) (1998) *Endangered Languages: Language Loss and Community Response,* Cambridge: Cambridge University Press, pp. 192–216.

Hamp, Eric P. (1989) 'On signs of health and death', in Dorian (ed.) (1989), pp. 197–210.

Hassan, Gerry, and Warhurst, Chris (eds) (2002) *Anatomy of the New Scotland: Power, Influence and Change,* Edinburgh: Mainstream.

Haugen, E. (1966) 'Dialect, Language, Nation', *American Anthropologist,* Vol. 68, No. 4, pp. 922–35.

Hechter, Michael (1999 [1975]) *Internal Colonialism: The Celtic Fringe in British National Development, 1536–1966,* New York: Transactions Publishers.

Highlands and Islands Enterprise (2005a) *Gaelic Policy.* Available from URL: hie.co.uk/hiestrpriculgaegae.htm (accessed 14 January 2005).

Highlands and Islands Enterprise (2005b) *Gaelic Development.* Available from URL: www.hie.co.uk/gaelic-development.htm (accessed 14 January 2005).

Highlands and Islands Enterprise (2005c) *A' Ghaidhealtachd agus na h-Eileanan, sùrdail 's soirbheachail: Ro-innleachd iomairt airson na Gaidhealtachd agus nan Eilean / A Smart, Successful Highlands and Islands: An enterprise strategy for the Highlands and Islands of Scotland.* Available from URL: www.hie.co.uk/hie-sshandi-gaelic-lowres-v5.pdf / www.hie.

co.uk/hie-sshandi-english-lowres-v5.pdf (accessed 1 August 2005).

Hill, Jane H. (2002) '"Expert Rhetorics" in 'Advocacy for Endangered Languages: Who Is Listening, and What Do They Hear?', *Journal of Linguistic Anthropology*, Vol. 12, No. 2, pp. 119–33.

HM Inspectorate of Schools / Luchd-Sgrùdaidh na Banrigh airson Sgoiltean (1994) *Provision for Gaelic Education in Scotland / Solarachadh na Gàidhlig ann am Foghlam ann an Albainn*, Edinburgh: Scottish Office Education Department.

HM Inspectorate of Schools / Luchd-Sgrùdaidh na Banrigh airson Sgoiltean (2004) *Bunsgoil Ghàidhlig Ghlaschu* [aithisg sgrùdaidh] / *Glasgow Gaelic Primary School* [inspection report], Edinburgh: HM Inspectorate of Schools.

HM Inspectorate of Schools / Luchd-Sgrùdaidh na Banrigh airson Sgoiltean (2005). *Leasachadh Coileanaidh ann an Gàidhlig / Improving Achievement in Gaelic*. Edinburgh: HM Inspectorate of Schools.

Hoenigswald, Henry M. (1989) 'Language Obsolescence and Language History: Matters of Linearity, Leveling, Loss, and the Like', in Dorian (ed.) (1989), pp. 347–54.

Huffines, Marion Lois (1991) 'Pennsylvania German: "Do they love it in their hearts?"', in Dow (ed.) (1991), pp. 9–22.

Hunter, James (1991) *The Claim of Crofting: The Scottish Highlands and Islands 1930–1990*, Edinburgh: Mainstream.

Hunter, James (2000 [1976]) *The Making of the Crofting Community*, Edinburgh. John Donald.

Hymes, Dell (1984 [1968]) 'Linguistic Problems in Defining the Concept of "Tribe"', in Baugh, John, and Sherzer, Joel (eds) (1984) *Language in Use*, Englewood Cliffs, NJ: Prentice-Hall, pp. 7–27.

James, Clive (1991) 'What Future for Scotland's Gaelic-speaking Communities?', in Williams (ed.) (1991), pp. 173–218.

Jamieson, Lynn (2000) 'Migration, Place and Class: Youth in a Rural Area', *Sociological Review*, No. 48, pp. 203–23.

Jenkins, Richard (1996) *Social Identity*, London: Routledge.

Johnson, Maureen (1979) 'The co-operative movement in the Gaeltacht', *Irish Geography*, Vol. 2, pp. 68–81.

Johnson, M. and Associated Press (1997) 'Scottish Gaelic on life support', *Calgary Herald*, 13 September.

Johnson, Nuala (1997) 'Making space: Gaeltacht policy and the politics of identity', in Graham, Brian (ed.) (1997) *In Search of Ireland: A Cultural Geography*, London: Routledge, pp. 174–91.

Johnston, Hank (1994) 'New Social Movements and Old Regional Nationalisms', in Larana, Enrique, Johnston, Hank, and Gusfield, J. R. (eds) (1994) *New Social Movements: From Ideology to Identity*, Philadelphia: Temple University Press, pp. 267–86.

Johnstone, Richard (1994) *The Impact of Current Developments to Support the Gaelic Language*, Stirling: Scottish CILT.

Johnstone, Richard (2003) *Gaelic Learners in the Primary School (GLPS) in Argyll & Bute, East Ayrshire, North Lanarkshire, Perth & Kinross and Stirling: Evaluation Report*, Stirling: Scottish CILT. Available from URL: www.scilt.stir.ac.uk/PDFfiles/GLPS%20Report.pdf (accessed 26 July 2005).

Johnstone, Richard, Harlen, Wynne, NicNèill, Mòrag, Stradling, Bob, and Thorpe, Graham (1999) *The Attainments of Pupils Receiving Gaelic-medium Primary Education in Scotland*, Stirling: Scottish CILT.

Johnstone, Richard, Harlen, Wynne, NicNèill, Mòrag, Stradling, Bob, and Thorpe, Graham (2000) 'Coileanadh sgoilearan a tha a' faighinn foghlaim meadhan-Gàidhlig aig ìre bunsgoil an Albainn' / 'The attainments of pupils receiving Gaelic-medium primary education in Scotland', *Interchange*, 62. Available from URL: www.highland.gov.uk/educ/interchange/

interchange_62gm_in_gaelic.pdf (accessed 26 July 2005).

Jones, Elin (1992) 'Economic Change and the Survival of a Minority Language: a case study of the Welsh language', in Dafis (ed.) (1992), pp.120–33.

Jones, Mari C. (1998) *Language Obsolescence and Revitalization: Linguistic Change in Two Sociolinguistically Contrasting Welsh Communities*, Oxford: Clarendon Press.

Kafkalas, Grigoris, and Thoidou, Elisavet (2000) 'Cohesion policy and the role of RDAs in the making of an intelligent region: lessons from the Southern European Periphery', in Danson, Mike, Halkier, Henrik and Cameron, Greta (eds) (2000) *Governance, Institutional Change and Development*, Aldershot: Ashgate, pp. 115–37.

Kalantzis, Mary, Cope, Bill, and Slade, Diana (1989) *Minority Languages and Dominant Culture: Issues of Education, Assessment and Social Equity*, London: Falmer Press.

Keane, Michael J., Breda Griffith, and James W. Dunn (1993) 'Regional development and language maintenance', *Environment and Planning*, Vol. 25, pp. 399–408.

Kirk, John M., and Dónall P. Ó Baoill (eds) (2003) *Towards Our Goals in Broadcasting, the Press, the Performing Arts and the Economy: Minority Languages in Northern Ireland, the Republic of Ireland, and Scotland*, Belfast: Cló Ollscoil na Banríona.

Kjolseth, Rolf (1991) 'W(h)ither Ethnic Languages and Bilingual Education in the US? Crisis & Struggle between Hegemony and Humanism', in Dow (ed.) (1991), pp. 207–24.

Krauss, Michael (1992) 'The World's Languages in Crisis', *Language*, Vol. 68, No. 1, pp. 4–10.

Kroeber, Theodora (1981 [1964]) *Ishi: Last of His Tribe*, New York: Bantam Books.

Krugman, Paul (1991) *Geography and Trade*, Cambridge, MA: MIT Press.

Lakoff, George, and Johnson, Mark (1980) *Metaphors We Live By*, Chicago: University of Chicago Press.

Lamb, William (1999) 'A Diachronic Account of Gaelic News-speak: The Development and Expansion of a Register', *Scottish Gaelic Studies*, Vol. 19, pp. 141–71.

Livingstone, Sonia (2004) 'The Challenge of Changing Audiences: or, What is the Audience Researcher to do in the Age of the Internet?', *European Journal of Communication*, Vol. 19, pp. 75–86.

Mac an Iomaire, Peadar (1983) 'Tionchar na Tionsclaíochta ar Ghaeilge Chonamara Thuas', *Teangeolas*, No. 16, pp. 9–18.

Macaulay, Cathlin (1999) 'Gaelic: a study of language-maintenance and shift in the Scottish Gaidhealtachd', unpublished PhD thesis, Hatfield Polytechnic.

MacAulay, Donald (1994) 'Canons, myths and cannon fodder', *Scotlands*, No. 1, pp. 35–54.

MacCaluim, Alasdair (2002) 'Periphery of the Periphery? Adult Learners of Scottish Gaelic and Reversal of Language Shift', unpublished PhD thesis, University of Edinburgh.

MacCaluim, Alasdair, with McLeod, Wilson (2001) *Revitalising Gaelic? A Critical Analysis of the Report of the Taskforce on Public Funding of Gaelic*, Edinburgh: Department of Celtic and Scottish Studies, University of Edinburgh. Available from URL: www.arts.ed.ac.uk/celtic/poileasaidh/ipcamacpherson2.pdf (accessed 15 July 2005).

McConnell, Jack (2003) Speech given at the opening ceremony of the Centenary Mod, Oban, 10 October.

McCoy, Gordon, with Scott, Maolcholaim (eds) (2000) *Aithne na nGael/Gaelic Identities*, Belfast: Institute of Irish Studies, Queens University, Belfast/ULTACH Trust.

McCrone, David (2001) *Understanding Scotland: The Sociology of a Nation*, London: Routledge.

McCrone, David (2005) 'Cultural Capital in an Understated Nation: The Case of Scotland', *British Journal of Sociology*, Vol. 56, No. 1, pp. 65–82.

MacDonald, Morag B. (1984) 'Gaelic Language and Cultural Maintenance in the Scottish Hebridean Islands of Barra and Harris', unpublished PhD thesis, Hatfield Polytechnic [see also MacNeil, Morag M.]

Macdonald, Sharon (ed.) (1993) *Inside European Identities: Ethnography in Western Europe*,

Oxford: Berg.

Macdonald, Sharon (1997) *Reimagining Culture: Histories, Identities and the Gaelic Renaissance*, Oxford: Berg.

Mac Donnacha, Joe (2000) 'An Integrated Language Planning Model', *Language Problems and Language Planning*, Vol. 24, No. 1, pp. 11–35.

Mac Donnacha, Joe (2002) 'Power Differentials in Language Planning'. Paper delivered at the World Congress on Language Policies (LINGUAPAX), Barcelona, 16–20 April. Available from URL: www.linguapax.org/congres/taller/taller4/MacDonnacha.html).(accessed 18 October 2005).

Mac Donnacha, Joe, *et al.* (2004) 'Scéim Pleanála Teanga do cheantair Chorr na Móna, an Mháma, na Fairche agus na Cloiche Brice', unpublished report, NUI Galway.

McEwan-Fujita, Emily (2003) 'Gaelic in Scotland, Scotland in Europe: Minority Language Revitalization in the Age of Neoliberalism', unpublished PhD thesis, University of Chicago.

McEwan-Fujita, Emily (2005) 'Neoliberalism and Minority-Language Planning in the Highlands and Islands of Scotland', *International Journal of the Sociology of Language*, No. 171, pp. 155–71.

McGrath, John (1981) *The Cheviot, the Stag and the Black Black Oil*, London: Methuen Drama.

McGroarty, Mary (1996) 'Language attitudes, motivation and standards', in McKay, Sandra Lee, and Hornberger, Nancy H. (eds) (1996) *Sociolinguistics and Language Teaching*, Cambridge: Cambridge University Press, pp. 3–46.

MacInnes, John (1975) 'Gaelic Poetry', unpublished PhD thesis, University of Edinburgh.

McKechnie, Alexander (1934) *Introduction to Gaelic Scotland*, Edinburgh: Blackie & Son.

MacKenzie, A.F.D., MacAskill, J., Munro, G. & Seki, E. (2001) ESRC Grant Application: 'Crofting Communities, Land and the Management of Common Property in Scotland'.

McKibben, Sarah E. (1997) 'Lamenting the Language: On the Metaphor of Dying Irish', unpublished M.Phil thesis, University College Dublin.

McKibben, Sarah E. (2000) 'Born to Die . . . and to Live On: Terminal Metaphors in the Life of Irish', *The Irish Review*, Vol. 26, pp. 89–99.

MacKinnon, Kenneth (1974) *The Lion's Tongue: The Story of the Original and Continuing Language of the Scottish People*, Inverness: Club Leabhar.

MacKinnon, Kenneth (1977) *Language, Education and Social Processes in a Gaelic Community*, London: Routledge and Kegan Paul.

MacKinnon, Kenneth (1982) 'Cape Breton Gaeldom in cross-cultural context: the transmission of ethnic language and culture'. Paper presented to the Sixth World Congress of the International Association for Cross-Cultural Psychology, University of Aberdeen,19–23 July (published in *Polyglot*, Vol 6, Fiche 1 (1985) (Birkbeck College, University of London)).

MacKinnon, Kenneth (1988) *Gaelic Language-Maintenance and Viability in the Isle of Skye*. Report to Economic and Social Research Council (Hatfield Polytechnic Business and Social Sciences Reports Series No BSSR 17), Hatfield: Hertis Publications.

MacKinnon, Kenneth (1990a) 'Language Maintenance and Viability in the Contemporary Scottish Gaelic Speech-Community: Some Social and Demographic Factors', in Gorter *et al.* (eds) (1990), pp. 69–90.

MacKinnon, Kenneth (1990b) 'A Century on the Census: Gaelic in Twentieth-Century Focus', in Thomson, Derick S. (ed.) *Gaelic and Scots in Harmony: Proceedings of the Second International Conference on the Languages of Scotland*, Glasgow: University of Glasgow Department of Celtic, pp. 78–94.

MacKinnon, Kenneth (1991a) 'Language-maintenance and viability in contemporary Gaelic communities: Skye and the Western Isles today', in Ureland, P. Sture, and Broderick, George (eds) (1991) *Language Contact in the British Isles: Proceedings of the Eighth International Symposium on Language Contact in Europe*, Tübingen: Max Niemayer Verlag, pp. 495–533.

MacKinnon, Kenneth (1991b) 'Language Retreat and Regeneration in the Present-Day Scottish

Gaidhealtachd', in Williams (ed.) (1991), pp. 121–51.

MacKinnon, Kenneth (1991c) *Gaelic: A Past and Future Prospect*, Edinburgh: Saltire Society.

MacKinnon, Kenneth (1992a) *An Aghaidh nan Creag/Despite Adversity: Gaelic's Twentieth Century Survival and Potential*, Inverness: Comunn na Gàidhlig.

MacKinnon, Kenneth (1992b) 'Local Speech Communities: maintenance, viability and in-migration from census analysis', in Dafis (ed.) (1992), pp. 28–54.

MacKinnon, Kenneth (1994a) 'Gaelic Language-Use in the Western Isles', in Fenton, Alexander, and MacDonald, Donald A. (eds) (1994) *Studies in Scots and Gaelic: Proceedings of the Third International Conference on the Languages of Scotland*, Edinburgh: Canongate, pp. 123–37.

MacKinnon, Kenneth (1994b) *Gaelic in 1994: Report to the Euromosaic Project*, Ferintosh, the Black Isle: SGRÙD.

MacKinnon, Kenneth (1995–6) 'Gaelic and "The Other Languages of Scotland" in the 1991 Populations Census', *Scottish Language*, No. 14–15, pp. 104–17.

MacKinnon, Kenneth (1996) 'Cape Breton-Western Isles: transatlantic resonance of language and culture', in Ureland, P. Sture, and Clarkson, Iain (eds) (1996) *Language Contact Across the North Atlantic*, Tübingen: Max Niemeyer Verlag, pp. 363–86.

MacKinnon, Kenneth (1997) 'Minority languages in an integrating Europe: prospects for viability and maintenance', in Synak, Brunon and Wicherkiewicz, Tomasz (eds) (1997) *Language Minorities and Minority Languages in the Changing Europe*, Gdánsk: Wyndawnictwo Uniwersytetu Gdándskiego, pp. 93–109.

MacKinnon, Kenneth (1998a). 'Gaelic in Family, Work and Community Domains: Euromosaic Project 1994/95'. *Scottish Language*, No. 17, pp. 55–69. Available from URL: www.sgrud.org.uk/anfy/celtic/language_use.htm (accessed 17 July 2005).

MacKinnon, Kenneth (1998b) 'Learning Gaelic in the New Millennium'. Paper presented at the Lìon Gaelic Learners' Conference, Edinburgh, 4 December.

MacKinnon, Kenneth (2000) 'Neighbours in Persistence: Prospects for Gaelic Maintenance in a Globalising English World', in McCoy with Scott (2000), pp. 144–55.

MacKinnon, Kenneth (2001) 'Identity, Attitudes, and Support for Gaelic Policies: Gaelic Speakers in the Euromosaic Survey 1994/95', in Kirk, J. M. and Ó Baoill, Dónall P. (eds.) (2001) *Language Links: The Languages of Scotland and Ireland*, Belfast: Cló Ollscoil na Ríona, pp.177–86.

MacKinnon, Kenneth (2003) 'Census 2001 Scotland: Gaelic language abilities by age- group and country of birth'. In 'Bord Gaidhlig na h-Alba: New Thinking for a Fresh Start?', paper presented at the University of Edinburgh, 5 March. Available from URL: www.arts.ed.ac.uk/celtic/poileasaidh/newthinking/index.html (accessed 25 November 2005).

MacKinnon, Kenneth (2004a) 'Gaelic in the 2001 census: a few green shoots amidst the gloom', in McClure, J. Derrick (ed.) (2004) *Doonsin' Emerauds: New Scrieves anent Scots an Gaelic/New Studies in Scots and Gaelic*, Belfast: Cló Ollscoil na Banríona, pp. 24–35.

MacKinnon, Kenneth. (2004b). 'Gaelic in Census and Survey Results'. Paper presented at the Bòrd na Gàidhlig conference, Nairn, 25 May.

MacKinnon. Kenneth, and MacDonald, Morag (1980) *Ethnic Communities: The Transmission of Language and Culture in Harris and Barra*. Report to Social Science Research Council (Hatfield Polytechnic Social Sciences Reports Series No. SSR 12), Hatfield: Hertis Publications.

MacLean, Malcolm, and Dorgan, Theo (eds) (2002) *An Leabhar Mòr: The Great Book of Gaelic*, Edinburgh: Canongate.

Macleod, Donald (2000) 'Footnotes', *West Highland Free Press*, 10 March, p. 12.

Macleod, Donald (2004) 'Footnotes', *West Highland Free Press*, 21 January, p. 10.

MacLeod, Gordon (1998) 'Ideas, spaces and "sovereigntyscapes": dramatising Scotland's production of a new "institutional fix"', *Space and Polity*, Vol. 2, No. 2, pp. 207–33.

Macleod, John (1997) 'Can the MTV generation ever learn to love Gaelic and keep alive their mother tongue?', *Daily Mail*, 19 July, p. 16.

Macleod, John (2005) 'West Side Story', Highland Research Forum (online). Available from URL: www.jiscmail.ac.uk/cgi-bin/webadmin?A2=ind0504&L=highlands&T=0&F=&S=&P= 1032 (accessed 15 July 2005).

McLeod, Wilson (1997) 'Official Status for Gaelic: Prospects and Problems', *Scottish Affairs*, No. 21, pp. 95–118.

McLeod, Wilson (1998) 'Autochthonous language communities and the Race Relations Act', *1998 Web Journal of Current Legal Issues*. Available from URL: webjcli.ncl.ac.uk/1998/ issue1/mcleod1.html (accessed 21 July 2005).

McLeod, Wilson (1999a) 'Galldachd, Gàidhealtachd, Garbhchrìochan', *Scottish Gaelic Studies*, Vol. 19, pp. 1–20.

McLeod, Wilson (1999b), 'Gaelic in Scotland: A "Renaissance" Without Planning?', paper presented at the Seventh International Conference on Minority Languages, Bilbao, 1–3 December.

McLeod, Wilson (2000) 'Official Gaelic: Problems in the Translation of Public Documents', *Scottish Language*, No. 19, pp. 100–16.

McLeod, Wilson (2001a) 'Gaelic in the New Scotland: Politics, Rhetoric and Public Discourse', *Journal on Ethnopolitics and Minority Issues in Europe*. Available from URL: www.ecmi. de/jemie/download/JEMIE02MacLeod28-11-01.pdf (accessed 15 July 2005).

McLeod, Wilson (2001b) *The State of the Gaelic Economy: A Research Report*, Edinburgh, Department of Celtic and Scottish Studies, University of Edinburgh. Available from URL: www.arts.ed.ac.uk/celtic/poileasaidh/gaeljobsrep3.pdf (accessed 15 July 2005).

McLeod, Wilson (2002) 'Language Planning as Regional Development? The Growth of the Gaelic Economy', *Scottish Affairs*, Vol. 32, pp. 51–72. Available at URL: www.arts.ed.ac. uk/celtic/papers/gaeliceconomy.html (accessed 15 July 2005).

McLeod, Wilson (2004a) '"Feumaidh sinn a' Ghàidhlig a chumail *pure*": problems of linguistic purism in Scottish Gaelic', in Ó Riagáin, Dónall, and Stolz, Thomas (eds) (2004) *PURISM – second helping*, Bochum: Universitätsverlag Dr. N. Brockmeyer, pp. 25–45.

McLeod, Wilson (2004b) 'The challenge of corpus planning in Gaelic development', *Scottish Language*, No. 23, pp. 68–92.

McLeod, Wilson (2005) *Gàidhlig ann an Dùn Èideann: Cleachdadh agus Beachdan / Gaelic in Edinburgh: Usage and Attitudes*, Edinburgh: Celtic and Scottish Studies, University of Edinburgh. Available from URL: www.arts.ed.ac.uk/celtic/poileasaidh (accessed 24 October 2005).

MacLeòid, Dòmhnall Iain (1976) 'A' Ghàidhlig am Beatha Fhollaiseach an t-Sluaigh'/'Gaelic in Public Life', in Thomson, Derick S. (ed.) (1976) *Gàidhlig ann an Albainn/Gaelic in Scotland: A Blueprint for Official and Private Initiatives*, Glasgow: Gairm, pp. 12–27.

MacLèoid, Murchadh (2004a) 'Steal a hula hoop – Tha ceòl na Gàidhlig a' dol punc', *Scotland on Sunday*, 1 February.

MacLeòid, Murchadh (2004b) 'Pàrlamaid nan Oileanach'/'The Scottish-Irish Youth Parliament: A tough lesson for the Gaels of Scotland', *Scotland on Sunday*, 21 March.

MacLeòid, Murchadh (2004c) 'An Colbh Gàidhlig', *Scotland on Sunday*, 1 August.

MacNeil, Catherine Ann (2003) 'The State of Gaelic Broadcasting in Scotland: Critical Issues and Audience Concerns', in Kirk and Ó Baoill (2003), pp. 60–6.

MacNeil, Morag M. (1994) *Immersion Teaching and Language Learning: Meeting the Needs of the Gaelic Economy*, Sleat: Isle of Skye: Lèirsinn Research Centre.

MacNeil, Morag M., with Beaton, M. N. (1994) *Immersion Teaching and Language Learning: Meeting the Needs of the Gaelic Economy*, Sleat: Isle of Skye: Lèirsinn Research Centre.

MacNeil, Morag M., and MacDonald, Brian K. (1997) *Gaelic Television Programmes as a Resource for Language Learning*, Sleat, Isle of Skye: Lèirsinn Research Centre.

MacNeil, Morag M., and Stradling, Bob (1995) *Teacher Training for Gaelic Medium Education*, Sleat, Isle of Skye: Lèirsinn Research Centre.

MacNeil, Morag M., and Stradling, Bob (1996) *Gaelic-medium Education: the critical skills*, Sleat, Isle of Skye: Lèirsinn Research Centre.

MacNeil, Morag M., and Stradling, Bob (1997) *Meeting the Demand for Gaelic in Education: the availability of Gaelic-speaking teachers*, Sleat, Isle of Skye: Lèirsinn Research Centre.

MacNeil, Morag M., and Stradling, Bob (2000) *Emergent Identities and Bilingual Education: The Teenage Years*, Sleat, Isle of Skye: Lèirsinn Research Centre.

McPake, Joanna (2002) *Mapping the Languages of Edinburgh*, unpublished report, SCOTLANG Project, University of Stirling.

Mac Póilin, Aodán (ed.) (1997) *The Irish Language in Northern Ireland*, Belfast: Iontaobhas ULTACH / ULTACH Trust.

MacThòmais, Ruaraidh (1982) *Creachadh na Clàrsaich: Cruinneachadh de Bhàrdachd, 1940–1980*, Edinburgh: Macdonald.

Maffi, Luisa (1999) 'Language Diversity', in Posey (ed.) (1999), pp. 21–35.

Market Research UK (2003) *Attitudes to the Gaelic Language*, Glasgow: Market Research UK (research for the BBC).

Martínez-Arbelaiz, Asun (1996) 'The Language Requirement Outside the Academic Setting: The Case of the Basque Administration', *Journal of Multilingual and Multicultural Development*, Vol. 17, pp. 360–72.

May, Stephen (2000) 'Accommodating and resisting minority language policy: the case of Wales', *International Journal of Bilingual Education and Bilingualism*, Vol. 3, pp. 101–28.

May, Stephen (2001) *Language and Minority Rights: Ethnicity, Nationalism and the Politics of Language*, Harlow: Longman.

Meek, Donald E. (1996) *The Scottish Highlands. The Churches and Gaelic Culture*, Geneva: WWC Publications.

Meek, Donald E. (1997) 'Gaelic: A Future for the Heritage', *Aberdeen University Review*, Vol. 57, No. 197, pp. 13–18.

Mendick, Robert (2000) 'Gaelic doomed as speakers die out', *The Independent on Sunday*, 16 July.

Miller, Daniel, and Slater, Don (2000) *The Internet: An Ethnographic Approach*, Oxford: Berg.

Ministerial Advisory Group on Gaelic / Buidheann Comhairleachaidh an Riaghaltais air Gàidhlig (2002) *A Fresh Start for Gaelic / Cothrom Ùr don Ghàidhlig*, Edinburgh: Scottish Executive.

Modeen, Tore (1999) 'The Linguistic Situation of the Cities in Finland in a Historical Perspective', in Herberts, Kjell, and Turi, Joseph G. (eds) (1999) *Multilingual Cities and Language Policies: Proceedings from the Sixth International Conference on Law and Language*, Vaasa, Finland: Åbo Akademi University, Social Science Research Unit, pp. 17–27.

Moore, Robert E. (1998) 'The People Are Here Now': The Contemporary Culture of an Ancestral Language: Studies in Obsolescent Kiksht (Wasco-Wishram Dialect of Upper Chinookan), unpublished Ph.D. thesis, University of Chicago.

Morgan, Peadar (2000) 'The Gael is Dead; Long Live the Gaelic: The Changing Relationship Between Native and Learner Gaelic Users', in McCoy with Scott (eds) (2000), pp. 126–32.

Morgenroth, Edgar (2002) 'What should policy makers learn from recent advances in growth theory and economic geography?', paper presented at UCC Regional Symposium: A New Agenda for Irish Regional Development, University College Cork, 12–13 September.

Morley, David (1992) *Television, Audiences and Cultural Studies*, London: Routledge.

Morris, Delyth (1992) 'The Effect of Economic Changes on Gwynedd Society', in Dafis (ed.) (1992), pp. 134–57.

Morris, Steve (2000) 'Adult Education, Language Revival and Language Planning', in Williams (ed.) (2000), pp. 208–20.

Morrison, Marion F. (2004) 'A' Chiad Ghinealach: An Evaluation of Gaelic-medium Education in the Western Isles', unpublished MLitt thesis, University of Glasgow.

Moulaert, Frank, and Sekia, Farid (2003) 'Territorial innovation models: a critical survey', *Regional Studies*, Vol. 37, pp. 289–302.

Müller, Martina (2003) *Sprachkontakt und Sprachwandel auf der Insel Skye (Schottland)*, Studies in Eurolinguistics 3, Berlin: Logos.

Munro, Gillian (2003a) 'Cò leis an Dùthaich? Ceistean Cànain, Cultair agus Cruth na Tìre an Latha An-Diugh air Ghàidhealtachd', in McLeod, Wilson, and Ní Annracháin, Máire (eds) *Cruth na Tíre*, Dublin: Coiscéim, pp. 206–302.

Munro, Gillian (2003b) *Cultural Factors in Differential Economic Performance. A study of three communities in the Isle of Skye, 1999–2001*. Unpublished paper.

Munro, Gillian, and Hart, Keith (2000) *'The Highland Problem': State and Community in Local Development*, AR Paper No.1, Aberdeen: Arkleton Centre for Rural Development Research, University of Aberdeen.

Murray, John (1989) 'Gaelic education and the Gaelic community', in Gillies (ed.) (1989), pp. 56–66.

Myrdal, Gunnar (1957) *Economic Theory and Underdeveloped Regions*, London, Duckworth.

Nelde, Peter, Strubell, Miquel, and Williams, Glyn (1996) *Euromosaic: The Production and Reproduction of the Minority Language Groups in the European Union*, Luxembourg: Office for Official Publications of the European Communities.

Nettle, Daniel, and Romaine, Suzanne (2000) *Vanishing Voices: The Extinction of the World's Languages*, Oxford: Oxford University Press.

Newsnight Scotland (2000). BBC2 Scotland, 7 September.

Newton, Michael (2000) *A Handbook of the Scottish Gaelic World*, Dublin: Four Courts Press.

Newton, Michael (2004) '"This Could Have Been Mine": Scottish Gaelic Learners in North America', *e-keltoi*, Vol. 1. Available from URL: www.uwm.edu/Dept/celtic/ekeltoi/volumes/vol1/1_1/newton_1_1.html (accessed 15 July 2005).

Nicolson, Margaret, and Matthew MacIver, eds. (2003) 'Contexts and Futures', in *Gaelic Medium Education*, Edinburgh: Dunedin Academic Press, pp. 63–73.

Normand, Tom (2002) *Oisein: Bloighean de seann bhàrdachd*, Edinburgh: National Galleries of Scotland.

Ó Cinnéide, Micheál, Keane, M. and Cawley, M (1985) 'Industrialization and Linguistic Change among Gaelic-Speaking Communities in the West of Ireland', *Language Planning and Language Problems*, Vol. 9, No. 1, pp. 3–15.

Ó Cinnéide, Micheál, Mac Donnacha, Seosamh and Ní Chonghaile, Sorcha (2001) *Polasaithe agus Cleachtais Eagraíochtaí Éagsúla le Feidhm sa Ghaeltacht: Tuarascáil Chríochnaitheach*, Galway: Ionad Taighde sna hEolaíochtaí Sóisialta, Ollscoil na hÉireann, Gaillimh.

Ó Gadhra, Nollaig (1989) *An Ghaeltacht (Oifigiúil) – agus 1992?*, Dublin: Coiscéim.

O'Hagan, John (2000) 'Population, Employment and Unemployment', in *The Economy of Ireland: Policy and Performance of a European Region*, Dublin: Gill and Macmillan, pp. 150–77.

O'Hagan, Kieran (2001) *Cultural Competence in the Caring Professions*, London: Jessica Kingsley.

Ó hÉallaithe, Donncha (2003) 'Scéim Labhairt na Gaeilge: Anailís ar Fhigiúirí 2001/02', *Foinse*, 5 January (Vol. 7, No. 323), pp. 8–9.

Ó Maolalaigh, Roibeard (2001) 'Leigheas na cànain a bruidhinn gun teagamh'/'The remedy for the language is in its speaking without a doubt', *Cothrom*, No. 27, pp. 13–17, No. 28, pp. 30–3, No. 29, pp. 33–6, No. 30, pp. 38–41.

Oireachtas na hÉireann (2003) Acht na dTeangacha Oifigiúla 2003 / Official Languages Act, Dublin: Oireachtas na hÉireann. Available from URL: www.oireachtas.ie/documents/bills28/acts/2003/a3203.pdf (accessed 21 July 2005).

Oliver, James (2002) 'Young People and Gaelic in Scotland: Identity Dynamics in a European Region', unpublished PhD thesis, University of Sheffield. Available from URL: www.sheffield.ac.uk/escus/papers.html#Theses (accessed 15 July 2005).

Oliver, James (2005) 'Gaelic and Identities in Scotland: Contexts and Contingencies,' in *Scottish Affairs* , No. 51, pp. 1–24. Available from URL: www.scottishaffairs.org/onlinepub/sa/oliver_sa51_spr05.html (accessed 15 July 2005).

Orkney Council (2005). Letter from Alastair Buchan, Chief Executive, to Scottish Executive Education Department (9 May).

Oughton, Christine, and Geoff Whittam (1997) 'Competition and co-operation in the small firm sector', *Scottish Journal of Political Economy*, Vol. 44, No. 1, pp. 1–30.

Parman, Susan (rev. edn 2004) *Scottish Crofters: A Historical Ethnography of a Celtic Village*, London: Wadsworth.

Paterson, Lindsay, Brown, Alice, and Curtice, John (2001) *New Scotland, New Politics?* Edinburgh: Polygon.

Pedersen Consulting & Hecla Consulting (2004) *A Gaelic Language and Culture Plan for Inverness and Nairn: Final Report for The Highland Council, Inverness and Nairn Enterprise and Bòrd na Gàidhlig*, Inverness: Pedersen Consulting and Hecla Consulting.

Pedersen, Roy N. (1993) *The Dynamics of Gaelic Development*, Inverness: Highlands and Islands Enterprise.

Phillipson, Robert (ed.) (2000) *Rights to Language: Equity, Power, and Education: Celebrating the 60th Birthday of Tove Skutnabb-Kangas*, Mahwah, NJ: Lawrence Erlbaum Associates.

Posey, Darrell Addison (ed.) (1999) *Cultural and Spiritual Values of Biodiversity*, New York: United Nations. Available from URL: Available from URL: www.unep.org/Biodiversity/unep.pdf (accessed 21 July 2005).

Prattis, J. Ian (1977) *Economic Structures in the Highlands of Scotland*, Glasgow: Fraser of Allander Institute, Strathclyde University.

Prattis, J. Ian (1990 [1981]) 'Industrialisation and Minority-Language Loyalty: The Example of Lewis', in Haugen, Einar, McClure, J. Derrick, and Thomson, Derick S. (eds), *Minority Languages Today* ((1990 [1981]), Edinburgh: Edinburgh University Press, pp. 21–31.

Pròiseact nan Ealan (www.gaelic-arts.com/html/more.htm) (accessed 21 July 2005).

Putnam, Robert (1992) *Making Democracy Work: Civic Traditions in Modern Italy*, Princeton, NJ: Princeton University Press.

Rampton, Ben (1995) *Crossing: Language and Ethnicity among Adolescents*, Harlow: Longman.

Raymond, Joan (1998) 'Say What? Preserving Endangered Languages', *Newsweek* (U.S. edition), p. 14.

Riaghaltas Shealainn Nuaidh / Government of New Zealand (1987) *Māori Language Act 1987*. Available from URL: www.tetaurawhiri.govt.nz/act87/index.shtml (accessed 21 July 2005).

Robertson, Boyd (2001) *Aithisg air Solarachadh Chùrsaichean Bogaidh Gàidhlig an Alba/Report on Gaelic Immersion Course Provision in Scotland*, Edinburgh: Scottish Qualifications Authority.

Rogerson, Richard J., and Gloyer, Amanda (1995) 'Gaelic Cultural Revival or Language Decline?', *Scottish Geographical Magazine*, No. 111, pp. 46–53.

Romaine, Suzanne (2000) *Language in Society: An Introduction to Sociolinguistics*, Oxford: Oxford University Press.

Rubin, Joan (2002) 'From Assimilation toward Accommodation in Montgomery County', paper presented at the World Congress on Language Policies (LINGUAPAX), Barcelona, 16–20 April. Available from URL: www.linguapax.org/congres/taller/taller2/Rubin.html (accessed 27 July 2005).

Rutherford, Jonathan (ed.) (1990) *Identity: Community, Culture, Difference*, London: Lawrence & Wishart.

Sasse, Hans-Jürgen (1992) 'Theory of Language Death', in Brenzinger, Matthias (ed.) (1992)

Language Death: Factual and Theoretical Explorations with Special Reference to East Africa, Berlin: Mouton de Gruyter, pp. 7–30.

Scotland on Sunday (2002) *Who has been reading what this year?* 15 December.

Scottish Arts Council (2003) *Poileasaidh nan Ealain Gàidhlig / Gaelic Arts Policy*, Edinburgh: Scottish Arts Council. Available from URL: www.scottisharts.org.uk/resources/publications/Strategies/Pdf/STR5%20Gaelic%20Policy%20Gaelic.pdf (accessed 15 July 2005).

Scottish Consultative Council on the Curriculum (1999) *The School Curriculum and the Culture of Scotland: A Paper for Discussion and Consultation*, Dundee: Scottish Consultative Council on the Curriculum.

Scottish Executive (2002a) *Scotland's National Cultural Strategy: Annual Report 2002*, Edinburgh: Scottish Executive.

Scottish Executive (2002b) *An Leabhar Mor opens its pages*, Press release, 1 November.

Scottish Executive (2003a) *The Gaelic Language Bill: Consultation Paper*, Edinburgh: Scottish Executive.

Scottish Executive (2003b) *Great Book of Gaelic*. Press release, 17 October.

Scottish Executive (2003c) *A Partnership for a Better Scotland: Partnership Agreement*, Edinburgh: Scottish Executive. Available from URL: www.scotland.gov.uk/library5/government/pfbs-00.asp (accessed 5 August 2005).

Scottish Food and Drink (1999a) *Scottish Food & Drink Strategy Document: The Big Opportunity*, Glasgow: Scottish Food and Drink.

Scottish Food and Drink (1999b) *Future Success For Scotland's Food Industry. A Cluster Based Approach*, Glasgow: Scottish Food and Drink.

Scottish Highlands Research List = Archives of HIGHLANDS@JISCMAIL.AC.UK - www.jiscmail.ac.uk/lists/highlands.html.

Scottish Natural Heritage (2000) *Policy on Gaelic Language*, Edinburgh: Scottish Natural Heritage. Available from URL: www.snh.org.uk/pdfs/GAELPOL2.pdf (accessed 17 October 2005).

Scottish Office Education Department (1993) *Clàr-Teagaisg agus Measadh an Albainn: Stiùireadh Nàiseanta: Gàidhlig 5–14 / Curriculum and Assessment in Scotland: National Guidelines – Gàidhlig 5–14*, Edinburgh: HMSO.

Scottish Office Education Department (1994) *Provision for Gaelic Education in Scotland: A Report by HM Inspectorate of Schools*, Edinburgh: HMSO.

The Scottish Parliament (2001) *Faclair na Pàrlamaid: Dictionary of Terms*, Edinburgh: The Scottish Executive. Available from URL: www.scotland.gov.uk/dictionary/gedt-00.asp (accessed 5 August 2005).

The Scottish Parliament, Education, Culture and Sport Committee (2003) *4th Report, 2003: Stage 1 Report on the Gaelic Language (Scotland) Bill*, 2 vols, Edinburgh: The Scottish Parliament.

The Scottish Parliament, Education Committee (2005) *Stage 1 Report on the Gaelic Language (Scotland) Bill*, 3 vols, Edinburgh: The Scottish Parliament. Available from URL: www.scottish.parliament.uk/business/committees/education/inquiries/gaelic%20language/ed-evid05-01.htm (accessed 21 July 2005).

Scottish Poverty Information Unit (1998) *Rural Poverty in Scotland*, Glasgow: Glasgow Caledonian University.

Shucksmith, Mark, Chapman, Polly, and Clark, Gill (eds) (1996) *Rural Scotland Today – The Best of Both Worlds?* Aldershot: Avebury.

Skuttnabb-Kangas, Tove (1995) 'Multilingualism and the Education of Minority Language Children', in Garcia, Ofelia and Baker, Colin (eds) (1995) *Policy and Practice in Bilingual Education*, Clevedon: Multilingual Matters.

Skutnabb-Kangas, Tove (1999) 'Linguistic diversity and language rights', in Posey (ed.) (1999), pp. 46–54.

Skutnabb-Kangas, Tove, and Phillipson, Robert (1994) *Linguistic Human Rights: Overcoming Linguistic Discrimination*, Berlin: Mouton de Gruyter.

Skye and Lochalsh Enterprise (2004a) *Welcome to the Skye and Lochalsh Website*. Available at URL: www.hie.co.uk/sale (accessed 20 May 2005).

Skye and Lochalsh Enterprise (2004b). *Strengthening Communities*. Available at URL:. www.hie.co.uk/sale/salhelstr.htm (accessed 15 July 2005).

Smallbone, David, *et al*. (2002) *Encouraging and Supporting Enterprise in Rural Areas*. Summary report to the Small Business Service. London.

Smith, Iain Crichton (1986) *Towards the Human. Selected Essays by Iain Crichton Smith*, Edinburgh: MacDonald Publishers.

Sproull, Alan (1996) 'Regional Economic Development and Minority Language Use: The Case of Gaelic Scotland', *International Journal of the Sociology of Language*, No. 121, pp. 93–117.

Sproull, Alan, and Ashcroft, Brian (1993) *The Economics of Gaelic Language Development*, Glasgow: Glasgow Caledonian University.

Sproull, Alan, and Chalmers, Douglas (1998) *The Demand for Gaelic Artistic and Cultural Products and Services: Patterns and Impacts*, Glasgow: Department of Economics, Glasgow Caledonian University.

Stiùbhart, Domhnall Uilleam (2000) 'Òraid dha Pàrlamaid nan Oileanach', paper presented at the Scottish-Irish Youth Congress/Pàrlamaid nan Oileanach 2000, Derry, 18 March.

Stockdale, Aileen, MacGregor, Bryan and Munro, Gillian (2003) *Migration, Gaelic-medium Education and Language Use*, Sleat: Sabhal Mòr Ostaig, Ionad Nàiseanta na h-Imrich. Available from URL: www.ini.smo.uhi.ac.uk/projects/migrationandGME.htm (accessed 15 July 2005).

Storper, Michael (1995) 'The resurgence of regional economies, ten years later: The region as a nexus or untraded interdependencies', *European Urban and Regional Studies*, Vol. 2, pp. 191–221.

Strubell, Miquel (2001) 'Catalan a Decade Later', in Fishman (ed.) (2001), pp. 260–83.

Tagil, Sven (1995) *Ethnicity and Nation Building in the Nordic World*, London: Hurst and Co.

Taskforce on the Public Funding of Gaelic / Buidheann-Gnìomh Maoineachadh Poblach na Gàidhlig (2000) *Revitalising Gaelic – A National Asset: Report by the Taskforce on Public Funding of Gaelic / Ag Ath-Bheothachadh Gàidhlig – Neamhnuid Nàiseanta: Aithisg bho Bhuidheann-Gnìomh Maoineachadh Poblach na Gàidhlig*, Edinburgh: Scottish Executive. Available from URL: www.scotland.gov.uk/library3/heritage/gtfr-00.asp (accessed 15 July 2005).

Te Puni Kokiri / Ministry of Māori Development (1999) *Mātātupu – Māori Language Policies and Plans: Guidelines to Assist Public Service Departments*, Wellington: Te Puni Kokiri, Ministry of Māori Development. Available from URL: www.tpk.govt.nz/publications/docs/matatupu.pdf (accessed 20 July 2005).

Thomson, Derick (ed.) (1994) *The Companion to Gaelic Scotland*, Glasgow: Gairm.

Toivanen, Reetta (2001) *Minderheitenrechte als Identitätsressource? Die Sorben in Deutschland und die Saamen in Finnland*, Münster: Lit Verlag.

Toivanen, Reetta (2002) 'Defining a People: How Do International Rights Influence the Identity Formation of Minority Groups?' Minda de Gunzburg Center for European Studies Working Papers, No. 84, Cambridge, MA: Harvard University. Available from URL: www.ces.fas. harvard.edu/publications/Toivanen84.pdf (accessed 15 July 2005).

Tönnies, Ferdinand (1955 [1887]) *Community and Association: Gemeinschaft und Gesellschaft*, London: Routledge & Kegan Paul.

Toynbee, Polly (2000) 'We can be English without falling into the racist trap', *The Guardian*, 12 January.

Turner, R. (2003) *Countryside Agency Raising Competitiveness of Rural Businesses - Targeting*

Underperformance or Success. Paper presented at the Second Rural Enterprise Conference, University of Paisley, Dumfries.

Turnock, David (1974) *Scotland's Highland and Islands*, Oxford: Oxford University Press.

Údarás na Gaeltachta (2004) *Tuarascáil Bhliantúil agus Cuntais 2003*, Na Forbacha: Údarás na Gaeltachta. Available from URL: www.udaras.ie/doicmeid/cartlann/Turascail/tur03.pdf (accessed 15 July 2005).

UK Government (1999) *Report Submitted by the United Kingdom Pursuant to Article 25, Paragraph 1 of the Framework Convention for the Protection of National Minorities*. London: UK Government. Available from URL: www.coe.int/T/e/human_rights/ Minorities/2._FRAMEWORK_CONVENTION_%28MONITORING%29/2._Monitoring_ mechanism/3._State_Reports_and_UNMIK_Kosovo_Report/1._First_cycle/1st_SR_United_ Kingdom.asp#TopOfPage) (accessed 22 July 2005).

UK Government (2002) *European Charter for Regional or Minority Languages: Initial Periodical Report: United Kingdom*, Strasbourg: Council of Europe. Available from URL: www.coe.int/T/E/Legal_Affairs/Local_and_regional_Democracy/Regional_or_Minority_ languages/2_Monitoring/2.2_States_Reports/UK_report1.pdf (accessed 23 July 2005).

UK Government (2005) *European Charter for Regional or Minority Languages: Second Periodical Report: United Kingdom*, Strasbourg: Council of Europe. Available from URL: www.coe.int/T/E/Legal_Affairs/Local_and_regional_Democracy/Regional_or_Minority_ languages/2_Monitoring/2.2_States_Reports/UK_report2.pdf (accessed 23 July 2005).

UNESCO (2001) *Universal Declaration on Cultural Diversity*. Available from URL unesdoc. unesco.org/images/0012/001271/127160m.pdf (accessed 1 August 2005).

Ureland, P. Sture (1991) 'Bilingualism and Writing in the Irish Gaeltacht and the Grisons (Switzerland) with special reference to Irish and English', in Ureland, P. Sture, and Broderick, George (eds) (1991) *Language Contact in the British Isles*, Tübingen: Niemeyer, pp. 633–97.

Ureland, P. Sture (1993) 'Conflict beween Irish and English in the secondary schools of the Connemara Gaeltacht 1986–1988', in Jahr, Ernst Hakon (ed.) (1993) *Language Conflict and Language Planning*, Berlin: Mouton de Gruyter, pp. 193–261.

Vakhtin, Nikolai (2002) 'Language Death Prognosis: A Critique of Judgment', *SKY Journal of Linguistics*, Vol. 15, pp. 239–50.

Valiquette, Hilaire (1998) 'Community, Professionals and Language Preservation', in Ostler, Nicholas (ed.) (1998) *Endangered Languages: What Role for the Specialist?* (Proceedings of the Second FEL Conference, University of Edinburgh, September 1998), Bath: Foundation for Endangered Languages, pp. 107–12.

Walker, David (1999). 'Speak easy: Behind the prominence of any official language is the political dominance of a nation, as the French government shows us on Bastille day', *The Guardian*, 14 July.

Walsh, John (2002) *Díchoimisiúnú Teanga: Coimisiún na Gaeltachta 1926*, Dublin: Cois Life.

Wells, Gordon (1997) 'The Validity of Language Learners' Self-reports of Proficiency: A Study of Scottish Gaelic', *Language Issues*, Vol. 9, No. 1, pp. 23–4.

Welsh Language Act (1993) London: HMSO. Available from URL: www.opsi.gov.uk/acts/ acts1993/Ukpga_19930038_en_1.htm#end (accessed 22 July 2005).

Welsh Language Board / Bwrdd yr Iaith Gymraeg (1996) *Welsh Language Schemes: Their preparation and approval in accordance with the Welsh Language Act 1993 / Cynlluniau Iaith Gymraeg: Eu paratoi a'u cymeradwyo yn unol â Deddf yr Iaith Gymraeg 1993*, Cardiff: Welsh Language Board / Bwrdd yr Iaith Gymraeg.

Welsh Language Board / Bwrdd yr Iaith Gymraeg (1998) *The Use of Welsh in Business / Defnyddio'r Gymraeg mewn Busnes*. Cardiff: Welsh Language Board / Bwrdd yr Iaith Gymraeg.

Western Isles Enterprise (2004) Western Isles Enterprise website home page. Available at www.

hie.co.uk/wie (accessed 15 July 2005).

Western Isles Language Plan Project/Pròiseact Plana Cànain nan Eilean Siar (2005). *Research and Outcomes of Phase 1 of the Project: Final Report/Rannsachadh agus Toraidhean Ìre 1 den Phròiseact: Aithisg Dheireannach* . Stornoway: Western Isles Language Plan Project/Pròiseact Plana Cànain nan Eilean Siar.

Western Isles Language Plan/Plana Cànain nan Eilean Siar website (www.planacanain.org. uk/research.htm).

Whorf, Benjamin Lee (1993 [1956]) 'The Relation of Habitual Thought and Behavior to Language', in Carroll, John B. (ed.) (1993) *Language, Thought and Reality: Selected Writings of Benjamin Lee Whorf*, Cambridge, MA: MIT Press, pp. 134–59.

Williams, Colin H. (1988) 'Language Planning and Regional Development: Lessons from the Irish Gaeltacht', in *Language in Geographic Context*, Clevedon: Multilingual Matters, pp. 267–302.

Williams, Colin H. (ed.) (1991) *Linguistic Minorities, Society and Territory*, Clevedon: Multilingual Matters.

Williams, Colin H (1992) 'Assimilating newcomers: an insidious threat or a welcome development?', in Dafis (ed.) (1992), pp. 8–27.

Williams, Colin H. (ed.) (2000) *Language Revitalization: Policy and Planning in Wales*, Cardiff: University of Wales Press.

Williams, Colin H. (2002) 'The Importance of Holistic Language Planning for the Promotion of Minority Languages'. Paper delivered at the conference 'Creating a Common Structure for Promoting Historical Linguistic Minorities within the European Union', Helsinki, 11–12 October.

Williams, Colin H., and Evas, Jeremy (1998) 'Community Language Regeneration: Realising the Potential'. Paper presented at Adroddiad air y Gynhadledd Ewropeaidd ar Gynllunio Ieithyddol Cymunedol, Cardiff, 2–5 June.

Withers, Charles W. J. (1984) *Gaelic in Scotland, 1698–1981: The Geographical History of a Language*, Edinburgh: John Donald.

Withers, Charles W. J. (1988) *Gaelic Scotland: The Transformation of a Culture Region*, London: Routledge.

Withers, Charles W. J. (1998) *Urban Highlanders*, East Linton: Tuckwell Press.

Wolfe, Alan (1992) *Immersion/Bilingual Approaches to Second Language Acquisition*, Aberdeen: Language Research and Development Unit, Northern College.

Wolfe, Alan (1996) *Gaelic Teacher Education: Audit and Strategies for Development*, Aberdeen: Northern College Language Research & Development Unit.

Woolard, Kathryn A. (1991) 'Linkages of language and ethnic identity: changes in Barcelona, 1980–1987', in Dow (ed.) (1991), pp. 61–81.

Wright, Sue (2004) *Language Policy and Language Planning: From Nationalism to Globalisation*, Basingstoke: Palgrave Macmillan.

Wuethrich, Bernice (2000a) 'Learning the World's Languages – Before They Vanish', *Science*, Vol. 288, No. 5469, pp. 1156–9.

Wuethrich, Bernice (2000b) 'Peering Into the Past, With Words', *Science*, Vol. 288, No. 5469, p. 1158.

Zanatos, Grigorios, and Anderson, Alistair (2003) *Nurturing and Harvesting the Greek Rural Enterprise Network*. Paper presented at the Second Rural Enterprise Conference, University of Paisley, Dumfries.

Index